HISTORIA DE LA
LITERATURA HISPANOAMERICANA

A partir de la Independencia

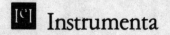

[c] Instrumenta

Letras e Ideas

Colección dirigida por
FRANCISCO RICO

JEAN FRANCO

HISTORIA DE LA LITERATURA HISPANOAMERICANA

A PARTIR DE LA INDEPENDENCIA

EDITORIAL ARIEL, S. A.

BARCELONA

Título original:
A LITERARY HISTORY OF SPAIN
Spanish American Literature since Independence
Ernest Benn Ltd., Londres

Traducción de
CARLOS PUJOL

5.ª edición: noviembre de 1983

Derechos exclusivos de edición en castellano
reservados para todo el mundo
y propiedad de la traducción:
© 1975 y 1983: Editorial Ariel, S. A.
Córcega, 270 - Barcelona-8

ISBN: 84 344 8315 7

Depósito legal: B. 37811 - 1983

Impreso en España

ADVERTENCIA PRELIMINAR *

Toda historia es un compromiso entre propósitos difíciles y aun imposibles de conciliar. La presente no constituye una excepción. Hemos tratado principalmente de la literatura de creación e imaginación, procurando relacionarla con la sociedad en la que fue escrita y a la que iba destinada, pero sin subordinar la crítica a una sociología de amateur. *Por supuesto, no es posible prestar la misma atención a todos los textos; y, así, nos hemos centrado en los autores y en las obras de mayor enjundia artística y superior relevancia para el lector de hoy. La consecuencia inevitable es que muchos escritores de interés, mas no de primer rango, se ven reducidos a un mero registro de nombres y fechas; los menores con frecuencia no se mencionan siquiera. Hemos aspirado a ofrecer una obra de consulta y referencia en forma manejable; pero nuestro primer empeño ha sido proporcionar una guía para la comprensión y apreciación directa de los frutos más valiosos de la literatura española.*

Salvo en lo estrictamente necesario, no nos hemos impuesto unos criterios uniformes: nuestra historia presenta la misma variedad de enfoques y opiniones que cabe esperar de un buen departamento universitario de literatura, y confiamos en que esa variedad sea un estímulo para el lector. Todas y cada una de las secciones dedicadas a los diversos períodos toman en

---

* Esta advertencia preliminar constituye la presentación de R. O. Jones a la *Literary History of Spain*, de la cual formaba parte originalmente el libro de la profesora Jean Franco.

cuenta y se hacen cargo de los resultados de la investigación más reciente sobre la materia. Con todo, ello no significa que nos limitemos a dejar constancia de un gris panorama de idées reçues. Por el contrario, cada colaborador ha elaborado su propia interpretación de las distintas cuestiones, en la medida en que podía apoyarla con buenos argumentos y sólida erudición.

R. O. JONES

ÍNDICE

PREFACIO

A cualquier lector familiarizado con las grandes literaturas occidentales puede extrañarle el modo de concebir este
volumen dedicado a las letras de Hispanoamérica. En las historias de la literatura europea se dedica especial atención al
pasado, a la España de los siglos de oro, a la Inglaterra isa-
belina o al período neoclásico francés. Por mucha importancia
que se dé a la literatura moderna, ésta siempre se estudia
dentro del contexto de las grandezas pretéritas. Sin embargo,
la literatura de los que hoy en día se llaman países subdes-
sarrollados obedece a esquemas distintos. África, el Caribe, la
América latina pasaron por la experiencia de la colonización.
La cultura escrita fue para ellos algo que les imponían los
conquistadores europeos y se convirtió en el distintivo de una
élite y en algo opuesto a la cultura oral de los siervos y los
esclavos. Ésta es la causa de que determinadas polarizaciones
que se encuentran en las literaturas europeas entre tradiciones
populares y minoritarias aquí adquieran mayor intensidad y
se repitan insistentemente. El abismo que separa a las culturas africanas, amerindias y afrocaribes, por un lado, y a las de
origen europeo de las minorías, por otro, es tan profundo,
que las divide de un modo muy tajante en ámbitos que se
excluyen recíprocamente. La tradición literaria de origen europeo, con sus alternativas de atracción y de rechazo respecto
a lo popular, se manifiesta en las antinomias de provincialismo y cosmopolitismo, barbarie y civilización, lo indígena

y lo europeo. Este tipo de esquema obliga a estudiar la literatura hispanoamericana dentro del conjunto de las demás culturas del «tercer mundo».

El desarrollo histórico de estas culturas no admite comparación con el de Europa. Por motivos obvios la colonización crea una literatura que se orienta mucho más hacia la metrópoli que hacia su entorno local, que queda así marginado. Para sobresalir, un escritor ha de perder su identidad nacional con objeto de inmolarse a sí mismo a la tradición «universal» de la metrópoli. El mexicano Ruiz de Alarcón, que se hizo famoso como dramaturgo en la España del siglo XVII, es un buen ejemplo de ello. Pero en resumidas cuentas carece de gran importancia el que consideremos a Ruiz de Alarcón como español o mexicano. Lo importante es la inhibición en la que la situación colonial sitúa a escritores que no quieren o no pueden aceptar semejante inmolación. Existían además otros factores que dificultaban el libre desarrollo de la literatura en la América española, factores tales como los obstáculos que se ponían a escribir en las lenguas indias o a cultivar determinados géneros, la novela por ejemplo. Ésta es la razón de que el presente estudio empiece con la independencia y de que el período colonial se analice primordialmente a la luz de la evolución posterior. Por otra parte se consagra la máxima atención a la época contemporánea y a ciertos autores y textos representativos, dado que el actual es el período más importante de la literatura hispanoamericana.

El ensayo en cuanto género se ha omitido a pesar de su importancia. El plan de este libro no incluye la historia de las ideas, y los ensayos que se mencionan —el *Facundo* de Sarmiento, el *Ariel* de Rodó, el *Laberinto de la soledad* de Octavio Paz— se incluyen teniendo en cuenta su influencia sobre la literatura de ficción. Un comentario detallado de la ensayística inevitablemente hubiera llevado este estudio hacia la esfera de la historia, la sociología y otras disciplinas conexas. Pero aunque se haya excluido el ensayo ello no significa que se haya prescindido de los esquemas míticos que tanto han pesado en la América latina. Tanto el mito del primitivismo como el de la «inmadurez» del continente americano —tan vinculado al primero— que Europa impuso a partir de la conquista, han influido profundamente en la manera como los habitantes de las Américas se han visto a sí mismos y, a la larga, en los esquemas míticos de sus literaturas. Latinoamérica era un ideal utópico, un estado inocente de bondad primitiva, pero también un El Dorado donde entrar a saco. Ser el protagonista pasivo de este mito equivalía a ser un niño inocente o un adolescente inmaduro al que había que proteger contra sí mismo. Las actitudes europeas respecto a Latinoamérica situaban al continente en un ciclo de frustraciones, condenándole a aspirar siempre a algo que nunca alcanzarían. En literatura la frustración se refleja en esquemas de desesperación, en novelas circulares y cerradas. El presente estudio se propone explorar algunos de estos esquemas y centrar su atención en cuestiones de estilo y forma. Una breve lista de textos y estudios críticos acompaña cada capítulo, pero todos los estudiantes de literatura hispanoamericana pueden consultar con provecho las siguientes obras:

Antologías

Además de las antologías que se citan en la lista de lecturas, hay varias grandes antologías publicadas en los Estados Unidos, por ejemplo:

Anderson Imbert, Enrique, y Florit, Eugenio, *Literatura hispanoamericana*, Nueva York, 1960.
Flores, Ángel, *Historia y antología del cuento y la novela en Hispanoamérica*, Nueva York, 1959.

Hay también varias historias de la literatura de particular interés:

Alegría, Fernando, *Historia de la novela hispanoamericana,* 3.ª ed., México, 1966.

Anderson Imbert, Enrique, *Historia de la literatura hispanoamericana,* 2 vols., 3.ª ed., México, 1961.

Henríquez Ureña, Pedro, *Las corrientes literarias en la América hispana,* México, 1949.

Torres-Rioseco, A., *La novela en la América hispana,* Berkeley, 1939.

——, *La gran literatura iberoamericana,* 2.ª ed., Buenos Aires, 1951.

INTRODUCCIÓN:
LA IMAGINACIÓN COLONIZADA

Que la América española durante tres siglos formó parte del imperio colonial de España es un hecho que ningún estudiante de su literatura puede ignorar. En el curso de dos o tres generaciones, entre 1492 y mediados del siglo XVI, los grandes imperios inca y azteca fueron fragmentados, su religión, su cultura, su economía y su historia prácticamente aniquiladas. Ocupando su lugar por toda América surgieron los signos visibles de la civilización de los conquistadores —los edificios del gobierno, las residencias de los funcionarios españoles, las iglesias—, siempre agrupándose en torno a la plaza central de las ciudades. La monarquía y la Iglesia, con sus respectivos grados jerárquicos, institucionalizaron la vida política y religiosa de los habitantes de aquellas tierras. Y los que no fueron asimilados —indios nómadas, comunidades rurales aisladas— pudieron ignorarse, permitiéndose su existencia al margen de la civilización, mientras no destruyeran la máquina cuyo doble propósito era, de una parte, proporcionar regularmente metales preciosos a los cofres reales y, de otra, llevar a América la verdadera fe católica y la estabilidad del gobierno paternalista. Las culturas indias no desaparecieron por completo; en muchas zonas de Latinoamérica, Perú, Bolivia, Guatemala, parte de México y en el cono meridional, la supervivencia de las lenguas indias permitió la supervivencia de costumbres, relatos populares y canciones. Pero todo esto quedaba fuera de la tradición cultural de los grandes centros del período colonial, y sólo marginalmente influía en ella.

Hacia 1533 el imperio español tenía ya la estructura que iba a permanecer esencialmente inalterable hasta fines del siglo XVIII. Había dos grandes virreinatos: el de Nueva España, cuya capital era la ciudad de México, pero que se extendía desde California casi hasta Panamá, y que incluía las islas del Caribe; y el virreinato del Perú, que abarcaba la totalidad de Sudamérica. Este imperio estaba fuertemente centralizado bajo la autoridad de un organismo supremo, el Consejo de Indias, establecido en 1524, y este organismo rendía cuentas directamente al rey y se reunía siempre en España. Los altos cargos de la jerarquía colonial española también eran oriundos de España, de modo que su identificación con los intereses de la madre patria estaba garantizada. Los criollos, es decir, los ciudadanos hispanoamericanos que habían nacido en América pero que tenían ascendencia española, sólo podían participar como miembros en las esferas inferiores, por ejemplo en los cabildos o consejos municipales.

Por otro lado, la Iglesia distaba mucho de identificarse tan unánimemente con los intereses peninsulares. La propiedad de grandes extensiones de tierras la hacía rica y poderosa, pero tenía también una tarea misionera que la llevaba a establecer estrechos contactos con los habitantes indígenas del Nuevo Mundo. Los misioneros aprendieron las lenguas de los indios, salvaron para la posteridad restos de las historias y las civilizaciones que habían existido en América antes de su llegada y mitigaron en muchos casos los abusos de que eran víctimas los indios [1]. La protesta del dominico fray Bartolomé de Las Casas (1474-1566) contra el trato que se daba a los indios de Santo Domingo y Cuba en su *Brevísima relación de la destrucción de las Indias* (1552) tuvo una gran resonancia (e indirectamente contribuyó a crear la leyenda negra de la

1. Hay un breve capítulo sobre la Iglesia y las misiones en el libro de J. H. Parry, *The Spanish Seaborne Empire*, Londres, 1966, cap. VIII.

crueldad de la España colonial). Las Casas defendió la causa de los indios en un famoso debate que tuvo lugar en Valladolid en 1550 y 1551, consiguiendo que se reconociera que los indios eran seres racionales y no esclavos naturales. Sostuvo por lo tanto que debían ser convertidos por procedimientos pacíficos y que no era lícito comprarlos ni venderlos [2]. En 1537 Las Casas se trasladó a la América central y allí, en Vera Paz (al norte de la actual Guatemala), contribuyó a fundar una comunidad experimental en la que los indios eran convertidos al catolicismo y luego se les enseñaban oficios manuales. Fue uno de los primeros entre muchos frailes paternalistas; también los jesuitas fundarían comunidades semejantes en sus misiones de Sudamérica [3]. Los mejor intencionados y los más activos de estos misioneros consideraban las Américas como la comunidad cristiana ideal en potencia, debido al hecho de que los indígenas no estaban aún contaminados por la molicie europea y toda su secuela de vicios. El aspecto negativo del influjo de la Iglesia en Latinoamérica fue la extremada estrechez de criterios y las sanciones que recaían sobre los que se desviaban de la ortodoxia doctrinal más estricta. La censura y la Inquisición aparecieron muy pronto en el Nuevo Mundo, y la labor de esta última se orientaba primordialmente contra los que trataban de importar y leer libros prohibidos y contra los que se aferraban a los residuos de creencias precristianas [4].

En un principio la vida económica de la colonia se basó en la explotación de las minas de plata y oro; más tarde se es-

2. La polémica se describe en L. Hanke, *Aristotle and the American Indians*, Londres, 1959; véase también del mismo autor, *Bartolomé de Las Casas. Bookman. Scholar. Propagandist*, Filadelfia, 1949.

3. Pierre-François-Xavier Charlevoix, *Histoire de Paraguay*, París, 1756. Una historia más reciente y legible de las misiones es la de R. B. Cunningham Graham, *A Vanished Arcadia. Being some account of the Jesuits in Paraguay 1607-1767*, ed. revisada, Nueva York, 1924.

4. La obra *Books of the Brave*, traducida con el título de *Los libros del Conquistador*, México, 1953, de I. A. Leonard, trata de la importación de libros y de los medios empleados para burlar la censura y las prohibiciones.

tablecieron grandes propiedades o haciendas en las que traba-
jaba un peonaje sometido a una mentalidad de carácter semi-
feudal. Sin embargo, los progresos de la agricultura fueron fre-
nados por la política monopolística de España, que durante
mucho tiempo sólo permitió el comercio de determinadas mercancías y únicamente entre los puertos de Sevilla y Cádiz en
la península y Veracruz, Cartagena y Porto Bello en el Nuevo
Mundo.

Aunque este control monopolista español de sus colonias no
era fundamentalmente distinto del que ejercían otras poten-
cias coloniales, tal vez se ejercía de un modo más rígido. Más
adelante hubo también unas restricciones similares por lo que
respecta a la vida cultural y espiritual de las colonias, cuyo
aislamiento de las principales corrientes del pensamiento europeo se agravó así. Conviene recordar que la cultura española,
muy brillante a fines del siglo XVI y a comienzos del XVII, fue
empobreciéndose y haciéndose cada vez más provinciana.
Y cuando se transmitía a las colonias era poco más que un
pálido reflejo de una cultura marginal.

Los intelectuales hispanoamericanos eran o clérigos y misioneros o los hijos de propietarios rurales y empleados públicos; la educación de unos y otros había corrido a cargo de la
Iglesia. Su tradición literaria era clásica y española. Pensaban en términos de categorías literarias clásicas —la oda, la
epopeya, la elegía—, o de formas difundidas en España, tales
como el soneto, la canción tradicional y el romance, la comedia o el drama religioso (el «auto»). Los temas también tendían a ser los convencionales: el idilio pastoril, el poema de
amor, el soneto religioso. Pero ¿por qué estas obras literarias
eran tan a menudo carentes de vida y faltas de inspiración?
¿Acaso en la América española escaseaban los talentos? Desde luego es bien sabido que los conquistadores no eran escritores ni intelectuales, sino hombres de acción, pero muchos de los primeros pobladores sí cultivaban la literatura.
Muchos escritores españoles emigraron al Nuevo Mundo, entre
ellos Gutierre de Cetina (1520 o 1522-1557), el dramaturgo

González de Eslava (1534?-1601?) y el novelista Mateo Alemán (1547-después de 1613). Es decir, que no faltaban hombres de talento. Pero en una sociedad colonizada no siempre es fácil que el talento pueda expresarse. La imaginación está también colonizada, es decir, no puede nutrirse de la experiencia inmediata, sino que tiende a vivir parasitariamente de los derivados de la sociedad metropolitana. No obstante, incluso en una cultura colonizada, la realidad no puede acallarse por completo. Y aunque los escritores españoles y los ya nacidos en América pero de origen español hicieron grandes esfuerzos para encajar esta realidad dentro de las categorías que les eran familiares, las circunstancias les obligaron a menudo a seguir otros caminos.

Tal vez lo que ilustra con mayor claridad esta situación es el hecho de que los materiales novelísticos potenciales tendían a ser desviados por otros conductos. El nuevo mundo no podía importar ni publicar novelas, ya que los indios debían ser preservados de una literatura de ficción que podía hacerles concebir dudas acerca de las verdades religiosas [5]. De ahí que anécdotas picantes que hubieran podido dar origen a una novela picaresca o a un volumen de cuentos al estilo de Boccaccio, se presentaran como formando parte de una crónica histórica. Así por ejemplo libros como *El carnero* (1636), del colombiano Juan Rodríguez Freile (1566-1640?), quien afirmaba hacer la crónica histórica de la época inmediatamente posterior a la conquista, cuando en realidad se limitaba a contar sucesos escandalosos.

Por eso la novela apenas existió en la América colonial. El teatro, que era el más popular de los géneros literarios de la España del siglo XVII, en las Américas se dedicaba casi exclusivamente a tratar temas religiosos y era empleado como un medio de adoctrinamiento. Aunque también se representaban algunas obras de tema profano, es significativo que el mejor de los dramaturgos americanos, Ruiz de Alarcón, se hiciera

5. *Ibid.*

famoso en España y viviera en este país durante la mayor parte
de su vida de adulto. La poesía, con menos restricciones por
parte de la censura y de las exigencias del público, fue el género más floreciente. Juan de Castellanos (1522-1627) en Nueva Granada, Bernardo de Balbuena (1568-1627) en México y
Francisco Terrazas (1525?-1600?), también de México, son figuras representativas de ese tipo de poetas, hábiles pero menores, en tal período. Bernardo de Balbuena escribió poesía
pastoril imitando a Teócrito y a Virgilio; compuso un poema
épico, *Bernardo* (1624) a imitación de Ariosto, y otro poema,
La grandeza mexicana (1604), en el que cantaba la gloria del
imperio español en el que nunca se ponía el sol. Sin duda
alguna en estos versos no hay ni el menor atisbo de la idea
de que la naturaleza virgen y el buen salvaje sean superiores
a la civilización. La gloria de España consiste en haber llevado
sus instituciones y su pompa al Nuevo Mundo:

> Y admírase el teatro de Fortuna
> pues no ha cien años que miraba en esto
> chozas humildes, lamas y laguna;
> y sin quedar terrón antiguo enhiesto,
> de su primer cimiento renovada
> esta grandeza y maravilla ha puesto.

Escribir poesía lírica fue la más habitual de las actividades
cortesanas a lo largo de todo el período colonial. Escribir una
epopeya equivalía a hacer una reivindicación. Pero la más sobresaliente de las epopeyas americanas no la escribió un criollo,
sino un español, Alonso de Ercilla y Zúñiga (1533-1594), cuyo
poema *La Araucana* (publicado en tres partes en 1569, 1578 y
1589) se compuso durante la larga guerra contra los indios
araucanos de Chile. Quizá para realzar el valor de los españoles, Ercilla destacó la fuerza, el valor y la nobleza de sus
oponentes indios. Por ejemplo en su descripción de Caupolicán, el joven jefe de los indios que es aclamado como caudillo

después de haber sufrido una prueba, tema que más tarde
utilizaría el poeta modernista Rubén Darío [6].

> Era este noble mozo de alto hecho,
> varón de autoridad, grave y severo,
> amigo de guardar todo derecho,
> áspero y riguroso, justiciero;
> de cuerpo grande y relevado pecho,
> hábil, diestro, fortísimo y ligero,
> sabio, astuto, sagaz, determinado,
> y en casos de repente reportado.

En otras palabras, tiene todas las virtudes del mejor español. En el período romántico *La Araucana* fue conocida en traducción por Southey e inspiró poemas europeos sobre el tema
del «buen salvaje»; pero ya antes había dado origen también
a imitaciones latinoamericanas, de entre las cuales la más conocida es *Arauco domado* (1596), de Pedro de Oña (1570-
1643?), nacido ya en Chile. Pero la tendencia de *La Araucana,*
así como la elevación de su estilo y su desenlace —la conversión de Caupolicán al cristianismo antes de su muerte— demuestran que Ercilla, como Balbuena, se proponía celebrar
los triunfos de España más que justificar a los indios.

No obstante, exceptuando *La Araucana* y sus imitaciones, el
enfrentamiento del antiguo mundo con el nuevo y los mitos y
leyendas que surgieron como resultado de la lucha, no iban a
expresarse en los géneros literarios al uso. La epopeya de la
conquista se compuso en otras formas: en los diarios de navegación, en los relatos de descubrimientos, en cartas, crónicas e historias, incluso en controversias. Los diarios de navegación de Colón, las *Cartas de relación* de Hernán Cortés, textos
llenos de ingenuidad y carentes de toda intención artística,
describen un salto en lo desconocido de proporciones verti-
ginosas. Libros como éstos fundan los esquemas mítico-poéticos
de la literatura latinoamericana, en la cual iban a predominar

---

6. «Caupolicán» se publicó en la edición de 1890 del *Azul* de Rubén Darío.

los temas del viaje y de la búsqueda. Los conquistadores se convirtieron en héroes legendarios. Cortés en México y Pizarro en Perú se enfrentaron con fuerzas numéricamente superiores y con inmensos peligros naturales, y de ahí que adquirieran como una aureola mágica. En la más famosa de las crónicas de la conquista, la *Historia verdadera de la conquista de la Nueva España* (1632), de Bernal Díaz del Castillo (1492-1581?), soldado de las tropas de Cortés, cada acción y cada hecho es un arquetipo, el molde original de un mito americano. Aquí encontramos a doña Marina, a quien los indios llamaban Malinche, y que actuaba de guía e intérprete, y que fue amante de Cortés. Hoy en día es el símbolo de los indios traidores que ayudan a los españoles. Aquí encontramos a Moctezuma, tratando en vano de comprar a los españoles con oro y sin conseguir más que despertar su codicia; y, con Díaz del Castillo, nos asomamos por vez primera a una civilización tan fabulosa que sólo puede compararse a la materia de los libros de caballerías:

> nos quedamos admirados, y decíamos que parecía a las cosas de encantamiento que cuentan en el libro de Amadís, por las grandes torres y *cúes* [7] y edificios que tenían dentro en el agua, y todos de calicanto, y aun algunos de nuestros soldados decían que si aquello que veían si era entre sueños, y no es de maravillar que yo escriba aquí de esta manera, porque hay mucho que ponderar en ello que no sé como lo cuente; ver cosas nunca oídas, ni aun soñadas, como veíamos.

«Cosas nunca oídas ni aun soñadas» llenan estos relatos de la conquista. Nunca un grupo de hombres fue tan consciente de estar haciendo historia e incluso más que historia. Hechos como la muerte de Moctezuma y el de su hijo Cuauhtémoc en México, la traición y muerte de Atahualpa en Perú, iban a convertirse en el origen de leyendas y de una literatura casi

7. *Cúes* equivale a templo. La palabra es de origen caribe según Acosta, citado por R. H. Humphreys, *Tradition and Revolt*, Londres, 1965.

tan fecunda como las guerras de Troya. Y aún antes de que se incorporaran a la mitología de América, sirvieron como tema a innumerables obras dramáticas y narrativas de la Europa de los siglos XVII y XVIII [8].

Estos cronistas del siglo XVI, hombres como Bernal Díaz del Castillo; Pedro Cieza de León (1519 o 1522-1560), que escribió acerca de la conquista del Perú; Agustín de Zárate (?-después de 1560), autor de la *Historia del descubrimiento y conquista del Perú* (1555); Gonzalo Jiménez de Quesada (1499-1579), cronista del descubrimiento y conquista de Nueva Granada; y fray Gaspar de Carvajal (1504-1584), el primero que describió el Amazonas; o Álvar Núñez Cabeza de Vaca (1490?-1559), autor de los *Naufragios y comentarios,* obra en la que habla de su cautiverio entre los indios; todos éstos y muchos otros ofrecieron una visión imaginativa del Nuevo Mundo y cada cual a su manera aportó su testimonio sobre un enfrentamiento de razas y culturas que hasta entonces había carecido de precedentes [9].

Hubo sin embargo un escritor del siglo XVI que dramatizó en su vida y en sus escritos los elementos conflictivos —indígenas e hispánicos— que iban a dar forma a la América española. Este hombre fue el «Inca» Garcilaso de la Vega (1539-1616), hijo de una noble inca y de un conquistador español, y autor de los *Comentarios reales,* inapreciable y emotivo documento del imperio inca de América del Sur.

En 1560 el Inca abandonó su Cuzco natal para trasladarse a España, donde gozó de la protección de su familia paterna. Los últimos veinte años de su vida transcurrieron en Córdoba. En muchos aspectos fue el típico hombre de letras del siglo XVI, y una de sus obras más importantes fue la traduc-

8. H. N. Fairchild, *The Noble Savage. A Study in Romantic Naturalism,* Nueva York, 1928. G. Chinard, *L'Amérique et le rêve exotique dans la littérature française au XVII* et au XVIII* siècles,* París, 1913.

9. Para las actitudes europeas respecto a los no europeos, véase E. H. P. Baudet, *Paradise on Earth. Some thoughts on European images of non-European man,* New Haven y Londres, 1965.

ción al español de los *Dialoghi d'amore* del neoplatónico León Hebreo. En 1606 publicó *La Florida del Inca,* una relación de las aventuras de Hernando de Soto, el descubridor de Florida, y una de las primeras descripciones imaginativas del Nuevo Mundo. Pero fueron sus *Comentarios reales que tratan del origen de los incas,* aparecidos en 1609 (una segunda parte, con el título de *Historia general del Perú,* se publicó póstumamente en 1617) los que le proporcionarían fama en toda Europa, sirviendo de punto de partida para dramas, novelas y obras de todo género sobre el tema del buen salvaje [10].

Los *Comentarios reales* describen las costumbres, el trato, la organización social y política, la vida intelectual y los acontecimientos históricos del régimen inca. Inestimable testimonio acerca de la cultura inca, incluye transcripciones de cantos y plegarias que de otro modo se hubieran perdido. El Inca era un historiador concienzudo, y en las primeras páginas de su libro nos refiere lo difícil que le fue llegar a adquirir unos conocimientos tan especializados acerca del tema.

> Yo nací ocho años después que los españoles ganaron mi tierra, y como lo he dicho, me crié en ella hasta los veinte años, y así vi muchas cosas de las que hacían los indios en aquella su gentilidad, las cuales contaré, diciendo que las vi. Sin la relación que mis parientes me dieron de las cosas dichas y sin lo que yo vi, he habido otras muchas relaciones de las conquistas y hechos de aquellos reyes; porque luego que propuse escribir esta historia, escribí a los condiscípulos de escuela y gramática, encargándoles que cada uno me ayudase con la relación que pudiese haber de las particulares conquistas que los Incas hicieron de las provincias de sus madres.

En propósito fundamental del Inca era de carácter justificativo, quería demostrar que el imperio inca podía compararse con los de Roma y Grecia y que su religión no estaba muy

---

10. Fairchild, *op. cit.*

lejos del monoteísmo, y que por lo tanto estaba madura para la fe cristiana. Aunque juzgaba la civilización de la raza de su madre desde el punto de vista de un hombre que ha adquirido la visión superior de la cristiandad occidental, las circunstancias le obligaron a adoptar criterios más amplios que muchos de sus contemporáneos. Rechazó el latín en favor de la lengua española cuando se trataba de traducir la poesía quechua y no tuvo el menor reparo en declarar su ignorancia por lo que respecta a la lengua clásica:

> Para los que no entienden indio ni latín, me atreví a traducir los versos en castellano, arrimándome más a la significación de la lengua que mamé en la leche, que no a la ajena latina, porque lo poco que de ella sé lo aprendí en el mayor fuego de las guerras de mi tierra, entre armas y caballos, pólvora y arcabuces, de que supe más que de letras.

Queda así claro que se dirige a un público más numeroso que el de tipo académico y que está muy interesado por insistir en el esplendor y las realizaciones de una civilización peruana indígena que todos los europeos parecían demasiado propensos a condenar como pagana y bárbara.

Inadvertidamente contribuyó a inclinar la balanza en otra dirección promoviendo el mito del buen salvaje. Por ejemplo, la conocida novela de Jean-François Marmontel *Les Incas* (1777), basada en gran parte en el texto de Garcilaso, nos presenta a unos indios nobles y desinteresados, aunque a veces víctimas de extravíos, que están a la merced de los codiciosos españoles. Pero dejando de lado su repercusión en épocas posteriores, la obra del Inca representa en la literatura la aparición de un tipo humano completamente nuevo, el del mestizo, el hombre en cuya sangre se mezclan la europea y la americana.

Una vez terminada la conquista, la tarea intelectual no podía limitarse simplemente a describir, sino que había también que encajar la variedad y la peculiaridad del Nuevo Mundo en formas aceptables y reconocibles. Por este motivo Garcilaso nunca permite al lector olvidar que las costumbres que está describiendo son semejantes a las costumbres de Grecia y Roma. Así, al tratar de la actitud de los incas respecto a los rayos y truenos, afirma: «Lo mismo sintieron dello que la gentilidad antigua sintió del rayo, que lo tuvo por instrumento y armas de su dios Júpiter». Lo que el Inca llevó a cabo intuitivamente, otros lo continuaron por vía científica. La tentativa más ambiciosa de acomodar la nueva materia americana a los conocimientos tradicionales estuvo a cargo del jesuita padre José de Acosta (1539-1600), autor de la *Historia natural y moral de las Indias*. El padre Acosta vivió en la provincia del Perú desde 1570, el año de su llegada al Nuevo Mundo, y visitó México antes de su regreso a España en 1587. Hombre de conocimientos muy diversos, muy versado en la literatura clásica, poseía una insaciable curiosidad y se dedicaba al minucioso estudio de las ciencias positivas. Pero por encima de todo le preocupaba el problema de acomodar su experiencia en el Nuevo Mundo a la enseñanza de los antiguos, con la que le había familiarizado su formación jesuítica. Como Garcilaso, insiste también en su conocimiento directo del continente que describe, apoyándose no en teorías, como hacían muchos de sus contemporáneos, sino en escrupulosas observaciones y en deducciones fundadas en el sentido común. Así, por ejemplo, dice que los antiguos no pudieron descubrir las Américas debido a carecer de piedra imán, y por lo tanto su viaje no hubiese sido posible. Supone también que los indios americanos debían de haber llegado a América atravesando el estrecho de Bering. Una y otra vez se ve obligado a desmentir a Aristóteles, quien, por ejemplo, había sostenido que la «zona tórrida» próxima al ecuador no era habitable, cuando el padre Acosta sabía por propia experiencia que era «cómoda, placentera y agradable». Este hombre honrado y razonable también realzó la dignidad de los habitantes indígenas de las Américas. Se negó a considerarles meramente como unos salvajes, argumentando que tenían un gobierno y una civilización que, de haber sido conocidos, hubiesen sido tan apreciados como los de los antiguos. Deploró la codicia y la precipitación de los conquistadores que habían dado muerte a hombres a los que no podían entender y a los que trataban como animales:

> como sin saber de esto entramos por la espada sin oírles ni entenderles, no nos parece que merecen reputación las cosas de los indios sino como de caza habida en el monte y traída para nuestro servicio y antojo. Los hombres más curiosos y sabios que han penetrado y alcanzado sus secretos, su estilo y gobierno antiguo, muy de otra suerte lo juzgan, maravillándose que hubiese tanto orden y razón entre ellos.

El padre Acosta aconseja el estudio de la cultura india, aunque sólo fuese por motivos políticos:

> Que demás de ser agravio y sinrazón que se les hace, es en gran daño por tenernos aborrecidos como a hombres que en todo, así en lo bueno como en lo malo, les somos y hemos sido siempre contrarios.

La *Historia natural* constituye una completa revisión de los conocimientos referentes al Nuevo Mundo y un replanteamiento de las obras de los antiguos a la luz de estos conocimientos. Leyendo la obra de Acosta podemos apreciar la gran conmoción que provocó en las estructuras intelectuales europeas el descubrimiento de América. No obstante, la simpatía que muestra por los indios y su cultura no fue en modo alguno un caso aislado, ya que los jesuitas se identificaron a menudo con sus conversos, y durante los años de su actividad misionera en las Américas fueron convirtiéndose gradualmente en los apologistas de los indios. Hasta el punto de que, al menos en parte, gracias a sus escritos llegó Rousseau a concebir la idea del hombre natural.

El conflicto con la cultura de la metrópoli no fue tan sólo una experiencia propia de los misioneros, sino que también

participaron en ella todos los que tuvieron algo que ver con
la labor intelectual. Nadie acusó las contradicciones de un
modo más agudo que la mayor figura literaria del período colonial, la monja mexicana sor Juana Inés de la Cruz (1648-1695).
Su posición era aún más difícil por el hecho de ser una mujer y tener por lo tanto menos caminos que elegir. De hecho
sólo tenía dos posibilidades efectivas, el matrimonio o la vida
religiosa. A una edad muy temprana, y después de un breve
período de servicio en la corte virreinal de México, tomó el
velo por razones que explicó en una carta conocida por *Respuesta a sor Filotea de la Cruz* (1691):

> Entréme religiosa, porque aunque conocía que tenía el
> estado cosas (de las accesorias hablo, no de las formales)
> muchas repugnantes a mi genio, con todo, para la total nega-
> ción que tenía al matrimonio, era lo menos desproporcionado
> y lo más decente que podía elegir en materia de la seguridad
> que deseaba de mi salvación; a cuyo primer respeto (como al
> fin más importante) cedieron y sujetaron la cerviz todas las
> impertinencillas de mi genio, que eran de querer vivir sola,
> de no querer tener ocupación obligatoria que embarazase la
> libertad de mi estudio, ni rumor de comunidad que impidiese
> el sosegado silencio de mis libros.

Su entrada en el convento no significó para ella la tranquilidad definitiva. En el curso de su vida las exigencias de
una inquieta inteligencia le empujaron a expresar sus conflictos valiéndose de toda clase de formas literarias: en poesía,
componía romances, redondillas, liras, silvas, villancicos y obras
de carácter filosófico, como *El sueño*; en el teatro, escribía sainetes, loas, autos y comedias profanas; y en polémicas religiosas y escritos en prosa.

Como poeta, era más intelectual que lírica. Sus poemas suelen ser de tipo discursivo, y demuestra estar muy preocupada por la extensión y limitaciones del conocimiento intelectual. Uno de sus romances, por ejemplo, lleva por título «Acusa
la hidropesía de mucha ciencia, que teme inútil aun para saber

y nociva para vivir». El romance termina con los siguientes
versos:

> Aprendamos a ignorar,
> Pensamiento, pues hallamos
> Que cuanto añado al discurso,
> Tanto le usurpo a los años.

Sentimiento que parece estar en contradicción con el apasio-
nado amor que sentía por las ciencias. Su visión racional se
extiende a sus emociones, como muestran los títulos de algunos de sus romances y redondillas. Por ejemplo, en uno de
sus poemas sintetiza el tema de este modo: «En que describe
racionalmente los efectos irracionales del amor»; y en otro:
«Que resuelve con ingenuidad sobre problema entre las ins-
tancias de la obligación y del afecto». La pugna entre la razón y el irracionalismo es uno de sus temas predilectos, que
a menudo se plasma en un ingenioso juego de contradicciones:

> En dos partes dividida
> tengo el alma en confusión,
> una esclava a la pasión
> y otra a la razón medida.

En otros poemas la contradicción se expresa como una
disputa entre enamorados que riñen o entre rivales por amor,
entre Fabio y Silvio, o Feliciano y Lisardo.

Uno de los poemas más ambiciosos de sor Juana, *El sueño*,
ilustra tanto su genio como sus limitaciones. Aunque el poema
se presenta como una imitación de Góngora, la autora carece
de la sensualidad y de la fuerza plástica del poeta español. La
suya es una actitud intelectual. En la descripción que hace el
poema del alma sumida en el sueño, el poeta ve el sueño más
como un fenómeno físico que como algo que da acceso a un
mundo misterioso e irracional.

> El cuerpo siendo, en sosegada calma,
> un cadáver con alma,

muerto a la vida y a la muerte vivo,
de lo segundo dando tardas señas
el del reloj humano
vital volante que, si no con mano,
con arterial concierto, unas pequeñas
muestras, pulsando, manifiesta lento
de su bien regulado movimiento.

La fascinación que siente sor Juana por los detalles técnicos ahoga el lirismo y el ritmo poético. Elige palabras como «reloj», «vegetativo», «arterial», «volante», por su exactitud, y tal vez haya más ciencia que poesía en su descripción de la perfecta maquinaria de reloj del cuerpo humano. Ello no equivale a menospreciar a sor Juana, sino a maravillarnos por el ingenioso modo con que consiguió dedicarse a las cuestiones intelectuales que le interesaban a pesar de lo limitado de las posibilidades que se abrían ante ella.

Fue por otra parte un prolífico dramaturgo, aunque nunca fue más allá de las convenciones del teatro español contemporáneo. Pero escribió comedias de enredo, como *Los empeños de una casa,* muy aguda e ingeniosa, y autos como *El divino Narciso,* una deliciosa obra de tipo pastoril en la que se personifica la naturaleza humana en su búsqueda de la salvación.

Un gran amigo de sor Juana, que compartía con ella su curiosidad intelectual, fue el polígrafo Carlos Sigüenza y Góngora (1645-1700), cuyos escritos abarcan los campos más diversos, la antropología, la historia, las matemáticas, la astronomía, el periodismo contemporáneo y la poesía. Aunque tuvo más oportunidades que sor Juana para cultivar las ciencias, sufría también la inhibición de vivir en una sociedad colonial, lejos de los centros de enseñanza más adelantados, y su destino fue el de ser como una especie de Newton mudo y sin gloria. Después de recibir la formación propia de un jesuita, abandonó la orden y ocupó una cátedra de matemáticas, pero a diferencia de sus contemporáneos, los científicos ingleses, cuya obra teórica no se llevaba a cabo en el vacío, Sigüenza y Góngora tuvo que trabajar casi solo. Para el historiador de la literatura su principal interés estriba en que fue el primer novelista mexicano, el autor de *Los infortunios de Alonso Ramírez* (1690), más que en su obra poética que en conjunto es más bien pedestre.

Sor Juana Inés de la Cruz, Sigüenza y Góngora son ejemplos de escritores cuya imaginación estaba encadenada por un ambiente provinciano que les ofrecía horizontes muy pequeños para su talento. No sólo vivieron en lugares lejanos de España, sino que dependían además de una metrópoli cuya vida intelectual ya se había quedado rezagada respecto a la de los otros países europeos. Sin embargo, también hubo aspectos positivos de la sociedad colonial de los que se beneficiaron. Sin duda alguna el convento ofrecía el tipo de protección y de justificación que sor Juana necesitaba para su vida solitaria, y forzosamente había otras mujeres en situaciones semejantes. En Colombia, por ejemplo, había una excelente poetisa lírica, la venerable madre Francisca Josefa del Castillo y Guevara (1671-1742), quien, aunque menos intelectual que la monja mexicana, mostró mayores dotes líricas en su poesía religiosa.

El otro virreinato, que tenía la capital en Lima, el Perú, parecía aún más lejano que México de las novedades intelectuales, aunque conoció períodos en los que la corte virreinal tuvo gran pompa y brillantez. Sin embargo, en comparación con México su conservadurismo era mayor. La poesía satírica de Juan del Valle Caviedes (1652?-1692) fustiga a los presuntuosos doctores de clase media. Al abrigo de su convento, Diego de Hojeda (1571-1615) escribió su epopeya cristiana, *La Christiada* (publicada en 1611), que empieza con la última cena y termina con la crucifixión. A menudo los escritores de Lima se hicieron más famosos por sus excelentes imitaciones que por su originalidad. Juan de Espinosa Medrano, «El Lunarejo» (1632-1688), escribió prosa culterana y publicó un *Apologético en favor de don Luis de Góngora*. Y una de las grandes figuras de la Lima colonial, Pedro de Peralta Barnuevo (1663-1743) adoptó una actitud mucho más defensiva ante las nuevas ideas que sus equivalentes mexicanos. Hoy en día se le recuerda sobre todo por su epopeya *Lima fundada* (1732), aunque también cultivó el teatro.

El estilo del período colonial suele calificarse sumariamente de «barroco» porque tanto en las artes plásticas como en la literatura hubo una clara tendencia a la inventiva formal. Sin embargo el uso de este término contribuye a oscurecer algunas de las diferencias más interesantes que se produjeron entre la vida intelectual de diversos centros durante el período de la colonia. ¿Por qué, por ejemplo, México da más pensadores heterodoxos que el Perú? Hombres como fray Servando Teresa de Mier (1765-1827), que incluso negaba a España la gloria de haber llevado el cristianismo al Nuevo Mundo. Ésta es una zona de estudios comparativos todavía muy descuidada. Incluso en el estado relativamente superficial de nuestros conocimientos actuales acerca del período colonial, hay contrastes fascinantes entre México y Perú.

El abuso de la ornamentación barroca en las iglesias de la América española se atribuye con frecuencia al influjo de los artesanos indios. Sin embargo, en literatura los escritores mestizos o indios son demasiado escasos para que pueda pensarse en esta explicación, aunque tanto en México como en Perú la raza india sometida nunca pudo excluirse de un modo absoluto de la cultura. Garcilaso y El Lunarejo fueron mestizos. En el Perú el quechua siguió hablándose y hubo una ininterrumpida tradición poética en esta lengua [11]. Testimonio del vigor de la cultura quechua es, no sólo los poemas recogidos por los eruditos modernos, sino también la supervivencia de un curioso drama híbrido, *Ollantay,* cuya estructura es española, pero que está escrito en quechua.

En Hispanoamérica, a lo largo de todo el período colonial hubo unas fuerzas activas que minaron o entraron en conflicto con la cultura importada. La mezcla de razas, el aislamiento

---

11. Ejemplos de poesía quechua pueden encontrarse en J. M. Arguedas, *Poesía quechua,* Buenos Aires, 1966.

de las zonas rurales, las diferentes formas de vida y de estructura social —las del gaucho, por ejemplo— que estaban determinadas por la naturaleza del entorno, la concentración de las minorías ilustradas en enclaves urbanos dispersos, todos estos factores contribuyeron a la creación de dos culturas y a la pervivencia de estas dos culturas hasta nuestros días. La cultura urbana, especialmente en los centros de mayor importancia, miraba hacia Europa; sus contactos con Europa eran tan intensos, si no más, que los que mantenía con los territorios circundantes. En el campo perduraban estructuras sociales más antiguas: la hacienda feudal, la tribu nómada, la comunidad jesuítica, el *ayllu* o colectividad que tenía sus orígenes en la sociedad inca precolombina, el cacique o jefe local que podía levantar un ejército de seguidores siempre que lo juzgase necesario. Estas organizaciones primitivas coexistían con las estructuras impuestas por la Corona y el Consejo de Indias, y no fueron suprimidas mientras no se opusieron a los intereses del imperio. Y en estas zonas la literatura tendía a ser tan arcaica como las estructuras sociales. La literatura era de tipo oral, tanto si adoptaba la forma de los romances gauchos, de las canciones de plantación o de los cuentos populares. A fines del siglo XIX, en un ensayo titulado «Nuestra América» [12], José Martí analizó estas dos culturas, la del hombre natural y la del «libro importado», insistiendo en que la minoría intelectual debía guiarse por la primera más que por la segunda. Incluso hoy en día persiste un abismo entre ambas. El imperio español dejó una huella indeleble, tanto en el aspecto físico del continente, en sus ciudades y en sus edificios, como en su literatura. La lengua y la tradición españolas fueron los cimientos de la literatura hispanoamericana, pero la asimilación de la experiencia americana y su transmutación en arte fue una tarea mucho más difícil de lo que pareció en un principio. A partir del movimiento independentista observaremos lo dura que fue

12. «Nuestra América» figura en la antología de las obras de Martí preparada por J. Torres Bodet, *Nuestra América,* México, 1945.

la lucha del escritor para liberarse a sí mismo de su imaginación colonizada y lo urgente que era la búsqueda de la autenticidad. Este afán nos explica, al menos en parte, la importancia del ensayo. «Nuestra América» de Martí, el *Facundo* de Sarmiento, los ensayos de Alfonso Reyes y de Octavio Paz en el México del siglo xx, o de Ezequiel Martínez Estrada en la Argentina, representan diversas etapas de esta larga pugna por conseguir una identidad que los traumas de la conquista y de la colonización hicieron inevitable.

La dependencia cultural no era tan sólo una cuestión de influencias, ya fuesen españolas o francesas. La dependencia se reflejó también en las estructuras míticas de la literatura hispanoamericana. Meta de la búsqueda de El Dorado, la América latina fue el objeto de la expansión europea. Lo que Europa veía como un horizonte sin límites era para la América española el círculo cerrado. Porque ellos no tenían adonde ir. De ahí que aunque el esquema del viaje se convierta en una de las estructuras más frecuentes de la literatura hispanoamericana, el viaje tiende a ser circular o frustrado. En los países dependientes el avance se interrumpe, lo que parece lineal no lo es, existe una tendencia a mirar hacia atrás y a tratar de encontrar la autenticidad en una edad de oro del pasado. En este aspecto el mito del indio iba a representar una función importante. Aunque su cultura sólo había sobrevivido fragmentariamente y había sido destruida, en zonas apartadas existía aún una considerable pervivencia de lenguas y creencias que a menudo la propia Iglesia se había encargado de alentar. Fue el franciscano Bernardino de Sahagún (1500-1590) quien salvó del olvido gran parte de los conocimientos de los indios en su monumental *Historia general de las cosas de la Nueva España*; fue un clérigo, el padre Ximénez, quien tradujo y transmitió a la posteridad la biblia maya, el *Popol Vuh*. A partir de residuos como éstos, que se habían conservado de un modo accidental, los escritores posteriores a la independencia iban a crear nostalgias de esa otra cultura «inocente», incontaminada por la conquista. El viaje frustrado, la edad de oro de los indios, el mito de El Dorado, fueron mitos creados en el período colonial que iban a sobrevivir largo tiempo a la independencia. El estudio de estos grandes patrones estructurales nos permitirá a menudo observar cómo los restos de la literatura europea se incorporaron a los nuevos productos de la literatura hispanoamericana.

LECTURAS

Este capítulo no es más que una introducción destinada a señalar las tendencias del período colonial que iban a influir en la literatura posterior a la independencia. Para un estudio más detallado de la literatura colonial, véase Raimundo Lazo, *Historia de la literatura hispanoamericana*, I: *1492-1780*, México, 1965. Existe también una panorámica general muy bien escrita, la de Mariano Picón Salas, *De la conquista a la independencia*, México, 1944 y varias reediciones (versión inglesa: *A Cultural History of Spanish America from Conquest to Independence*, Berkeley y Los Ángeles, 1960). Sobre México es recomendable la obra de Irving A. Leonard, *Baroque Times in Old Mexico*, Ann Arbor, 1959, de fina sensibilidad. Sobre el Perú, el tema de la literatura colonial se debate ampliamente en Luis Alberto Sánchez, *La literatura peruana*, 6 vols., Buenos Aires, 1951. Los interesados por la literatura anterior a la conquista pueden consultar tres antologías poéticas: J. M. Arguedas, *Poesía quechua*, Buenos Aires, 1966; M. A. Asturias, *Poesía precolombina*, Buenos Aires, 1960, y J. Alcina Franch, *Poesía americana precolombina*, Madrid, 1968.

Textos

Acosta, P. José de, *Obras*. Estudio preliminar y edición del padre Francisco Mateos, Madrid, 1954.
Cabeza de Vaca, Álvar Núñez, *Naufragios y comentarios*, 4.ª ed., col. Austral, Buenos Aires, 1957.
Díaz del Castillo, Bernal, *Historia verdadera de la conquista de la Nueva España*, México, 1960.
Ercilla, Alonso de, *La Araucana*, Santiago de Chile, 1956.

Garcilaso de la Vega, «El Inca», *Comentarios reales,* 6.ª ed., col. Austral, Buenos Aires, 1961.

Juana Inés de la Cruz, Sor, *Obras completas,* 4 vols., México, 1962.

——, *Poesía, teatro y prosa,* Antonio Castro Real, ed., México, 1944.

——, *Antología,* Elias L. Rivers, ed., Salamanca, 1965.

Las Casas, Bartolomé de, *Tratados,* México, 1966.

Sigüenza y Góngora, Carlos de, *Los infortunios de Alonso Ramírez,* en la antología *La novela de México colonial,* de Antonio Castro, 2 vols., México, 1964.

Parte de la poesía del período colonial se incluye en la antología compilada por Marcelino Menéndez y Pelayo, *Antología de poesía hispanoamericana,* Madrid, 1893-1895.

*Estudios históricos y comentarios críticos
sobre determinados autores*

Garibay, A. M., *La literatura de los aztecas,* México, 1964.

Gerbi, Antonello, *Viejas polémicas sobre el nuevo mundo,* Lima, 1944.

Hanke, Lewis, *La lucha por la justicia en la conquista de América,* Ed. Sudamericana, Buenos Aires, 1949.

Kirkpatrick, F. A., *Los conquistadores españoles,* 7.ª ed., col. Austral, Buenos Aires, 1960.

León-Portilla, Miguel, *The Broken-Spears. The Aztec Account of the Conquest of México,* Londres, 1962.

Parry, J. H., *The Spanish Seaborne Empire,* Londres, 1966.

Paz, Octavio, «Sor Juana Inés de la Cruz», en *Las peras del olmo,* Seix Barral, Barcelona, 1971.

Pfandl, Ludwig, *Sor Juana Inés de la Cruz, la décima musa de México,* México, 1963.

Picón Salas, Mariano, *De la conquista a la independencia; tres siglos de historia cultural hispanoamericana,* 4.ª ed., Fondo de Cultura Económica, México, 1965.

Roggiano, A., «Momentos de la poesía en los primeros centros culturales de la colonia», *En este aire de América,* primera serie, México, 1966.

Wolf, Eric R., *Sons of the Shaking Earth,* Chicago, 1959.

Capítulo 1

INDEPENDENCIA Y LITERATURA

> Pocas veces ha presentado el mundo un teatro igual
> que el nuestro para formar una constitución que haga
> felices a los pueblos.
>
> MARIANO MORENO

1. LOS PRIMEROS PASOS

El espíritu de la independencia se dejó sentir en la América hispana antes de que las repúblicas se emancipasen del gobierno español. En el siglo XVIII existía ya la conciencia de un destino separado respecto al de España, y esta conciencia se reflejó, aunque de un modo vacilante, en la cultura colonial. Este nuevo espíritu no apareció espontáneamente. La propia España estaba sufriendo un cambio. Carlos III, considerando que la Iglesia era un obstáculo para el progreso, comenzó a atacar los privilegios eclesiásticos y en 1767 decretó que los jesuitas fueran expulsados de España y de las colonias españolas. Con los jesuitas desapareció uno de los puntales de la sociedad colonial, ya que no sólo poseían extensos territorios en Sudamérica sino que eran también los educadores y los misioneros más activos. Su expulsión les convirtió en oponentes de España y su poderosa propaganda se dirigió contra el gobierno colonial y la monarquía en cuanto institución. Por paradoja, el período en el cual el poder español en las colonias empezó a ser objeto de serias críticas, coincidió con el momento en que las cortes virreinales, sobre todo la de Lima, alcanzaron un gran esplendor. Lima, durante el virreinato de Amat (1761-1765) tenía una brillante vida social con teatros, animados cafés, espectáculos alegóricos y corridas de toros.

Sucede a menudo que un período de reformas, al hacer concebir grandes esperanzas, aumenta las posibilidades de que se produzca una revolución más violenta. En la América española del siglo XVIII hubo varios levantamientos contra la Corona de España, como la famosa rebelión del indio Tupac Amaru en el Perú, rebelión aplastada con una dureza atroz en 1781. Y a medida que las estructuras sociales y políticas se debilitaban, la máquina de la represión empezó a funcionar con mayor brutalidad. La Inquisición, que en las colonias nunca tuvo la eficacia que llegó a tener en España, redobló sus actividades y se orientó de un modo especial contra los jesuitas y contra los libros prohibidos, dedicándose de un modo particular a las obras de Rousseau y Voltaire, que podían fomentar el escepticismo o la rebelión. Los hombres de las colonias, en el momento en que estaban más predispuestos a buscar nuevas ideas, corrían mayores peligros por el hecho de abrazarlas.

En un período de transición como éste, la literatura de ficción quedó bastante arrinconada. El libelo, el pasquín y el periódico, que apareció por vez primera en las colonias en la última parte de este siglo, ofrecían unos medios de expresión más directos para manifestar la crítica y las protestas. Uno de los medios favoritos de atacar al gobierno español fue el pasquín, los carteles que se colgaban en la puerta de un edificio público o de algún otro lugar bien visible. He aquí, por ejemplo, uno que apareció en Cuzco:

> Ya en el Cuzco con empeño
> quieren sacudir, y es ley,
> el yugo de ajeno Rey
> y coronar al que es dueño.

> ¡Levantarse americanos!
> Tomen armas en las manos
> y con osado furor,
> maten, maten sin temor
> a los ministros tiranos [1].

Las autoridades españolas intentaron enérgicamente desarraigar estas ideas subversivas y, en 1782, después de la rebelión de Tupac Amaru, prohibieron los *Comentarios reales* de Garcilaso, porque se suponía que el libro suscitaba peligrosos sentimientos de orgullo respecto a un pasado precolonial. Por otra parte la Inquisición era cada vez más impotente ante los progresos de la ciencia. Así fracasó una tentativa de condenar al naturalista José Celestino Mutis (Colombia, 1732-1808) por creer en el sistema copernicano. Además, el aumento de las comunicaciones entre Europa y las colonias hizo imposible el que pudieran atajarse las nuevas ideas. Las noticias de la emancipación de las colonias de Norteamérica o de la revolución francesa no podían silenciarse, y un número cada vez mayor de criollos que visitaban Europa hacían de mensajeros de las ideas revolucionarias. El revolucionario errante es característico de este período, hombres como fray Servando Teresa de Mier (1765-1827), cuyo odio a los españoles llegó hasta el extremo de afirmar que no habían llevado el Evangelio a las Américas, ya que éste ya había sido conocido en los tiempos precoloniales debido a que santo Tomás lo introdujo en el Nuevo Mundo. En 1794, después de un sermón en el que predicó esta doctrina, se vio obligado a huir de México. Su turbulenta vida está recogida en sus *Memorias*. Una influencia más directa en el movimiento de la independencia tuvo el venezolano Francisco Miranda (1750-1816), el infatigable viajero que visitó Rusia y las cortes de Europa buscando ayuda para la lucha por la independencia, y que murió en una prisión española.

No menos importantes fueron los viajeros europeos que

1. Luis Alberto Sánchez, *La literatura peruana*, IV, 102.

por aquel entonces empezaron a llegar a las antiguas colonias españolas con una curiosidad insaciable acerca de unas tierras que los españoles habían conseguido aislar de un modo tan completo del resto del mundo. El más famoso de éstos fue Alexander von Humboldt, filósofo alemán que dio rigor científico a sus observaciones acerca de las razas, la flora, la fauna y la geología del continente, y que reveló la existencia de grandes recursos sin explotar. Sus *Voyages* (1814-1829) confirmaron la opinión de muchos criollos de que España no había sabido aprovechar las posibilidades del continente y que, al haber fracasado en este empeño, debía retirarse para dejar aquellas tierras en manos de los que tenían verdadero interés en su desarrollo [2].

La frustración económica fue probablemente la causa principal del descontento de los criollos a fines del siglo XVIII, y ello se agudizó al darse cuenta de la expansión de que gozaba Norteamérica después de declararse independiente. Pero la ideología de la emancipación llegó de Europa y se inspiraba en el *Contrato social* de Rousseau y en las ideas de Montesquieu. El concepto rousseauniano de una voluntad general y el «espíritu de las leyes» de Montesquieu afectaron a la autoridad y a las instituciones no sólo en la monarquía y en la metrópoli.

A pesar de todo, cuando llegó la independencia fue como un hecho apresurado por circunstancias exteriores. La guerra revolucionaria francesa, la invasión napoleónica de España, las cortes libres de Cádiz que se reunieron en 1812 y proclamaron una constitución liberal, y la revolución liberal contra Fernando VII en 1820, cada uno de estos acontecimientos repercutió en mayor o menor grado en la lucha por la independencia, que, no obstante, en ciertas partes del imperio español se prolongó más que en otras. Llevada a cabo sin encontrar grandes dificultades en la región del Plata, en Venezuela y en la

2. Se publicó una traducción inglesa en siete volúmenes (1814-1829) con el título de *Personal Narrative of Travels to the Equinoctial Regions of the New Continent during the years 1799-1804*.

región andina, la independencia sólo se produjo como resultado de una larga y durísima contienda.

Las guerras de la independencia empezaron de un modo curioso. En 1806, durante la guerra napoleónica, una flota británica salió de África del Sur en dirección a la Argentina con el propósito de invadir el hemisferio. La invasión fue repelida por los colonos, quienes, en la lucha, empezaron a sentirse seguros de sí mismos. Pero fue la invasión de España por las tropas napoleónicas y la lucha de los españoles contra los franceses lo que tuvo consecuencias de mayor alcance, ya que una vez destronado el monarca legítimo, el vínculo legal que unía a España con América quedó también roto. Las ciudades de Caracas y Buenos Aires derrocaron inmediatamente al gobierno del rey. En 1811 se declaró la independencia de Venezuela, pero los españoles defendieron el territorio, y en 1812, Simón Bolívar, caudillo del ejército independiente, se vio obligado a retirarse. Volvió en 1814, nuevamente conoció la derrota y sólo triunfó en una tercera expedición que a partir de 1816 operó desde la base de Angostura y fue conquistando paulatinamente Nueva Granada (la actual Colombia) y Venezuela.

En la Argentina el levantamiento independentista fue más afortunado, porque los españoles no tenían tanto interés en defender un territorio que había tenido escaso desarrollo. Desde este centro se planeó la liberación de la parte meridional del continente bajo el caudillaje de José de San Martín (1778-1850), el más sobresaliente de los jefes de estas campañas. La totalidad de Hispanoamérica quedó virtualmente liberada cuando Bolívar destruyó el último núcleo importante de resistencia española en el Perú en la batalla de Ayacucho en 1824.

La emancipación de México siguió un curso bastante diferente. Aquí se produjo una revolución social en 1810 cuando un sacerdote de Dolores, Miguel Hidalgo, se puso al frente de una andrajosa turba de indios que atacó a los españoles; fue capturado y ejecutado. La derrota de Hidalgo se debió tanto a los criollos conservadores como a los españoles, y cuando por fin se consiguió la independencia de México fue como resultado de un levantamiento conservador encabezado por Iturbide, quien se hizo coronar emperador.

El movimiento de la independencia tuvo así muchas facetas diferentes; conservadoras en México, liberales en la región del Río de la Plata, donde hombres como Mariano Moreno (1778-1811) representaban el pensamiento más ilustrado sobre los temas de la democracia y de la raza. En su prólogo a una edición del *Contrato social,* Moreno rinde tributo al inmortal Rousseau:

> quizá el primero, que disipando completamente las tinieblas, con que el despotismo envolvía usurpaciones, puso en clara luz los derechos de los pueblos, y enseñándoles el verdadero origen de sus obligaciones, demostró las que correlativamente contraían los depositarios del gobierno.

Las palabras de Moreno expresan las mayores esperanzas de los antiguos colonos, las de formar un nuevo tipo de sociedad fundada en la razón y en la justicia del hombre rousseauniano.

Como ya se ha dicho antes, el período de la independencia no tuvo una gran literatura; a pesar de lo cual aparecieron obras cuyos autores demostraron una nueva conciencia del mundo que les rodeaba, obras que no eran imitaciones serviles de las modas de Europa. Una de éstas era debida a un español, un miembro de la burocracia colonial que vivía en Lima. Se trata de Alonso Carrió de la Vandera (h. 1715-después de 1778), que fue primero corregidor y más tarde inspector de postas en el Perú. Bajo el seudónimo de Concolorcorvo escribió una guía para viajeros, *El lazarillo de ciegos caminantes* (Lima, 1776), que se publicó por vez primera con la fecha falsa de 1773 y con un lugar de edición no menos falso: la ciudad española de Gijón. ¿Por qué tantos subterfugios? Sencillamente, porque esta guía de viajes contenía algunas opiniones muy virulentas acerca de ciertos aspectos de la dominación española y el autor creyó desviar las críticas poniendo las opiniones más audaces en boca de un viajero anónimo que hasta hace pocos años se identificaba invariablemente con el indio don Calixto Bustamante, que era el compañero de viaje de Carrió de la Vandera [3].

Carrió de la Vandera no se limitó a informar acerca de las condiciones de viaje existentes en el largo y difícil camino que había entre Buenos Aires y Lima, aunque esto era muy necesario. También quería dejar bien claro que los habitantes del Nuevo Mundo harían mucho mejor estudiando su propia tierra en vez de preocuparse tanto por lo que ocurría en Europa. Esta guía es una de las primeras obras escrita por un hispanoamericano que describe la población de las ciudades, las costumbres de sus habitantes y las situaciones concretas en que puede encontrarse un viajero. Por ejemplo, Concolorcorvo refiere así la rutina del viaje:

> A las cuatro de la tarde se da principio a caminar y se para segunda vez el tiempo suficiente para hacer la cena, porque en caso de estar la noche clara y el camino sin estorbos, vuelven a uncir a las once de la noche y se camina hasta el amanecer, y mientras se remudan los bueyes hay lugar para desayunarse con chocolate, mate o alguna fritanguilla ligera para los aficionados a aforrarse más sólidamente, porque a la hora se vuelve a caminar hasta las diez del día. Los poltrones se mantienen en el carretón o carreta con las ventanas y puerta abiertas, leyendo u observando la calidad del camino y demás que se presenta a la vista. Los alentados y más curiosos montan a caballo y se adelantan o atrasan a su arbitrio.

La guía incluye una de las primeras descripciones de los «gauderíos» o gauchos de Montevideo y de la comarca circundante. Al igual que todos los observadores posteriores, Goncolorcorvo

3. M. Bataillon, en una edición francesa del *Lazarillo de ciegos caminantes* (Travaux et Mémoires de l'Institut de Hautes Études de l'Amérique Latine, n.º 8, París, 1962), analiza las pruebas en favor de la tesis de que el autor de la obra sea Carrió de la Vandera; véase ahora la edición de E. Carilla citada en la bibliografía.

queda impresionado por la libertad y la falta de convencionalismos de la vida que llevan mientras cabalgan de una hacienda a otra, comiendo en la mesa redonda de las fondas y luego partiendo en dirección a la hacienda más próxima. Pero también queda impresionado por su habilidad en cazar caballos con las «bolas», las piedras forradas de cuero que cuelgan de unas correas y que constituyen una de las principales armas del gaucho.

> Si pierden el caballo o se lo roban, les dan otro o lo toman de la campaña enlazándolo con un cabestro muy largo que llaman *rosario*. También cargan otro, con dos bolas en los extremos del tamaño de las regulares con que se juega a los trucos, que muchas veces son de piedra que forran de cuero, para que el caballo se enrede en ellas, como asimismo en otras que llaman ramales, porque se componen de tres bolas, con que muchas veces lastiman los caballos, que no quedan de servicio, estimando este servicio en nada, así ellos como los dueños.

Aquí se nos pinta la despreocupada vida criolla, un tema embarazoso para los autores del siglo XIX, que la consideraban como un obstáculo para el progreso. Sin embargo, Concolorcorvo todavía se identifica con el español frente a los habitantes indígenas del Nuevo Mundo y los negros. Distingue entre los indios civilizados que viven bajo la dominación española y los indios salvajes y nómadas de la pampa que sólo pueden llegar a ser conquistados por la superioridad numérica.

> Lo cierto es que no hay otro medio con los indios bárbaros que el de la defensiva e irlos estrechando por medio de nuestra multiplicación.

El negro es más «grosero» que el indio:

> Su canto es un aúllo. De ver sólo los instrumentos de su música se inferirá lo desagradable de su sonido.

Y sus bailes decididamente indecentes:

> se reducen a menear la barriga y las caderas con mucha
> deshonestidad, a que acompañan con gestos ridículos, y que
> traen a la imaginación la fiesta que hacen al diablo los brujos
> en sus sábados.

Vemos, pues, cómo Carrió de la Vandera, si por un lado
pide que se preste mayor atención a los habitantes y al entorno
en que vivía la América española, por otro representa también
las limitaciones de la mentalidad imperial. Todo lo que supe-
raba su entendimiento era obra del diablo. En resumidas cuentas, *El lazarillo de ciegos caminantes* está más interesado en
mejorar el funcionamiento del imperio colonial que en poner en
tela de juicio sus bases.

Northrop Frye, el crítico literario, afirma que «la forma literaria no puede proceder de la vida; procede solamente de
la tradición literaria y por lo tanto en último término del
mito». Como ya hemos visto, en una sociedad colonizada esta
tradición literaria viene impuesta desde fuera. Los mitos son
ajenos. La Europa del siglo XVIII proyectaba sobre las Américas dos mitos contradictorios: el de la Utopía habitada por
buenos salvajes y el mito contrario, el de los pueblos inferiores que deben ser civilizados[4]. El mito de la Utopía implica
una estructura literaria de búsqueda, y es significativo que
una de las primeras obras literarias originales de la América
española sea una novela picaresca en la cual la búsqueda de la
Utopía es uno de sus temas. Esta novela es *El Periquillo Sarniento* (1816), del escritor mexicano José Joaquín Fernández
de Lizardi (1776-1827). El que suele considerarse como el primer novelista latinoamericano[5] era hijo de un médico y en

4. Para la opinión de que América estaba habitada por especies inferiores,
véase Antonello Gerbi, *Viejas polémicas sobre el nuevo mundo. En el umbral de
una conciencia americana*, 3.ª ed., Lima, 1946.
5. Muchos eruditos pondrían reparos a esta afirmación de que Fernández
de Lizardi fue «el primero» y recordarían la existencia de obras narrativas del
período colonial, como *Los infortunios de Alonso Ramírez*, de Sigüenza y Gón-

gran parte un autodidacta. Fue partidario del prematuro levantamiento independentista de Hidalgo y en 1812 fundó un
periódico, *El Pensador Mexicano* (1812-1814), que se consagró
a la causa revolucionaria. El fracaso del movimiento en favor
de la independencia significó un recrudecimiento de la represión en México y en varias ocasiones Fernández de Lizardi fue
encarcelado por exponer abiertamente sus opiniones. Tal vez
por esta causa se orientó hacia la novela, considerándola como
un medio de criticar al gobierno sin incurrir en las iras de la
censura. Lo cierto es que es sintomático que todas sus novelas,
desde *El Periquillo Sarniento* hasta *La Quijotita y su prima*
(1819) y la publicada póstumamente con el título de *Don Catrín de la Fachenda,* se escribiesen antes de la independencia y
de la supresión de la censura. Después de la independencia, Fernández de Lizardi volvió a lo que parece haber sido su medio de
expresión predilecto, la prensa. Fue director del periódico gubernamental *La Gaceta del Gobierno* y en 1826 fundó su propio periódico, el *Correo Semanario.*

Las novelas de Fernández de Lizardi reflejan los nuevos
valores de los criollos de clase media, que quedan al margen
de casi todos los privilegios y critican los del estamento colonizador. Estos valores se presentan dentro de la estructura de
la picaresca, un género que el autor toma prestado de España
y que trataba tradicionalmente de las aventuras de personajes
de condición modesta que llevan una vida parasitaria respecto
a la sociedad. Por lo común la novela picaresca es una historia
de degradación y arrepentimiento. Fernández de Lizardi aprovecha esta estructura y sitúa la degradación del héroe dentro
del marco de las instituciones coloniales, la Iglesia, los monasterios, los tribunales de justicia, el ejército y la universidad.
En *El Periquillo Sarniento* el título alude al apodo del protagonista y es un claro símbolo del espíritu de imitación que
era la debilidad principal de una sociedad colonizada. El héroe

gora, a modo de protonovelas, pero antes del *Periquillo* no hay ninguna que
tenga verdadera forma literaria.

es esencialmente una víctima del sistema colonial y su tan tolerante y desorientada familia un exacto símbolo de la administración indulgente y paternalista.

Sus padres son humildes ciudadanos que no pueden dar al joven una renta, sino sólo ofrecerle educación y consejos. Las escuelas a las que asiste son o demasiado severas o demasiado blandas y existe en ellas un prejuicio aristocrático que impide enseñar oficios o conocimientos útiles. Para colmo de males, una madre indulgente y que se lo tolera todo prevalece sobre un padre que tiene un sentido más realista de las cosas, de modo que el niño es enviado a la universidad en vez de recibir la formación propia de un comerciante. En la universidad no aprende absolutamente nada y sale de ella con un título y los mismos conocimientos científicos que tienen los más supersticiosos de los habitantes del país. Cuando muere su padre comprende que no hay lugar para él en la sociedad porque no ha heredado riquezas. Sólo las órdenes religiosas, el ejército o el estado eclesiástico abren sus puertas a un hombre que carece de profesión. Prueba lo primero, pero carece de la disciplina necesaria para soportar su austeridad. Arruina a su madre, quien muere en la pobreza, y luego va descendiendo rápidamente hasta los estratos más bajos de la sociedad, se hace jugador, curandero, sacristán, escribano y reclutador del ejército. Todavía en el ejército, embarca para las islas Filipinas y a su regreso naufraga en una isla donde los hombres han encontrado el secreto del buen gobierno. Ninguna de estas experiencias logra corregirle aunque por fin llega casi a destruirse por sus extravíos cuando se ha hecho bandolero; pero apenas tiene tiempo de arrepentirse poco antes de morir.

La trama y los personajes de *El Periquillo Sarniento* son toscas si se juzgan según criterios actuales, pero la novela no debe juzgarse tan sólo por estas cuestiones. Fernández de Lizardi nos ofrece un cuadro extremadamente vívido de todos los aspectos de la sociedad colonial. Sus apóstrofes, la exposición de sus propósitos, los consejos que da al lector son con frecuencia tediosos, así como su recurso de apelar constantemente a los autores clásicos como autoridades incluso en aspectos de carácter relativamente trivial.

Por otra parte Fernández de Lizardi tiene facetas muy positivas. Nos explica lo que era ir a la escuela en el México colonial, y cómo eran por dentro los monasterios, las cárceles y los hospitales. Aquí, por ejemplo, nos da una descripción del desayuno de los jugadores:

> Por ahora sábete que hacer la mañana entre esta gente quiere decir desayunarse con aguardiente, pues están reñidos con el chocolate y el café, y más bien gastan un real o dos a estas horas en *chinguirito* malo [6] que en un pocillo del más rico chocolate.

Esto suena a auténtico, al igual que la descripción de los atestados hospitales:

> A otro día me despertaron los enfermeros con mi atole [7] que no dejé de tomar con más apetencia [...] a poco rato entró el médico a hacer la visita acompañado de sus aprendices. Habíamos en la sala como setenta enfermos, y con todo eso no duró la visita quince minutos. Pasaba toda la cuadrilla por cada cama, y apenas tocaba el médico el pulso al enfermo, como si fuera ascua ardiendo, lo soltaba al instante, y seguía a hacer la misma diligencia con los demás, ordenando los medicamentos según era el número de la cama.

Todos los aspectos de la sociedad colonial están igualmente corrompidos. El notario considera la ley no como un conjunto de normas que deben cumplirse, sino como «antiguallas». El boticario está de acuerdo con el médico para engañar a los pacientes y los medicamentos se aguan o se administran de un modo inadecuado. Los monjes asisten a fiestas y bailes, el sacristán roba a los muertos. Los mendigos se aprovechan de la obligación que tienen los católicos de dar limosna y apren-

6. Licor de baja calidad hecho de caña de azúcar.
7. Gachas de maíz.

den a engañar y a fingirse enfermos y lisiados en su escuela de mendigos.

Pero Fernández de Lizardi no se conforma con denunciar los abusos. Su novela debe ser una iniciación a las luces y poco a poco va perfilando todo un programa coherente y razonado de reformas. Claro está que el autor no podía acusar abiertamente a los españoles como la causa principal de todos aquellos desastres, pero sí expresar su fe en la autodeterminación de las naciones. Curiosamente, para ello pone sus opiniones en boca de un negro, un hombre al que Periquillo conoce en las Filipinas y que arguye que, dado que cada nación es peculiar y distinta, todas tienen el mismo derecho a desarrollar las instituciones y las leyes que les son propias. La discriminación, dice el negro, tiene sus raíces en «la altanería de los blancos y ésta consiste en creerlos inferiores por su naturaleza, lo que, como dije, es una vieja e irracional preocupación». Así, matando dos pájaros de un tiro, el autor afirma el carácter irracional de la discriminación racial y, por extensión, nos dice que las sociedades latinoamericanas no deberían ser consideradas inferiores a las de Europa. Las apasionadas palabras del negro contienen también un ataque contra el eurocentralismo:

> Luego, si cada religión tiene su ritos, cada nación sus leyes y cada provincia su costumbres, es un error crasísimo el calificar de necios y salvajes a cuantos no coinciden con nuestro modo de pensar, aun cuando éste sea el más ajustado a la naturaleza.

La diatriba del negro concluye con una triunfal reivindicación de la dignidad humana:

> De lo dicho, se debe deducir: que despreciar a los negros por su color y por la diferencia de su religión y costumbres es un error; el maltratarlos por ellos, crueldad; y el persuadirse a que no son capaces de tener almas grandes que sepan cultivar las virtudes morales, es una preocupación demasiado crasa.

Los indios, entre los cuales Periquillo trabaja durante algún tiempo como curandero y más tarde como escribano, protestan contra los abusos de que son víctimas. La aldea que paga las consecuencias de su falta de conocimientos médicos llega a expulsarle, mientras que aquélla en la que comete fraudes en sus funciones de escribano envía una delegación a México para quejarse de la explotación. No es de extrañar que el último libro de *El Periquillo Sarniento* no pudiera publicarse en vida del autor. No sólo incluye las incendiarias opiniones del negro sino también la descripción que hace el novelista de una sociedad ideal. Siguiendo la tradición de la novela utópica del siglo XVIII, tan popular en Europa, el autor hace que Periquillo naufrague y vaya a parar a una isla. Después de aprender la lengua de sus habitantes, descubre que en aquella isla todo el mundo trabaja. Aquí no hay ninguna aristocracia ociosa y la educación es empírica en sus métodos. Las leyes son comprensibles para todos y se aplican rigurosamente. La Utopía de Periquillo es, pues, una democracia burguesa que se basa en el trabajo y en el esfuerzo, y por lo tanto completamente distinta de la sociedad aristocrática y parasitaria del México colonial.

Fernández de Lizardi abordó el tema de la aristocracia decadente en una novela, *Don Catrín de la Fachenda,* que no se publicó hasta después de su muerte. Don Catrín es el arquetipo de la mentalidad colonizadora, un noble orgulloso que desprecia el trabajo y opina que el ejército es la única carrera adecuada para un caballero. Pero ingresa en un ejército que conoce un período de paz, durante el cual las batallas se libran en las tabernas y en torno a las mesas de juego. Éste es el ideal de Don Catrín:

> En pocos días me dediqué a ser marcial, a divertirme con malas hembras y los naipes, a no dejarme sobajar de nadie, fuera quien fuera, a hablar con libertad sobre asuntos de estado y de religión, a hacerme de dinero a toda costa y a otras cosas como éstas, que en realidad son utilísimas a todo militar como yo.

Asistimos aquí al nacimiento de la idea del *macho,* tan importante en la literatura mexicana, y que en el fondo es la supervivencia de las virtudes feudales del valor y de la audacia trasladadas a situaciones en las que ya no tienen el mismo sentido. Don Catrín, como Periquillo, desciende hasta los estratos más bajos de la sociedad colonial, pero su destino es aún más trágico, ya que ni llega a entrever la Utopía ni se le da tiempo para arrepentirse. Acaba la vida suicidándose.

Fernández de Lizardi escribió otra novela sobre lo que en aquellos tiempos era un tema poco usual, el de la educación de las mujeres. *La Quijotita y su prima* (1818) expone las desgraciadas consecuencias de educar a las mujeres tan sólo para el matrimonio y la sociedad.

Fernández de Lizardi representa el ala más liberal del pensamiento independentista. Defiende la igualdad de derechos para todos los hombres, sea cual sea su color; el establecimiento de unas Cortes para representar a todas las clases; la emancipación de las mujeres; y la total libertad religiosa. Debido a este último punto tuvo problemas incluso después de la independencia, ya que fue excomulgado tras la publicación de la *Defensa de los francmasones* en 1822 y mantenido bajo arresto domiciliario. Hizo una defensa muy característica en la que declaró orgullosamente que era un hombre pobre que no había heredado ninguna riqueza ni había cometido ningún delito para escapar a la pobreza; se había limitado a desear que «el monopolio, el lujo y la simonía sean desterrados de la Iglesia católica».

Fue un ardiente defensor de la libertad personal y de la libertad de prensa, y criticaba a México porque creía que la pobreza de sus habitantes impedía la libertad.

Veía pocas esperanzas para los indios si no se sometían al gobierno paternalista de una clase media ilustrada que pudiera contribuir a educarles. Abogaba así por la causa de un ideal burgués del progreso y de los valores burgueses.

Sus novelas son uno de los primeros ejemplos en Hispanoamérica de la búsqueda novelística de una autenticidad que se convertiría en uno de los aspectos más importantes de la literatura hispanoamericana, aunque lo que hace que sus novelas sean aún legibles es el detalle y el humor con que trata sus temas. Periquillo es un personaje mucho más vivo que el atormentado héroe epónimo de *La peregrinación de Bayoán* (1863), del portorriqueño Eugenio María de Hostos (1839-1903) otro paladín de la independencia, o que el inquieto héroe de *El cristiano errante* (1847), del guatemalteco Juan Bautista de Irisarri (1785-1868).

Fernández de Lizardi es la figura literaria más importante del período de la independencia si limitamos la «literatura» a los géneros convencionales de novela, teatro y poesía; pero hubo también una inmensa actividad periodística y epistolar. Las cartas de Bolívar, los artículos del pensador ecuatoriano Francisco Eugenio de Santa Cruz y Espejo (1747-1795), pueden considerarse lícitamente como formando parte de las primeras obras de la independencia literaria [8].

La poesía fue el género que dependió más de las corrientes extranjeras y los poetas de la tradición neoclásica se estudiarán en un capítulo aparte. Pero incluso en este campo el período de la independencia proporciona algunos intentos interesantes que apuntan en direcciones nuevas. En la región del Río de la Plata, por ejemplo, el género gauchesco nació con las guerras de la independencia. Inventado probablemente por Bartolomé Hidalgo (1788-1822), que nació en Montevideo en el seno de una familia de condición modesta, el género gauchesco procede de los romances populares y de canciones como el «cielito», que derivaron en poemas satíricos. Hidalgo escribió *Diálogos* en los que dos hombres que hablaban el dialecto de los gauchos discutían en verso los sucesos de la época, criticando duramente los abusos y las injusticias. Estamos ante la representación de una auténtica voz criolla.

---

8. Su obra principal consiste en sus diálogos sobre temas filosóficos y afines, *El nuevo Luciano*, libro del que hay una edición reciente publicada en la serie Clásicos Ecuatorianos (Quito, 1944).

En el Perú uno de los poetas de la independencia prestó atención a la tradición india en su búsqueda de nuevas formas. Se trata de Mariano Melgar (1791-1815), quien en el curso de su corta vida ahorcó los hábitos, tomó parte en la lucha contra los españoles y fue ejecutado en el campo de batalla, en Umachiri. Escribió poemas siguiendo la forma de la canción india, el «yaraví», de los cuales es un ejemplo el siguiente poema amoroso:

> Vuelve, que ya no puedo
> vivir sin tus caricias,
> vuelve, mi palomita,
> vuelve a tu dulce nido.
>
> Mira que hay cazadores,
> que, con afán maligno,
> te pondrán en sus redes
> mortales atractivos;
> y cuando te hayan preso,
> te darán cruel martirio;
> no sea que te cacen;
> huye tanto peligro,
> vuelve, mi palomita,
> vuelve a tu dulce nido.

Melgar, que llevaba en las venas sangre india, no usaba el yaraví simplemente como una forma poética pintoresca. Como tantos otros escritores de la época, comprendía que el indio vivía bajo la opresión, y en una de sus fábulas en verso, «El cantero y el asno», traza un paralelo entre el asno que es maltratado a golpes y el indio. Los dos parecen estólidos porque han sido reducidos por la violencia a esta situación.

Fernández de Lizardi, Melgar y Mariano Moreno son ejemplos del pensamiento más ilustrado del período de la independencia. Aspiraciones liberales muy semejantes podemos encontrarlas en muchas de las cartas de Bolívar, quien sin embargo era consciente de algo que muchos de sus contemporáneos no supieron ver: el hecho de que las repúblicas que acababan de acceder a la independencia habían heredado no la libertad para encaminarse hacia un futuro glorioso, sino un caos de fuerzas conflictivas que les impedirían cualquier avance [9].

2. La necesidad de normas

Entre 1810 y 1830 nacieron la mayoría de las modernas repúblicas latinoamericanas. Aunque sus límites coincidían a menudo con los de las capitanías generales del período colonial, su existencia como naciones separadas carecía de precedentes. Una vez rechazada España y la tradición española, debían empezar a partir de nuevas bases. El primer territorio que se convirtió en un estado independiente fue la Argentina y su primer nombre —las Provincias Unidas del Río de la Plata— indica la naturaleza vagamente federal de la nueva república. Una de sus provincias, Paraguay, iba a su vez a convertirse en un estado independiente; la parte este de la república, conocida por el nombre de la Banda Oriental, fue ocupada durante algunos años por el Brasil, y después de la ocupación pasó a ser la república independiente del Uruguay. Un proceso similar de fragmentación iba a separar Chile de Perú, Colombia de Venezuela. Las provincias de la América Central, que habían formado una Unión Centroamericana que duró hasta 1839, se separaron para dar origen a los estados de Guatemala, Nicaragua, Honduras, El Salvador y Costa Rica.

El sueño de la democracia, como el sueño de la federación, no tardó en disiparse. Los caudillos del movimiento de la independencia —Bernardo O'Higgins en Chile, Antonio José de Sucre en Bolivia, el doctor Francia (José Gaspar Rodríguez) en el Paraguay, Agustín de Iturbide en México y Simón Bolívar en Nueva Granada— propendían a hacerse cargo de la dirección de

---

9. Un breve resumen de las opiniones de Bolívar puede encontrarse en William Spence Robertson, *Rise of the Spanish-American Republics as told in the lives of theirs liberators*, Collier paperback, Nueva York, 1961.

los nuevos estados y casi invariablemente se convirtieron en autócratas. Los parlamentos elegidos y el mecanismo democrático no podían improvisarse en poco tiempo, y en los países en los que funcionaba un gobierno representativo éste degeneró a menudo en una pura farsa. La misma idiosincrasia del imperio español había restringido la expresión política de los criollos. Cuando se destruyeron las estructuras españolas sólo quedaron en pie intereses locales muy poderosos sin ninguna armazón central. Así se crearon las situaciones que iban a prevalecer en la mayoría de los países de la América española hasta bien entrado el siglo xx: la amenaza de la anarquía, la restauración del orden por un fuerte «caudillo» que se servía del Estado para sus fines personales, y durante los períodos en los que no aparecía ningún caudillo, la inestabilidad de unos gobiernos que, aunque hubieran sido legalmente elegidos, se desmoronaban en seguida al primer golpe de estado. Iturbide y Antonio López de Santa Ana en México, el general Rosas en la Argentina, el doctor Francia en el Paraguay, el general Páez en Venezuela, el general Sucre en Bolivia y O'Higgins en Chile, fueron los nuevos hombres que asumieron la dirección de los estados y que los gobernaron con mano dura, mientras intelectuales como Andrés Bello, Esteban Echeverría, Domingo Sarmiento y Juan Bautista Irisarri comprobaban la dificultad e incluso la imposibilidad de que se aceptasen sus proyectos racionales [10].

En el decenio que siguió a la independencia los intelectuales de Latinoamérica se vieron obligados a formularse a sí mismos una pregunta: ¿por qué este fracaso? Las respuestas que dieron eran distintas, pero tendían a incluirse dentro de dos explicaciones principales: la falta de tradición y el atraso económico y político heredado de la época del dominio español. En este capítulo trataremos de la primera de estas respuestas,

10. Esta circunstancia no afectó a Bello, quien tuvo una considerable influencia en Chile después de 1829. La situación cambió para los argentinos después de la caída de Rosas en 1852.

con el intento de establecer tradiciones donde hasta entonces no habían existido, exceptuando la odiada tradición del dominio español.

Al tratar del problema de la tradición no hay que olvidar que la aparición de las repúblicas latinoamericanas coincidió con el período del romanticismo europeo y que los intelectuales del continente estaban profundamente influidos por los presupuestos románticos. La teoría estética romántica había reemplazado la antigua idea de las «escuelas» literarias por otra más dinámica de «movimientos» literarios. Escritores como los Schlegel habían afirmado que las naciones pasaban por diversas fases de cultura y que a la fase clásica había sucedido un período romántico. Incluso en países donde los escritores no habían sufrido necesariamente la influencia directa de tales teorías, parece flotar en el aire la idea de que es necesario crear una ideología humanista para tener unos modelos, del mismo modo que la cultura clásica había proporcionado unos modelos a Europa. Decepcionados por la Iglesia, la mayor parte de los intelectuales latinoamericanos del siglo XIX creían que podía establecerse un código humanista que sirviese como guía moral, y algunos de los escritores más destacados se ocuparon concretamente de esta cuestión, desde Andrés Bello y el ecuatoriano Juan Montalvo, hasta el uruguayo José Enrique Rodó, cuya obra ha ejercido influencia hasta bien entrado el siglo XX [11]. Prototipo de esta tendencia es Andrés Bello, quien, escribiendo en El Repertorio Americano, una revista publicada en Londres en 1826-1827, definió así la tarea de la nueva generación de intelectuales:

> hacer germinar la semilla fecunda de la libertad, destruyendo las preocupaciones vergonzantes con que se le alimentó desde la infancia; establecer el culto de la moral; conservar los nombres y las condiciones que figuran en nues-

11. La obra de Rodó pertenece a la historia de las ideas más que al presente estudio. Para un completo análisis de la influencia que ejerció, véase la edición de sus *Obras completas* (Madrid, 1957), con una excelente introducción a cargo de E. Rodríguez Monegal.

tra historia, asignándoles un lugar en la memoria del tiempo; he aquí la tarea noble, pero vasta y difícil, que nos ha impuesto el amor de la patria.

Bello era un admirador de Herder y en el fondo no era más que un imitador incondicional de la literatura clásica, pero como creía que las nuevas naciones necesitaban un nuevo código moral humanista, su obra tiene dentro de esta línea una tonalidad arcaica. Como veremos más adelante ello es característico de las direcciones contradictorias que tuvo la influencia romántica en Latinoamérica [12].

Los escritores clásicos constituían el modelo más obvio de esta literatura moral, en parte porque la mayoría de los intelectuales había recibido una primera formación fundada casi exclusivamente en los clásicos. Había, sin embargo, otro problema con el que tuvieron que enfrentarse los escritores: la ausencia de todo sentido de nacionalidad en países de origen tan reciente. Una vez más el romanticismo ofreció una solución. La novela histórica estaba en boga y era considerada por muchos escritores como el instrumento ideal para crear un sentido de orgullo nacional [13]. Así, Bartolomé Mitre, el escritor y político argentino (1821-1906), en la introducción a su novela *Soledad* (1847) escribe:

> La novela popularizaría nuestra historia echando mano de los sucesos de la conquista, de la época colonial y de los recuerdos de la guerra de independencia.

De este modo la poesía moralizadora y la novela histórica pasaron a ser los dos instrumentos por medio de los cuales los escritores inmediatamente posteriores a la independencia trataron de establecer unas normas y de crear unas tradiciones en el vacío intelectual que siguió a la expulsión de los españoles.

12. Véase más adelante el cap. 3, donde esta cuestión se analiza con mayor detalle.
13. Parte de esta polémica figura en el libro preparado por N. Pinilla, *La polémica del romanticismo en 1842*, Santiago, 1945.

3. LAS LECCIONES DE LA POESÍA

Andrés Bello (1781-1865) es un escritor cuya obra refleja
fielmente los ideales del período de la independencia. Notable
polígrafo, escribió libros sobre derecho internacional, geografía, gramática y ortografía, y fue autor de una historia de Venezuela.

Había nacido en Venezuela y pasó la primera parte de su
vida en este país, donde fue discípulo de Humboldt y leyó a
Rousseau y a los autores clásicos. Su padre era funcionario público y sus años de formación transcurrieron bajo la tutela
de un preceptor, fray Cristóbal de Quesada, extraordinario lati-
nista. Estaba lejos de compartir el odio que muchos de sus
contemporáneos sentían por España y tenía en mucho la función civilizadora de la madre patria en el Nuevo Mundo. Sin
embargo, cuando el cabildo de Caracas proclamó la independencia fue enviado a Londres con una misión diplomática por
orden de la junta y permaneció en la capital británica hasta
1829. En Londres Bello vivió de la docencia privada y de su
trabajo en varias legaciones, y fundó también dos revistas literarias, *La Biblioteca Americana* (1824) y *El Repertorio Americano* (1825-1827). Durante este período publicó dos poemas
importantes, *Alocución a la poesía* y *Silva a la agricultura de la
zona tórrida*. En 1829 se trasladó a Chile invitado por el gobierno de este país, y allí se consagró a la tarea de educar a la
nueva minoría. Fue nombrado director del Instituto Nacional,
publicó sus *Principios de Derecho de Gentes* y su *Ortología y
métrica de la lengua castellana* (1835), y de este modo contribuyó prácticamente a lo que juzgaba la tarea más importante
de los gobernantes de la joven república: crear unas normas
educativas y establecer el imperio de la ley. Trató de fomentar
el estudio de las ciencias naturales y luchó porque los médicos
fueran tenidos en mayor estima. No obstante, la obra que probablemente le ha dado más fama dentro del mundo de habla
española es su *Gramática de la lengua castellana destinada al*

uso de los americanos (1847), libro de pionero cuyo fin no era diferenciar el español de América del de la península, sino más bien establecer las reglas que tenían en común. Fue uno de los primeros entre muchos escritores que comprendieron que un ·español literario común podía llegar a ser un importante factor de cohesión, un vínculo espiritual entre los pueblos de estirpe hispánica. Pocas cosas escaparon a la atención de este hombre incansable: la situación de los presos y de los procuradores, la protección y fomento del teatro, etc. Fue durante muchos años miembro del Senado chileno, contribuyó a establecer una legislación sobre pesos y medidas y otras materias y también redactó un código civil. En 1843, cuando se fundó la universidad de Chile, contribuyó a redactar sus estatutos y fue su primer rector.

Aunque durante su estancia en Chile Bello se vio envuelto en una polémica sobre el romanticismo y tomó partido contra algunos de los más entusiastas defensores de este movimiento, negaba que el arte debía buscarse

en los preceptos estériles de la escuela, en las inexorables unidades, en la muralla de bronce entre los diferentes estilos i jéneros [*sic*], en las cadenas con que se ha querido aprisionar al poeta a nombre de Aristóteles i Horacio [14].

La crítica reciente se ha opuesto a la simplista clasificación de Bello como un «neoclásico», totalmente opuesto al romanticismo. En Londres conoció la poesía del movimiento romántico y fue uno de los primeros hispanoamericanos que entraron en contacto con el romanticismo. Había hecho copiosas lecturas de los autores románticos y al menos según un crítico su actitud era debida a un afán de matizar, más que a hostilidad [15]. De

14. Del discurso pronunciado con motivo de la fundación de la Universidad de Chile, 1843, e incluido en Germán Arciniegas, *El pensamiento vivo de Andrés Bello*, Buenos Aires, 1946.
15. E. Rodríguez Monegal, *El otro Andrés Bello*, Caracas, 1969.

todos modos un examen de su poesía revela las estructuras de la antigua retórica y su tema predilecto es el tradicional de la bondad de la naturaleza y de la corruptibilidad del hombre.

Alocución a la poesía es una invocación a la musa de la poesía a la que invita a dejar las cortes de Europa y a instalarse en América. Europa ha sido invadida por la filosofía utilitaria y está amenazada por una degradación de valores:

> donde la libertad vano delirio,
> fe la servilidad, grandeza el fasto,
> la corrupción cultura se apellida.

Pero en América aún reina la naturaleza virgen. Escribiendo en el sombrío Londres, las descripciones que hace Bello de su Venezuela natal son idílicas:

> o reclinado acaso
> bajo una fresca palma en la llanura,
> viese arder en la bóveda azulada
> tus cuatro lumbres bellas,
> ¡oh Cruz del Sur!

Y señala que, aunque la vasta soledad de América apenas ha sido tocada por el hombre, ya ha engendrado héroes como San Martín y Bolívar que pueden compararse a los héroes de la antigüedad.

La *Alocución* «nombra» la naturaleza americana y la incorpora a la retórica universal de la civilización de Occidente. El tono noble y elevado y el emparejamiento de referencias clásicas y toques localistas son semejantes en la intención a las comparaciones que hace el Inca Garcilaso entre los incas y los romanos. En ambos casos el autor está tratando de integrar una nueva materia dentro del marco de otra conocida. Un adjetivo como «cándida» y nombres como «nieve» y «ambrosía» se asocian a menudo con plantas desconocidas en Europa, como por ejemplo el algodón o la caña de azúcar:

donde cándida miel llevan las cañas
y animado carmín la tuna cría,
donde tremola el algodón su nieve
y el ananás sazona su ambrosía.

En *Silva a la agricultura de la zona tórrida* esta enumeración adquiere tonalidades casi voluptuosas. La palma, la yuca, el plátano se describen en todo su florido esplendor:

Tendida para ti la fresca parcha
en enramadas de verdor lozano,
cuelga de sus sarmientos trepadores
nectáreos globos y franjadas flores.

Sin embargo, *Silva a la agricultura* no tiene un carácter meramente descriptivo. Es un poema didáctico que elogia la sencillez de la vida campesina en contraste con «el ocio pestilente ciudadano». En él Bello condena a los que han explotado la tierra sin haber dado nada a cambio y suplica a los habitantes de América que dejen sus ciudades prisiones, que desdeñen el lujo y que busquen «durables goces» que sólo pueden encontrarse en la paz y en el aire puro del campo. Una vez conseguida la independencia, las espadas pueden convertirse en rejas de arados:

cerrad, cerrad las hondas
heridas de la guerra: el fértil suelo
áspero ahora y bravo,
al desacostumbrado yugo torne
del arte humana, y le tribute esclavo.

«Volved a los campos y a la vida sencilla» es el mensaje de Bello. Se acerca a los ideales de Fernández de Lizardi. Ambos querían enaltecer valores más constructivos que los de la aristocracia de la antigua colonia. Ambos querían convencer del valor del trabajo, del esfuerzo y de la honradez, ambos ejemplarizan el énfasis que la naciente clase media da a la laboriosidad y a la reforma pacífica. Ambos también recurren a formas literarias arcaicas. Fernández de Lizardi revive la picaresca en una época en la que ya ha muerto en España. Bello revive las formas virgilianas y clásicas en unos tiempos en los que en España y en todo el resto de Europa ya han sido reemplazadas por formas más flexibles. Pero sus formas y su vocabulario latinizantes habían sido deliberadamente elegidos por su dignidad y su universalidad.

Otros dos escritores didácticos de este período merecen atención. José Joaquín Olmedo (1780-1847) fue amigo de Bello y como él desempeñó un importante papel en el movimiento de la independencia. Trató de escribir el poema heroico de la independencia, el poema que inmortalizase la victoria de Bolívar. *La victoria de Junín*, o *Canto a Bolívar* (1825) tiene ecos de todos sus autores clásicos favoritos. Bello era un admirador de este poema y habló elogiosamente del «entusiasmo sostenido, variedad y hermosura de los cuadros»; a su entender, las lecturas de los autores clásicos que había hecho el autor lo habían enriquecido, y también aprobaba su espíritu didáctico, las «sentencias esparcidas con economía y dignas de un ciudadano que ha servido con honor a la libertad antes de cantarla» [16]. Hoy el poema no es fácil de leer, pero no hay que olvidar que el siglo XIX apreciaba mucho las intenciones sublimes. La descripción de Bolívar es idealizada, una estatua radiante concebida deliberadamente para producir la impresión de una figura clásica:

> Tal el héroe brillaba
> por las primeras filas discurriendo.
> Se oye su voz, su acero resplandece,
> do más la pugna y el peligro crece.
> Nada le puede resistir... y es fama
> —¡oh portento inaudito!—
> que el bello nombre de Colombia escrito
> sobre su frente, en torno despedía
> rayos de luz tan viva y refulgente
> que, deslumbrado el español, desmaya,

16. *Repertorio Americano*, octubre de 1826.

> tiembla, pierde la voz, el movimiento,
> sólo para la fuga tiene aliento.

Aquí no se trata de la exactitud histórica, sino de la figura de Bolívar, que debe ser presentada a la posteridad.

El peso de los ejemplos clásicos, que constituían una parte tan importante de la formación de cualquier joven intelectual, es también visible en la obra de José María de Heredia (1803-1839), escritor cubano que pasó la mayor parte de su vida en el destierro. Cuba no sería liberada hasta 1898, es decir que Heredia perteneció a aquellas infortunadas generaciones que lucharon vanamente por una causa. Llevó la existencia de un desterrado romántico, primero en los Estados Unidos y luego en México. Los temas de sus poemas son con frecuencia románticos: las ruinas de una pirámide en «En el teocalli de Cholula» [17], la naturaleza agreste en su poema «A Niágara». Pero aunque el Niágara le invita a perderse en su impetuoso torrente, Heredia saca una conclusión tradicional del poema;

> ¡Niágara poderoso!
> ¡Adiós...! ¡Adiós! Dentro de pocos años
> ya devorado habrá la tumba fría
> a tu débil cantor. ¡Duren mis versos
> cual tu gloria inmortal! ¡Pueda piadoso
> viéndote algún viajero,
> dar un suspiro a la memoria mía!
> Y al abismarse Febo en occidente,
> feliz yo vuele do el Señor me llama,
> y al escuchar los ecos de mi fama,
> alce en las nubes la radiosa frente.

Como en la poesía de Andrés Bello, el escenario americano sirve como punto de partida para el tema tradicional del *sic transit gloria mundi* o del *ubi sunt?*

---

17. *Teocali* equivale a «templo de los antiguos mexicanos» (Diccionario de la Real Academia Española).

4. EL ENSAYO DIDÁCTICO: JUAN MONTALVO

Las normas humanistas que Bello sustentaba en su poesía quizá corresponden más propiamente a la forma del ensayo. En el curso del siglo XIX el ensayo polémico constituyó uno de los géneros literarios más importantes del continente y la mayoría de los novelistas y de los poetas publicaron ensayos en algún período de sus vidas. Uno de los más famosos de estos ensayistas fue Juan Montalvo (1832-1889), que se hizo célebre por la dureza de los ataques que dirigió al gobierno teocrático del ecuatoriano García Moreno (1859-1875), un dictador que combinó el catolicismo fanático con los métodos represivos. En oposición a García Moreno Montalvo adoptó una postura liberal y trató de instaurar un código moral humanista en sus *Siete tratados* (1882). En su ensayo sobre la «Nobleza», sostiene la opinión de que la verdadera aristocracia no puede fundarse en la herencia ni en la riqueza, sino en la nobleza de carácter. Aspira a una democracia de igualdad de oportunidades regida por hombres de gran nobleza de ánimo:

> Los filósofos prevén el triunfo de la república universal, los bardos le sueñan, los profetas la anuncian, a amables sabidores que muestran al género humano en puras formas la prefiguración de su felicidad. El mundo será republicano, y por tanto democrático. Chateaubriand y Lamartine, aristocráticos y realistas, lo han dicho. Estos cisnes son las dos palomas de Dodona; Apolo nunca engañó a su sacerdotisa.

Lo primero que llama la atención en la obra de este escritor liberal es el estilo arcaico, espolvoreado, a pesar de las referencias a Chateaubriand y Lamartine, de citas clásicas y de construcciones españolas que están más cerca del siglo XVII que del XIX. Los mismos títulos de sus tratados tienen un toque senequista, y una de las obras por las cuales es famoso, *Capítulos que se le olvidaron a Cervantes* (1895), es una actualización moral del *Quijote* que imita el estilo cervantino, pero que oculta el sello neoestoico de Montalvo. Pensando siempre en sus modelos clásicos, tituló sus violentas diatribas contra el gobierno de Veintimillia, *Catilinarias* (1889). Los escritos contemporáneos han atacado el mito de Montalvo acusándole de vanidad y pomposidad [18]. No obstante es un hombre que sintetiza muy bien la posición del intelectual latinoamericano del siglo XIX, ya que estaba forzado a adoptar una actitud liberal y de portavoz de la oposición, cuando por temperamento era un conservador. Es un excelente ejemplo del escritor que adopta de un modo consciente una pose noble pensando en los aplausos que le dispensará la posteridad y que se equivoca precisamente porque imita el pasado y no puede crear nuevos valores para el presente.

En este capítulo se ha tratado de dos factores aparentemente contradictorios, la revolución y la tradición. De una parte existía el realismo crítico que surgió en el período de oposición a España; de otra la afirmación de unas normas por ciertos escritores hispanoamericanos como Bello, Olmedo y Montalvo que creían en un humanismo universal que debía reflejarse en la literatura del Nuevo Mundo. Por desgracia, como iba a demostrar la experiencia argentina, este humanismo sólo era asequible para una minoría.

LECTURAS

Antologías

Caracciolo-Trejo, E. (ed.), *The Penguin Book of Latin American Verse*, Londres, 1971.

Menéndez y Pelayo, Marcelino, *Antología de poetas hispanoamericanos*, 4 vols., Madrid, 1893-1895, y otras ediciones.

18. La obra de Montalvo ha sido objeto de ataques por la joven generación de críticos ecuatorianos; pero durante muchos años se le consideró como el prototipo del intelectual liberal. Véase, por ejemplo, el ensayo de Rodó «Montalvo», en *El mirador de Próspero*.

Textos

Bello, Andrés, *Obras completas*, 15 vols., Santiago, 1881-1893.

——, *Antología de Andrés Bello*, edición e introducción de Pedro Grases, Caracas, 1949.

——, *Andrés Bello*, edición de J. C. Ghiano, Buenos Aires, 1967.

Blanco Fombona, Rufino, *El pensamiento vivo de Bolívar*, 3.ª ed., Buenos Aires, 1958.

Bolívar, Simón, *Obras completas*, 2 vols., La Habana, 1947.

Concolorcorvo, *El lazarillo de ciegos caminantes*, edición, prólogo y notas de E. Carilla, Barcelona, 1973.

Fernández de Lizardi, José Joaquín, *Obras*, México, 1965.

——, *El Periquillo Sarniento*, México, 1959.

Heredia, José María de, *Poesías completas*, 2 vols., La Habana, 1940-1942.

Hidalgo, Bartolomé, selección de poemas incluida en *Poesía gauchesca*, editada por J. L. Borges y A. Bioy Casares, México, 1955.

Montalvo, Juan, *Siete tratados*, París, 1912.

——, *Capítulos que se le olvidaron a Cervantes*, París, 1921.

——, *Juan Montalvo*, edición de Gonzalo Zaldumbide, Quito, 1959.

Olmedo, José Joaquín, *Poesías completas*, México, 1947.

Obras históricas y críticas.

Carrera Damas, Germán, *El culto a Bolívar*, Caracas, 1973.

Ghiano, J. C., *Análisis de las silvas americanas*, Buenos Aires, 1957.

González, Manuel Pedro, *José María Heredia, primogénito del romanticismo hispano*, México, 1955.

Grases, Pedro, *Doce estudios sobre Andrés Bello*, Buenos Aires, 1950.

Humphreys, R. A. y Lynch, John (ed.), *The Origins of the Latin American Revolution (1808-1826)*, Nueva York, 1965.

Lira Urquieta, Pedro, *Andrés Bello*, México-Buenos Aires, 1948.

Madariaga, Salvador de, *El ocaso del imperio español en América*, 2.ª ed., Ed. Sudamericana, Buenos Aires, 1959. Tomo 2 de *Cuadro histórico de las Indias*, 1945.

Moses, Bernard, *The Intellectual Background of the Revolution in South America, 1810-1824*, Nueva York, 1926.

Nicholson, Irene, *The Liberators*, Londres, 1969.

Robertson, William Spence, *Rise of the Spanish American Republics*, Nueva York, 1961.

Rodríguez Monegal, Emir, *El otro Andrés Bello*, Caracas, 1969.

Whitaker, A. F. (ed.), *Latin America and the Enlightenment*, 2.ª ed., Ithaca, 1961.

Capítulo 2

CIVILIZACIÓN Y BARBARIE

> Allí la inmensidad por todas partes, inmensa la lla-
> nura, inmensos los bosques, inmensos los ríos, el hori-
> zonte siempre incierto, siempre confundiéndose con la
> tierra entre celajes y vapores tenues que no dejan en
> la lejana perspectiva señalar el punto en que el mundo
> acaba y principia el cielo.
>
> SARMIENTO

La inmensidad de la Pampa argentina, descrita con estas
palabras por Domingo Sarmiento, fue un importante tema de
la primitiva literatura de la región del Río de la Plata. La soledad y los espacios vacíos parecían anular los esfuerzos humanos.
Y en la costa los ojos tenían ante sí otra vasta extensión, la del
río que era tan inmenso como un mar:

> La mirada se sumerge en la extensión que ocupa el río,
> y apenas puede divisar a la distancia la incierta luz de algún
> que otro buque de la rada interior.

Así, los personajes de la novela *Amalia*, de José Mármol,
atrapados en la ciudad de Buenos Aires por un tiránico dictador,
se sienten rodeados por un enemigo aún más amenazante: los
grandes espacios naturales del río y de la pampa. Los escritores
argentinos se sienten perdidos en el espacio geográfico de la

tierra que los circunda, perdidos entre gentes extrañas, los extraños gauchos, los indios salvajes o los negros y mulatos de la costa, perdidos en un vacío cultural, enfrentándose con la perspectiva de crear una cultura sin ninguna tradición que les guíe.

El problema se agravó con la situación política cuando, después del fracaso del primer gobierno liberal, que fue incapaz de asegurar el control de las provincias, empezó un período de caos y de guerra civil. Era ya el proceso que iba a convertirse en arquetípico de la América latina. Surge un hombre fuerte para salvar al país de la anarquía: Juan Manuel Rosas, que fue en primer lugar elegido gobernador de Buenos Aires (1829-1832), que emprendió luego una campaña contra los indios y que finalmente pasó a ser gobernador de toda la nación (1835-1852). Sirviéndose hábilmente de las rivalidades que había entre los jefes locales, Rosas fue acusado por sus enemigos de gobernar el país como si gobernara una hacienda. Era efectivamente un acaudalado *estanciero* y se enorgullecía de ser un gran jinete y de saber enlazar y marcar ganado tan bien como el más hábil de los gauchos. No cabe la menor duda de que impuso un régimen de terror valiéndose de la policía secreta o *mazorca* y de que empujó al destierro a la oposición liberal o unitaria. Sin embargo, la resonancia de los ataques que dirigieron contra él los liberales no debe hacernos olvidar sus aspectos positivos. Uno de sus predecesores, el liberal Bernardino Rivadavia, se había apresurado a garantizar el progreso de su país haciendo concesiones a países extranjeros y haciéndose empréstitos. Rosas, por su parte, elegió un camino diferente, más próximo al del dictador paraguayo doctor Francia. Su intención era proteger los intereses ganaderos y no fomentó ni las inversiones extranjeras ni la inmigración. A los ojos de los intelectuales liberales su gran delito fue mantener al país en un estado bárbaro y pastoril en vez de contribuir a su incorporación a la era de la industria y el progreso. Pero Rosas se mantendría en el poder hasta 1852; y así tenemos el fenómeno de una literatura argentina que en buena parte surge de un movimiento de protesta contra el dictador. La «generación de los desterrados» incluye a algunos de los hombres más brillantes de la época: Juan Bautista Alberdi (1810-1884), cuyas *Bases* [1] es uno de los documentos fundamentales en los que se iba a inspirar la constitución argentina; Domingo Sarmiento, periodista, maestro y político casi exclusivamente autodidacta, que sería presidente de la Argentina en 1868; Esteban Echeverría, poeta romántico y uno de los fundadores de la Asociación de Mayo, organización opuesta a Rosas; José Mármol, poeta y novelista romántico. De Alberdi, que si tiene un interés primordial es como escritor político, no trataremos aquí; los otros tres figuran entre los pioneros de la literatura argentina.

1.   Esteban Echeverría (1805-1851)

La evolución y los escritos de Esteban Echeverría representan muy bien los dilemas y las dificultades con que se enfrentó el intelectual de la época inmediatamente posterior a la independencia. Nació en Buenos Aires en 1805 y fue el niño mimado de una madre viuda. En 1825 fue a Europa y estudió en la Sorbona, donde no sólo leyó a escritores como Pascal, Montesquieu y Chateaubriand, sino también a los escritores románticos contemporáneos ingleses y franceses. A comienzos de 1830 regresó a Buenos Aires con muchas ilusiones y en un poema primerizo incluso hablaba de la decadencia de Europa comparada con el Nuevo Mundo. Pero sus esperanzas no tardaron en esfumarse. «Al volver a mi patria, cuántas esperanzas traía —escribió posteriormente—, pero todas estériles; la patria ya no existía» [2]. Sin embargo, durante un breve lapso de tiempo antes de que Rosas se convirtiera en un autócrata, hubo cierta actividad literaria en clubs, tertulias y reuniones donde se leían

1. El título completo de la obra era *Bases y puntos de partida para la organización política de la república argentina*, Buenos Aires, 1852.
2. Citado por Juan María Gutiérrez en las notas bibliográficas que preceden al volumen V de *Obras completas de Esteban Echeverría*, Buenos Aires, 1874.

poemas y se discutía el romanticismo. Durante este período Echeverría publicó sus *Rimas* (1837). Cuando Rosas comenzó a afianzar su poder, el poeta contribuyó a fundar la Asociación de Mayo, para la cual redactó el manifiesto, más tarde publicado en forma de libro con el título de *Dogma socialista*. A pesar de su título, se trata de un documento liberal que expone los ideales de la Asociación de Mayo: libertad de asociaciones, sufragio universal, respeto por la libertad del individuo. Pero apenas fundada la Asociación de Mayo Echeverría se vio obligado a exiliarse; primero se instaló en su propia hacienda de La Tala y más tarde en Montevideo, donde, privado de sus fuentes de ingresos, conoció la penuria. Murió en 1851 sin haber vuelto a Buenos Aires.

Las teorías literarias de Echeverría se encuentran en su ensayo *Fondo y forma en las obras de imaginación* (publicado póstumamente). Las ideas de este ensayo están influidas por el teórico romántico A. W. Schlegel y por Herder, cuyas obras habían aparecido en francés en 1827. Echeverría explica que las ideas morales son universales, pero que el clima, las costumbres y las formas de gobierno contribuyen a la originalidad de las naciones. En Latinoamérica, que carece de herencia clásica, la poesía debe tener la variedad y el vigor de la vegetación tropical

> ninguna forma antigua le cuadra, y henchida de savia y sustancia como la vegetación de los trópicos, debe brotar y crecer vigorosa y multiforme, manifestando en la variedad, contraste y armonía de su externa apariencia, todo el vigor y fecundidad que en sí entraña.[3]

Absorbido por sus actitudes políticas, la obra literaria de Echeverría es relativamente escasa. Sus obras más conocidas son un largo poema narrativo, *La cautiva*[4], y un cuento, *El matadero,* que se publicó póstumamente.

3. «Fondo y forma en las obras de imaginación», *OC,* V, págs. 78-80.
4. Incluido en la primera edición de *Rimas,* Buenos Aires, 1837.

La cautiva se centra en una de las figuras legendarias de la Argentina del siglo xix, la mujer blanca que fue capturada por los indios y a la que se obligó a ser la concubina de un jefe. La situación era bastante frecuente. Lucio Mansilla, que visitó las tribus indias en 1870, encontró a varias «cautivas», y William Henry Hudson, el escritor inglés que durante su juventud vivió en la Argentina, basó uno de sus mejores relatos, *María Riquelme,* en un personaje de este tipo. Pero el poema de Echeverría es romántico en su concepción, es la narración poética de una fuga del campamento indio y de un intento frustrado por llegar hasta la civilización. Pero en él se ve cómo las circunstancias argentinas invierten la situación usual de los románticos que huyen de la civilización. Aquí no estamos en la industrializada Europa en donde los enamorados tienen que buscar refugio en la naturaleza. Aquí se huye de la barbarie. Y aunque la soledad de la Pampa es evocada en términos «sublimes», tan propios del romanticismo europeo contemporáneo, también hay elementos de miedo y de horror en la naturaleza circundante que desfiguran completamente su belleza. La descripción de un incendio en la Pampa, por ejemplo, subraya la repelente fuerza del viento y de los elementos.

> Lodo, paja, restos viles
> de animales y reptiles
> quema el fuego vencedor,
> que el viento iracundo atiza.

El mundo animal y reptil también forma parte de la fuerza hostil que es la naturaleza.

El poema se centra en una heroína romántica, María, que representa el producto más delicado de la civilización, enfrentada con la más brutal de las fuerzas naturales. Capturada por los indios, da muerte a su jefe antes de acceder a ser suya, y luego, al descubrir que su esposo también está cautivo, le ayuda a escapar. Desde luego, en la descripción que hace Echeverría de los indios borrachos no hay ni sombra del ideal del **buen salvaje:**

Más allá alguno degüella
con afilado cuchillo
la yegua al lazo sujeta,
ya la boca de la herida
por donde ronca y resuella,
ya borbollones arroja
la caliente sangre fuera,
en pie, trémula y convulsa.
Dos o tres indios se pegan.
Como sedientos vampiros,
sorben, chupan, saborean
la sangre [...]

Ésta es una energía primitiva que forma un fuerte contraste con la impotencia del héroe blanco, Brian, a quien vemos por vez primera atado entre cuatro lanzas. En el curso del poema Brian tiene un papel meramente pasivo y está aún más indefenso que María. Casi se niega a huir con ella por temor a que su mujer haya sido deshonrada. Y tampoco se muestra de un modo mucho más gallardo una vez han dejado atrás el campamento de los indios, ya que la naturaleza ofrece un aspecto repulsivo más que bello. Se encuentran en un «páramo yerto» con «feos, inmundos despojos de la muerte». La pareja, a pesar de estar huyendo, curiosamente a menudo aparece inmóvil:

En el vasto pajonal
permanecen inactivos.
Su astro, al parecer, declina
como la luz vespertina
entre sombra funeral.

A pesar de algunas escenas de violencia —como el incendio en la pampa y la lucha con un tigre— la impresión predominante es de inactividad y desamparo. Consecuentemente Brian muere reclamando en medio del delirio su lanza, un arma que en el curso de todo el poema nunca había sido capaz de usar. María, la más activa de los dos, pierde también todo ánimo después de la muerte de su marido y muere también desesperada al enterarse de que su hijo tampoco ha sobrevivido.

El poema dista de ser una obra maestra de la literatura y nos interesa más por lo que revela acerca de Echeverría que por su intrínseca belleza. Lo cierto es que el contraste entre la salvaje energía de los indios y de la naturaleza, y la pasividad y la impotencia de la pareja blanca parece reflejar no los valores vigorosos de una civilización de pioneros sino la cansada resignación de una raza moribunda. Las fuerzas vitales del poema son las que teme Echeverría, no las que él quisiera que prevaleciesen. *La cautiva* ofrece un notable contraste de estilo con el cuento de Echeverría *El matadero,* aunque el tema de ambas obras —el enfrentamiento de una raza blanca idealista pero impotente, con un elemento indígena poderoso y cruel— es semejante. En la poesía ha de haber idealización, según Echeverría explicó en el prólogo a sus *Rimas*:

> El verdadero poeta idealiza. Idealizar es sustituir a la tosca e imperfecta realidad de la naturaleza, el vivo trasunto de la acabada y sublime realidad que nuestro espíritu alcanza.

La obra en prosa, por otra parte, es realista, tomando como modelos la literatura costumbrista que se proponía dar una fiel pintura de personajes. Como su modelo español, Larra, Echeverría va más allá de lo pintoresco y convierte su costumbrismo en un pretexto para un durísimo ataque. Este mensaje tan directo hizo imposible que *El matadero* se publicase durante su vida, aunque probablemente se escribió poco después de que Rosas aplastara en 1840 a la oposición unitaria.

La historia se sitúa durante las inundaciones de la época cuaresmal, cuando las bestias no pueden ser llevadas al matadero, originándose así el hambre entre el pueblo. Echeverría, liberal y anticlerical, aprovecha la oportunidad para denunciar la alianza de la Iglesia con el régimen de Rosas hablando irónicamente de la «guerra intestina entre la conciencia y el estómago» que provocan sus preceptos. Sin embargo, continúa:

no es extraño, supuesto que el diablo, con la carne suele meterse en el cuerpo, y que la Iglesia tiene el poder de conjurarlo; el caso es reducir al hombre a una máquina cuyo móvil principal no sea su voluntad sino la de la Iglesia y el gobierno.

Pero aunque Echeverría no desdeña el ataque directo, como en el pasaje que se acaba de citar, también apela al simbolismo para reforzar los efectos. El matadero es la metáfora de la Argentina bajo el régimen de Rosas, los matarifes, negros y mulatos, son fuerzas bárbaras cuya misión es dar muerte a todo lo que se pone a su alcance. Son tan brutales que juegan con bolas de carne y luchan entre sí en torno a ellas igual que los perros:

> De repente caía un bofe sangriento sobre la cabeza de alguno, que de allí pasaba a la de otro, hasta que algún deforme mastín lo hacía buena presa, y una cuadrilla de otros, por si estrujo o no estrujo, armaba una tremenda de gruñidos y mordiscones.

Repárese que es el «deforme mastín» el que se queda con la presa. Echeverría no disimula sus opiniones acerca de los negros y mulatos. La violencia de los perros, de los niños y de los hombres es similar a la violencia que reina en todo el país.

Violencia, crueldad e hipocresía son las fuerzas que prevalecen, pero no son las únicas. Echeverría introduce la oposición bajo la forma de un orgulloso toro «emperrado y arisco como un unitario» que escapa, vuelve a ser capturado y, en un primitivo rito, recibe la muerte y sus testículos, símbolo de su fuerza, son entregados al jefe de los matarifes, Matasiete. Mientras terminan la matanza pasa un joven a caballo montado en una silla europea. Le obligan a descabalgar y le cortan el cabello como castigo. Mientras grita su protesta contra aquellos hombres a los que compara a animales, los matarifes le torturan cada vez más hasta que muere a causa de una hemorragia producida por su misma cólera.

El matadero refleja, como *La cautiva,* la misma impotencia
ante las fuerzas de la violencia. El joven unitario es reducido
a la impotencia por los matarifes y se le somete a viva fuerza
a humillantes torturas. El lector no puede por menos de quedar
impresionado ante el paralelismo que existe entre este joven,
que muere a causa de su propia indignación, y Echeverría y su
generación. Tal vez también él sufría al darse cuenta de que
los ataques verbales contra Rosas eran en el fondo inútiles.
Sin duda alguna en *El matadero* trató de usar la literatura
como un arma. Pero no deja de ser un rasgo significativo que
en sus dos obras principales las fuerzas de la barbarie y de la
civilización se enfrentan de un modo muy desigual, porque las
primeras son vigorosas y dinámicas y las otras débiles, afemina-
das y sin más recursos que la protesta verbal.

2. Domingo Sarmiento (1811-1888)

Domingo Sarmiento, a diferencia de Echeverría, no pertenecía a la clase de los propietarios rurales. Su padre era dueño
de una reata de mulas y él oriundo de San Juan. «He nacido
en una familia que ha vivido largos años en una mediocridad
muy vecina de la indigencia», escribió en sus *Recuerdos de
provincia* (1850). Educado por un sacerdote, trabajó durante
un tiempo como dependiente de una tienda, ocupación que le
dejaba tiempo libre para autoeducarse «sin maestros ni cole-
gios». Aprendió lenguas durante sus períodos de destierro y
al ingresar en una sociedad literaria en 1839 entró en contacto
con la literatura francesa contemporánea. Nacido en 1811, casi
al mismo tiempo que la república independiente de Argentina,
Sarmiento identificó su propia trayectoria con la de la nación
de la que iba a ser presidente. Cuando en 1843 escribió *Mi
defensa* llegó hasta dividir su biografía en períodos: «la historia
colonial» de la familia, seguida de «la vida de la república naciente», «la lucha de los partidos», «la guerra civil», «la pros-
cripción», «el destierro».

Sarmiento era aún muy joven cuando se encontró participando en la lucha política en su provincia natal de San Juan. Se vio forzado a ocultarse y luego en 1831 a exiliarse a Chile, donde vivió hasta 1836. Su regreso a la Argentina fue breve; en 1840 huyó de nuevo a Chile y en este país fijó su residencia hasta la caída de Rosas en 1852. Durante su exilio Sarmiento contribuyó a la organización de la Escuela Normal y tomó parte en una polémica en defensa del romanticismo. También viajó por Europa y los Estados Unidos, país este último por el que sentía una gran admiración y cuya prosperidad atribuía a las virtudes morales heredadas del puritanismo.

La obra en la que se basa la celebridad literaria de Sarmiento es un ensayo polémico, *Civilización y barbarie. Vida de Juan Facundo Quiroga, y aspecto físico, costumbres y hábitos de la República Argentina*. Este ensayo, publicado en 1845, cuando el gobierno chileno estaba a punto de aceptar a un embajador de Rosas, pretendía tener una clara función de contrapeso. Es posible, como han apuntado algunos críticos, que Sarmiento incorporase al ensayo ciertos cuadros de costumbres: descripciones de tipos argentinos como el «baquiano» o guía y el «payador», que ya tenía escritos como estudios independientes. Pero lo cierto es que la estructura debe mucho a *De la démocratie en Amérique,* de Tocqueville, y la ideología a las ideas de Montesquieu y Herder.

Facundo pretende demostrar que la «barbarie» se ha convertido en algo institucionalizado en la Argentina durante el régimen de Rosas. En el prólogo a la primera edición Sarmiento explica que Facundo Quiroga, el caudillo regional cuya biografía escribe, y el poderoso Rosas, que hará asesinar a Facundo, son encarnaciones de determinados aspectos de la situación nacional, de los cuales Rosas es la representación más compleja. Facundo era «provinciano, bárbaro, valiente, audaz»; su sucesor, Rosas, «organiza lentamente el despotismo con toda la inteligencia de un Maquiavelo». Por lo tanto el ensayo de Sarmiento es a la vez un análisis del fenómeno Rosas y un arma contra él. ¿Por qué entonces escribe la biografía de

Facundo Quiroga y no la de Rosas? En primer lugar porque Sarmiento conoció a Quiroga, el gaucho que llegó a ser el dueño de su provincia natal, y podía por consiguiente recurrir a sus propios recuerdos y evocar anécdotas que había oído. En segundo lugar porque creía que Facundo era la «expresión fiel de una manera de ser de un pueblo, de sus preocupaciones e instintos». Si Rosas representaba la institucionalización de la barbarie, Facundo representaba su expresión espontánea. Era por lo tanto el «hombre representativo» de su tiempo. Por esta razón Sarmiento divide su estudio en dos partes: una descripción de la tierra, es decir, «el escenario» en el que actuarán los personajes, y luego el actor protagonista, «con su traje, sus ideas, su sistema de obrar».

La analogía dramática no es gratuita. Sarmiento ve los hechos en términos de conflicto: el conflicto entre el hombre y la naturaleza, entre el colono y el indio, entre la ciudad y el campo, entre la barbarie y la civilización. Hay también un drama entre el bien y el mal. Para Sarmiento el ideal de la vida se asocia al comercio, que engendra la civilización y la cultura. La Argentina posee dos grandes recursos naturales: los ríos, caminos naturales del comercio, muy poco utilizados en este país, y la pampa, en la que la civilización apenas ha penetrado y donde la vida tiene el aspecto del nomadismo de los desiertos orientales. Ésta es el hogar del gaucho y del indio, la sede de la barbarie, en contraste con las ciudades que son centros de cultura y de progreso.

Para Sarmiento el indio argentino queda fuera de la sociedad. El gaucho simboliza la «barbarie», término que Sarmiento emplea para abarcar todos los males que sufre el país. La civilización significa la «sociabilidad», el imperio de la ley, la inviolabilidad de la propiedad privada. Para conseguir la «sociabilidad» los hombres deben mantener entre sí relaciones regulares por un código de conducta sobre el que se hayan puesto mutuamente de acuerdo; deben reconocer la existencia de un bien común así como de sus propias aspiraciones individuales. La barbarie es la negación de la «sociabilidad». El gaucho se habitúa a depender tan sólo de sí mismo en la soledad de la pampa. Se hace su propia ley y su propia moral y la supervivencia pasa por encima de todo lo demás. Al no tener necesidades no tiene ninguna razón que le impulse a pensar en el bien común:

> El gaucho no trabaja; el alimento y el vestido lo encuentra preparado en su casa; uno y otro se lo proporcionan sus ganados, si es propietario; la casa del patrón o pariente, si nada posee.

En cualquier circunstancia el gaucho obra siempre de un modo espontáneo. Si en un momento dado lo que quiere es mirar el rodeo, se para y lo mira. Si lo que quiere es participar en él, «desciende lentamente del caballo, desarrolla su lazo y lo arroja sobre un toro que pasa con la velocidad del rayo a cuarenta pasos de distancia; lo ha cogido de una uña, que era lo que se proponía, y vuelve tranquilo a enrollar su cuerda»..

Como se ha dicho más de una vez, Sarmiento hace inconscientemente de abogado del diablo en estos pasajes que describen las habilidades del gaucho. El rastreador, el baquiano, el gaucho malo, el cantor despiertan un entusiasmo mal disimulado en el escritor que se maravilla de la poesía natural y de las habilidades naturales que han surgido en el corazón de los llanos. El contraste con esta forma «medieval» de sociedad lo ofrecen las ciudades, centros de cultura y de refinamiento que habían degenerado rápidamente debido al creciente poder de las fuerzas de la barbarie.

En este escenario Sarmiento describe la personalidad y la vida de Juan Facundo Quiroga, el gaucho que llega a dominar muchas de las provincias del interior. Nacido en la provincia de La Rioja, Facundo es la negación de todas las virtudes que su coterráneo Sarmiento parece representar. Rechaza la educación, se convierte en un brutal forajido que combate en la «montonera» (la caballería gaucha que luchó contra los españoles) y llega a ser un constante rebelde contra la ley, el orden y la religión. «Jamás se ha confesado, rezado ni oído misa», o al menos así lo proclama su leyenda.

A diferencia de Sarmiento, que insiste siempre en su formación de autodidacta, Facundo vivió tal como había nacido, como un hombre natural.

> La vida a caballo, la vida de peligros y emociones fuertes, han acerado su espíritu y endurecido su corazón; tiene odio invencible, instintivo contra las leyes que lo han perseguido... contra toda esa sociedad y esa organización a que se ha sustraído desde la infancia.

Este hombre natural alcanza el poder cuando un gobernador de La Rioja, don Nicolás Dávila, se sirve de él para conseguir el poder y luego trata de prescindir de sus servicios. Quiroga mata a Dávila y pasa a ser el dueño de La Rioja.

A partir de este momento Sarmiento describe toda la vida de Facundo Quiroga, las batallas que gana y que pierde para conseguir adueñarse de las ciudades del interior. Al mismo tiempo, la comparación y el contraste con Rosas y su forma institucionalizada de barbarie, está siempre presente. Facundo mata cuando su instinto le empuja a ello, Rosas mata sistemáticamente; Facundo destruye las ciudades de un modo instintivo, la destrucción de Rosas es consciente.

La caída de Facundo coincide exactamente con la elevación definitiva de Rosas al poder. En 1835 Rosas manda a Quiroga a cumplir una misión en el interior. Apenas llega a la pampa, su natural bárbaro se reafirma con más fuerza que nunca:

> Apenas ha andado media jornada, encuentra un arroyo fangoso que detiene la galera. El vecino maestro de posta acude solícito a pasarla; se ponen nuevos caballos, se apuran todos los esfuerzos y la galera no avanza. Quiroga se enfurece y hace uncir a las varas al mismo maestro de posta.

Poco después es objeto de una emboscada y él y toda su partida perecen; aparentemente el ataque se debe a un bandolero gaucho llamado Santos Pérez, pero es muy probable que éste actuara cumpliendo órdenes de Rosas. La parte final trata de la institucionalización de la barbarie por el régimen de Rosas, el establecimiento de la policía secreta y del terror de Rosas. Finalmente llega el aspecto positivo: las propuestas que propone Sarmiento para el futuro. La inmigración y la industrialización son, según él, condiciones necesarias para la prosperidad de la Argentina.

Allison Williams Bunkley, autor de *The Life of Sarmiento,* considera *Facundo* como una gran obra romántica. «Las titánicas figuras de Facundo, Quiroga, Rosas y sus gauchos son personajes literarios dignos de compararse con los grandes titanes del romanticismo». Sin embargo, al igual que en *La cautiva,* en *Facundo* hay elementos que lo diferencian del romanticismo europeo. No se puede idealizar a Facundo. Tampoco Sarmiento vuelve a la naturaleza huyendo de los efectos alienantes de la civilización urbana. Para él la ciudad es el centro de la cultura, de las virtudes sociales y de la ley y el orden. Pero sin duda alguna el ensayo tiene una gran fuerza, está como empujado por la dinámica del conflicto y con frecuencia usa un presente histórico que contribuye a la inmediatez y a la actualidad de la narración. Sin ningún género de dudas, durante una serie de generaciones influyó en los análisis que los argentinos hicieron de su sociedad [5].

Sarmiento, a diferencia de muchos pensadores y escritores del siglo XIX, tuvo la oportunidad de poner en práctica muchas de sus ideas. Después de la caída de Rosas tomó parte activa en la reforma educativa de la región de Buenos Aires, y al ser elegido presidente en 1868, consiguió, a pesar de la guerra civil y de una fuerte oposición, fundar escuelas, fomentar la inmigración y construir ferrocarriles. En 1874 se retiró a la vida privada. Su última obra importante fue *Conflictos y armonías de las razas en América* (1883) en la cual atribuía

5. Por ejemplo, Ezequiel Martínez Estrada, *Radiografía de la pampa,* 2 vols., Buenos Aires, 1942.

las dificultades de Latinoamérica a defectos raciales inherentes. Europeizar la Argentina era la única solución.

En muchos aspectos Sarmiento es el típico intelectual liberal del siglo XIX. Por su formación y su mentalidad es un europeo que mide el progreso de su país en relación con el de Europa y el de los Estados Unidos. Entre sus obras más reveladoras figuran sus notas de viajes. Aunque gran admirador de la vertiente práctica del carácter inglés que simboliza Cobden, reserva su máximo entusiasmo para Francia y para los franceses:

> Sus ideas y sus modas, sus hombres y sus novelas, son hoy el modelo y la pauta de todas las otras naciones; y empiezo a creer que esto que nos seduce por todas partes, esto que creemos imitación, no es sino aquella aspiración de la índole humana a acercarse a un tipo de perfección, que está en ella misma y se desenvuelve más o menos, según las circunstancias de cada pueblo [6].

Pero si siente admiración por los franceses, lo que parece haber despertado su interés más intenso son los Estados Unidos. Se trataba de una nación americana que se encamina derechamente hacia la grandeza. Sarmiento comprende que aunque no se ajusta a su idea de la perfección tampoco es un monstruo deforme. «La más joven y osada república del mundo», la llama, y la compara con la antigua Roma [7].

Leyendo estos libros de viajes podemos apreciar la enormidad de la tarea que el intelectual liberal del siglo XIX tenía ante sí. La «civilización» establecida en Europa y en las partes septentrionales de América brillaba aún por su ausencia en la bárbara y todavía desierta pampa.

6. *Viajes en Europa, África y América*, Buenos Aires, 1956.
7. *Ibid.*, págs. 262-278.

3. JOSÉ MÁRMOL (1817-1871)

El tercero del grupo de escritores que dio expresión literaria al tema de la civilización y la barbarie fue José Mármol, el poeta que sufrió un breve período de encarcelamiento durante el terror de Rosas en el año 1840 y que luego huyó a Montevideo, donde escribió la novela *Amalia* (1851). La novela es una historia romántica de amor situada en la grotesca realidad del régimen de Rosas. Se trata de una narración que, aún más que *El matadero*, deja traslucir los prejuicios e ideales del intelectual liberal. La trama argumental es pobre; Eduardo Belgrano es herido cuando trata de huir de Buenos Aires para unirse a los rebeldes que combaten a Rosas. Su amigo Daniel Bello le ayuda a escapar de sus perseguidores y le lleva a casa de su prima, la viuda Amalia, donde permanece oculto hasta su curación. Tanto Daniel como Amalia fingen ser partidarios de Rosas cuando en realidad están conspirando contra él. Pero en el curso de la novela los tres se van viendo cada vez más acorralados; Amalia y Eduardo se enamoran y se casan la víspera de su proyectada huida, pero caen en una celada que les tienden un grupo de partidarios de Rosas quienes les dan muerte, así como al fiel criado de Amalia, Pedro.

Los enamorados que son víctimas de un destino adverso ofrecen escaso interés y son elementos convencionales dentro de una novela en la que la denuncia política y la descripción de las atrocidades del régimen de Rosas ocupan el primer plano. Como Echeverría, Mármol identifica la barbarie con el elemento racial; los «civilizados» son un pequeño grupo de intelectuales, discípulos de cierto médico, Alcorta:

> Desde la cátedra él ha encendido en nuestro corazón el entusiasmo por todo lo que es grande: por el bien, por la libertad, por la justicia.

Daniel Bello, una especie de Pimpinela Escarlata argentino, es el más dinámico de los personajes civilizados, pero Eduardo

Belgrano, como el Brian de Echeverría, desempeña un papel pasivo de héroe herido a lo largo de toda la novela. Él y Amalia son víctimas, viven encerrados en casa. Desde el principio, estos personajes civilizados se presentan como asediados por elementos hostiles, por la pampa y el río que rodean la ciudad con su soledad:

> La ciudad, a dos o tres cuadras de la orilla, se descubre, y sólo el rumor salvaje y monótono de las olas anima lúgubremente aquel centro de soledad y de tristeza.

El mulato, el negro y el gaucho que ahora dominan la sociedad son las expresiones humanas de este salvajismo. No es casual que sea Merlo, el gaucho ciudadano, quien traicione a Eduardo al comienzo de la novela. Los negros están casi todos a sueldo de Rosas y los mulatos, entre quienes la civilización es posible porque aspiran a superarse, también en ciertos casos se han vendido al régimen. Rosas, por ejemplo, tiene a su lado a un mulato imbécil a modo de bufón y de víctima propiciatoria. Su régimen se basa en la ignorancia y en la explotación de los peores instintos, y especialmente en la envidia que los pobres sienten por los ricos. Así Mármol dice del negro:

> El odio a las clases honestas y acomodadas de la sociedad era sincero y profundo en esa clase de color: sus propensiones a ejecutar el mal eran a la vez francas e ingenuas; y su adhesión a Rosas leal y robusta.

En contraste, el carácter refinado y europeo de los que se oponen a Rosas es una garantía de su superioridad moral. Belgrano se describe como «muy pálido», de familia distinguida (es pariente del general Belgrano), «corazón valiente y generoso e inteligencia privilegiada por Dios y enriquecida por el estudio». Es, por lo tanto, un aristócrata injustamente obligado a huir por la barbarie de Rosas. Daniel Bello, cuando asiste a una reunión de partidarios de Rosas, es descrito como «el hombre más puro de aquella reunión y el hombre más europeo que había en ella». Además de estos dos elementos, existe también el gaucho de la pampa, al que Mármol describe en término que recuerdan a *Facundo*:

> La soledad y la Naturaleza han puesto en acción sobre su espíritu sus leyes invariables y eternas, y la libertad y la independencia de los instintos humanos se convierten en condiciones imprescindibles de la vida del gaucho.

Pero el gaucho se representa como la fuerza amenazadora a las puertas de la ciudad: «está rodeando siempre, como una tempestad, los horizontes de las ciudades».

La novela es totalmente maniquea en su división de las fuerzas del bien y del mal. Rosas es el demiurgo maléfico que ha creado una ciudad de tinieblas. Su propia casa es sombría:

> En el zaguán de esa casa, completamente obscuro, había tendidos en el suelo y envueltos en su poncho, dos gauchos y ocho indios de la Pampa, armados de tercerola y sable, como otros tantos perros de presa que estuviesen velando la mal cerrada puerta de la calle.

> Un inmenso patio cuadrado y sin ningún farol que le diese luz, dejaba ver la que se proyectaba por la rendija de una puerta a la izquierda, que daba a un cuarto con una mesa en el medio, y unas cuantas sillas ordinarias [...]

La oscuridad y la rústica sencillez con que vive Rosas forman un intenso contraste con la belleza, el lujo civilizado y la luz que rodean a Amalia:

> Dos grandes jarras de porcelana francesa estaban sobre dos pequeñas mesas de nogal con un ramo de flores cada una; y sobre cuatro rinconeras de caoba brillaban ocho pebeteros de oro cincelado, obra del Perú, de un gusto y de un trabajo admirables.

La ilustración aparece aquí íntimamente asociada a los objetos. Estos objetos son el fruto de un sistema comercial muy desarrollado y por lo tanto dependen de la «sociabilidad». Una vez más el romántico argentino demuestra un sistema por encima del individuo, y el sello universal que la organización comercial pone en sus productos. El individualismo autosuficiente es el que se refleja en la pobreza y en la rusticidad de la casa de Rosas.

La obra de Echeverría, Sarmiento y Mármol puede agruparse porque los tres comparten una definición común de la civilización y de la barbarie. Difieren de los románticos europeos en el considerar la organización social como algo que está por encima de los caprichos del individuo, en ver la ciudad como la sede de la civilización y el campo como el lugar propio de la barbarie. Los tres tienden a dar una tonalidad racial a su definición de la barbarie y a definir la civilización a tenor de los logros de las sociedades industrializadas europeas. Finalmente, en los tres las endebles perspectivas de civilización tienden a encarnarse en hombres débiles o desvalidos. Paradójicamente la energía de una obra como *Facundo* estriba en las mismas fuerzas que estaba intentando negar.

No toda la literatura de este período se inspiraba en esta tajante dicotomía entre las fuerzas europeizadas de la luz y las fuerzas indias o gauchas de la oscuridad. Sin embargo, los indios seguirían siendo los grandes desconocidos, que casi no eran considerados como seres humanos, las víctimas de guerras y venganzas fronterizas que lentamente iban siendo empujados hacia el sur. Al término de la Campaña del Desierto de 1879 las tribus indias de la Argentina habían sido virtualmente exterminadas y habían dejado de existir como amenaza. Al igual que en los Estados Unidos, el ferrocarril resultó ser el gran enemigo de los indios; allí donde se tendían sus líneas el poder de los indios llegaba a su fin ante las insaciables exigencias de tierra que tenían los hombres blancos. El ferrocarril y las cercas de alambre espinoso transformaron la vida de la pampa; una vez la propiedad fue algo seguro e inviolable, desaparecie-

ron no sólo los indios sino incluso los gauchos nómadas, para
ceder su lugar a los labradores o a los vaqueros. Las costumbres
y el folklore de los gauchos iban a quedar solamente como un
recuerdo nostálgico.

4. LUCIO MANSILLA (1831-1913)

Precisamente en este momento de transición de una comunidad nómada y pastoril a otra sedentaria y cada vez más industrializada, aparecen dos obras que invertirán por completo las
categorías de civilización y barbarie que había establecido Sarmiento. Estas dos obras son el poema de José Hernández *Martín Fierro* y el relato de un viaje a tierras indias escrito por Lucio Mansilla, *Una excursión a los indios ranqueles* (1870). Mansilla, hijo de una familia que había ocupado una posición pree-
minente durante el régimen de Rosas y que por lo tanto sufrió
un eclipse después de 1852, era un hombre interesante y complejo, un caso único por la apología que hace frecuentemente
de los pieles rojas. Mansilla no idealiza al buen salvaje. Su viaje tenía por objeto asegurarse pacíficamente unas concesiones de
los indios para que se pudieran construir ferrocarriles. Pero a
pesar de la repugnancia que siente por la suciedad y sordidez de
los poblados, es sensible a ciertas virtudes indias y critica con
frecuencia la «civilización» que, a diferencia de Sarmiento,
no ve únicamente como algo beneficioso. Si Sarmiento quería
llevar la civilización y el progreso a la pampa, Mansilla ve el
progreso en términos morales; el cristianismo es superior por
sus enseñanzas al paganismo, pero esta superioridad tiene que
demostrarse con el ejemplo. Así, Mansilla hace un esfuerzo por
comprender a los indios con objeto de persuadirles de las virtudes del cristianismo. Por ejemplo, se corta las uñas de los pies en
público para ganarse su confianza. Y para demostrar su espíritu
cristiano coge en brazos a un hombre enfermo de viruelas.
A pesar de la repulsión que siente por aquello insiste en poner
al hombre en un carromato, sintiéndose recompensado por la

idea de que «aquel fue un verdadero triunfo de la civilización sobre la barbarie; del cristianismo sobre la idolatría». Pero en ciertas cosas se ve obligado a admitir que los indios están más cerca del espíritu del cristianismo que los criollos. Su hospitalidad y su generosidad dejan en mal lugar a la sociedad llamada «cristiana». Y es lo suficientemente honrado como para confesar que gran parte de lo que se llama la barbarie de los indios no es más que un aspecto de su pobreza, dado que las mismas costumbres se dan también entre los blancos pobres.

La verdad del asunto es que Lucio Mansilla se encontró en un dilema que Sarmiento nunca tuvo que plantearse. Su misión entre los indios le convirtió en el instrumento del gobierno de Sarmiento que deseaba asegurarse el consentimiento de los indios para que los ferrocarriles pudieran atravesar sus territorios, pero los indios y el propio Mansilla comprendían que la llegada del ferrocarril tenía forzosamente que perturbar e incluso destruir la vida de los indios. Cuando Mansilla se reunió con los jefes fue consciente del infortunio de aquella raza antaño tan noble, y comprendió la ignominia que significaba tener que vivir de limosna de un gobierno hostil. Y tuvo la honradez de admitir que había cambiado de opinión acerca de su raza. Antes creía en la superioridad de los latinos. Ahora, declara, «pienso de distinta manera». Los malos gobiernos de cualquier raza producen malas consecuencias, y las fuerzas morales siempre predominan sobre las físicas. De ahí que la conducta del verdadero cristiano deba ser ejemplar en toda ocasión.

Sin embargo, el dramatismo del libro de Mansilla se debe a la impotencia del ejemplo cristiano ante las fuerzas económicas. Todos los ejemplos cristianos del mundo no pueden impedir que los criollos ávidos de tierra invadan el territorio indio. El concepto de la civilización de Sarmiento y no el de Mansilla triunfará.

5. José Hernández (1834-1886)

También fue trágico el destino del gaucho. Como el indio, representaba una fase de la sociedad que la sociedad occidental había superado. Su vida nómada no podía sobrevivir a la creación de grandes haciendas y al establecimiento de una base industrial de conservas y exportación de carne. Como el indio, el gaucho estaba condenado a desaparecer. En el siglo xx la vida tradicional del gaucho sólo sobrevive en rasgos exteriores de indumentaria, en la *bombacha* o pantalón muy ancho ceñido por la parte inferior, el delantal de cuero o *chiripá;* en canciones y literatura, en ciertas actitudes de machismo y hombría. El poema de José Hernández *El gaucho Martín Fierro* (1872) capta la vida del gaucho en el mismo momento de su desaparición. No obstante, no se trataba de un fenómeno aislado. El autor se inspira en dos tradiciones anteriores: la de una poesía satírica ciudadana en dialecto gaucho —el gauchesco— y la de la poesía popular de la pampa, en cuyos orígenes se mezclaban elementos indios, españoles e incluso negros.

La tradición gauchesca la inició un poeta uruguayo del período de la independencia, Bartolomé Hidalgo (1788-1822), que compuso una especie de libelo político utilizando el dialecto del gaucho y los ritmos de la canción popular. Los poemas más característicos de Hidalgo tienen la forma del «cielito», con la intervención de un coro, «Cielito, cielito que sí», o la forma de un diálogo en el cual dos gauchos intercambian opiniones en verso y comentan, a veces satíricamente, los sucesos del día. El carácter auténticamente popular de esta poesía queda demostrado por el hecho de que Hidalgo vendía sus poemas por las calles. En manos de sus sucesores, Hilario Ascasubi (1807-1875), que empleó el seudónimo de Aniceto el Gallo, y Estanislao del Campo (1834-1880), la poesía gauchesca fue haciéndose cada vez más satírica. Ascasubi, por ejemplo, compuso sátiras políticas muy duras, dirigidas contra Rosas. Sólo posteriormente la poesía gauchesca se convirtió en la expresión de los sentimientos del gaucho. Un amigo de Hernández, el uruguayo Antonio Lussich (1848-1928), publicó sus *Tres gauchos orientales* en 1870, muy poco antes del *Martín Fierro*. Aquí el gaucho ya no es el simple portavoz de una campaña política que tiene escaso contacto directo con la vida del gaucho. En sus sentimientos y en su lenguaje está mucho más cerca del auténtico gaucho de la Banda Oriental (Uruguay) [8]. De este modo, la convención literaria y la realidad empiezan a converger. En el *Martín Fierro* la tradición gauchesca pervive en las quejas contra el gobierno, en fragmentos satíricos y en la forma del verso de las partes más antiguas del poema [9]. Pero Hernández, a diferencia de otros poetas gauchescos, también consiguió expresar artísticamente la esencia de la vida del gaucho y fue capaz de transformar el tema tradicional y popular del «gaucho malo» en un arquetipo universal y trágico.

Nacido en Buenos Aires en 1834, José Hernández estaba emparentado, por la rama materna de su familia, con don Juan Martín de Pueyrredón, el caudillo de la caballería de los gauchos que combatió contra los invasores ingleses en 1806-1807. El padre de Hernández era administrador de haciendas ganaderas (trabajó para Rosas en un período), y José pasó parte de su niñez en el campo, donde se crió como un gaucho. Ya de mayor ingresó en el ejército, pero más tarde pasó a trabajar como reportero parlamentario. En la primera época de su vida era partidario de la causa federalista contra los unitarios y durante un tiempo se vio obligado a vivir en la emigración, en el Brasil. En sus artículos Hernández se muestra como el adalid del campo, que, según afirma, ha sido descuidado y oprimido por la ciudad. En su opinión, uno de los mayores abusos consistía en reclutar campesinos para servir en el ejército luchando en la frontera contra los indios.

8. Todos los poetas gauchescos que se mencionan aquí están ampliamente representados en *Poesía gauchesca* (véase la lista de lecturas).

9. Estas cuestiones se analizan en el libro de E. Martínez Estrada, *Muerte y transfiguración de Martín Fierro*, 2 vols., 2.ª ed., Buenos Aires-México, 1958.

De estos agravios surgió el poema *Martín Fierro* (1872). En el prólogo a la octava edición, publicada en 1878, Hernández declaraba:

> Ese *gaucho* debe ser ciudadano y no paria: debe tener deberes y también derechos, y su cultura debe mejorar su condición.

Sin embargo, el héroe del poema, Martín Fierro, es algo más que un gaucho. Es un «payador» o cantor que está orgulloso de su inventiva, y más importante aún, es hombre fuera de la ley, que vive al margen de la sociedad. El poema relata la historia de sus infortunios contada por él mismo. Después de haber sido reclutado para luchar en la frontera contra los indios, deserta, descubre que su familia ha desaparecido y a partir de entonces se convierte en un «tigre», movido por el odio a la ley y al orden. El lamentable estado actual del gaucho lo contrasta con una legendaria edad de oro:

> Ricuerdo, ¡qué maravilla!
> cómo andaba la gauchada
> siempre alegre y bien montada
> y dispuesta pa el trabajo:
> pero hoy en el día... ¡barajo!
> no se la ve de aporriada.

La disolución de la Edad de Oro se ha producido por obra de unas fuerzas sociales que no sólo han introducido la explotación del hombre por el hombre sino que atacan además la dignidad del individuo. El servicio militar de Martín Fierro en la frontera menoscaba su dignidad viril al privarle del caballo y de las armas que son los símbolos de la hombría del gaucho. Un combate con los indios le devuelve esta hombría perdida, pero sólo por un tiempo. Poco después es ignominiosamente atado a la cepa como castigo por haber reclamado su paga. De nuevo ha sido destruida su dignidad humana. Martín Fierro encarna los valores de la hombría enfrentados a todas estas fuerzas —la explotación, la corrupción, la injusticia— que amenazan al individuo. Encarna también los valores de la frontera, la valentía, la confianza en sí mismo y la independencia, contra lo que Sarmiento hubiese considerado como los valores de la civilización: el imperio de la ley, la organización social y el comercio.

La segunda parte del poema, *La vuelta de Martín Fierro*, publicada en 1878, se limita a reafirmar estos esquemas básicos. La culminación de la segunda parte es la *payada* o debate entre Martín Fierro y un *moreno*, hermano del negro al que él ha matado en la «ida». En esta exhibición del ingenio del poeta gaucho los dos cantores insisten en el sufrimiento y en las luchas del hombre y dan a la cuestión un planteamiento cósmico. La forma del debate —las preguntas que no admiten respuesta— es un ejemplo de la canción acertijo que podemos encontrar en muchas culturas arcaicas, un «llamar a la puerta de lo Incognoscible», como lo llama Huizinga, y era también un modo ritual de vencer al oponente [10].

El poema ha tenido una curiosa fortuna entre los críticos. Durante muchos años su popularidad entre las masas fue considerada por las minorías cultas casi como una demostración de su inferioridad. Pero a comienzos de este siglo empezaron a surgir opiniones favorables. Para el español Unamuno el poema expresaba el espíritu de los conquistadores [11]. Para el poeta modernista Leopoldo Lugones, era la epopeya de la Argentina [12], y el nacionalista radical Ricardo Rojas veía en él el supremo poema nacional [13]. Para el escritor contemporáneo Jorge Luis Borges, está más cerca de la novela que de la epopeya. No obstante, quizá la clasificación sea menos importante que el fenómeno en sí. Sarmiento, Echeverría, Mármol, a pesar de sus aspectos positivos, tenían aún una imaginación colonizada. No

10. Johan Huizinga, *Homo ludens,* Madrid, 1973.
11. *Revista Española,* I, 1895.
12. *El payador,* Buenos Aires, 1961, pág. 19.
13. Ricardo Rojas, *Historia de la literatura argentina,* 9 vols., Buenos Aires, 1960.

se imaginaban a la Argentina avanzando en cualquier dirección que no fuese la de las pautas que había marcado Europa. Hernández caló más hondo. Captó intuitivamente la grandeza de las fuerzas que estaban en juego y se puso al lado de las fuerzas que estaban condenadas a desaparecer —la independencia, la hombría, el valor—, virtudes de una edad heroica que el siglo XIX estaba destruyendo y que trataba de ignorar. Habrá. que esperar a José Martí para que un escritor hispanoamericano intente encontrar virtudes en la barbarie que la civilización europea condenaba sin remisión.

LECTURAS

Textos

Echeverría, Esteban, *Dogma socialista y otras páginas políticas,* Buenos Aires, 1958.

——, *La cautiva y El matadero,* 7.ª ed., Buenos Aires, 1962.

——, *El matadero et La cautiva de Esteban Echeverría, suivis de trois essais de Noé Jitrik,* París, 1969.

Hernández, José, *Martín Fierro,* edición, prólogo y notas de E. Carilla, Barcelona, 1972.

Mansilla, Lucio V., *Una excursión a los indios ranqueles,* 3.ª ed., Buenos Aires, 1947.

Mármol, José, *Amalia,* Buenos Aires, 1944.

Poesía gauchesca, edición de J. L. Borges y A. Bioy Casares, 2 vols., México, 1955.

Sarmiento, Domingo, *Facundo. Civilización y barbarie,* Buenos Aires, 1958.

Estudios históricos y críticos

Anderson Imbert, Enrique, «Echeverría y el socialismo romántico», en *Escritores de América,* Buenos Aires, 1954.

——, *Genio y figura de Domingo Sarmiento,* Buenos Aires, 1967.

Borges, J. L., *El gaucho Martín Fierro,* Londres, 1964.

Carilla, E., *El romanticismo en la América hispánica,* edición revisada, 2 vols., Madrid, 1967.

Halperin Donghi, Tulio, *El pensamiento de Echeverría,* Buenos Aires, 1951.

Jitrik, Noé, *Muerte y resurrección de «Facundo»,* Buenos Aires, 1968.

Martínez Estrada, Ezequiel, *Muerte y transfiguración de Martín Fierro,* 2 vols., México, 1958.

——, *Meditaciones sarmientinas,* Santiago de Chile, 1968.

Onís, Federico de, *España en América,* Universidad de Puerto Rico, Río Piedras, 1955.

Rojas, Ricardo, *Historia de la literatura argentina,* 9 vols., Buenos Aires, 1960.

Capítulo 3

LA HERENCIA DEL ROMANTICISMO

> Desdeñábamos todo lo que a clasicismo tiránico apesta,
> y nos dábamos un hartazgo de Hugo y Byron, Espron-
> ceda, García Tassara y Enrique Gil.
>
> RICARDO PALMA

El cambio de sensibilidad que se conoce con el nombre
de romanticismo comprendía, entre otros aspectos a veces contradictorios, una intensa subjetividad, la búsqueda de la originalidad, la fe en el genio nacional, la huida de la ciudad y
el retorno al campo, la exploración de un mundo visionario
de sueños y de elementos subconscientes, la ruptura con las
normas morales y formales, la exaltación de la espontaneidad
y el entusiasmo por la libertad. Cada uno de estos aspectos
podía resultar más o menos importante según las circunstancias de cada país. En Latinoamérica, recién salida de la independencia, las ideas que se impusieron de un modo más rápido
fueron las de la originalidad y el genio nacional. Las consi-
deraciones de orden estético y formal eran menos apremiantes.

El romanticismo llegó a Latinoamérica, como da a entender
Ricardo Palma, en una forma diluida, a través de la influencia
española y francesa [1]. Mucho después de que en Europa se

---

1. J. M. Oviedo, *Genio y figura de Ricardo Palma*, Buenos Aires, 1965,
pág. 40. Las influencias han sido estudiadas por E. Carilla, *El romanticismo
en la América hispánica*, edición revisada, 2 vols., Madrid, 1967.

hubieran ganado y perdido una serie de batallas, cuando el realismo era ya la nueva vanguardia, los hispanoamericanos seguían empeñados en librar oscuros combates estéticos y todavía consideraban al romanticismo como el movimiento moderno por excelencia. En los años cuarenta Chile asistió a la pugna entre Sarmiento y otros desterrados argentinos que defendían el romanticismo contra las reservas de Andrés Bello[2]. Cuando Echeverría escribió su *Dogma socialista* en el decenio de los treinta, identificaba el romanticismo con la actitud moderna comparándolo con el anticuado tradicionalismo español[3].

Pero en la mayoría de los casos el romanticismo movió a los escritores a crear sus propias culturas nacionales. Eran conscientes de vivir en tierras y entre gentes que por el momento aún no tenían literatura. Como Juan León Mera escribió en el prólogo a su novela *Cumandá,* América era todavía un continente por descubrir.

> Razón hay para llamar vírgenes a nuestras regiones orientales: ni la industria y la ciencia han estudiado todavía su naturaleza, ni la poesía la ha cantado, ni la filosofía ha hecho la disección de la vida y costumbres de los jívaros, zapados y otras familias indígenas y bárbaras que vegetan en aquellos desiertos, divorciados de la sociedad civilizada.

Y en textos de Echeverría, Sarmiento, Alberdi y Mitre podemos encontrar afirmaciones semejantes referidas a la región del Plata[4].

Pero proponerse ser original era más fácil que conseguirlo. La búsqueda de una nueva cultura nacional enfrentaba inevitablemente al escritor romántico con las contradicciones de su situación en un país subdesarrollado en el cual la originalidad se hermanaba con el atraso. Ser moderno significaba rechazar

2. N. Pinilla, *op. cit.*

3. E. Echeverría, *Dogma socialista y otras páginas políticas,* Buenos Aires, 1958.

4. Leopoldo Zea estudia la originalidad y el romanticismo en *The Latin American Mind,* Norman, Oklahoma, 1963.

al hombre natural, tratar de dominar la naturaleza. Y «modernidad» en el sentido europeo de la palabra sólo podía producir un desastroso estado de neocolonialismo. Tampoco podía siempre saber el escritor romántico cuándo la libertad que cantaba conducía al caos. El romanticismo, que en Europa respondía a un proceso de industrialización, en Latinoamérica subrayaba irónicamente el subdesarrollo. Por esta razón, al estudiar el romanticismo latinoamericano es preciso estudiar las estructuras profundas que son en último término muy tradicionales.

1. La novela histórica y la «tradición»

La novela era un género que no tenía antecedentes en la América latina. No existía tradición novelesca y los escritores se limitaban a imitar lo que se había popularizado más en la Europa contemporánea, es decir, las novelas históricas de Walter Scott. Hacían de la novela histórica un proyecto nacional porque al convertir la historia en ficción estaban también interpretándola a la nueva luz de la independencia. Creían por lo tanto que su labor. tenía una función didáctica, enseñar al pueblo cuál era su tradición nacional. El resultado fue una novela de laboratorio, escrita por razones ideológicas y con demasiada frecuencia ilegible. Abundan los libelos históricos, endulzados por una intriga romántica que a menudo es absurda o monstruosa. En *La novia del hereje* (1846) de Vicente Fidel López (Argentina, 1815-1903), historiador y político, lo sustancial del relato se encubre con una increíble historia amorosa entre un noble pirata inglés y una doncella peruana. En novelas como *Amalia*, la textura es lo suficientemente rica como para soportar las' convenciones del argumento, pero estos ejemplos son muy raros. El mensaje del autor se transmitía por la preferencia por ciertos períodos históricos. El mexicano Eligio Ancona (1836-1893) describió las luchas de las civilizaciones indígenas contra los españoles y ambientó sus novelas, *La cruz y la espada* (1864) y *Los mártires de Anáhuac* (1870), en la época de la conquista.

La escritora romántica cubana Gertrudis de Avellaneda (1814-1873) en *Guatemocín* (1846) también describió la conquista. En este tipo de novelas el tema es inevitablemente la derrota de la raza indígena y la pérdida del paraíso. El mayor éxito entre estas novelas históricas indianistas lo alcanzó *Enriquillo* (1882), de Manuel de Jesús Galván (República Dominicana, 1834-1911), que es una cuidadosísima reconstrucción histórica basada en documentos contemporáneos. La trama argumental, aunque sin salirse de la acostumbrada historia de amores contrariados, se encaja de un modo más hábil dentro del marco histórico. Trata del amor de un jefe indio, Enriquillo, que es protegido por Bartolomé de las Casas, con su prima Mencía, que lleva en las venas sangre india y española.

El punto de vista de *Enriquillo* implica evidentemente una visión de la conquista teñida de catolicismo. Los cristianos ilustrados triunfan y finalmente contrarrestan los malos instintos de los que sólo piensan en explotar a los indios. Pero esto es una idealización de la historia. Los indios desaparecieron de Santo Domingo debido a la explotación de que fueron víctimas, aunque Galván, al terminar su novela con una nota de optimismo, demuestra su propósito de presentar la colonización española del modo más favorable posible. Ya veremos que ésta es una característica general de la novela romántica en Latinoamérica, idealizar la realidad, y esta idealización hay que atribuirla, más que a una visión utópica que mira hacia el futuro, a un nostálgico tradicionalismo.

Esta generalización parece aplicarse en menor grado a las novelas históricas situadas en el período colonial, novelas como las del mexicano Justo Sierra O'Reilly (1814-1861), *La novia del hereje,* de Vicente Fidel López, *El Inquisidor Mayor* (1882), de Manuel Bilbao (1828-1895), cuyo núcleo es un ataque al oscurantismo católico. No obstante, ninguna de ellas supera el anacronismo. Sólo con la *tradición,* un género que estudiaremos más adelante dentro de este mismo capítulo, el período colonial llega a ser revalorizado.

Por razones obvias, el período predilecto del novelista histórico era el de la independencia, pues aún estaba lo suficientemente cerca en el tiempo para ser algo vivo, y por su misma naturaleza la lucha por la independencia implicaba un tema nacional. Una novela como *Juan de la Rosa,* del boliviano Nataniel Aguirre (1843-1888), que describía la heroica lucha del pueblo de Cochabamba, tenía un grado de inmediatez y actualidad del que carecían las reconstrucciones de las remotas sociedades precolombinas. De todas formas podríamos preguntarnos si esta materia prima no hubiera podido emplearse mejor en una obra de carácter declaradamente histórico. Sin embargo la mayoría de los escritores creían que al emplear la forma novelesca disponían de mayor libertad y era más probable que sus ideas llegaran al gran público. El novelista uruguayo Eduardo Acevedo Díaz (1851-1921) escribió una serie de novelas sobre la campaña de los uruguayos, primero contra los españoles y luego contra la ocupación brasileña, considerando que había ordenado estos materiales de acuerdo con «una luz superior a nuestra lógica». En el prólogo a la primera novela de la serie, *Ismael* (1888), afirmaba que la novela era superior a la misma historia porque daba una visión, no solamente del pasado, sino incluso del futuro nacional.

Las novelas históricas de Acevedo Díaz comprenden la trilogía *Ismael, Nativa* (1890) y *Grito de gloria* (1893); y una cuarta novela, *Lanza y sable,* escrita ya muy posteriormente, en 1914, prolonga la narración hasta el período de la independencia, durante el gobierno de los «caudillos», y especialmente de uno de ellos, el «archicaudillo» Fructuoso Rivera, quien, como el Facundo de Sarmiento, destruye el orden cívico en nombre del gobierno personal.

El punto más débil de Acevedo Díaz —que comparte con todos los autores de novelas históricas que se mencionan aquí— es la pobreza rutinaria de su lenguaje. Basta comparar la descripción vívida y concreta que hace Martí del general Páez [5]

5. José Martí, *Un héroe americano,* en *OC,* La Habana, 1964, vol. VIII, págs. 211-219.

con la convencional pintura del uruguayo cuando habla de las
tierras asoladas por la guerra de guerrillas:

> Las campañas antes tan hermosas, rebosantes de vida,
> estaban ahora mustias, llenas de desolación profunda. Creería-
> se que un ciclón inmenso las hubiese devastado de norte a
> sur y del este al occidente, sepultando hasta el último rebaño
> bajo las ruinas del desastre.
> Soplaba como un viento asolador sobre los campos; la
> gran propiedad parecía aniquilada. No se veía ya numerosos
> los ganados agrupados en los valles o en las faldas de las
> sierras.

Los adjetivos convencionales y los verbos incoloros quitan
fuerza a la descripción. El autor y el lector son observadores
pasivos de un escenario desierto.

El lenguaje era el elemento crítico, lo que en última instan-
cia distinguía la imitación mediocre de la creación auténtica. En
este aspecto la novela histórica por lo común fue un fracaso.
La verdadera originalidad no podía surgir automáticamente de
los materiales novelescos. Fue la invención de un género nuevo,
la «tradición», la que explotó un lenguaje más coloquial y permitió así a la narrativa de tipo histórico elevarse por encima de
la mediocridad.

La tradición fue creada por un solo hombre, el peruano Ricardo Palma (1833-1919), quien consiguió una visión genuinamente nueva del pasado histórico inspirándose en dos antecedentes literarios: el arte de las narraciones orales, que nunca se
había perdido en Latinoamérica, y el cuadro costumbrista.
El costumbrismo era una modalidad literaria que se había
desarrollado en la España del siglo XIX y que consistía en la
pintura de tipos populares. Sin embargo Palma no se limitó a
aceptar estos precedentes.

Palma empezó su carrera como poeta y dramaturgo, pero su
interés por la historia y por los documentos históricos parecen
haber dirigido su atención hacia estas tradiciones basadas en
anécdotas y sucesos que él **mismo** descubría en los archivos

nacionales. Aunque al parecer en su juventud alimentó ambiciones políticas y también aspiraba a ser historiador, su falta de éxito en ambos campos le empujaron a refugiarse en la literatura de imaginación. En 1872 publicó la primera serie de las *Tradiciones peruanas,* fruto de doce años de trabajo. Representaban un consuelo, como explicaba al historiador Vicuña Mackenna: «Me retiré a cuarteles de invierno, es decir, busqué refugio y solaz en la historia y en la literatura»[6]. A partir de entonces publicó sus tradiciones a intervalos frecuentes, a pesar del hecho de que en 1882, durante la ocupación chilena de Lima, perdió la totalidad de su biblioteca personal y vio cómo las tropas chilenas destruían toda la Biblioteca Nacional. En 1883 fue nombrado director de la nueva Biblioteca Nacional y desempeñó un importante papel en la tarea de reconstruirla hasta que en 1912 se vio obligado a retirarse para ceder su lugar a Manuel González Prada.

Palma es un caso especial, entre todos los escritores románticos de la Latinoamérica del siglo XIX, por su actitud respecto al arte. Sus contemporáneos entre los novelistas históricos estaban unánimemente convencidos de que la literatura era didáctica. Sus novelas se proponían ser lecciones de historia e inculcar un sentido de la nacionalidad. No así las tradiciones de Palma. Para él, como para Gautier, el arte no podía ser ni moral ni utilitario, actitud que años más tarde iba a permitirle saber apreciar a Rubén Darío. Efectivamente, mucho antes de que Darío confesase su amor por los siete pecados capitales así como por las siete virtudes teologales, Palma escribió: «Ya vivo con Cristo, ya estoy con Satanás». Esta «amoralidad» quizá contribuyó a darle una visión más objetiva del pasado:

> La pluma debe correr ligera y ser sobria en detalles. Las apreciaciones deben ser rápidas. La filosofía del cuento o conseja ha de desprenderse por sí sola, sin que el autor la diga[7].

6. Citado por J. M. Oviedo, *op. cit.,* pág. 85.
7. *Ibid.,* pág. 153.

Palma contempla, pues, el pasado no para extraer de él lecciones morales, sino en busca de un sutil humor a costa de las flaquezas humanas. Le gusta ver cómo se ejerce el ingenio contra la autoridad, la ley y las normas religiosas y sociales. Tal vez, sólo por esta razón, prefería el período colonial, época de rígidas convenciones y estricto protocolo, el período de los virreyes y de la Inquisición, y por lo tanto extremadamente fértil en transgresiones e hipocresía. Su irónica visión de los hechos es tal que, con el desfase de muchos años, pierde la capacidad de ofender. He aquí, por ejemplo, el retrato de una «mujer del arte» que, de haber sido coetánea de Palma, difícilmente hubiese sido tratada con una indulgencia más benévolamente humorística:

> Leonorcica Michel era lo que hoy llamaríamos una limeña de *rompe y rasga*, lo que en los tiempos del virrey Amat se conocía por una mocita del *tecum* y de las que se amarran la liga encima de la rodilla. Veintisiete años con más mundo que el que descubrió Colón, color sonrosado, ojos de más preguntas y respuestas que el catecismo, nariz de escribano por lo picaresca, labios retozones, una tabla de pecho como para asirse a ella un náufrago. La moza, en fin, no era *boccato di cardenale*, sino *boccato* de concilio ecuménico [8].

El uso del diminutivo al comienzo anuncia el tono burlesco. Al lector se le invita no a identificarse con Leonorcica, sino a compartir la familiaridad del autor con una persona que no es una señora respetable. Cuando la describe como «de las que se amarran la liga encima de la rodilla» y teniendo «más mundo que el que descubrió Colón», aplica exactamente el toque justo de ligereza. Sin las sórdidas implicaciones que tiene la palabra «prostituta», el retrato de Palma nos pinta los atractivos y la liviandad de la muchacha. El retrato se diferencia de una es-

---

8. La *tradición* de la que procede este fragmento es «Rudamente, pulidamente, mañosamente», situada en el año 1768.

tampa costumbrista en que Leonorcica no se presenta como prototipo. Es un vivaz personaje muy individualizado cuyo pecho opulento (que se compara a una tabla «como para asirse a ella un náufrago») y hablar desenfadado no tienen nada en común con las lánguidas beldades de la sociedad limeña. El retrato se redondea con una picante pulla al clero (es un bocado no ya solamente digno de un cardenal sino de todo un concilio ecuménico), lo cual no sólo es divertido sino que alude también a las relaciones de Leonorcica con los relajados y licenciosos clérigos criollos. La gente no es mejor de lo que debería ser, tal es la impresión general que tenemos después de leer esta tradición.

Al pintar el retrato de una Leonorcica, Palma estaba abordando temas que sus contemporáneos consideraban indignos de la literatura, y no toda su obra se pudo publicar durante su vida. Sin embargo, el humor permitió a Palma tratar temas que sin duda alguna no hubieran podido incorporarse a la literatura seria de este período, y no sólo temas sexuales, sino también otros como las relaciones entre las distintas razas y la corrupción del clero. Compárese, por ejemplo, una tradición que lleva el título de «La emplazada», sobre la cuestión racial, con la novela cubana antiesclavista *Cecilia Valdés* (véase más adelante, págs. 107-109). En *Cecilia Valdés* una muchacha mulata se enamora de un hombre blanco con trágicas consecuencias, puesto que se trataba de una relación tabú en la sociedad de la época. En «La emplazada» una viuda blanca toma como amante a un mulato porque resulta ser el hombre más atractivo que está a su alcance. La historia termina trágicamente porque su capellán está celoso del mulato y le calumnia ante la viuda. Ésta castiga cruelmente a su amante y él, en venganza, le anuncia la hora exacta de su muerte. La viuda se convierte así en «La emplazada», cuya muerte se produce misteriosamente en el momento exacto en que se predijo, pero la causa de la tragedia estriba en los celos, no en las relaciones entre dos razas distintas. Además, el trágico desenlace es sencillamente el pretexto, una anécdota que permite a Palma presentar una picante intriga. La viuda, Verónica, no es en ningún momento un personaje trágico, y se la describe como «jamón mejor conservado, ni en Westfalia». Sus relaciones con el mulato se presentan como algo natural dada la situación, y la complicidad del lector se asegura de la manera siguiente:

> Y como cuando el diablo no tiene que hacer, mata moscas con el rabo, y en levas de amor, no hay tallas, sucedió lo que ustedes sin ser brujos ya habrán adivinado.

Las frases proverbiales («cuando el diablo no tiene nada que hacer, mata moscas con el rabo», «en levas de amor, no hay tallas») encierran la experiencia tradicional y el conocimiento del corazón humano. Y al salir del paso de esta manera Palma podía justificar los motivos escandalosos de sus relatos.

Palma cuenta la historia por pura diversión, como podían haberla contado los viejos de un pueblo antes de la época de los espectáculos de masas. Como él era el primero en admitir, se inspiraba directamente en la tradición viva, y a veces su anécdota no era más que una nueva versión de un cuento popular. Tomemos por ejemplo la historia tradicional del diablo burlado, que iban también a recrear otros dos escritores hispanoamericanos, Tomás Carrasquilla y Ricardo Güiraldes [9]. En las tres versiones el astuto y aparentemente torpe provinciano demuestra ser más listo que la encarnación del mal, pero en la versión de Palma, «Desdichas de Pirindín», se traza una pintura particularmente vívida de un triste y derrotado diablo cuando sale de la ciudad:

> Resuelto, pues, a irse con sus petates a otra parte, dirigióse a la acequia de la cárcel, rompió la escarcha, lavóse cara y brazos con agua helada, pasóse los dedos a guisa de peine por la enmarañada guedeja, lanzó un regüeldo que, por el olor a azufre, se sintió en todo Pasco y veinte leguas a la

---

9. Tomás Carrasquilla en «En la diestra de Dios Padre» y Güiraldes en una de las historias que cuenta don Segundo Sombra en su novela de este título.

redonda, y paso entre paso, cogitabundo y maltrecho, llegó al sitio denominado Uliachi.

Aquí el humor se manifiesta en la descripción de este diablo tan humano cuyos poderes sobrenaturales nada pueden contra la incomodidad de una fría mañana invernal en que sale de la cárcel. Sólo el eructo es sobrenatural. Como si Palma quisiera decirnos: «Todos sabemos que el diablo no existe, pero es divertido imaginar que puede existir». Este escepticismo es lo que distingue a Palma de sus contemporáneos, quienes, debido a tomar más en serio creencias e ideologías, eran incapaces de adoptar esa posición distanciada que tan a menudo caracteriza al mejor arte.

2. Los amores contrariados de la novela sentimental

Un simple repaso a los títulos de muchas de las novelas románticas del siglo XIX revela una acentuada preferencia por protagonistas femeninos. En la Argentina encontramos *Soledad* (1847) de Bartolomé Mitre (1821-1906) y *Esther* (1851) de Miguel Cané (1812-1863); en Colombia, *María* (1867) de Jorge Isaacs (1837-1895) y *Manuela* (1866) de Eugenio Díaz (1804-1865); *Clemencia* (1869) del mexicano Ignacio Altamirano (1834-1893); *Cecilia Valdés* (1892) del cubano Cirilo Villaverde (1812-1894); *Cumandá* (1879) del ecuatoriano Juan León Mera (1832-1894), y *Amalia* del argentino José Mármol (1815-1871) [10].

Al leer estas novelas vemos que hay un esquema argumental que se repite constantemente, un amor contrariado por obstáculos de clase o de raza. Los latinoamericanos interpretaron a su modo el modelo europeo de *Paul et Virginie*. Las heroínas representan un nuevo tipo de mujer, como la mestiza Manuela, la mulata Cecilia Valdés, la muchacha judía María, la joven criolla

---

10. Para un estudio de conjunto de estas novelas románticas, véase M. Suárez-Murias, *La novela romántica en Hispanoamérica*, Nueva York, 1964.

Cumandá, que se ha criado entre indios. Por medio de estas heroínas, cuyos amores suelen terminar en tragedia, el autor expresaba un sentido de nacionalidad cruelmente contrariado por factores exteriores. Las heroínas se identifican con los indígenas y a menudo son portavoces del autor en la defensa del genio nacional como algo opuesto a la imitación extranjera.

Repárese, por ejemplo, en esta descripción de Manuela, que subraya valores completamente distintos de los de las lánguidas heroínas victorianas:

> Verdaderamente que Manuela estaba seductora ese día. Su brazo, no muy blanco a la verdad, pero carnudo y sombreado por el vello, se desplegaba con elegancia hasta la mitad de la mesa, llevando y trayendo la pesada plancha, de cuyos movimientos se resentía su delgada cintura; su pecho se avanzaba en ocasiones sobre la mesa, sin más adornos que su fina camisa de tira sencilla, y es sabido el influjo favorable de la naturaleza de todos los climas calientes para la conservación de la lozanía, aun en las mujeres de alguna edad; bien es que nuestra heroína no pasaba todavía de los diez y siete.

Lo que llama la atención del lector en esta descripción es el intento de apartar a la heroína de los prototipos europeos. El vello en los brazos de la muchacha, la tarea que la ocupa —planchar— la diferencia de las rubias septentrionales aristocráticas o idealizadas. El rechazo del prototipo europeo se encuentra también en el retrato de la «Venus de bronce», Cecilia Valdés, y en la pintura de la madre mestiza de Juan de la Rosa, héroe epónimo de la novela histórica boliviana que ya se ha mencionado anteriormente. La madre del protagonista, «Rosa la linda encajera», tenía

> dientes blanquísimos, menudos, apretados, como sólo pueden tenerlos las mujeres indias de cuya sangre debían correr algunas gotas en las venas.

Incluso la María de Jorge Isaacs tiene más de mujer oriental que de occidental.

> María me ocultaba sus ojos tenazmente; pero pude admirar en ellos la brillantez y hermosura de los de las mujeres de su raza [...]

Semejantemente, algunos héroes masculinos son no-europeos: por ejemplo Enriquillo [11] y los héroes feos y oscuros de *El zarco* (1901) y *Clemencia* de Ignacio Altamirano, novelas que tienen ambas un «héroe feo» de evidente ascendencia india que demuestra tener sentimientos más elevados que el modelo de apostura.

Pero rechazar el modelo europeo era tan sólo un primer paso y en modo alguno significaba que el autor se hubiera liberado de los valores impuestos desde fuera. Si analizamos una de las mejores novelas de «amores contrariados» del siglo XIX, *Cecilia Valdés*, veremos que la actitud del autor respecto a la cuestión racial no podía ser más conflictiva. Cirilo Villaverde, el hombre que escribió esta novela, era a su modo una persona notable y avanzada. Complicado en la conspiración de la Mina de Rosa Cubana de 1848, fue condenado a morir por garrote vil aunque la sentencia posteriormente se conmutó por la de cadena perpetua. En 1849 huyó de la cárcel y consiguió llegar a los Estados Unidos, donde, exceptuando una breve estancia en Cuba en 1858, vivió en el destierro hasta el fin de sus días. Su novela, empezada en el decenio de los treinta, no se publicó en su forma definitiva hasta 1882, cuando los hechos descritos por el autor ya formaban parte de la historia.

El argumento de la novela es convencionalmente romántico. La heroína se enamora de un hombre que, aunque ella lo ignora, es su hermanastro. El padre, que se avergüenza de su pasado, se niega a reconocerla como hija suya y oculta su parentesco, precipitando de este modo la tragedia. Este amor incestuoso

---

11. Protagonista de la novela *Enriquillo*, de Manuel de Jesús Galván.

se consuma. Cecilia queda encinta y al enterarse de la boda
de su amante trama un plan para matar a la novia, pero el hombre al que encomienda el cumplimiento de esta venganza es
Pimentón, que también está enamorado de ella, y que da muerte
al amante en vez de a la muchacha. Identidades ocultas,
una heroína de origen desconocido, amor y venganza, todo
eso son los rasgos más frecuentes de los argumentos románticos. Lo que hace que la novela se salga de este marco convencional son los problemas raciales que aborda, ya que Cecilia es hija de padre español y de madre negra; el amor
contrariado con su hermanastro refleja un tabú inconsciente
por parte del autor, quien posiblemente sólo podía concebir que
un amor entre personas de razas distintas terminase necesariamente en tragedia.

Pero en una sociedad colonial y esencialmente racista todas
las relaciones están condenadas al fracaso o a la tragedia. El padre de Cecilia considera a sus esclavos como «bultos» o «fardos» y prefiere el riesgo de perder a unos cuantos esclavos arrojados por la borda que la pérdida de un barco durante una
tormenta; la generación de su hijo considera a las muchachas
blancas y mulatas como una mercancía sexual. Se disponen a
casarse según las normas convencionalmente admitidas, pero
no renuncian al placer que les proporcionan las salas de baile
y los bares frecuentados por la población de color. Este placer
sexual que deriva de unas relaciones con inferiores tiene su
paralelismo en la inhumanidad con que el padre de Cecilia trata
a sus esclavos personales. Está dispuesto a azotar a un esclavo
por desobediencia y no ve nada malo en que los esclavos sean
torturados por haber intentado huir. La indignidad de la esclavitud consiste en que un grupo de seres humanos tiene el derecho de tomar posesión de otros seres humanos y de tratarles
como si fueran objetos. Pero los esclavos que recuperan la
libertad, los mulatos libres o los esclavos que intentan educarse
a sí mismos son igualmente víctimas de esta sociedad. Cecilia
es condenada a la semiprostitución, Dionisio, el esclavo ilustrado, se convierte en un forajido y un esclavo que demuestra sus

conocimientos sobre la manufactura de azúcar en la plantación
se atrae la enemistad del hijo del propietario blanco, que se
niega a admitir que un negro pueda ser superior a él en algún
aspecto.

Cecilia Valdés anticipa el afrocubanismo de los años veinte
al presentarnos dos sociedades contrastadas, una negra y llena
de vitalidad y otra moribunda y blanca. Por un lado están los
paseos en coche y las fiestas de la aristocracia y de la clase media
blanca, cuyos miembros mejores son los estudiantes, de ideas
más avanzadas que entran en pugna con los valores de sus padres. Pero bajo esta superficie bulle la verdadera vida de La Habana, con sus bailes populares y la música negra. Aquí, por
ejemplo, el autor describe la tradicional habilidad de los negros
para la música:

> Afinados los instrumentos, sin más dilación rompió la
> música con una contradanza nueva, que a los pocos com-
> pases no pudo menos de llamar la atención general y arran-
> car una salva de aplausos, no sólo porque la pieza era bue-
> na sino porque los oyentes eran conocedores; acierto éste
> que creerán sin esfuerzo los que sepan cuán organizada para
> la música nace la gente de color.

En esta prosa echamos de menos sensibilidad, porque el
autor considera prioritaria la intención documental. Pero a
pesar de la pobreza del lenguaje, la novela tiene aspectos interesantes, uno de los cuales es intentar describir las relaciones
entre razas.

Cumandá, del ecuatoriano Juan León Mera, trata el problema racial de un modo muy distinto al de *Cecilia Valdés,*
como era de esperar en un escritor que vivió en el ambiente
puritano de Quito durante la dictadura teocrática de García
Moreno. Nacido en la ciudad provincial de Ambato, Juan León
Mera fue partidario del dictador y enemigo de Montalvo. Como
político y como escritor representa la corriente conservadora del
romanticismo, influida por Chateaubriand, y, como Chateaubriand, inspirándose en una tradición y en una mentalidad de

tipo católico. En estos escritores el tema del «buen salvaje» está en pugna con el dogma católico. Como los jesuitas, cuyas relaciones misioneras en los siglos XVII y XVIII contribuyeron a propagar la identificación del indio con el hombre natural, estos escritores creían que la civilización corrompe y que los incontaminados indios de las Américas eran por lo tanto potencialmente mejores cristianos que los europeos, que ya habían contraído tantos vicios. Además, como muchos católicos sinceros, ambos escritores dudaban de la política de colonización y la veían como una fuerza nefasta tanto para el colonizador como para el colonizado.

El argumento de *Cumandá* es una torpe imitación de *René*. La heroína, una hermosa muchacha india, se enamora de Carlos Orozco, hijo de un hacendado español que se ha hecho sacerdote. Varias veces esta hija de la naturaleza tiene ocasión de salvar a su amado de la muerte, pero el odio que siente su tribu por los hombres blancos provoca la separación, y la casan contra su voluntad con un jefe. Al morir éste, según la costumbre la viuda debe ser inmolada. A pesar de sus esfuerzos para huir, tanto ella como Carlos mueren; y sólo después de su muerte se descubre que Cumandá era la hija perdida de Orozco y la hermanastra de Carlos.

La novela no identifica a los indios con los buenos salvajes. Las tribus indias son crueles, vengativas e ignorantes, con la excepción de Cumandá, que en realidad es de origen español. Sin embargo la novela tiene interés por su crítica de la explotación de los indios que se ha producido por la colonización. El padre de Carlos y de Cumandá es un hombre que había tratado a sus braceros indios como objetos, hasta el punto de que se rebelan y asesinan a toda su familia, exceptuándole a él mismo, a Carlos, que estaba en la escuela, y a Cumandá a quien se llevan para vivir con la tribu. Pero, al igual que los jesuitas, Mera cree que el cristianismo es la única fuerza que puede mitigar la codicia del explotador y moderar la crueldad de los indios, que no saben diferenciar entre el bien y el mal. Así el autor apostrofa a los indios:

Vuestra alma tiene mucho de la naturaleza de vuestros bosques: se la limpia de las malezas que la cubren, y la simiente del bien germina y crece en ella con rapidez: pero fáltale la afanosa mano del cultivador, y al punto volverá a su primitivo estado de barbarie.

En sí misma la naturaleza no es ni buena ni mala. Refleja las pasiones y temores del hombre, como cuando Cumandá huye por la oscura selva durante un vendaval:

Espantosa navegación. Negro el cielo, pues hay todavía nubes tempestuosas que se cruzan veloces robando a cada instante la escasa luz de las estrellas; negras las aguas; negras las selvas que las coronan, y recio el viento que las hace gemir y azota la desigual superficie de las olas, el cuadro que la naturaleza presenta por todos lados es funesto y medroso.

El paralelo con Chateaubriand es evidente y sin embargo también superficial. Cumandá huye de la barbarie en busca de la civilización, a diferencia de René, que quiere alejarse de la civilización. Pero la civilización en cuya búsqueda se lanza Cumandá no es la de Echeverría o Sarmiento, sino el ideal de los misioneros españoles, quienes, como Mera, creían que:

Cada cruz plantada por el sacerdote católico en aquellas soledades era un centro donde obraba un misterioso poder que atraía las tribus errantes para fijarlas en torno, agregarlas a la familia humana y hacerlas gozar de las delicias de la comunión racional y cristiana.

He ahí un punto de vista que hubiese sido perfectamente aceptable en el siglo XVII.

El concepto de naturaleza que encontramos en un novelista como Mera indudablemente está más cerca de Chateaubriand que de la realidad de la selva. Hasta el siglo XX el escritor latinoamericano no vio la selva en todo su horror. Influidos prin-

cipalmente por los románticos franceses, escritores como Juan
León Mera y Jorge Isaacs consideraban la naturaleza como un
reflejo de la divina providencia, proyectando en el paisaje modelos ideales. La visión de una naturaleza ordenada según el
designio divino se refleja en los paisajes idílicos de *María,* novela
en la que se advierte la influencia de *Paul et Virginie* de Bernar-
din de Saint-Pierre. El autor, Jorge Isaacs, era de origen judío
y procedía de una familia que había emigrado a Colombia
desde la isla británica de Jamaica. Fue miembro del grupo
literario El Mosaico que le ayudó a publicar su novela *María,*
que, como tantas otras novelas románticas de este período,
representa la corriente conservadora y cristiana del romanticismo.

La historia de María está contada por Efraín, el hijo de un
terrateniente que, después de haber permanecido ausente durante una serie de años en un pensionado, vuelve a la hacienda
de su familia y descubre entonces a sus hermanas y su prima
María ya crecidas. Él y María se enamoran en las idílicas cer-
canías de un paisaje en el cual es siempre primavera, que está
siempre florido y desde el que se domina un «sublime» panorama de los Andes a lo lejos:

> se veían las crestas desnudas de las montañas sobre el
> fondo estrellado del cielo. Las auras del desierto pasaban
> por el jardín, recogiendo aromas, para venir a juguetear con
> los rosales que nos rodeaban. El viento voluble dejaba oír
> por instantes el rumor del río. Aquella naturaleza parecía
> ostentar toda la hermosura de sus noches, como para reci-
> bir a un huésped amigo.

La naturaleza aquí es un jardín, un ornato. Todos los elementos
de la naturaleza están en armonía, las montañas, el viento, el
río. Y mientras los hombres sepan cuál es su lugar, viven también en armonía y felizmente:

> Viajero años después por las montañas del país de José,
> he visto, ya a puestas del sol, llegar labradores alegres a la

cabaña, donde se me daba hospitalidad; luego que alababan a Dios ante el venerable jefe de la familia, esperaban en torno del hogar la cena que la anciana y cariñosa madre repartía; un plato bastaba a cada pareja de esposos, y los pequeñuelos hacían pinicos apoyados en las rodillas de sus padres.

Ésta es la descripción del campesino feliz, contento con su suerte. La armonía depende de una clase de propietarios que es lo suficientemente paternalista como para representar una fuerza de cohesión social. El propietario paternalista educa, protege y mantiene la armonía racial incluso en territorios remotos donde no hay otra ley ni orden. El padre de Efraín es la encarnación de este ideal, fuerte pero bondadoso, compasivo para con la joven esclava Nay, a la que compra para devolverle la libertad (circunstancia que de hecho la vincula a la familia). Lo que eleva al padre de Efraín a este ideal es, sin embargo, la religión cristiana que ha adoptado y que es superior como fuerza moral al judaísmo que había sido la religión de su familia. A pesar de todo la historia es una tragedia. La salud de María es frágil y muere cuando Efraín se va para estudiar en Inglaterra. Las pasiones, propias de la adolescencia, deben desaparecer y ser reemplazadas por las virtudes maduras de la disciplina y de la responsabilidad.

De este modo, detrás de la fachada «original» de la novela romántica hispanoamericana, los valores tradicionales se refuerzan. Las relaciones entre las razas y el lugar del hombre en el marco de la naturaleza permanecen inalterables. La jerarquía del mundo natural, la escala de prototipos raciales y de clases sociales, tiene en su cúspide al propietario blanco católico. En la Argentina, esta nostalgia de la estabilidad, de los valores jerárquicos, es particularmente significativa. En los primeros años del siglo, bajo el gobierno de Rosas, los hacendados y los «caudillos» luchaban codo con codo contra las fuerzas de la modernidad y los intelectuales; pero en la última parte del siglo XIX, después del primer período de inmigración europea,

el escritor empezó a sentir cierta nostalgia de la tierra 'en la
medida en que representaba todo lo que era más tradicionalmente argentino. Típica de esta visión es la obra de Joaquín
V. González (1863-1923), periodista, político y autor de una
serie de descripciones y estampas de la región andina, que tituló
Mis montañas. Tan romántica por su tono como *María* o *Cu-*
mandá, *Mis montañas* está descrita en una prosa que recuerda
a menudo a la de Sarmiento, aunque el autor estaba lejos de
compartir la distinción de Sarmiento entre civilización y barbarie. Para González la naturaleza no representa la amenaza de la
anarquía, sino que es un templo, el reflejo de una armonía
divina:

> Y qué soledad tan llena de ruidos extraños. Qué harmo-
> nía tan grandiosa la de aquel conjunto de sonidos aunados
> en la altura en la profunda noche. El torrente que salta entre
> las piedras, los gajos que se chocan entre sí, las hojas que
> silban, los millares de insectos que en el aire y en las grietas
> hablan su lenguaje peculiar, el viento que cruza estrechán-
> dose entre las gargantas y las peñas, las pisadas que resuenan
> a lo lejos, el estrépito de los derrumbaderos, los relinchos
> que el eco repite de cumbre en cumbre, los gritos del arrie-
> ro que guía la piara entre las sombras densas, como protegido
> por genios invisibles, cantando una vidalita lastimera que
> interrumpe a cada instante el seco golpe de su guardamonte
> de cuero, y ese indescriptible, indescifrable solemne gemido
> del viento en las regiones superiores, semejante a la nota de
> un órgano que hubiera quedado resonando bajo la bóveda
> de un templo abandonado: todo esto se escucha en medio
> de esas montañas; es su lenguaje, es la manifestación de
> su alma henchida de poesía y de grandeza.

En esta descripción, cada elemento de la naturaleza —el torrente, los insectos, el viento, el mismo hombre— tiene su propia
escala musical, su propio lenguaje. Lo que es indescifrable para
el hombre, tiene un sentido dentro de la armonía del conjunto,
dentro del «templo» de la creación. Aunque la obra consista

en una sucesión de estampas escasamente relacionadas entre sí, cada ensayo —sobre la flora, la fauna, los tipos humanos y los lugares, sobre las cosechas y las costumbres— refuerza el mensaje de armonía. El trabajo del hombre que cultiva la tierra es una nota más en el himno de la creación:

> Qué quintas aquéllas y cómo el trabajo unido de toda una generación era coronado por la tierra fecunda. Cómo reinaban el bullicio y la vida en aquella aldea habitada por una aristocracia de limpio pergamino, por familias que habían ilustrado su nombre en la historia local, y habían fundado su hogar común con la noble y asidua labor agrícola.

Como Mera y Jorge Isaacs, el escritor ordena su universo dentro de una jerarquía que tiene por base la naturaleza indómita. Los aristócratas de la tierra son los que la trabajan de generación en generación. El ideal de Gutiérrez es un retorno a la comunidad primitiva cristiana, cuya base, según él cree, existe ya en el municipio. Y una vez más el catolicismo es el destinado a formar el vínculo cohesivo entre pueblos de diferentes razas y a dar dignidad a la vida humana.

Los ejemplos de literatura romántica que hemos visto en este capítulo figuran entre los mejores que proporciona el siglo XIX. En conjunto indican la naturaleza de la influencia romántica que inspiró temas «originales» pero que era conservadora por esencia. La mayor parte de los autores tienen una mentalidad tradicional y católica. Sólo comprendiendo esto podemos apreciar hasta qué punto fue revolucionario el modernismo en su ruptura con la tradición católica.

3. LA POESÍA

La influencia del romanticismo fue tan importante en la poesía como en la prosa. Echeverría había afirmado que penetraba por debajo de los aspectos superficiales de la vida:

es la voz íntima de la conciencia, la sustancia viva de las
pasiones, el profético mirar de la fantasía, el espíritu me-
ditabundo de la filosofía, penetrando y animando con la
magia de la imaginación los misterios del hombre, de la
creación y la providencia [12].

No obstante, esta influencia resultó ser más revolucionaria
en teoría que en la práctica. Los poetas se afanaron por buscar
la originalidad de los temas y por trasponer las actitudes de
Byron o de Hugo a un contexto latinoamericano. Y al igual que
lo que ocurrió en la prosa, el patriotismo, los indios, la naturaleza, proporcionaron los temas «originales». Cóndores en vez
de águilas, los Andes en vez de los Alpes y el Niágara o el
Tequendama en vez de las cataratas de Europa.

Antes del modernismo se consideraba que la poesía, como la
prosa de imaginación, debía tener una función didáctica. Así
podemos comprender mejor la frecuencia con que se escribía
largos poemas sobre temas nacionales, poemas como *Tabaré,* del
uruguayo José Zorrilla de San Martín (1855-1931) y como *Gonzalo de Oyón,* del colombiano Julio Arboleda (1817-1861).
Tabaré (1886) contaba la historia de «una raza muerta» —la
tribu charrúa— que desapareció del Uruguay en los años que
siguieron a la conquista. El poeta asume la voz de la raza muerta
devolviéndole así su lugar en la historia (como Neruda iba a
hacer con los incas en sus «Alturas de Macchu Picchu»). Zorrilla de San Martín, católico ferviente, creía que sólo por la mediación del catolicismo hubieran podido estas razas salvarse de
la extinción. El poema patriótico de Zorrilla de San Martín es
una justificación de la conquista española y del establecimiento
de la fe católica en América:

> España va; la cruz de su bandera,
> su incomparable hidalgo;
> la noble madre raza, en cuyo pecho,
> si un mundo se estrelló, se hizo pedazos.

12. *Fondo y forma en las obras de imaginación,* en *OC,* vol. V.

La libertad es el tema de un poema patriótico argentino, *El nido de cóndores,* de Olegario Andrade (1839-1882), que describe cómo San Martín atravesó los Andes. Aquí el cóndor y los «sublimes» picos andinos son símbolos de libertad y de anhelos humanos. Los cóndores anidan en las alturas más inaccesibles:

> Todo es silencio en torno. Hasta las nubes
> van pasando calladas,
> como tropas de espectros que dispersan
> las ráfagas heladas.

El poema de Andrade deriva de la misma tradición que el de Olmedo, una tradición de poesía heroica que se propone glorificar a los héroes nacionales. No hay que olvidar que fue durante este período cuando se escribieron las letras de muchos de los himnos nacionales, con sus invocaciones a la muerte, a la gloria y a los actos de heroísmo.

Sin embargo, el poema extenso también puede tratar otros temas que no sean el heroico o la leyenda patriótica. La «Oda a la agricultura» de Bello inauguró otra tradición, la de la exaltación virgiliana del ganado y de las cosechas de América, los objetivos pacíficos del hombre. El poeta colombiano Gregorio Gutiérrez González (1826-1872) escribió unas *Memorias sobre el cultivo del maíz en Antioquía* (1866) que, a pesar de su título, no es un manual para granjeros, sino un poema que describe el cultivo del maíz, desde el desbroce y la quema del terreno hasta la cosecha. La visión del poeta de una vida armoniosa y pacífica en contacto directo con la tierra no está lejos de la de Isaacs o Joaquín V. González.

> Lanza la choza cual penacho blanco
> la vara de humo que se eleva recta;
> es que antes que el sol y que las aves
> se levantó, al fogón, la cocinera.
> Ya tiene preparado el desayuno
> cuando el peón más listo se despierta;

> chocolate de harina en coco negro
> recibe cada cual con media arepa.

La misma regularidad del endecasílabo, con la cesura casi siempre en medio del verso, produce un efecto de actividad cotidiana repetida, casi de seguridad. Y el vocabulario está lleno de referencias domésticas, como las alusiones al coco y a la *arepa* o pan de maíz. De este modo el poeta crea una sensación de actividad ordenada y hogareña que debe ser la base de una comunidad cristiana.

Incluso en la poesía lírica el tratamiento de estos temas principales no es diferente. Hay cantos patrióticos, poemas sobre temas indios, como los *Cantos de Netzahualcoyotl,* del mexicano José Joaquín de Pesado (1801-1861) y —los más populares de todos— los idilios pastoriles situados en la campiña americana: poemas como «Bajo el mango», del cubano José Jacinto Milanés (1814-1863) o las *Escenas del campo y de la aldea de México,* de José Joaquín de Pesado. Este último compuso canciones de tipo costumbrista describiendo las riñas de gallos y los mercados:

> Están en limpias esteras
> naranjas de oro encendidas,
> limas cual cera, y teñidas
> de vivo carmín las peras [13].

No hay en estos versos nada que no hubiera podido escribir un poeta español del siglo XVII. En expresiones como «limpias esteras» y «vivo carmín», el adjetivo no parece tener más función que la de permitir completar el número de sílabas del verso. Pero la importancia del orden y de la regularidad es inmensa. Un compatriota de Pesado, Manuel José Othón, algunos de cuyos mejores poemas se escribieron ya durante el período modernista, compuso buen número de poemas descrip-

---

13. «Escenas de campo y de la aldea en Méjico», incluidas en Menéndez y Pelayo, *Antología...*

tivos sobre estampas mexicanas, como por ejemplo el *Himno de los bosques* (1891); en 1902 publicó sus *Poemas rústicos*.

Después de analizar la prosa y la poesía latinoamericanas influidas por el romanticismo, la conclusión que sacamos es la de que el orden era para los escritores más importante que la libertad, la tradición más importante que las innovaciones, la autoridad más importante que el subjetivismo. Los novelistas y los poetas querían crear oasis de orden y de calma dentro de sociedades anárquicas y pensaban más en la conservación que en la revolución. Teniendo bien presentes estos hechos comprenderemos mejor la importancia del modernismo y el carácter revolucionario de poetas como Martí y Darío que se aventuraron a salirse del orden e intuyeron nuevas profundidades.

Fue Ortega quien señaló el carácter popular del romanticismo, el hecho de haber sido «tratado con el mayor mimo por la masa» [14]. En Latinoamérica, aunque no había un público masivo, algunas de las obras románticas más sentimentales calaron hondo en la sensibilidad popular. La sensibilidad romántica se convirtió en sentimentalismo. Y la literatura quedó vinculada con la expresión de los sentimientos. Contra este hecho la vanguardia de los años veinte iba a reaccionar con gran vehemencia.

LECTURAS

Antología

Menéndez y Pelayo, Marcelino, *Antología de poetas hispanoamericanos*, 4 vols., Madrid, 1893-1895, y otras ediciones.

Textos

Acevedo Díaz, Eduardo, *Ismael*, prólogo de Robert de Ibáñez, Montevideo, 1953.
——, *Nativa*, prólogo de E. Rodríguez Monegal, Montevideo, 1964.

14. *La deshumanización del arte*, 5.ª ed., Madrid, 1958, pág. 3.

Acevedo Díaz, Eduardo, *Grito de gloria,* Montevideo, 1964.
——, *Lanza y sable,* Montevideo, 1965.
Aguirre, Manuel, *Juan de la Rosa,* 5.ª ed., La Paz, 1964.
Altamirano, Ignacio Manuel, *El zarco. La navidad en las montañas,* México, 1960.
——, *Clemencia* y *La navidad en las montañas,* México, 1964.
Díaz Castro, Eugenio, *Manuela,* 2 vols., París, 1889.
Galván, Manuel de Jesús, *Enriquillo,* Nueva York, 1964.
González, Joaquín V., *Mis montañas,* edición de G. Ara, 7.ª ed., Buenos Aires, 1965.
Gutiérrez González, Gregorio, *Memorias sobre el cultivo del maíz en Antioquia,* en Menéndez y Pelayo, *Antología...*
Isaacs, Jorge, *Obras completas,* I, Medellín, 1966.
——, *María,* edición, prólogo y notas de D. McGrady, Barcelona, 1970.
Mera, Juan León, *Cumandá,* Buenos Aires, 1961.
Palma, Ricardo, *Tradiciones peruanas completas,* Madrid, 1964.
Villaverde, Cirilo, *Cecilia Valdés,* La Habana, 1953 y 1964.
Zorrilla de San Martín, José, *Tabaré,* introducción de Pablo Groussac, 44.ª ed., Montevideo, 1896.

Estudios históricos y críticos

Arciniegas, G., *Genio y figura de J. Isaacs,* Buenos Aires, 1968.
Carrilla, E., *El romanticismo en la América hispánica,* edición revisada, 2 vols., Madrid, 1967.
Cometta Manzoni, Aida, *El indio en la poesía de América española,* Buenos Aires, 1958.
Echeverría, E., *Obras completas,* Buenos Aires, 1874.
Meléndez, Concha, *La novela indianista en Hispanoamérica (1832-1889),* Río Piedras, Puerto Rico, 1961.
Oviedo, José Miguel, *Genio y figura de Ricardo Palma,* Buenos Aires, 1965.
Rodríguez Monegal, E., *Vínculo de sangre* (ensayos sobre Acevedo Díaz), Montevideo, 1958.
Suárez-Murias, Marguerite C., *La novela romántica en Hispanoamérica,* Nueva York, 1964.
Zea, Leopoldo, *The Latin American Mind,* Norman, Oklahoma, 1963.

Capítulo 4

EL REALISMO Y EL NATURALISMO HASTA 1914

El tema de este capítulo ofrece dificultades ya que en la literatura hispanoamericana (al igual que en la europea) a menudo no es fácil establecer distinciones muy tajantes entre los románticos y los realistas. En sus orígenes el realismo europeo fue un intento de describir la vida contemporánea, sobre todo la vida urbana contemporánea, en oposición a la narrativa de tipo histórico, exótico o imaginario. No obstante, Flaubert y Balzac escribieron también novelas históricas, además de obras de carácter realista. Por otra parte en muchas novelas realistas las convenciones de la trama argumental proceden directamente del romanticismo.

Debido a estas dificultades se adopta aquí un concepto de realismo que quizá no sea aplicable en general. En la mayoría de las novelas que se comentarán en este capítulo, las estructuras son semejantes a las de la novela romántica, excepto en un aspecto importante, el de que representan versiones «degradadas» del ideal. El desenlace trágico del amor ideal en la novela realista tiene su reflejo en el destino trágico de la prostituta. Las fuerzas que separan a los amantes en la novela realista son fuerzas sociales corrompidas —la clase social o el dinero—, más que la naturaleza o la religión. La naturaleza se convierte de una manifestación benevolente de la divinidad en una energía malévola.

A pesar de todo, en la literatura hispanoamericana el romanticismo y el realismo tienen un antepasado común, el costumbrismo. La pintura de personajes y escenas típicas constituyó a menudo la sustancia de novelas que tenían como armazón una trama argumental romántica o realista.

Y los escritores realistas consideraban frecuentemente su obra como costumbrista. Lucio Vicente López (1848-1894), por ejemplo, dio a su novela *La gran aldea* (1884) el subtítulo de «costumbres bonaerenses». Paul Groussac (Argentina, 1848-1929) describió *Fruto vedado* (1884) como «costumbres argentinas». Sin embargo sería muy difícil trazar una línea que delimitara con exactitud el realismo y el costumbrismo, y he preferido incluir todas las tentativas de pintar el mundo y la sociedad exteriores con verosimilitud bajo la etiqueta de realismo. La línea divisoria se ha trazado entre la representación idealizada de la realidad tal como aparece en la novela romántica, y la versión degradada de la novela realista.

Con todo, la palabra «degradada» no se emplea aquí como un juicio moral. Más bien corresponde al sentido primitivo de la palabra que alude a implicaciones de «descender». El realista era consciente de unos cambios sociales que implicaban una pérdida de calidad. Así, cuando el ensayista argentino Miguel Cané (1851-1905) escribe: «Nuestros padres eran soldados, poetas y artistas; nosotros somos tenderos, mercachifles y agiotistas» [1], está constatando unos cambios que significan un empeoramiento, y su actitud se advierte con toda claridad en el uso de la palabra «mercachifle». Éste es precisamente el tipo de valoración que encontramos en la novela realista hispanoamericana.

También el naturalismo es difícil de distinguir del realismo. La influencia de Zola dio origen a muchas imitaciones en His-

---

1. Citado por Teresita Frugoni de Fritzsche en su introducción a Lucio Vicente López, *La gran aldea*, Buenos Aires, 1965.

panoamérica, pero en realidad no forman «una escuela». En los imitadores de Zola tal vez haya un mayor énfasis en el determinismo, ya sea del medio ambiente ya de la herencia. Pero el mensaje moral es siempre predominante. Por ejemplo, entre los novelistas mexicanos realistas y naturalistas, la ley, el orden, el civismo y las virtudes de la clase media se muestran siempre como superiores al personalismo y al desorden. Emilio Rabasa (1856-1930), por ejemplo, escribió cuatro «novelas mexicanas»: *La bola* (1887), *La gran ciencia* (1887), *El cuarto poder* (1888) y *Moneda falsa* (1888), con objeto de denunciar la política, la prensa y la falta de honradez de las clases medias; José López Portillo y Rojas (1850-1923) en *La parcela* (1898) carga la responsabilidad de la reforma en una clase de terratenientes más ilustrada y moralmente irreprochable, y da a entender que la situación de México no depende de las estructuras sociales y económicas, sino de las virtudes morales de los propietarios. Federico Gamboa (1864-1939) en *Suprema ley* (1896) y *Santa* (1903), trata primordialmente de la hipocresía de la clase media [2]. Por todas partes en Hispanoamérica la preocupación moral domina en este período. En la Argentina, por ejemplo, José María Miró (que usó el seudónimo de Julián Martel; 1867-1896), en su novela *La bolsa* (1891), denuncia la rapacidad de la especulación, que identifica con la penetración de elementos extranjeros (entiéndase judíos) en la vida nacional [3]. No nos proponemos aquí analizar estas novelas en detalle, sino tan sólo seleccionar uno o dos de los mejores ejemplos de literatura naturalista y realista, a modo de ilustraciones.

Hay también una cuestión geográfica a la que hay que aludir, que se refiere a la concentración de novelas naturalistas y realistas en la Argentina y México. El hecho de que los escritores que habitaban las grandes ciudades de estos dos países se preocuparan tanto por el cambio y la tradición es

2. Un completo estudio de Gamboa y de otros realistas y naturalistas mexicanos puede verse en John S. Brushwood, *Mexico in its Novel. A Nation's Search for Identity*, Austin y Londres, 1966.

3. G. Ara, *La novela naturalista hispanoamericana*, Buenos Aires, 1965.

explicable ya que era allí donde se estaba produciendo un proceso más rápido de modernización y donde se era más consciente de su propio progreso.

No obstante, lo que caracteriza al realismo hispanoamericano es una fuerte tonalidad moral. Piénsese, por ejemplo, en *La gran aldea,* novela del escritor argentino Lucio Vicente López (1848-1894). La novela se propone describir las costumbres de Buenos Aires, ciudad que no hace muchos años que ha sido declarada capital de la república, y en la cual las inversiones extranjeras y la industrialización de los productos cárnicos han originado el cambio de «gran aldea» a ciudad moderna. El autor, al describirnos la ruina de los personajes principales, expone las malas consecuencias de su «insaciable deseo de lujo y refinamiento», y la degeneración moral que esto trae consigo en sus relaciones cotidianas. Aquí, por ejemplo, establece un contraste entre la tienda familiar y el negocio moderno:

¡Oh, qué tiendas aquéllas! Me parece que veo sus puertas, su vidriera tapizada con los últimos percales recibidos, cuyas piezas avanzaban dos o tres metros a la exterior, sobre la pared de la calle; y entre las piezas de percal, la pieza de pekín lustrosa de medio ancho, clavado también en el muro, inflándose con el viento y listo para que la mano de la marchanta apreciase la calidad del género entre el índice y el pulgar, sin obligación de penetrar en la tienda.

Aquélla era buena fe comercial y no la de hoy en que la enorme vidriera engolosina los ojos sin satisfacer las exigencias del tacto que reclaman nuestras madres con un derecho indiscutible.

La honradez y la confianza mutuas, el contacto físico entre el cliente y las mercancías que estaba comprando, se contraponen al reclamo inmoral de la tienda moderna. Y los personajes son castigados por sucumbir a la modernidad. El tío del narrador, que al morir su regañona mujer se casa con otra mucho más joven que él, descubre que su nueva esposa sólo quiere llevar una vida de placeres. Y se convierte en el autor pasivo de la tragedia cuando, mientras su esposa asiste a un baile, él se queda dormido; se produce un incendio y su hija perece entre las llamas. La esposa manirrota, el intrigante ávido de riquezas, la niña víctima inocente aparecen en muchas novelas de este tipo como símbolos de la degradación moral de una sociedad nueva y de los sufrimientos que trae consigo.

1. Eugenio Cambaceres (1843-1888)

Eugenio Cambaceres, el naturalista argentino, fue autor de dos novelas que combinaban la condenación del lujo y la perversidad de la ciudad con la tragedia de la herencia. En una de ellas, *Sin rumbo* (1885), había un tema adicional, el de la influencia del pesimismo alemán, entonces la filosofía de moda, sobre las vidas y las actitudes de la gente. Los ideales del protagonista habían sido zapados por la lectura de autores como Schopenhauer, que le convencieron de que la vida individual no tenía más objeto que el mejoramiento de la especie. Esta convicción mata en él cualquier respeto que pudiera sentir por los demás y todo sentido de la dignidad de la vida humana. Ya que es el hijo de un propietario rural, esta posición tiene implicaciones de clase, puesto que seduce a una muchacha campesina en su hacienda, se cansa de ella y la abandona por los placeres más sofisticados de la ciudad y el amor venal de una cantante de ópera, Amorimi. Como en muchas novelas de este tipo, el protagonista conoce un final desdichado. Decepcionado por la ciudad, vuelve al campo, donde se entera de que su antigua amante ha muerto, dejando a su cargo una hija ilegítima a cuya educación se consagra. Pero se produce un accidente. La niña enferma y muere, y el padre, ya sin ninguna esperanza respecto al futuro, se suicida en una de las escenas más repugnantes de toda la literatura hispanoamericana. La novela lleva a sus últimos extremos las consecuencias de la pérdida de la fe y de las normas morales. En otra de sus novelas, *En la sangre* (1887), las consecuencias de unas taras hereditarias se analizan con igual crudeza. Genaro es el hijo de un avaricioso inmigrante cuya única preocupación ha sido ganar dinero. Lleva una vida completamente sórdida dedicada por entero a fines materiales, de acuerdo con el tópico argentino del italiano, que es muy diferente del tópico italiano en Europa [4]. Genaro se convierte en un arribista social de sangre fría. En la escuela hace trampas en los exámenes. Ya de mayor seduce a una joven para casarse con ella y luego derrochar el dinero de su suegro. Al final de la novela está tan embrutecido y es tan avariento como su padre. En ninguna de las dos novelas se ofrece ninguna escapatoria u otra alternativa. Una vez sentadas las bases, la conclusión resulta inevitable. En otras palabras, Cambaceres elige sólo un posible esquema en la estructura de sus novelas, un esquema de causa y efecto, de desarrollo lineal. La metáfora o analogía que está más cerca de su estructura es la del programa biológico que el organismo desarrolla según tendencias innatas. Pero las posibilidades de los personajes de Cambaceres son aún menores que las que tiene una planta en su crecimiento; de hecho se reducen a dos: sobrevivir sin ningún objetivo o morir.

Estas novelas distan de ser obras maestras. Pero nos ofrecen una interesante glosa al clima cultural de este período. Tienen unas estructuras cerradas y deterministas que tal vez eran las adecuadas en países en los que la modernización iba a significar una mayor dependencia de los grandes poderes industriales y a reducir más que a extender las posibilidades de la autodeterminación [5].

2. ALBERTO BLEST GANA (1829-1904)

El escritor chileno Alberto Blest Gana armoniza la observación social con las convenciones argumentales del romanti-

---

4. El inmigrante italiano avariento es un personaje estereotipado que encontramos también en el teatro, por ejemplo en las obras de Florencio Sánchez que se comentan en el capítulo décimo.

5. Carlos Fuentes analiza la relación entre la novela estática y una estructura social estática en *La nueva novela hispanoamericana*, México, 1969.

cismo (el héroe de origen oscuro, por ejemplo). Durante sus
años de aprendizaje tomó por modelo a Balzac, cuya obra conoció en el curso de sus estudios en una academia militar francesa.
Más tarde escribió:

> Desde un día que leyendo Balzac hice un auto-da-fe en
> chimenea, condenando a llamas las impresiones rimadas de
> mi adolescencia, juré ser novelista y abandonar el campo
> literario si las fuerzas no me alcanzaban para hacer algo
> que no fuesen triviales y pasajeras composiciones [6].

Desde su primera novela de éxito, *La aritmética en el amor*
(1860), se propuso analizar las fuerzas ocultas que movían a la
sociedad chilena, interpretando éstas a la manera de Balzac.
La aritmética en el amor trata de un joven, Fortunato, que
quiere ascender en la escala social haciendo un matrimonio de
interés. En el curso de su ascensión se desembaraza de una
molesta relación con la pobre pero honrada Amelia y consigue
que dos muchachas más ricas se disputen su amor. Pero la
novela se queda a medio camino entre el cinismo, que Blest
Gana no tiene vigor suficiente para llevar a sus últimas consecuencias, y un romántico final feliz. La fiel Amelia reconquista
a su maltrecho y derrotado galán y en el momento oportuno
resulta ser rica, con lo cual Fortunato no sufre una gran decepción en sus cálculos. El autor ha roto con el romanticismo sólo
en la medida en que ha llegado a la convicción de que el amor
no es lo que más cuenta en este mundo, pero el hermanamiento
final del triunfo económico y de la dicha del enamorado es
sumamente ingenuo:

> Su herencia, unida a la de Amelia, componía la suma de
> cien mil pesos: éstos y su amor bastaban para asegurarles
> una felicidad duradera en este valle de lágrimas y de risas.

El argumento y el desenlace son disparatados, pero podemos
comprender por qué la novela ganó un premio, ya que era la

---

6. Citado por Ricardo A. Latcham en «Blest Gana y la novela realista»,
Anales, núm. 20, Universidad de Chile, Santiago, s.d.

primera obra que intentaba retratar a personajes chilenos contemporáneos. Las dificultades empezaron cuando Blest Gana trató de reproducir situaciones propias de Balzac en el seno de la sociedad chilena. El héroe típico de Balzac emplea métodos cínicos para triunfar en un mundo corrompido; en la medida en que esté dispuesto a aceptar la degradación de valores, su ascensión social es posible. Pero en Chile el grado de movilidad social era relativamente muy pequeño. La oligarquía de los terratenientes dominaba completamente el país y por lo tanto el realismo de Blest Gana consiste en estampas de situaciones y personajes típicos frente a los cuales las vicisitudes del protagonista parecen más gratuitas que necesarias. *Martín Rivas* (1862) ejemplifica estas dificultades. Martín Rivas es un personaje más sólido que Fortunato y consigue casarse con una mujer rica valiéndose de la paciencia, la honradez, la constancia y el amor, a pesar de la desventaja que representan sus orígenes pobres y provincianos. Pero también aquí las vicisitudes del héroe son a menudo superfluas. En el momento culminante de la novela, Leonor, la heroína, salva a Martín de la ejecución a la que se le ha condenado por tomar parte en la fracasada rebelión de la Sociedad de la Igualdad [7]. Las razones de Martín para sumarse a la rebelión no tienen nada que ver con las ideologías. Lo que le mueve es la lealtad para con un amigo, de modo que la rebelión, en vez de constituir parte integral de la novela, es simplemente un recurso efectista de su argumento. Por otra parte, el «realismo» consiste en escenas de la vida chilena, la pintura de miembros empobrecidos de las clases medias (para los cuales un matrimonio respetable y un trabajo lícito parecen imposibles) y descripciones de bailes y canciones populares, los desfiles militares que eran la diversión de los domingos, la celebración de las fiestas de la independencia del mes de septiembre.

De las tres novelas de este primer período, *El ideal de un*

---

7. La Sociedad de la Igualdad fue fundada por Francisco Bilboa, quien se exilió en 1850. Los sucesos a los que se alude en la novela de Blest Gana ocurrieron durante el levantamiento armado de 1851.

calavera (1863) es la más lograda. El héroe, Abelardo Manríquez, es un provinciano pobre; es detenido por participar en una conspiración contra el gobierno y ejecutado. El final trágico y las frustraciones de Abelardo en el curso de la novela contrastan intensamente con el romántico tratamiento de los héroes anteriores, y las fuentes francesas de Blest Gana son aquí menos visibles. Abelardo es un romántico que idealiza a una mujer casada, Inés, pero como ésta es inaccesible dirige su atención hacia la hija de una familia de clase media venida a menos. La descripción de un *demi-monde* frustrado, excluido del poder, incapaz de ascender socialmente, tiene tonalidades sombrías que no aparecían para nada en *Martín Rivas,* pero que hubieran estado más acordes con el tema. Esta zona intermedia es mantenida al margen por los que ocupan un lugar más elevado, pero también queda separada de las clases inferiores, de los criados y del *huaso* o campesino. La sicología de Abelardo se explica también perfectamente por una situación de frustraciones. Es dado a las bromas más alocadas (por eso se dice de él que es un «calavera»), y la conspiración final parece ser como una última chanza desesperada, una calaverada trágica y fallida.

Lo que estropea la literatura de Blest Gana en todas sus novelas es la pobreza de su lenguaje literario. Su formación se llevó a cabo antes de que el modernismo impusiera nuevas normas de estilo y su prosa cae continuamente en vacuas vulgaridades y en clisés. No parece que el modernismo haya ejercido sobre él ninguna influencia, aunque, después de un largo período en la carrera diplomática durante el cual casi no escribió nada, tuvo una segunda fase como novelista. En esta segunda época escribió *Durante la reconquista* (1897), novela histórica que se sitúa en las vísperas de la independencia; *El loco Estero* (1909), novela que evoca el Santiago de su juventud; y *Los transplantados* (1904), sobre el tema tan de Henry James, de la inocencia americana que es víctima de la sofisticación de Europa. En cada una de estas novelas hay un tema cuyas posibilidades quedan anuladas por el lenguaje. Véase, por ejemplo, la patosa pedantería que a menudo echa a perder pasajes de *El loco Estero*:

> El ñato Díaz.
> Aquel nombre, con su calificativo chileno de lo que el diccionario de la lengua llama chato, pareció ejercer sobre ellos una fascinación poderosa.

Una definición de diccionario hubiese tenido más gracia. Aquí el lenguaje de Blest Gana sólo se propone una cosa, informar, y éste es un uso del lenguaje pobre y limitado por lo que se refiere a la literatura. En la misma novela describe a una pareja que se enamora, en términos que no pueden ser más púdicos y desmañados:

> Pocos días después de este encuentro, en el que los ojos de ambos se revelaron sin disimulo la recíproca atención de que al mismo tiempo se sintieron conmovidos.

Ésta es la razón de que Blest Gana no pudiese llegar a ser el gran escritor realista de Latinoamérica. Es un fracaso interesante, un hombre que en una o dos ocasiones encontró su tema, pero que no tenía un instrumento lo suficientemente sutil para expresarlo.

3.   EL REALISMO Y LOS INDIOS CONTEMPORÁNEOS

Al tratar del realismo a menudo se desplaza el interés de la manera de escribir hacia la temática, e inevitablemente hablar del realismo deriva hacia hablar de temas literarios. Por lo que respecta a Hispanoamérica, el tema realista fue a menudo la inversión del tema romántico. La idealización del buen salvaje es de inspiración romántica. El realismo trata de la degenerada situación de los indios contemporáneos.

No obstante, la novela indianista de vida contemporánea fue rara antes de los años veinte, y en el siglo XIX sólo hay un ejemplo, *Aves sin nido* (1889), de la novelista peruana Clorinda Matto de Turner, cuya obra sufrió la influencia de las ideas de Manuel González Prada. Esposa y luego viuda de un médico, vivió durante largos años en Cuzco, una ciudad situada en el corazón de la zona andina habitada por los indios, rodeada de pueblos que estaban dominados por el cura, el juez y el propietario. Su novela es una mezcla de argumento romántico y de detalles realistas. La historia nos habla de una pareja de enamorados, Manuel, el hijo del juez, y Margarita, hija de un matrimonio indio que ha sido asesinado por oponer resistencia a la oligarquía local. Margarita es criada por otro matrimonio, Fernando, que tiene intereses en las minas, y su esposa Lucía. Ellos representan las clases medias ilustradas que intentan infructuosamente mejorar las duras condiciones sociales que imperan en la ciudad, pero finalmente tienen que admitir su derrota y volver a Lima. Sin embargo, el punto culminante de la acción no consiste tan sólo en el fracaso de estas buenas intenciones paternalistas, sino en el descubrimiento de que Margarita y el hombre al que ama son hermanastros, ya que ambos son hijos ilegítimos del cura. La novela contiene una fuerte crítica anticlerical que no sólo aparece en su argumento sino también en una serie de ataques directos.

Hasta ahora las novelas realistas que hemos comentado se caracterizaban por mensajes morales muy diferentes, ya fuera contra la corrupción del lujo, ya contra las hipocresías del orden establecido. Pero hacia fines de siglo los escritores empezaron a interesarse cada vez más por los problemas del estilo y del lenguaje, aunque no siempre cayeran directamente bajo la influencia de los modernistas. Al mismo tiempo hubo también una propensión a pintar la vida rural y provinciana conocida en algunos países con el nombre de «criollismo» [8].

---

8. Ricardo Latcham, «La historia del criollismo», en *El criollismo,* Santiago de Chile, 1956.

4. TOMÁS CARRASQUILLA (1858-1940)

Un ejemplo de novelista que se consagró a la vida provinciana y que sin embargo se negó a seguir la tendencia a escribir novelas de tesis a la manera realista del siglo XIX es Tomás Carrasquilla, de Colombia. Nacido en la provincia de Antioquía, estaba profundamente arraigado en la vida de provincias y derivó el frescor de su estilo de las conversaciones, cuentos y anécdotas provincianos. Su familia, aunque modesta, se sentía profundamente hispánica, y conservaba en sus actitudes y costumbres la vida tradicional familiar de la España católica. Eran, como él mismo dijo, «más blancos que el rey de las Españas»; y en otro lugar: «Todos ellos eran gentes patriarcales, muy temerosos de Dios y muy buenos vecinos» [9]. Sus novelas reconstruyen la vida sencilla de estas familias provincianas cuyos dramas y tragedias tenían lugar en la oscuridad, cuyo principal enemigo era el tedio, ese tedio que engendra la estación de las lluvias y que estimuló a escribir a Carrasquilla. Su primera novela, *Frutos de mi tierra* (1896), es una descripción de la vida provinciana, mucho más elaborada que un cuadro costumbrista y con un tono mucho menos moralizador que muchas novelas realistas. Y sin embargo el tema no deja de tener implicaciones morales, ya que una narración como *La marquesa de Yolombó,* la más ambiciosa de sus novelas históricas, trata del honrado provincialismo arruinado por la metrópoli. En *Frutos de mi tierra* este tema se desarrolla en forma grotesca, ya que la novela cuenta la vida de unos sórdidos y avariciosos hermanos que se creen muy distinguidos, lo cual les hace parecer ridículos en su ambiente provinciano. Son vulnerables debido a su orgullo, y la hermana, fea, ya madura y carente de todo atractivo, se deja engañar por un deslumbrante primo de Bogotá quien la despoja de toda la fortuna familiar. El mismo tema, tratado de

9. En la introducción a las *Obras completas,* Madrid, 1952.

un modo más extenso y más ambicioso, reaparece en la novela histórica *La marquesa de Yolombó*[10] (1926), donde el tema de la expoliación de la provincia por la metrópoli se sitúa en una época lejana, en el período colonial. Nacida en una ciudad minera, la heroína tiene el nombre de Bárbara (la santa patrona de los mineros). Es una muchacha vehemente, encerrada en los estrechos límites de la sociedad colonial en la que se considera que una mujer sólo puede interesarse por los vestidos y el matrimonio. Pero Bárbara está apasionadamente interesada por la mina y simboliza el interés del criollo por su propia tierra frente a la actitud de los españoles que sólo quieren explotar la mina sin contribuir al desarrollo de la región ni invertir los beneficios en aquella sociedad. La madre de Bárbara, por otra parte, es el tipo femenino convencional que acepta las limitaciones de su función:

> Que trabajaran los hombres como bestias de carga, que ganasen como gentes que venden su alma al diablo; pero a las mujeres no les cumplía sino gastarles la plata, darles hijos, levantar la familia y alegrar la casa.

Bárbara tiene pocas opciones y ha de dedicar su tiempo a educar y cuidar de los esclavos y trabajadores. Completamente ignorante acerca de política y cuestiones internacionales, está muy bien informada acerca de su región natal. Sin embargo, en el momento decisivo del movimiento por la independencia, proclama su lealtad al trono español y envía al rey un suntuoso regalo que le vale la concesión del título de marquesa. Esto será su perdición. Se hace orgullosa y arrogante, es víctima de un aventurero español que, con el pretexto de la fidelidad a su rey, roba el producto de las minas y luego la abandona. Una vez más estamos ante el tema del enfrentamiento entre la provincia y la metrópoli (ahora simbolizada

10. La cronología de «períodos» en la literatura latinoamericana es siempre difícil. Sólo puedo justificar esta inclusión de una novela publicada en 1926 con el argumento de que Carrasquilla parece que ha de considerarse como un escritor anterior a 1914.

por el poder imperial). El estilo tiene una gran solidez que
se debe al uso del lenguaje coloquial que demuestra lo profundamente compenetrado que estaba el autor con su región.
El «patriotismo local» contribuye a explicar la hostilidad de
Carrasquilla para con el modernismo y la influencia de los
decadentes franceses [11].

Es en los cuentos donde Carrasquilla utiliza al máximo sus
fuentes populares. Muchos de ellos son relatos tradicionales.
«En la diestra de Dios Padre», por ejemplo, cuenta la historia popular del campesino que burla al diablo, otras versiones de la cual encontramos en las tradiciones de Ricardo
Palma y en *Don Segundo Sombra*. Otros se inspiran en incidentes autobiográficos. En «Dimita Arias» Carrasquilla describe a un maestro de escuela inválido, «El Tullido», cuya personalidad y aspecto físico corresponden a uno de los que fueron sus propios maestros. Esta familiaridad con la vida y las
leyendas populares se advierte incluso cuando escribe sobre
temas políticos. En «El Padre Casafús» capta el fanatismo
provinciano en la historia de un cura cuyo mal humor le
atrae la enemistad de una influyente feligresa, quien le persigue hasta hacerle perder todos sus medios de vida haciendo
creer a todos que es un «liberal».

Lo mejor de Carrasquilla está en «Simón el Mago», un
cuento que combina el humor grotesco con un tema de candidez e ignorancia provincianas. Simón es un muchacho cuya
nodriza mulata es dada a la brujería y que le inicia en el arte
de volar como las brujas. Él sigue sus consejos pero termina ignominiosamente en un montón de estiércol. Carrasquilla cuenta
la historia exactamente como los aldeanos la hubieran contado, dándole una cierta tonalidad de negrura que nos recuerda las pinturas goyescas sobre la brujería. En este pasaje,
por ejemplo, la nodriza está dando instrucciones:

11. Nigel Sylvester analiza brevemente este punto en *The Homilies and
Dominicales of Tomás Carrasquilla*, Monograph Series, I, Centre for Latin
American Studies, Universidad de Liverpool, 1970.

Pues la gente s'embruja muy facilito: la mod' es qui uno
si untan bien untao en aceite en toítas las coyunturas: se
que' en la mera camisa y se gana a una parti alta y así
que' está uno encaramao abre bien los brazos como pa volar, y dici uno; ¡pero con harta fe! ¡No creo en Dios ni en
Santa María! Y guelvi a decir hasta que ajuste tres veces
sin resollar: y entonces si avienta uno pu' el aire y s'encumbra
a la región.

Advertimos lo fiel que es Carrasquilla a sus fuentes y con qué
minuciosidad transcribe el habla del mulato, casi hasta el extremo de hacerse ininteligible. La transcripción fiel del habla popular tiene una gran importancia como indicio de la
candidez de la mujer y de su discípulo.

La verosimilitud tenía mucha importancia para los escritores criollistas que surgieron a comienzos del siglo xx,
cuando hubo una amplia reacción contra el cosmopolitismo
del período modernista. El criollismo tendía a centrarse sobre
todo en novelas de ambiente rural. Pero aunque los autores
hubieran empleado la estructura determinista del realismo del
siglo xix, como posmodernistas fueron mucho más sensibles
a la capacidad evocativa del lenguaje que un escritor como
Blest Gana. En Chile y en muchos pequeños países latinoamericanos menos accesibles a las influencias de vanguardia,
el criollismo fue un movimiento que perduró hasta años
muy recientes; pero su momento de máxima vitalidad se dio
en los años anteriores a 1918. Javier de Viana (Uruguay,
1868-1926), Mariano Latorre (Chile, 1886-1955), ambos autores muy prolíficos, son típicos de este movimiento. En ambos casos basaban sus historias en sucesos que ilustraban la
dureza de la vida de los habitantes del campo. Viana describió a los gauchos del Uruguay así como la degeneración de
unas poblaciones rurales demasiado obtusas e ignorantes como
para salir por sí mismas de la desesperación cotidiana. Latorre describió la vida de los montañeses y de los pescadores
de Chile. Muchos otros ejemplos podrían citarse; los vene-
zolanos Luis Manuel Urbaneja Achelpohl (1872-1937) y Rufino

Blanco Fombona (1874-1944); o el peruano Ventura García Calderón (1886-1959); y muchos autores de cuentos de las repúblicas centroamericanas, como Ricardo Fernández Guardia (Costa Rica, 1867-1950); pero el alcance de este tipo de literatura era limitado. Los autores preferían con mucho la forma del cuento, en parte porque era más fácil de publicar en periódicos y revistas en una época en que las editoriales de estos países eran aún escasas. Los cuentos solían construirse en torno a una anécdota que se consideraba representativa de la vida de una comarca en concreto. Sin embargo, los escritores modernos tienden a señalar la falta de autenticidad de buena parte de estos materiales criollistas, sobre todo cuando el autor no pertenecía a la comarca ni había compartido el género de vida que estaba describiendo, debido a proceder de una clase social diferente o de la ciudad.

El criollismo fue una forma literaria de signo moral que se dirigía a la conciencia de las minorías urbanas. Los escritores no sólo describían a los campesinos sino que querían además remediar la situación social que condenaba las zonas rurales al atraso y a la pobreza. Los cuentos del uruguayo Javier de Viana y de su compatriota Carlos Reyles (1868-1938) incluyen explícitamente mensajes morales y nacionales sobre el valor del trabajo honrado en la tierra como medio de regeneración nacional. La educación paternalista de los campesinos se suponía que iba a elevar el nivel general del país. La novela del ecuatoriano Luis Martínez (1869-1909), *A la costa* (1904), en la cual el protagonista, un pequeño burgués de Quito empieza a encontrar su dignidad personal dirigiendo una plantación en la costa, es típica de esta escuela literaria que demostraba que los autores eran conscientes del problema, pero que raras veces sabían convertir sus obras en instrumentos que contribuyeran a que se produjese un cambio social [12].

12. Un extenso comentario acerca de esta cuestión puede verse en J. Franco, *The Modern Culture of Latin America*, Nueva York y Londres, 1967; cap. 2: «The Select Minority: Arielism and *Criollismo*».

No todos los escritores de esta generación pertenecieron exclusivamente a las clases dirigentes. El escritor argentino de origen ruso Alberto Gerchunoff (1884-1950) se crió en una colonia judía de granjeros que describió en *Los gauchos judíos* (1910); Baldomero Lillo fue dependiente de una tienda; el escritor cubano Carlos Loveira (1882-1928), autor de *Juan Criollo* (1927), fue un dirigente sindical. Sus orígenes sociales tal vez les permitieron tener una visión más real de las vidas de los humildes, pero su mentalidad es asombrosamente semejante a la de los intelectuales reformistas de la clase terrateniente como Carlos Reyles y Rufino Blanco Fombona, y compartían con ellos su interés por la educación y por la letra impresa como instrumento para la reforma de la sociedad[13]. Las novelas regionalistas, realistas y de protesta social de los años veinte y treinta proceden directamente de esta preocupación social de los criollistas.

El esquema común de la literatura realista hasta 1914 es de carácter determinista. El tema central era el conflicto entre la modernidad y los valores tradicionales y los escritores dirigían una mirada crítica a una era de progreso y de desarrollo que traía consigo no sólo la destrucción de las antiguas instituciones sino también la creación de nuevos tipos de explotación. El realista hispanoamericano se acercaba al poeta romántico en su nostalgia de una tradición y el temor de la anarquía moral que podía ser el fruto del nuevo materialismo.

LECTURAS

Textos

Blanco Fombona, Rufino, *Obras selectas,* Madrid y Caracas, 1958.
Blest Gana, Alberto, *La aritmética en el amor,* Santiago de Chile, 1950.

13. David Viñas, *Literatura argentina y realidad política,* Buenos Aires, 1964.

Blest Gana, Alberto, *Martín Rivas,* Santiago de Chile, 1960.
——, *Los transplantados,* Santiago de Chile, 1961.
——, *El ideal de un calavera,* Santiago de Chile, 1964.
——, *El loco Estero y Gladys Fairfield,* Santiago de Chile, 1961.
Cambaceres, Eugenio, *Obras completas,* Santa Fe, 1956.
Carrasquilla, Tomás, *Obras completas,* Madrid, 1952.
Latorre, Mariano, *Sus mejores cuentos,* 14.ª ed., Santiago, 1962.
López, Lucio Vicente, *La gran aldea,* Buenos Aires, 1965.
Martínez, Luis, *A la costa,* 2.ª ed., Quito, 1959.
Matto de Turner, Clorinda, *Aves sin nido,* Buenos Aires, 1889.
Viana, Javier de, *Selecciones de cuentos,* 2 vols., Montevideo, 1965.

Estudios históricos y críticos

Alegría, F., *Las fronteras del realismo: literatura chilena del siglo XX,* Santiago, 1962.
Ara, G., *La novela naturalista hispanoamericana,* Buenos Aires, 1965.
Brushwood, J., *Mexico in its Novel. A Nation's Search for Identity,* Austin y Londres, 1966.
Castro, Raúl Silva, *Alberto Blest Gana,* Santiago de Chile, 1955.
Prieto, Adolfo, *Literatura autobiográfica argentina,* 2.ª ed., Buenos Aires, 1966.

Capítulo 5

LA TRADICIÓN Y EL CAMBIO:
JOSÉ MARTÍ Y MANUEL GONZÁLEZ PRADA

> La historia me absolverá.
> FIDEL CASTRO

1. JOSÉ MARTÍ

La relación entre los dos escritores que se estudian en este capítulo es más bien distante. José Martí era cubano, hijo de una humilde familia de inmigrantes; Manuel González Prada era hijo de un terrateniente y miembro de la clase alta peruana. Ambos fueron poetas, pero lo que tienen en común no está tanto en su manera de escribir como en su actitud política militante. Estamos ahora ante escritores para quienes la literatura y la revolución van íntimamente unidas. Cambiar el lenguaje era para ellos otro modo de cambiar las actitudes.

Antes de cumplir los veinte años José Martí (1853-1895) fue condenado a trabajos forzados en una cantera por haber participado en la conspiración de 1868 en favor de la independencia. La única prueba de su participación en este movimiento era su amistad con Rafael María Mendive (1821-1886), poeta, pedagogo y combatiente por la libertad que había fundado la *Revista de La Habana* y era director de la

Escuela Superior de Varones. Mendive fue uno de los grandes humanitaristas de la Cuba del siglo XIX y ejerció una importante influencia sobre el joven Martí. Pero lo que sin duda alguna hizo que Martí dejara de ser el habitual estudiante idealista y consagrara toda su vida a luchar por la independencia fue la condena política a trabajos forzados. Durante los meses que precedieron a la conmutación de su sentencia por el destierro, trabajó como un esclavo bajo el sol abrasador, encadenado de pies y manos, al lado de viejos y de muchachos sobre los que habían recaído sentencias similares. Haber experimentado una grave injusticia y la opresión fue algo que debía marcarle. Una de las primeras tareas de Martí cuando llegó a España, donde transcurriría el período de destierro, fue escribir su ensayo *El presidio político de Cuba* (1871) [1], denuncia inspirada más por el sufrimiento de los demás que por las penalidades que él mismo había sufrido. No tenía la menor duda sobre a quién debía atribuirse la culpabilidad.

> ¡Horrorosa, terrible, desgarradora nada!
> ¡Y vosotros los españoles la hicisteis!
> ¡Y vosotros la sancionasteis!
> ¡Y vosotros la aplaudisteis!

La lista de atrocidades descritas en esta obra incluye los casos de niños de doce años condenados a la cantera y del brutal apaleamiento de un anciano, don Nicolás, que acabó desplomándose a causa de la debilidad:

> Se le echó al pie de un montón. Llegó el sol, calcinó con su fuego las piedras. Llegó la lluvia; penetró con el agua las capas de la tierra. Llegaron las seis de la tarde. Entonces dos hombres fueron al montón a buscar el cuerpo que, calcinado por el sol y penetrado por la lluvia, yacía allí desde las horas primeras de la mañana.

1. José Martí, *OC*, I, Editorial Nacional de Cuba, La Habana, 1964.

Adviértase cómo Martí hace la descripción. El cuerpo es abandonado exánime entre las piedras de la cantera. El sol y la lluvia caen con toda su fuerza sobre las piedras insensibles. Y también sobre el cuerpo humano. La insensibilidad de los españoles para con la vida humana queda ya subrayada y no requiere más énfasis. El hombre ha sido igualado a las piedras, y para Martí, que creía que «Dios estaba en aquel hombre», era la mayor de las blasfemias. Siempre iba a permanecer fiel a esta idea de que la vida humana es sagrada, que el hombre tiene derecho a la libertad y que por la libertad valía la pena sacrificar la propia vida.

De 1871 a 1873 Martí estudió en su destierro español; en 1873 dirigió en México la *Revista Universal*; y en 1877 fue nombrado profesor de la Universidad de Guatemala. Sólo en una ocasión volvió, y por muy breve tiempo, a Cuba antes de participar en su última y trágica expedición. La mayor parte de los años finales de su vida transcurrieron primero en Venezuela (hasta 1881) y luego en los Estados Unidos, país del que no salió hasta 1895 para sumarse a la expedición libertadora que estaba al mando del general Máximo Gómez. El 19 de mayo de este último año murió en un combate en Boca de Dos Ríos.

Martí escribió «la prosa más bella del mundo»[2], según Rubén Darío. Evidentemente su concepción de la lengua literaria es más sofisticada que la de la mayoría de sus contemporáneos. Había sufrido la influencia del escritor norteamericano Ralph Waldo Emerson, para quien la palabra era simbólica, y que escribió: «Sólo hablamos con metáforas, porque la naturaleza toda es una metáfora del espíritu humano». En una época de elocuencia más bien vacua, Martí adoptó la tesis emersoniana de un lenguaje poético arraigado en las verdades profundas. El lenguaje más intenso es a menudo el más sencillo y el más conciso:

2. Iván A. Schulman y Manuel Pedro González, «Resonancias martianas en la prosa de Rubén Darío», en *José Martí, Rubén Darío y el Modernismo*, Madrid, 1969.

Él arte de escribir ¿no es reducir? La verba mata sin duda la elocuencia. Hay tanto que decir, que ha de decirse en el menor número de palabras posibles: eso sí, que cada palabra lleve ala y color [3].

«Ala» y «color» se refieren a los elementos ideales de la palabra y sus posibilidades alusivas, cualidades que la hinchazón retórica nunca puede captar. Martí era, pues, mucho más consciente que la mayoría de sus contemporáneos, con la excepción de los modernistas, de los recursos que en potencia tenía el lenguaje. Pero, como Emerson, consideraba estos recursos potenciales íntimamente unidos a las cualidades humanas del pueblo, de donde salían en último término los que hacían la poesía, los que inventaban las palabras. La inspiración llega al escritor desde esta fuente, y un individuo no es nada sin el pueblo:

Los hombres son productos, expresiones, reflejos. Viven, en lo que coinciden con su época o en lo que se diferencian marcadamente de ella; lo que flota, les empuja y pervade [4].

De ahí la importancia de la sinceridad en su concepción de la poesía, por la que él entendía la verdad respecto a su época y situación y respecto a la dignidad como seres humanos [5]. La literatura es «espontáneo cónsejo y enseñanza de la naturaleza», y también un texto en el que pueden resolverse las contradicciones aparentes, y que tiene también un significado social y religioso [6].

Al analizar las opiniones de Martí sobre la lengua, la sociedad, el hombre y la poesía, las encontramos arraigadas en

---

3. *OC*, XI, pág. 196.
4. *Ibid.*, XIII, pág. 34.
5. Como declaración de sinceridad, véase su introducción a sus *Versos sencillos*, *OC*, XVI, págs. 61-62.
6. De un ensayo sobre «Whitman» en *OC*, XVI.

un concepto de la naturaleza, con el hombre en el centro, progresando continuamente por medio de la autoeducación. El suyo era un credo optimista con un objetivo a largo plazo, la mejora de la humanidad, y otro a corto plazo, la liberación de Cuba, al que debían dedicarse todos los esfuerzos. Esto explica por qué, a pesar de su amor por la poesía, la mayor parte de su escritura tiene un carácter más práctico. Con raras excepciones (una novela inacabada y algunos cuentos) casi todo lo que escribió en prosa era funcional tanto si se trataba de un artículo para un periódico, de un discurso, de cartas a camaradas o de informes.

Como Martí fundaba su escala de valores en la fidelidad a la naturaleza y a la historia, creía que cualquier falsedad, cualquier cobardía o traición sería denunciada, si no por los contemporáneos, más tarde por la posteridad. El futuro juzgaría a los hombres que habían trabajado desinteresadamente en bien de la humanidad. Y él mismo aplicaba este criterio a los héroes del pasado —Bolívar, San Martín, el general Páez— y a los contemporáneos como el general Gómez, Walt Whitman y Emerson. Sus ensayos sobre estos hombres constituyen lo mejor de sus obras en prosa. Simpatizaba en seguida con aquellos que, a pesar de ser bárbaros y poco ortodoxos, pensaban en algo más que en su comodidad o salvación personales. Así nos habla, por ejemplo, del general Gómez, el caudillo de la independencia cubana:

A caballo por el camino, con el maizal a un lado y las cañas a otro, apeándose en un recodo para componer con sus manos la cerca, entrándose por un casucho a dar de su pobreza a un infeliz, montando de un salto y arrancando veloz, como quien lleva clavado al alma un par de espuelas, como quien no ve en el mundo vacío más que el combate y la redención, como quien no le conoce a la vida pasajera gusto mayor que el de echar los hombres del envilecimiento a la dignidad, va por la tierra de Santo Domingo, del lado del Monte Cristal, un jinete pensativo, caído en su bruto como — su silla natural, obedientes los músculos

bajo la ropa holgada, el pañuelo al cuello, de corbata campesina, y de sombra del rostro trigueño el fieltro veterano [7].

Vale la pena examinar cuidadosamente este fragmento porque
tanto el estilo como el tema son característicos de la prosa de
Martí. El tiempo presente da al lector la sensación de la
actualidad de los hechos; la rápida sucesión de actividades
se indica por medio de una serie de gerundios: «apeándose»,
«entrando», «montando», «arrancando». La actividad se relaciona luego con el ideal de «combate y redención» que da
sentido a las frases finales que describen al pensativo jinete,
vestido con la sencilla indumentaria del campesino. La actividad y la apariencia exterior sólo adquieren sentido cuando
se relacionan con el ideal de elevar al pueblo desde la degradación hasta la dignidad. El imperativo moral que guía la
vida del héroe se hace siempre patente en la obra de Martí.
Así, describiendo la vida del poeta Heredia, Martí subraya
la holgura en que vivía su familia para realzar aún más la
nobleza de una decisión que, no obstante, se considera como
la única posible para un hombre íntegro:

> En las ventanas dan besos, y aplausos en las casas ricas,
> y la abogacía mana oro; pero, al salir del banquete triunfal,
> de los estrados elocuentes, de la cita feliz, ¿no chasquea
> el látigo, y pide clemencia a un cielo que escucha la madre
> a quien quieren ahogarle con azote los gritos con que llama
> al hijo de su amor? El vil no es el esclavo, ni el que lo ha
> sido, sino el que vio este crimen, y no jura, ante el tribunal
> certero que preside en las sombras, hasta sacar del mundo
> la esclavitud y sus huellas [8].

El pasaje nos explica por qué Martí creía que era imposible
ser feliz en una sociedad injusta. Los éxitos personales no
pueden hacernos olvidar la injusticia social. Encontramos aquí

7. *Ibid.*, IV, págs. 445-446.
8. *Ibid.*, V, pág. 168.

una gran diferencia con la actitud de un modernista como Darío que aspira a disociarse de la sociedad y que no tiene una visión clara de un futuro sin injusticia.

La posición de Martí es también muy distinta de la de Sarmiento. Para Martí el bárbaro es el hombre, sea cual sea su clase social y su educación, que consiente tácitamente la injusticia. Un hombre como el «centauro de las llanuras» venezolano, el general Páez, que era tan «bárbaro» como Facundo, atrae la simpatía de Martí debido a su sincera dedicación a la causa de la independencia. El ensayo de Martí, escrito con motivo de la muerte del general en Nueva York, subraya las virtudes de este «hombre natural» y reconoce los aspectos admirables de su barbarie [9]. Martí admiraba la energía y la independencia, y no sólo la energía física, sino también la energía intelectual de hombres como Emerson o Walt Whitman (por quien sentía una simpatía especial). Tiene tan pocos prejuicios respecto a la homosexualidad de Whitman como respecto a la barbarie de Páez. Porque Whitman también estaba trabajando por la fraternidad universal:

> Imagínese qué nuevo y extraño efecto producirá ese lenguaje henchido de animalidad soberbia cuando celebra la pasión que ha de unir a los hombres. Reúne en una composición del «Calamus» los goces más vivos que debe a la Naturaleza y a la patria; pero sólo a las olas del océano halla dignas de corear, a la luz de la luna, su dicha al ver dormido junto a sí al amigo que ama. Él ama a los humildes, a los caídos, a los heridos, hasta a los malvados [10].

Martí siempre exalta de un modo y otro esas cualidades ideales en los hombres a los que admira, y sobre todo su dedicación a algo que no sean fines interesados.

Las opiniones de Martí sobre el futuro social y político de Latinoamérica difieren en muchos aspectos importantes de

9. *Ibid.*, VIII, pág. 214.
10. *Ibid.*, XIII, pág. 139.

las de sus contemporáneos. Su experiencia directa de los Estados Unidos le permitió valorar la fuerza y la debilidad de esta civilización: de una parte las oportunidades que daba a los individuos, el «crisol» de la inmigración; de otra, las intenciones agresivas que constituían ya una amenaza para Latinoamérica. Su ensayo «Nuestra América» resume su teoría de que las naciones hispánicas son muy débiles, y que esta debilidad se debe al abismo que separa a unas clases dirigentes e intelectuales alienadas y al pueblo. Cree que los indios y los negros han de integrarse plenamente en las naciones y que la gente sencilla podría enseñar muchas cosas a los que aprenden inspirándose en «libros importados». Estamos ante algo muy distinto de la «barbarie» según Sarmiento. A diferencia de Sarmiento y de muchos de sus contemporáneos, Martí no sentía pesimismo por el futuro de las sociedades multirraciales y apreciaba la cultura no europea como demuestra, verbigracia, su descripción de Tenochtitlán en la cual pone de relieve la belleza plástica de esta ciudad y de la civilización precolombina:

> ¡Qué hermosa era Tenochtitlán, la ciudad capital de los aztecas, cuando llegó a México Cortés! Era como una mañana todo el día, y la ciudad parecía siempre como en feria. Las calles eran de agua unas, y de tierra otras; y las plazas espaciosas y muchas; y los alrededores sembrados de una gran arboleda. Por los canales andaban las canoas, tan veloces y diestras como si tuviesen entendimiento; y había tantas a veces que se podía andar sobre ellas como sobre la tierra firme. En unas venían frutas, y en otras flores, y en otras jarros y tazas, y demás cosas de la alfarería [11].

La poesía de Martí es tan original como su prosa. Durante su vida publicó una serie de poemas dedicados a su hijo, aún niño, *Ismaelillo* (1882) y sus *Versos sencillos* (1891). Sus *Versos libres* se publicaron póstumamente. Al igual que en la

11. *Ibid.*, XVIII, pág. 383.

prosa hay aquí una gran densidad, ya que los poemas habían «nacido de grandes miedos o de grandes esperanzas o de indómito amor por la libertad, o de amor doloroso a la hermosura» [12]. Sus imágenes se fundan en una visión dualista de la humanidad, de ideal y realidad, espíritu y material, verdad y falsedad, la luz de la conciencia y las tinieblas del inconsciente. Ala, cumbre, nube, pino, paloma, sol, águila, luz, son símbolos del ideal que se repiten en numerosas ocasiones; cueva, hormiga, gusano, veneno sugieren los abismos. Los colores simbólicos —verde, plata, amarillo, negro, carmesí— proporcionan los diferentes grados de intensidad y los matices [13]. En muchos de los poemas de Martí hay una sutil acción recíproca de fuerzas de la luz y de fuerzas de las tinieblas.

Los poemas de *Ismaelillo* son excelentes ejemplos de ello. Se basan en la paradoja de que la debilidad, la inocencia y la dependencia del niño constituyen su fuerza, ya que despiertan lo mejor y lo más noble que hay en el padre. El niño es un símbolo de poder y potencialidad, un «león», un «caballero montado en su corcel», un «conquistador» y el «defensor del padre» cuando éste se ve asediado por todas partes por las dudas, las tentaciones y la desesperanza. Es el príncipe enano que lleva luz a la cueva del prisionero:

> ¡Venga mi caballero
> por esta senda!
> ¡Éntrese mi tirano
> por esta cueva!
> Tal es, cuando a mis ojos
> en imagen llega,
> cual si en lóbrego antro
> pálida estrella,
> con fulgores de ópalo
> todo vistiera.

12. Del prólogo a *Versos sencillos,* Nueva York, 1891.
13. I. A. Schulman, *Símbolo y color en la obra de José Martí,* Madrid, 1960.

A su paso la sombra
matices muestra,
como al sol que las hiere
las nubes negras.
¡Heme ya, puesto en armas,
en la pelea!
Quiere el príncipe enano
que a luchar vuelva:
¡él para mí es corona,
almohada, espuela!
Y como el sol, quebrando
las nubes negras,
en banda de colores
la sombra trueca, -
Él, al tocarla, borda
en la onda espesa,
mi banda de batalla
roja y violeta.
¿Conque mi dueño quiere
que a vivir vuelva?
¡Venga mi caballero
por esta senda!
¡Éntrese mi tirano
por esta cueva!
¡Déjeme que la vida
a él, a él, ofrezca!
Para un príncipe enano
se hace esta fiesta.

El poeta en la cueva parece un escudero de un caballero feudal
que debe a su señor la vida y los valores que le guían. Medi-
tando solitario, el poeta recupera la alegría de vivir, la comba-
tividad, la energía, gracias al «príncipe enano». Hay una ironía en el empleo de palabras como «tirano», «príncipe», «dueño», para aludir a un niño indefenso; los significados peyo-
rativos de estas palabras se descartan completamente y sólo
se conservan sus sentidos de fuerza o de obligación moral. En
realidad es precisamente la indefensión del niño lo que le hace
fuerte. El contraste entre la oscuridad y la luz recuerda la ale-

goría platónica de la cueva y la salida a la luz del sol, o la lucha entre la oscuridad y la luz que es propia de antiguas mitologías.

En *Versos sencillos* el poeta habla como un «hombre sincero» que contrasta la alegría que siente al contacto de la naturaleza con el mal y las complicaciones de la civilización:

> Yo sé de Egipto y Nigricia,
> y de Persia y Xenofonte;
> y prefiero la caricia
> del aire fresco del monte.

> Yo sé las historias viejas
> del hombre y de sus rencillas;
> y prefiero las abejas
> volando en las campanillas.

Una abeja en la flor, el aire, son símbolos de la vida pura, las antiguas civilizaciones sólo hablan de la historia muerta; luego el tono del poema se desvía bruscamente del júbilo y de la sinceridad y adquiere matices más sombríos:

> Yo sé del canto del viento
> en las ramas vocingleras:
> nadie me diga que miento,
> que lo prefiero de veras.

> Yo sé de un gamo aterrado
> que vuelve al redil y expira,
> y de un corazón cansado
> que muere oscuro y sin ira.

El esplendor de las grandes civilizaciones que se habían evocado al comienzo del poema contrasta con el sufrimiento y la muerte del último verso. Lo que parecía una simple antítesis entre civilización y naturaleza se convierte en algo mucho más complejo, ya que ni la grandeza del pasado ni la dicha que se refleja en la naturaleza son asequibles al poeta, quien debe enfrentarse con la posibilidad de una vida de lucha y de muerte sin gloria.

El verso de Martí es a menudo visionario. Por ejemplo, en el siguiente poema, el misterio de la iglesia en las tinieblas sugiere la extraña y siniestra imagen de un búho:

> En el negro callejón
> donde en tinieblas paseo,
> alzo los ojos y veo
> la iglesia, erguida, a un rincón.

> ¿Será misterio? ¿Será
> revelación y poder?
> ¿Será rodilla, el deber
> de postrarse? ¿Qué será?

> Tiembla la noche; en la parra
> muerde el gusano el retoño.
> Grazna, llamando el otoño
> la hueca y hosca cigarra.

> Graznar dos: atento al dúo
> alzo los ojos y veo
> que la iglesia del paseo
> tiene la forma de un búho.

La verdad es que, si se compara con la poesía romántica hispanoamericana, las imágenes son más originales. La originalidad, sin embargo, reside en la yuxtaposición de la Iglesia que pretende salvar al hombre y darle vida eterna con la vida natural en torno a la Iglesia, una vida natural caracterizada por la lucha por la vida y la muerte y la decadencia de todas las cosas.

Con frecuencia, estas yuxtaposiciones elevan los poemas de Martí por encima de los lugares comunes. El poema «Iba yo remando», se inicia con la deslumbrante visión de un lago, una situación idílica hasta que el poeta se da cuenta de que a sus pies hay un pescado hediondo, de que la belleza está desfigurada por la degeneración. En «El amigo muerto» toda la situación es fantasmagórica. El poeta recibe la visita de un amigo muerto que aún sufre por las contradicciones entre ideal y realidad que le atormentaban durante su vida, y el poeta muerto (el pasado) ha de ser consolado por el poeta vivo.

Los *Versos libres*, publicados después de la muerte de Martí, se escribieron tal como indica su título, en verso libre. Son afirmaciones directas de sus luchas y de sus convicciones personales. En estos poemas vuelve una y otra vez obsesivamente a la función de la poesía y a sus ideas sobre el verdadero valor de un hombre. Poemas como «Poética», «Mi poesía», «Cuentan que antaño», reafirman estas ideas ya comentadas sobre la naturaleza de la poesía. Su poesía, «mi verso montaraz», ha de estar tan cerca como sea posible de las fuentes de la vida y de la inspiración, y teme que preocuparse excesivamente por cuestiones formales mate una planta tan delicada. Así, «Cuentan que antaño» termina:

> Así, quien caza por la rima, aprende
> que en sus garras se escapa la poesía.

Muchos poemas tratan del sentido que ha de darse a la vida, de la diferencia entre los que se dedican a fines personales egoístas y el hombre auténtico. Dos de los poemas, «Odio el mar» y «Pollice Verso», merecen especial atención. En el primero el mar es un símbolo del mal, «vasto y llano, igual y frío». Por lo tanto, el mar no puede servir de inspiración para el hombre cuya vida debe tener un objetivo.

> Lo que me duele no es vivir; me duele
> vivir sin hacer bien.

El mar simboliza todo lo contrario a esto; carece de objetivo, todo en él es muerte:

Odio el mar, muerto enorme, triste muerto
de torpes y glotonas criaturas
odiosas habitado; se parecen
a los ojos del pez que de harto expira,
los del gañán de amor que en brazos tiembla
de la horrible mujer libidinosa.

El lenguaje es a un tiempo oscuro y vigoroso. ¿Quiénes son estos monstruos? ¿Qué es el pez que muere de harto? Las «torpes y glotonas criaturas» sugieren algo siniestro, algún mal invisible pero presente cuyos ojos se comparan a los del «gañán de amor», temblando en los brazos de una «horrible» mujer lasciva. Aquí se entrevén tensiones íntimas muy complejas. Posiblemente Martí creía que las pasiones personales podían absorber la vida del hombre, hasta arrebatárselo todo, hasta el valor de sus convicciones. «Pollice verso», subtitulado «Memoria del presidio», es la confesión de fe de Martí.

Hay leyes en la mente, leyes
cual las del río, el mar, la piedra, el astro,
ásperas y fatales.

El hombre ha de ser fiel a estas «leyes»; el hombre no debe oponerse a esta necesidad íntima, y si lo hace pagará por ello un precio muy elevado. Porque el hombre se compara a un gladiador en la arena, en quien tienen fijos los ojos el pueblo y el rey, que no se pierden ninguna de sus acciones y que le juzgan de acuerdo con ellas:

[...] la vida es la ancha arena
y los hombres esclavos gladiadores,
mas el pueblo y el rey, callados miran
de grada excelsa, en la desierta sombra.
¡Pero miran! [...]

La «desierta sombra» es como la zona desconocida y deshabitada del futuro que juzgará al poeta (la historia le absolverá).

El hombre que arroja sus armas para elegir el bienestar presente es, para Martí, sólo digno de desprecio.

La poesía de Martí ha de estudiarse en relación con toda su vida; no es posible separar a «Martí el hombre» de «Martí el político». Pero lo que separa más radicalmente a Martí del modernismo es su visión del hombre como miembro de una sociedad y como elemento de un proceso histórico. El hombre no puede negar la historia ni escapar a las consecuencias de sus actos. Debe encarnar la verdad y sus convicciones por muchos sufrimientos que esto comporte. Para Martí el concepto de poesía no es una alternativa a la acción política. El poema es afirmación, no máscara ni ritual.

2.   MANUEL GONZÁLEZ PRADA (1848-1918)

La vida de González Prada posee menos coherencia que la de Martí, porque parece haber oscilado entre períodos de aislamiento y períodos de actividad política. Destinado por su madre al sacerdocio, estudió durante algún tiempo en una escuela inglesa de Valparaíso, y allí parece que adoptó el ideario positivista y adquirió el interés por la ciencia que persistiría durante toda su vida. Abandonó la proyectada carrera eclesiástica, pero viendo que era imposible dedicarse a lo que realmente le interesaba en el ambiente piadoso, estricto y conservador de Lima, se retiró durante ocho años a la hacienda de su familia, donde consagró todo su tiempo a estudiar y a escribir. Tenía ya treinta y un años cuando estalló la guerra peruano-chilena, y él era aún un diletante sin rumbo en la vida. Pero la ocupación chilena de Lima y la crisis de la sociedad peruana que la guerra puso al desnudo, le obligaron a adoptar actitudes más serias. Comprendió que la clase dirigente había perdido todo contacto con el pueblo, que el Perú nunca llegaría a ser una verdadera nación a menos que los indios se integraran en la vida del país y fueran educados. En consecuencia formó entonces un círculo literario con el lema «Propaganda y Ataque», cuyo objeto era la regeneración y la democratización del Perú. Fundó también por aquel entonces el partido de la Unión Nacional.

González Prada consideraba la ciencia como la fuerza liberadora, la educación como la puerta al futuro y la Iglesia como un obstáculo para el espíritu científico que permitiera el progreso de Latinoamérica. Al permitir al hombre el dominio de la naturaleza, la ciencia le redimía de las limitaciones de la necesidad. «Ese redentor», decía de la ciencia, «que nos enseña a suavizar la tiranía de la Naturaleza». Sin embargo, a diferencia de los «científicos» mexicanos, no creía que la educación científica debiera anteponerse a las urgentes reformas políticas y sociales. Una de las primeras tareas de un gobierno peruano sería la de liberar a los indios de la «tiranía del juez de paz, del gobernador i [sic] del cura, esa trinidad embrutecedora del indio» [14].

Las opiniones revolucionarias de González Prada sobre la naturaleza de la sociedad peruana iban acompañas por convicciones igualmente revolucionarias de que el escritor debía comprometerse, de que la fuente del escritor era el pueblo y que la literatura y la lengua debían incorporarse a la cultura popular:

> De las canciones, refranes i dichos del vulgo brotan las palabras orijinales [sic], las frases gráficas, las construcciones atrevidas. Las multitudes transforman las lenguas, como los infusorios modifican los continentes [15].

Por esta razón atacó vigorosamente la imitación servil del español peninsular y proclamó la urgente necesidad de una lengua literaria nueva y vigorosa.

Pero después de este primer estallido de «propaganda y ataque», González Prada se retiró una vez más de la escena nacional. Se casó con una francesa, vivió en París desde 1887

14. *Páginas libres*, nueva edición, Lima, 1966, pág. 51.
15. *Ibid.*, pág. 20.

hasta 1894 y durante este período asistió a las clases de Renan. Entretanto, la Unión Nacional era disuelta; González Prada, al volver al Perú, se había radicalizado, orientándose hacia el anarquismo y la organización de movimientos obreros, escribiendo artículos para *Los Parias,* una revista mensual fundada en 1905 por un grupo de artesanos, y protestando enérgicamente por los disparos hechos contra obreros en la huelga de Iquique de 1908 [16]. Su vida fue lo suficientemente larga como para llegar a influir en los movimientos nacionalistas y socialistas de los años veinte.

González Prada fue, pues, intermitentemente, un escritor militante, pero mucho menos revolucionario en su prosa y en su poesía que Martí. Su prosa es más tosca, sin la plasticidad de la del cubano, y en su obra poética se interesa por los aspectos formales. Las excepciones son algunos poemas primerizos, *Baladas peruanas,* escritas entre 1871 y 1879, la mayoría de las cuales permanecieron inéditas hasta después de su muerte: muchas tratan del tema de la injusticia social. En *Minúsculas* (1900) y *Exóticas* hay como una especie de preciosismo; estaba interesado en resucitar antiguas formas de versificación, como el triolet, el rondinel y las *gacelas* (una forma poética árabe) y en hacer experimentos con el verso libre. Pero a pesar de la originalidad de la forma, el resultado carece a menudo de vitalidad. Sus mejores poemas acostumbran a ser los que tratan de un modo u otro del tema del absurdo de la existencia, aunque a menudo resuelve la cuestión con un forzado optimismo.

> ¿Dónde la firme realidad? Giramos
> en medio a torbellino de fantasmas:
> en el flujo y reflujo de la vida,
> somos los hombres apariencia vana.
> ¡Mas ni despecho ni furor! Vivamos
> en una suave atmósfera optimista;

---

16. *Ibid.,* pág. 126.

> y si es un corto sueño la existencia,
> soñemos la bondad y la justicia [17].

«Crepuscular», poema en el que deja prevalecer el pesimismo y en el que renuncia a las formas rimadas, parece más convincente:

> En gris de plomo se disfuma
> el oro lívido y enfermo
> de los ocasos otoñales;
> y lentamente baja, lentamente se difunde,
> una tristeza desolada y aterida,
> una tristeza de orfandad y tumba [18].

Aquí el poema es más logrado, desde la evocación del ocaso otoñal hasta la última palabra «tumba», el tono del poema se mantiene solemne, una solemnidad recalcada por el adverbio «lentamente» que se repite a la mitad de la estrofa. Pero González Prada no siempre logra esta unión de experimentación formal y sentido quizá por el hecho de que nunca se dedicaba por entero a la poesía.

En el fondo ofrece un interesante contraste con José Martí. Éste fundió su vida personal, política y literaria en un conjunto sólido y unitario. González Prada nunca llegó a alcanzar tanta coherencia; por eso sus escritos en prosa tienden a ser polémicos y su poesía a ser un juego.

LECTURAS

Textos

González Prada, Manuel, *Minúsculas,* Lima, 1900.
——, *Exóticas,* Lima, 1911.
——, *Baladas peruanas,* Santiago de Chile, 1935.
——, *Grafitos,* París, 1937.

17. «Optimismo», en *Exóticas,* Lima, 1911.
18. También de *Exóticas.*

González Prada, Manuel, *Propaganda y ataque,* nueva edición, Buenos Aires, 1939.

——, *Páginas libres,* nueva edición, Lima, 1966.

Martí, José, *Obras completas,* 22 vols., La Habana, 1964.

——, *Poesías completas,* La Habana, 1959.

——, *Versos,* ed. E. Florit, Nueva York, 1962.

——, *Obra selecta,* Buenos Aires, 1965.

——, *Versos libres,* edición, prólogo y notas de I. A. Schulman, Barcelona, 1970.

Estudios históricos y críticos

Chang Rodríguez, E., *La literatura política de González Prada, Mariátegui y Haya de la Torre,* México, 1967.

González, Manuel Pedro, y Schulman, Iván A., *José Martí, Rubén Darío y el Modernismo,* Madrid, 1969.

Ghiano, Juan Carlos, *José Martí,* Buenos Aires, 1967.

Marinello, Juan, *José Martí. Escritor americano,* México, 1958.

Schulman, I. A., *Símbolo y color en la obra de José Martí,* Madrid, 1960.

Schultz de Mantovani, Fryda, *Genio y figura de José Martí,* Buenos Aires, 1968.

Capítulo 6

LOS MÚLTIPLES ASPECTOS DEL MODERNISMO

> El Modernismo —como el Renacimiento o el Romanticismo— es una época y no una escuela, y la unidad de esa época consistió en producir grandes poetas individuales que cada uno se define por la unidad de su personalidad, y todos juntos por el hecho de haber iniciado una literatura independiente, de valor universal, que es principio y origen del gran desarrollo de la literatura hispano-americana posterior.
>
> FEDERICO DE ONÍS

El modernismo, como el romanticismo y el realismo, es un término difícil de definir. El movimiento no produjo ningún manifiesto y un apresurado repaso a las antologías del modernismo revela la existencia de estilos ampliamente divergentes, que van desde el «parnasianismo» de ciertas fases de la obra de Rubén Darío, hasta el simbolismo o el romanticismo tardío de José Asunción Silva. Modernismo puede, pues, considerarse como una palabra cómoda que permite incluir dentro de un concepto más o menos unitario a un buen número de poetas que escribieron desde poco después de 1880 hasta el segundo decenio del presente siglo.

Y sin embargo, evidentemente es mucho más que un nombre. Juan Ramón Jiménez lo describió como un aspecto de la crisis espiritual general del *fin-de-siècle* [1]. Y Federico de Onís creía que su influencia se extendía a toda la poesía contemporánea [2]. Pocos críticos modernos encerrarían una definición de modernismo dentro de los límites de las innovaciones técnicas.

Un posible punto de partida es definir el modernismo en relación con el realismo y el romanticismo, en otras palabras, definirlo como una *diferencia*. En Hispanoamérica el romanticismo había significado nostalgia de la estabilidad, de la seguridad de la fe católica y del sistema tradicional de jerarquías sociales. El modernismo, por su parte, flotó en los ámbitos de la incertidumbre, de la pérdida de la fe y del derrumbe del orden social. El escritor realista aceptaba el determinismo y cayó en el clisé estilístico, mientras que el modernista trataba de ver más allá de las limitaciones biológicas y sociales y de explorar la innovación lingüística. En resumen, el modernismo tradujo la crisis de la que habla Onís a términos estéticos; la crisis y reposo, la contradicción y resolución, se plasman en las imágenes.

Esta nueva conciencia sólo podía plasmarse en un período en el que se veía la urgencia de crear un nuevo lenguaje y nuevas formas. El desgarramiento entre la vida privada y la pública, entre la labor cívica y la actividad literaria, no desapareció, pero —por vez primera en Hispanoamérica— el poeta modernista tendió a considerar la actividad literaria como superior en la escala de valores a la actividad política. La acción política estaba ya mucho más desprestigiada que en los tiempos de Bolívar, mientras que por el contrario Victor Hugo representaba el ideal del poeta laureado que permanecía encima de la lucha política. Si por una parte el poeta se veía a sí mismo como un proscrito de la sociedad, también se consideraba como un proscrito genial. Este mito de la superioridad del poeta y

1. *El Modernismo. Notas de un curso,* edición de R. Gullón y E. Fernández Méndez, México, 1962.
2. *Antología de la poesía española e hispanoamericana,* 2.ª ed., Nueva York, 1961.

sus dones proféticos iba a influir hasta en el más humilde de
los versificadores provincianos hasta Rubén Darío. Y sin embargo, aun en su visión del poeta, el modernismo resulta contradictorio. Darío, por ejemplo escribía un cuento como «El rey
burgués» en el cual el rey burgués obliga al poeta a tocar
el manubrio en la nieve, dejándole morir de hambre; pero el
mismo Rubén, y el modernismo en general, debían mucho a la
opulencia del fin de siglo que aportó nuevos niveles de lujo
y de refinamiento para el continente, que creó una cierta de-
manda, aunque modesta, de libros, que financió revistas literarias y que daba el aspecto europeo a grandes ciudades como
México y Buenos Aires. El proceso tuvo dos facetas comple-
mentarias. De un lado los poetas enriquecían un escenario literario muy pobre, pero al mismo tiempo sus obras reflejaban
los gustos de la burguesía de la época. Una edición de los
poemas de Herrera y Reissig, publicada en 1912 y editada
por el poeta español Villaespesa, ilustra inmejorablemente
este aspecto del modernismo [3]. En la portada hay una pareja
de castos enamorados, el hombre vestido con una piel de oso,
la mujer con una toga romana. Vestida pero lasciva, la pareja
demuestra una sexualidad que no transgrede los tabúes de la
época, la piel de oso significando la virilidad en el código se-
miótico del sexo. El modernista era por lo tanto un mediador
entre el gusto europeo y la barbarie hispanoamericana, y al
propio tiempo no salía de los tabúes de su época. Por esta
razón la retórica modernista tiende a ocultar contradicciones y
las tensiones más que a revelarlas abiertamente.

Que los modernistas vivieron y sufrieron una crisis espiritual es innegable. Y esta crisis fue tanto más aguda por el
hecho de darse en un espacio de tiempo muy corto. Hispanoamérica había permanecido al margen de las especulaciones
literarias y filosóficas de la Europa del siglo XIX. Ahora, en un
lapso de veinte años, se produce el impacto del historicismo

3. Se trata de la edición publicada en Madrid (1911) con un prólogo de
Francisco Villaespesa.

y del materialismo, del nuevo espiritualismo del fin de siglo con su exploración del misterio, del esteticismo. Y este impacto fue recibido a través de la letra impresa. El poeta modernista no conoció personalmente los cambios tecnológicos y sociales que estaban transformando las vidas humanas en Europa. En el mejor de los casos, los contempló como un turista. Sólo podía darse cuenta de todo esto de un modo mediato. La experiencia que sí tuvo directamente fue la de su relación de dependencia respecto a la cultura europea, la de su propia inconsistencia y falta de tradición. Lo que para un escritor europeo significaba una crítica de la ciencia y de la industria, desde su posición de marginado en la sociedad capitalista, para el hispanoamericano significaba una afirmación de la posición especial del artista. De la cultura europea necesitaba una afirmación, una tradición que le proporcionase un papel más digno a pesar del desprecio de los «bárbaros».

Sin una sociedad arraigada o estable en que apoyarse, el escritor hispanoamericano se movía en el vacío. Compartía con sus contemporáneos europeos la pérdida de la fe tradicional o de la confianza en los remedios sociales. Pero necesitaba aún más que ellos a la literatura para llenar estos huecos. El retorno a la naturaleza no era posible, ya que el determinismo de la naturaleza no hacía más que recordar cruelmente el hecho de que el hombre hispanoamericano aún no había sabido hacerse dueño del mundo que le rodeaba. Por eso el poeta cubano Julián del Casal mete en el mismo saco determinista a la ciencia y a la naturaleza:

> En el seno tranquilo de la ciencia
> que, cual tumba de mármol,
> guarda tras la bruñida superficie
> podredumbre y gusanos,
> en brazos de la gran Naturaleza,
> de los que huí temblando
> cual del regazo de la madre infame
> huye el hijo azorado.

La seguridad de la ciencia es la seguridad de la muerte, pero los brazos de la naturaleza no son más acogedores. Como los románticos, parnasianos y simbolistas europeos, los poetas modernistas querían desafiar a la ciencia y a la naturaleza, explorar todo lo que quedaba fuera del esquema determinista de la herencia, la evolución y la decadencia. Celebraban la sensualidad y la perversión, no el amor conyugal, Salomé y Venus sustituyeron a la imagen materna. Aspiraban a un tiempo más amplio que el que marcaban los relojes. Tal vez incluso podía lograrse que la literatura durase tanto como el mármol y la piedra. El arte es por esencia el artificio, lo que se hace, lo que no es simplemente el discutir de la vida y el proceso orgánico. Julián del Casal canta lo artificial como algo superior a los resplandecientes atractivos del cosmos natural:

> Y el fulgor de los astros rutilantes
> no trueco por los vívidos cambiantes
> del ópalo, la perla o los diamantes.

Por estas razones, se sintió como algo muy urgente la necesidad de una nueva lengua literaria, liberada de todo condicionamiento, liberada de las limitaciones de la época. Y esta urgencia era distinta de la preocupación de escritores como Andrés Bello y Ricardo Palma, centrados en problemas más directos de comunicación o de normas. Los modernistas plantearon el problema del lenguaje a un nivel distinto, al nivel de la creación. No podían usar ni el castellano, que pertenecía a una tradición que ya había muerto para ellos, ni el dialecto local de una cultura que era aún regional y tradicional; tampoco podían hacer surgir un lenguaje nuevo de la nada. De ahí una vez más la importancia que adquirió el francés y, sobre todo, la poesía francesa.

Por aquel entonces, la poesía francesa del siglo xix había ya conseguido crear una estética definida. Baudelaire, Verlaine, Rimbaud y Mallarmé habían demostrado triunfalmente que la poesía era una actividad plenamente autónoma, que no respondía a ninguna exigencia cívica. El arte no era útil; Théophile Gautier lo había dicho ya brillantemente poco después de 1830, en el prólogo a *Mademoiselle de Maupin*. Un relato o un poema no tenían por qué desembocar en una conclusión moral. El arte era por encima de todo una cuestión que afectaba a los sentidos. El goce estético quedaba así separado de lo que era bueno o malo, en un sentido moral. Claro está que la polémica no terminó ahí, pues la cuestión del arte por el arte iba a ser debatida durante muchísimo tiempo; pero a fines del siglo XIX, la poesía por lo menos había roto ya en buena parte con cualquier noción de didactismo o de propósito moral.

Otra idea romántica que los franceses fueron abandonando gradualmente fue la de que la literatura era necesariamente una manifestación subjetiva. Con el parnasianismo desarrollaron una teoría del arte objetivo, de temas ajenos a la vida del poeta y vinculados a esquemas y tensiones arquetípicos. Con objeto de romper con esta referencia biográfica, los parnasianos eligieron temas distantes y exóticos, como el mundo pagano de los *Poèmes barbares* de Leconte de Lisle, el mundo clásico de los *Poèmes antiques* de este mismo autor, o los poemas sobre «princesas» de Théodore de Banville. Estos poetas despojaron al lenguaje de cualquier alusión a la vida contemporánea, dándole por otra parte connotaciones arquetípicas, sugiriendo modelos de coartación, libertad, calma, violencia:

> Argentyr, dans sa fosse étendu, pâle et grave
> à l'abri de la lune, à l'abri de soleil.

Aquí el esquema de las sugerencias y el sonido de las palabras son tan importantes como el significado. «Pâle et grave» son palabras que dan morosidad al verso, mientras que la repetición que les sigue es la repetición del día y de la noche. El primer verso tiene la inmovilidad de la muerte, el segundo lo sitúa dentro del ciclo repetitivo de la naturaleza.

La única relación de los parnasianos con el presente era de rechazo:

> Noyez dans le néant des suprèmes ennuis
> vous mourrez bêtement en emplissant vos poches.

Verlaine, Rimbaud y Baudelaire extendieron muchísimo el ámbito de estas experiencias, después de las preocupaciones, más bien triviales, de los parnasianos. Uno de los primeros poetas que comprendió la monstruosidad de lo moderno, las zonas oscuras de la psique humana, el terror de la ciudad, Rimbaud, liberó al lenguaje del ancla de la racionalidad. Soltó las amarras que ataban su «barco ebrio» a la realidad objetiva.

El poeta modernista se enfrentó con todas estas líneas de desarrollo de la poesía francesa no como una serie de fenómenos evolutivos, sino como una gran ola que surgía ante él de los anaqueles de las librerías. Por eso no es de extrañar que ocasionalmente, como Rubén Darío, pareciera no saber qué elegir, y fuera a veces profético con Victor Hugo, parnasiano con Leconte de Lisle y otras veces tan fascinado como Verlaine por la «música». Todo lo cual nos recuerda el hecho de que Hispanoamérica no contaba con nada que pudiese considerarse como un «estilo» capaz de ser desarrollado o perfilado. Ni el mismo modernismo llegó a evolucionar hasta adquirir un «estilo» reconocible. Más bien hubo un cierto número de impulsos paralelos que obedecían a corrientes diversas de influencia y a preferencias subjetivas. En resumidas cuentas éste es el motivo de que la contribución de cada uno de estos poetas deba estudiarse por separado.

1. José Asunción Silva (1865-1896)

José Asunción Silva es el poeta del período modernista que permanece más próximo a las raíces románticas. Él era el primero en rechazar la etiqueta de «modernista» y su poesía se escribió en una situación de aislamiento respecto a sus contemporáneos hispanoamericanos. Hijo de un hombre de negocios colombiano, en 1884 vivió unos meses en Europa, y su herencia literaria era europea, exceptuando quizá la influencia de Poe que probablemente conoció por medio de las traducciones francesas. Sin embargo, en su novela corta *De la sobremesa* hace la narración de su decepción de la bohemia y de la vaciedad de la vida moderna. Como el héroe de su novela, volvió a la patria y se dedicó a los negocios en un intento de sacar a flote la fortuna familiar después de las pérdidas que había sufrido su padre en una guerra civil. La mala suerte se encarnizó con él. Perdió a una hermana, Elvira, a la que adoraba, y después de un período en el servicio diplomático en Venezuela, muchos de sus papeles (y se supone que muchos poemas) se perdieron en un naufragio. En 1896 se suicidó.

Miguel de Unamuno resumió admirablemente su poesía:

> Silva volvió a descubrir lo que hace siglos estaba descubierto, hizo propias y nuevas las ideas comunes y viejas. Para Silva fue nuevo bajo el sol el misterio de la vida; gustó, creó el estupor de Adán al encontrarse arrojado del paraíso; gustó el dolor paradisíaco [4].

Esta síntesis nos habla del tema principal de la poesía de Silva, el tema del Paraíso perdido. La niñez es el único período de la vida que para Silva conserva aún su esplendor:

> Infancia, valle ameno,
> de calma y de frescura bendecida
> donde es suave el rayo
> del sol que abrasa el resto de la vida.

Este período es evocado en el poema «Los maderos de San Juan», en el cual a la tonada de la canción infantil

---

4. De un ensayo de Unamuno incluido en José Asunción Silva, *Poesías completas*, Madrid, 1952.

Aserrín,
Aserrán,
los maderos de San Juan
piden queso, piden pan.

el niño se balancea sobre las «rodillas seguras y firmes de la Abuela», seguro y feliz por única vez en su vida. La Abuela nos recuerda su triste e inevitable futuro, el tiempo de «angustia y desengaño».

Este atisbo del Paraíso es muy fugaz. La mayor parte de la poesía de Asunción Silva trata de la noche y de la muerte. «Una noche» y «Día de difuntos», sus poemas más conocidos, son meditaciones sobre estos temas. El primero contrasta la cálida y perfumada noche en la que tiempo atrás paseaba en perfecta comunión con su hermana, Elvira, con la frialdad y el horror de su soledad después de la muerte de ella. Las imágenes del primer paseo son sensuales; evocan «perfumes» y el «murmullo de alas»; después de la muerte las imágenes de la naturaleza le llenan al poeta de horror y frialdad:

Por la senda caminaba
y se oían los ladridos de los perros a la luna,

a la luna pálida,
y el chillido
de las ranas.

Sentí frío, era el frío que tenían en la alcoba
tus mejillas y tus sienes y tus manos adoradas

entre las blancuras níveas
de las mortuorias sábanas.

Si comparamos este poema sobre la muerte con otros poemas de Rubén Darío o de Jaimes Freyre sobre temas similares, observaremos grandes diferencias. Asunción Silva no usa símbolos, sino que describe un paisaje que refleja su estado de ánimo a la manera de los románticos. Su originalidad es menor en las imágenes que en la forma de su poesía que rompe mucho más que la de Rubén con los metros y estrofas tradicionales, consiguiendo una sinuosa y fluyente musicalidad. En «Día de los difuntos», la influencia de Poe es evidente en la forma y en el ritmo, que, como ha señalado la crítica, recuerda «The Bells».

> Allá arriba suena,
> rítmica y serena,
> esa voz de oro.

El poema imita el sonoro tañer de las grandes campanas que doblan a muertos en el día de los difuntos y los ritmos burlones del repique de un reloj que mide el tiempo humano, efímero, veloz, cargado de rápido olvido. El tiempo humano retiñe frente al tiempo eterno:

> Las campanas plañideras
> que les hablan a los vivos
> de los muertos.

Decepción, desilusión, presencia de la muerte en la vida, son elementos que nunca están lejos de la superficie de la poesía de Asunción Silva. Hay en él un intenso sentido de la vanidad de la existencia que a veces expresa de forma irónica:

> Trabaja sin cesar, batalla, suda,
> vende vida por oro;
> conseguirás una dispepsia aguda
> mucho antes que un tesoro.

Pero en resumidas cuentas es una figura aislada, que sufría la tragedia del aislamiento y cuya poesía fue siempre tenue y romántica quizá debido a su falta de contactos con un mundo exterior más grande y que no se limitase a Bogotá.

2. Julián del Casal (1863-1893)

Julián del Casal representa en su forma más extremada la tendencia modernista a huir de la vida contemporánea. Murió muy joven aún de tuberculosis y lógicamente toda su poesía está ensombrecida por las previsiones de su muerte. Hijo de una familia del país vasco español que se arruinó con una plantación de azúcar, vivió en un ambiente de considerable holgura económica hasta la pérdida de la fortuna familiar cuando aún era niño. De la noche a la mañana se encontró siendo el estudiante pobre de un colegio de jesuitas donde todos sus compañeros eran ricos, experiencia que tal vez dio origen en él a sus poses aristocráticas y a su exaltación de la poesía.

En la lánguida atmósfera finisecular de la exótica Habana, cultivó otros exotismos, cantando en sus versos a las mujeres japonesas y creando a su alrededor un ambiente «oriental». Como escribió un contemporáneo suyo:

> Quiso rodearse, penetrarse, saturarse de las sensaciones reales, voluptuosas de aquella exótica y lejana civilización. Leía y escribía en un diván en cojines donde resaltaban, como en biombos y ménsulas y jarrones, el oro, la laca, el bermellón. En un ángulo, ante un ídolo búdico, ardían pajuelas impregnadas de serrín de sándalo. Amaba las flores, preferentemente el crisantemo, la ixora, amarilys, myosotis, el ilang, los clorílopsis [...] Preocupábanle asuntos como éste: si la princesa Nourjihan, en el imperio del Gran Mogol, fue la que descubrió el perfume sacado de la esencia de las rosas y le adoptó por favorito.

Qué trabajoso parece todo esto, qué modo más complicado de evadirse. Físicamente era incapaz de cualquier huida, y sólo en una ocasión salió al extranjero y fue para ir a Madrid, no a París. Su enfermedad influyó en su estilo de vida, tal vez acrecentó su impresión de estar como prisionero, «rodeado de paredes altas, de calles adoquinadas, oyendo incesantemente el estrépito de coches, ómnibus y carretones»[5].

Casal publicó dos volúmenes de poesía: *Hojas al viento* (1890) y *Nieve* (1892). Conoció personalmente a Darío durante la breve estancia de éste en La Habana en su viaje a España para asistir a la conmemoración de 1892, y, como en Rubén, los elementos eróticos y sensuales irrumpen en su poesía. En realidad la poesía de Casal oscila entre las tensiones contradictorias de la llamada de la sensualidad y del rechazo del mundo visible. Sus poemas dirigidos a mujeres son a veces cánticos de sensualidad, otras exaltaciones del ideal, pero traslucen de una curiosa manera las divisiones raciales de la sociedad en que vivía. Véase, por ejemplo, el poema «Quimeras»:

> Si sientes que las cóleras antiguas
> surgen de tu alma pura,
> tendrás, para azotarlas fieramente,
> negras espaldas de mujeres nubias.

Refinamiento blanco y esclavitud negra, pero también sensualidad negra. En «Post Umbra» el pecado sexual se encarna en la mujer negra. El clisé pasó también a Darío, quien, durante su breve estancia en La Habana, escribió asimismo un poema dirigido a una famosa cortesana, «A la negra Dominga».

> Vencedora, magnífica y fiera
> con halagos de gata y pantera
> tiende al blanco su abrazo febril,
> y en su boca, do el beso está loco,
> muestra dientes de carne de coco
> con reflejos de lácteo marfil.

Aquí se nos describe a una espléndida salvaje, ajena a las inhibiciones y tabúes europeos, y pintada con mucha más fuerza que en los lánguidos versos de Casal. En el fondo ésta era

5. Citado por J. M. Monner Sans en su *Julián del Casal y el modernismo hispanoamericano*, México, 1952, págs. 27-28.

una fantasía que a Casal le resultaba difícil alimentar. Para sustituirla, desvió su imaginación de lo tropical y lo africano y la orientó hacia la Europa fría y nevada. La nieve es un símbolo de pureza, de distancia y de lejanía de la sórdida realidad. El verano y el calor representan la pureza mancillada, como el polvoriento «Paisaje de verano»:

> Polvo y moscas. Atmósfera plomiza
> donde retumba el tabletear del trueno
> y, como cisnes entre inmundo cieno
> nubes blancas en cielo de ceniza.
> El mar sus ondas glaucas paraliza,
> y el relámpago, encima de su seno,
> del horizonte en el confín sereno
> traza su rauda exhalación rojiza.
> El árbol soñoliento cabecea,
> honda calma se cierne largo instante,
> hienden el aire rápidas gaviotas,
> el rayo en el espacio centellea,
> y sobre el dorso de la tierra humeante
> baja la lluvia en crepitantes gotas.

Compárese estos versos con los de «Una noche...» de José Asunción Silva, en los que la naturaleza reflejaba el sentimiento humano. El paisaje de Casal es un paisaje sin figuras, un drama de elementos, de lluvia, luz, calma y movimiento. Árboles y pájaros, nubes y cielo aparecen sujetos a fuerzas ocultas, sin que el hombre tenga ninguna participación. Al mismo tiempo Casal ve estas fuerzas como situadas en relaciones antitéticas. El cielo oscuro, el brillante relámpago, las blancas nubes, la atmósfera polvorienta, la calma, el escenario inmóvil, las gaviotas que hienden el aire, la sólida masa de la tierra, unas gotas de lluvia... El conjunto compone un paisaje de contrastes y tensiones.

Al igual que otros muchos poetas del modernismo, la visión que Casal tenía de la experiencia era idealista. El mundo visible es demasiado imperfecto, algo de lo que hay que huir, aunque sea recurriendo a las drogas. Así, en «La canción de la morfina» escribe:

Y venzo a la realidad
ilumino el negro arcano
y hago del dolor humano
dulce voluptuosidad.

Y aparte de las drogas, dispone del arte:

el alma grande, solitaria y pura
que la mezquina realidad desdeña
halla en el Arte dichas ignoradas.

El mundo de la imaginación se convierte en el único objetivo de la existencia, ya que permite retirarse de la compañía de los hombres y rehuir las relaciones sociales:

Libre de abrumadoras ambiciones,
soporto de la vida el rudo fardo,
porque me alienta el formidable orgullo
de vivir, ni envidioso ni envidiado,
persiguiendo fantásticas visiones
mientras se arrastran otros por el fango
para extraer un átomo de oro
del fondo pestilente de un pantano.

La sociedad humana sólo se concibe en términos de lucha, de ambición y de envidia. En parte esta repugnancia a participar de la vida común puede atribuirse a la enfermedad de Casal que se refleja en los numerosos poemas que tratan de la muerte. Con esta muerte en enfrenta sin ningún género de fe religiosa, como apunta en «Flores».

Marchita ya esa flor de suave aroma,
cual virgen consumida por la anemia,
hoy en mi corazón su tallo asoma
una adelfa purpúrea, la blasfemia.

La pureza virginal y la fe han desaparecido dejando sólo en su pecho la flor del pecado y de la blasfemia. Tal vez, sin embargo, la blasfemia implica fe, aunque sea vista desde su lado negativo. En «Tristissima Nox», no obstante, nos deja entrever un desierto espiritual:

> Noche de soledad. Rumor confuso
> hace el viento surgir de la arboleda,
> donde su red de transparente seda
> grisácea araña entre las hojas puso.
>
> Del horizonte hasta el confín difuso
> la onda marina sollozando rueda
> y, con su forma insólita, remeda
> tritón cansado ante el cerebro iluso.
>
> Mientras del sueño bajo el firme amparo
> todo yace dormido en la penumbra
> sólo mi pensamiento vela en calma,
>
> como la llama de escondido faro
> que con sus rayos fúlgidos alumbra
> el vacío profundo de mi alma.

El poema se abre aludiendo a la soledad y termina subrayando el vacío. La naturaleza nos sugiere impresiones de cansancio y grisura, la telaraña y el repetido sonar de las olas refuerza la monotonía. Pero dentro de la grisura hay un punto de conciencia y de luz —el mismo poeta—, pero su pensamiento, en vez de dar un sentido a la huida nocturna, se siente dominado por la vaciedad. No se encuentra ningún consuelo ni en el mundo exterior ni en el mundo de la naturaleza. Tal vez por este motivo el objeto de arte asume una suprema importancia. En el volumen de Casal titulado *Nieve* hay muchos poemas que describen cuadros, como por ejemplo los diez sonetos dedicados a Gustave Moreau, y estos cuadros a su vez representan personajes míticos: Prometeo, Galatea, Helena de Troya, Hércules, Venus, Júpiter y Europa. Los poemas de Casal destilan así una experiencia que ya ha sido filtrada por el mito y por el arte. Quedan así tres veces separados de la vida. Lo mismo podría decirse de sus poemas «japoneses», como el dedicado a «Kakemono»:

> Hastiada de reinar con la hermosura
> que te dio el cielo, por nativo dote,
> pediste al arte su potente auxilio
> para sentir el anhelado goce
> de ostentar la hermosura de las hijas
> del país de los anchos quitasoles
> pintados de doradas mariposas
> revoloteando entre azulinas flores.

La mujer se transforma aquí en una obra de arte. Más que un ser humano es ya un adorno decorativo.

Casal es el máximo ejemplo del poeta modernista que se niega a participar de la experiencia cotidiana, que se refugia en un mundo exótico creado por él mismo, desafiando a la naturaleza por medio del arte. Y el arte es la única religión que le queda en el desierto espiritual en el que vive los días de su combate solitario con la muerte y la enfermedad.

3. SALVADOR DÍAZ MIRÓN (1853-1928)

A primera vista parece difícil explicarse por qué Salvador Díaz Mirón ha podido llegar a figurar entre los modernistas. Tal vez su inclusión en las antologías del modernismo está más relacionada con el hecho de que escribió a fines del siglo XIX que con su manera de escribir. Su lenguaje poético es retórico, sus temas propenden al naturalismo. De todos los poetas de este período es el que está más próximo en espíritu a la novela realista o naturalista y cuya visión determinista del mundo está más cerca de la de sus autores.

Nació en la provincia de Veracruz, se le destinó a hacer una brillante carrera política y formó parte del cuerpo legislativo. En esta época se consideraba a sí mismo como un Victor Hugo mexicano, la voz política y literaria de las masas. Dirigiéndose al poeta francés, afirmaba:

> La historia
> no ha producido en los mayores siglos
> gloria que pueda superar tu gloria.

Y en «Sursum», un poema dedicado a Justo Sierra, el pedagogo y político, identifica al poeta con la cumbre más alta en el proceso de ascensión hacia etapas superiores de la conciencia humana. El poeta puede enfrentarse con la verdad sin acobardarse, puede hacer frente al paraíso perdido de la fe. Por mucho que pueda sufrir personalmente, infunde esperanza a la humanidad manteniendo una visión utópica ante sus ojos:

> ha de contar la redentora utopía,
> como otra estatua de Memnón que suena
> y ser, perdida la esperanza propia,
> el paladión de la esperanza ajena.

Ser poeta significa, pues, sacrificarse a sí mismo a una visión mayor del futuro, criterio que es claramente historicista en su perspectiva y por lo tanto radicalmente distinto del antihistoricismo de la mayor parte de la poesía modernista.

En 1892 Salvador Díaz Mirón protagonizó un episodio que fue decisivo en su vida. En este año dio muerte en defensa propia a uno de sus oponentes en el curso de una campaña electoral, y como consecuencia fue encarcelado durante cuatro años; fruto de su encarcelamiento fue el libro *Lascas* (1901). El lenguaje optimista y retórico de su poesía anterior ha sufrido ahora un gran cambio. Los hombres ya no son romanos que luchan triunfalmente en la arena de la vida. El paisaje se ha ensombrecido. La muerte, la noche, la prisión son temas obsesivos en sus versos. Cuando los poemas son de tema social, bordean lo grotesco, como en «Ejemplo», donde describe el cadáver de un ahorcado. Y aunque todavía emplea recursos retóricos y clisés, el poeta se concentra en la perfección formal:

> Forma es fondo, y el fausto seduce
> si no agranda y tampoco reduce.

Pero lo que más diferencia a Díaz Mirón de sus contemporáneos es su incapacidad de huida a una visión subjetiva o al mundo del arte. Contempla al hombre sin hacerse ilusiones, pero también sin ofrecer otra alternativa. Así, en el poema irónicamente titulado «Idilio», describe a una muchacha criada en plena naturaleza, en el paisaje tropical de la provincia de Veracruz, pero no ve ni a ella ni a lo que la rodea en términos de un idilio natural. La naturaleza no puede trascenderse a sí misma:

> Y un borrego con gran cornamenta
> y pardos mechones de lana mugrienta,
> y una oveja con bucles de armiño
> —la mejor en figura y aliño—
> se copulan con ansia que tienta.

La naturaleza no atiende para nada a los refinamientos. El borrego, con sus sucios mechones, copula con la más limpia de las ovejas. La moza que crece entre los animales se entrega al primero que encuentra tan pronto como siente en su interior el aguijón del deseo sexual. Las siniestras consecuencias de esta ciega aceptación de los instintos naturales quedan aludidas por el zopilote que vuela sobre ellos.

> Y en la excelsa y magnífica fiesta,
> y cual mácula errante y funesta
> un vil zopilote resbala,
> tendida e inmóvil el ala.

Aceptar «lo natural» en el plano del sexo significa que hay que aceptar también la lucha por la vida que entregará a las garras del ave de presa a los animales más pequeños y la carroña. Aquella era la visión esencialmente pesimista de Díaz Mirón.

4. Manuel Gutiérrez Nájera (1859-1895)

«Un poeta atormentado por el deseo de la felicidad», según palabras de Justo Sierra [6]. Manuel Gutiérrez Nájera fue el más cosmopolita de los poetas modernistas, aunque nunca salió de su México natal. Fue también el más libertino, aunque según los que le conocieron era de corta estatura, feo y pobre. Su padre era periodista y Manuel empezó a trabajar en unos grandes almacenes, pero su talento no tardó en abrirle la carrera del periodismo. Colaboró en *El Porvenir, El Liberal* y *La Voz,* y fue uno de los fundadores de una famosa revista modernista, la *Revista Azul,* que publicó traducciones de Whitman, Tolstoi, Gautier y Daudet.

Gutiérrez Nájera transplantó el lujo, el refinamiento y la frivolidad parisiense del último decenio del siglo a tierras mexicanas. En el prólogo a sus *Poesías completas,* su amigo y admirador Justo Sierra explicó lo natural que era su «afrancesamiento», teniendo en cuenta el hecho de que las clases ilustradas mexicanas tendían a educarse por medio de Francia y de la cultura francesa:

> Como aprendemos el francés al mismo tiempo que el castellano, como en francés podíamos informarnos y todos nos hemos informado, acá y allá, de las literaturas exóticas, como en francés, en suma, nos poníamos en contacto con el movimiento de la civilización humana, y no en español, al francés fuimos más directamente [7].

Sus contemporáneos admiraron a Gutiérrez Nájera por sus graves poemas filosóficos como «¿Para qué?» y «Ondas muertas», en los que describe el universo como una fuerza irracional; pero los poemas que resultan más atractivos al oído mo-

---

6. Justo Sierra, introducción a *Obras de Manuel Gutiérrez Nájera,* México, 1896, pág. XIII.
7. *Ibid.,* págs. VII-VIII.

derno son los que reflejan el hedonismo de los «alegres noventa». En «En un cromo», por ejemplo, el poeta adorna el tema del «carpe diem» a la cínica manera de sus contemporáneos:

> Niña de la blanca enagua
> que miras correr el agua
> y deshojas una flor,
> más rápido que esas ondas,
> niña de las trenzas blondas,
> pasa cantando el amor.
>
> Ya me dirás, si eres franca,
> niña de la enagua blanca,
> que la dicha es el amor,
> mas yo haré que te convenzas,
> niña de las rubias trenzas,
> de que olvidar es mejor.

De no ser por ese aire moderno el poema bordearía el *pastiche*. El poeta siempre parece hallarse muy próximo al límite del mal gusto, y tal vez en «La duquesa Job» llegue a rozar este límite. El «duque Job» era uno de los seudónimos de Gutiérrez Nájera, y la «duquesa» es su amante, a la que retrata tan encantadora y jovial como cualquier cortesana francesa, pero con algo de espontaneidad mexicana que añade picante a su modo de ser:

> Ágil, nerviosa, blanca, delgada
> media de seda bien restirada
> gola de encaje, corsé de crac.
> Nariz pequeña, garbosa, cuca,
> y palpitantes sobre la nuca
> rizos tan rubios como el cognac

Aquí estamos más cerca de Toulouse-Lautrec que de Gustave Moreau. El verso tiene un ritmo ligero y saltarín que amorniza muy bien con la frivolidad del tema. Gutiérrez Nájera, poeta brillante y desigual con un excelente oído, no logró, sin embargo, superar la frivolidad de los temas.

5. Rubén Darío (1867-1916)

Y en la playa quedaba, desolada y perdida,
una ilusión que aullaba como un perro a la Muerte [8].

Todas las tendencias contradictorias que confluyen en el movimiento modernista se dan en la obra de Rubén Darío, quien acuñó el término «modernista» y cuyos incesantes viajes entre América y Europa sirvieron como un lazo de unión entre poetas de nacionalidades diferentes: Lugones y Jaimes Freyre en Buenos Aires, Julián del Casal en Cuba, los poetas de Centroamérica y Chile y los de España. Su poesía refleja la inquietud de su vida. Absorbió muchas influencias, desde el Parnaso al simbolismo, desde Victor Hugo y Gautier hasta Leconte de Lisle y Eugenio de Castro. Probó todos los tipos de verso, desde la imitación arcaizante de los *Dezires y Layes* hasta el soneto con versos de dieciséis sílabas y los hexámetros latinos. Su exaltación del refinamiento y de lo sofisticado, sus dudas y su pérdida de la fe, su idea de la poesía como sustituto de la religión, su capacidad de transmutar lo cambiante y lo contradictorio en una armonía estética, todos esos aspectos del modernismo, que pueden encontrarse aislados en otros poetas, se funden en la personalidad de Rubén.

Nació en 1867 en Metapa, Nicaragua, de padres que se separaron cuando él era aún un niño. Fue criado por una abuela, llevado más tarde como niño prodigio a Managua, la capital nicaragüense, y allí empezó su carrera como poeta cuando era apenas un adolescente. Invitado a San Salvador, empezó a leer poesía francesa, sobre todo la de Victor Hugo. Pero el hecho que elevó su vida por encima de las limitaciones provincianas de la poesía cívica fue su visita a Santiago de Chile en 1886. Santiago «sabe de todo y anda al galope» [9],

---

8. Rubén Darío, «Marina» (1898), incluido en las adiciones de 1901 a *Prosas profanas.*

9. Citado por A. Torres-Rioseco en *Rubén Darío. Casticismo y americanismo,* Cambridge, Mass., 1931, pág. 13.

afirmó, porque éste fue su primer contacto con una metrópoli, con una gran ciudad moderna y una sociedad evolucionada. Todavía vacilante e inseguro de sí mismo, oscilaba entre la poesía social de «A un obrero» y los poemas dedicados a Hugo. Pero fue en Santiago donde publicó el puñado de poemas y cuentos con el título de *Azul* (1888) y de este modo atrajo la atención de un crítico español de fama internacional, Juan Valera [10]. A pesar de que en esta etapa de su vida era aún un escritor ignorado o de muy escaso público, contaba también con algunos amigos influyentes y ricos que le alentaron a leer a los autores franceses contemporáneos como Catulle Mendès y Gautier. No obstante, su «Canto épico a las glorias de Chile», que celebraba la victoria naval chilena sobre el Perú, nos demuestra que todavía se consideraba a sí mismo como un poeta cívico. Éste era un papel que volvería a adoptar de vez en cuando, del mismo modo que siempre estuvo dispuesto a ocupar algún cargo oficial cuando se presentaba la oportunidad. No fue nunca un hombre como Martí, cuya vida tenía como norte un único principio, sino alguien que siempre tenía entre manos muchos proyectos muy distintos. Si hoy era un poeta cívico, mañana podía ser un proscrito solitario, si hoy cantaba el amor sensual, mañana podía verse a sí mismo como un hombre abrumado por el peso de la culpa religiosa.

Pero Santiago fue la experiencia definitiva. Allí adquirió un ideal de sofisticación, de vida refinada, que sólo podía cultivarse en grandes ciudades. Por encima de todo, el provincialismo debía dejarse atrás, aullando tras él como la ilusión perdida en el poema «Marina», escrito en 1898. El poema merece que nos detengamos a reflexionar sobre él. No es uno de los más conocidos de Rubén y comete el chocante error de creer que fue Aquiles y no Ulises quien se tapó los oídos para no oír el canto de las sirenas; a pesar de todo encontramos aquí gran parte de su ser más íntimo en la imagen de la nave

10. Max Henríquez Ureña, *Breve historia del modernismo*, 2.ª ed., México, 1962, págs. 93-94.

que surca alegremente el mar rumbo a Citera, despidiéndose de los «peñascos, enemigos del poeta» y de las costas «en donde se secaron las viñas» y cerrando sus oídos a los recuerdos del pasado. Efectivamente, el provinciano Rubén Darío que un día llegara a la capital chilena pobremente vestido para conquistar Santiago pronto iba a sepultarse en las profundidades de su memoria. Ocuparía su lugar un hombre de reputación internacional que, después de un breve retorno a Centroamérica y de dos matrimonios, pasó cinco años en Buenos Aires, trabajando para el más importante de los periódicos latinoamericanos, *La Nación*. En 1900 se instaló en París, una ciudad que había amado desde la primera vez que la visitó, y en 1907 fue nombrado representante diplomático de Nicaragua en Madrid. Durante todo este período, en el curso del cual hizo frecuentes viajes entre América y Europa, cuando era ya el centro de la vida literaria hispánica, la única huella de provincialismo que subsistió en él fueron quizá sus amores con Francisca Sánchez, española de origen humilde de quien tuvo un hijo. La metrópoli, la Citera hacia la que tan jubilosamente había enderezado su rumbo, estaba simbolizada por Europa, y sobre todo por el París de los años noventa. Se encontraba plenamente identificado con un mundo que terminó en 1914. Pero para entonces era ya un hombre alcoholizado y enfermo que trataba de encontrar la paz religiosa en Mallorca, y que, en los últimos años de su vida, conoció grandes estrecheces económicas. Su último viaje a América fue el vía crucis de un alma vencida. Escribió:

> Yo no puedo continuar en Europa, pues ya agoté hasta el último céntimo. Me voy a América Latina lleno del horror de la guerra [11].

Así terminó la vida del hombre para quien Europa había significado tanto. Huyendo de un continente desgarrado por

---

11. Citado por Torres-Rioseco, *op. cit.*, pág. 102 n.

la contienda, murió en 1916 poco después de llegar a Nicaragua, sin llegar a ver la transformación de valores que el crepúsculo de Europa implicaba para las generaciones más jóvenes.

Después de su obra primeriza, gran parte de la cual es de carácter cívico y de circunstancias, los títulos principales de Rubén son *Azul* (1888), volumen que conoció una segunda edición ampliada en 1890; *Prosas profanas* (1896), del que también se publicó una segunda edición aumentada en 1901; *Cantos de vida y esperanza* (1905), *El canto errante* (1907), *Poema del otoño y otros poemas* (1910) y *Canto a la Argentina* (1914). Su producción en prosa, que fue considerable, se comentará más adelante, dentro de este mismo capítulo.

A pesar de que durante toda su vida Rubén fue una personalidad contradictoria y conflictiva, estos conflictos fueron haciéndose cada vez más transparentes después de la aparición de *Prosas profanas*. La poesía de *Azul* es aún romántica por su inspiración, debe mucho a Hugo en su exaltación del amor carnal como algo vinculado a la armonía cósmica y en su pintura del mal como la lucha por la vida. Romántico también es el hecho de haber encajado esta poesía dentro del ciclo de las estaciones: «Primaveral», «Estival», «Autumnal» e «Invernal». En el primero de estos poemas, «Primaveral», la primavera es la alegría de vivir, y la vida es aún superior al arte. El poeta rechaza lo artificial:

> No quiero el vino de Naxos
> ni el ánfora de asas bellas,
> ni la copa donde Cipria
> al gallardo Adonís ruega.
> Quiero beber el amor
> sólo en tu boca bermeja.
> ¡Oh, amada mía! Es el dulce
> tiempo de la primavera.

Aquí el poeta rechaza toda mediación entre él mismo y el goce. El tono es similar al del *Cantar de los cantares*. El amor sexual es sagrado, es la encarnación del amor divino, no está en conflicto con él. En «Estival» el poeta canta el amor animal de un modo que es completamente distinto de la fea imagen de animalidad que nos daba Salvador Díaz Mirón. La tragedia de «Estival» no está en que los animales obedezcan a sus instintos, sino en que el hombre da muerte al animal. En el curso de una cacería un príncipe mata a la tigre, un acto gratuito de destrucción que introduce el mal y rompe la armonía dentro del mundo de la naturaleza. «Autumnal» canta la nostalgia. «Invernal» la sofisticación del amor moderno que puede desafiar a las estaciones, ya que los amantes pueden defenderse de los elementos refugiándose en «lechos abrigados», cubiertos con «pieles de Astrakán». Pero los cuatro poemas deberían considerarse conjuntamente como cuatro aspectos del amor. Sin embargo, sólo en el primer poema los instintos y su satisfacción están en perfecta armonía con el ciclo natural.

En *Prosas profanas* Darío evita establecer paralelos entre el amor y el ciclo de la naturaleza. Se siente separado de ella, quizá protegido de ella gracias al arte. «A través de los fuegos divinos de las vidrieras historiadas», escribió, «me río del viento que sopla afuera, del mal que pasa». Y en el poema inicial del libro, «Era un aire suave», Eulalia, el prototipo de la *belle dame sans merci,* se entrega al poeta desdeñando a más nobles galanes. Ahora la poesía hace de mediadora entre Darío y la crudeza de la experiencia. La armonía se consigue dentro del poema y se plasma en descripciones de escultura, música, jardines y refinados modales. De ahí que, con el paso del tiempo, Rubén se acerque a Julián del Casal, describiendo cada vez más los objetos, como si tratara de encubrir la vaciedad del mundo.

> Los tapices rojos de doradas listas,
> cubrían panoplias de pinturas y armas,
> que hablaban de bellas pasadas conquistas,
> amantes coloquios y dulces alarmas.

Y en ocasiones esta acumulación de objetos bordea la vulgaridad, un peligro que siempre amenaza al modernismo. Una vez más, es la piel de pantera que lleva como disfraz un contemporáneo de la reina Victoria:

> E iban con manchadas pieles de pantera,
> con tirsos de flores y copas paganas,
> las almas de aquellos jóvenes que viera
> Venus en su templo con palmas hermanas [12].

De hecho el genio de Rubén no está en haber trascendido su época, sino en haber expresado sus gustos, sus tentativas y limitaciones con absoluta fidelidad, y en haber manifestado en su propia vida el sentido de culpa debido a la transgresión de las normas tradicionales de la religión y de la moral. En este aspecto es revelador leer *Los raros,* una recopilación de ensayos sobre Edgar Allan Poe, Leconte de Lisle, Paul Verlaine, Léon Bloy y otros, y que se escribieron en la misma época que los poemas de *Prosas profanas.* Estos ensayos muestran con mayor claridad aún que los poemas lo profundamente impregnada de culpa que estaba la conciencia de Darío, incluso cuando trataba de la sensualidad en un plano meramente literario. Repárese, por ejemplo, en su descripción de Rachilde:

> Trato de una mujer extraña y escabrosa, de un espíritu único esfíngicamente solitario en este tiempo finisecular; de un «caso» curiosísimo y turbador: de la escritora que ha publicado todas sus obras con este pseudónimo «Rachilde»; satánica flor de decadencia, picantemente perfumada, misteriosa y hechicera y mala como un pecado.

A pesar de su vida «escandalosa» y de su chillona bohemia, hay en Rubén una cierta timidez, un miedo a la transgresión que se hace patente en su retrato de Rachilde y en otros muchos de *Los raros.* Esta circunstancia nos ayuda a comprender el gusto que tenía por lo decorativo, por el refinamiento, por la transmutación de la experiencia en términos míticos o mu-

---

12. «Garçonnière», de *Prosas profanas.*

sicales, en vez de hacer una poesía de autorrevelación. En *Prosas profanas* y en *Cantos de vida y esperanza,* la mayoría de los poemas —«Coloquio de los centauros», «El cisne», «Leda», por ejemplo—, encubren los impulsos conflictivos del poeta evocando figuras de la mitología griega y aludiendo a ambiguas exigencias dentro de un marco mitológico. Los centauros han nacido de dioses y de humanos, el cisne es un dios disfrazado, ya que ésta fue la forma que adoptó Júpiter para poseer a Leda. La figura mitológica del centauro, mitad humano mitad animal, reconcilia aspectos que en la vida son completamente contradictorios. Sus poemas a la vez reflejan los conflictos entre el impulso sexual y la aspiración a trascender lo puramente animal, y resuelven estas tensiones. Por ejemplo, en el «Coloquio de los centauros» las voces de éstos hablan de los peligros del amor sexual y de la belleza y del poder de Venus:

> princesa de los gérmenes, reina de las matrices,
> señora de las savias y de las atracciones.

Venus es a la vez pura e impura:

> Tiene las formas puras del ánfora, y la risa
> del agua que la brisa riza y el sol irisa;
> mas la ponzoña ingénita su máscara pregona:
> mejores son el águila, la yegua y la leona.

El poema obliga al lector a fijar su atención en el conflicto, y sin embargo, todo él tiende hacia la armonía. La musicalidad del verso, las bien medidas combinaciones de versos y sonidos («la brisa riza y el sol irisa») son manifestaciones externas de un equilibrio divino [13], que de todos los hombres el poeta es quien mejor puede captar:

> El vate, el sacerdote, suele oír el acento
> desconocido; a veces enuncia el vago viento

13. R. Gullón, «Pitagorismo y Modernismo», en *Mundo Nuevo,* 7, 1967, y J. Franco, «Rubén Darío y el problema del mal», en *Amaru,* 1967.

un misterio, y revela una inicial la espuma
o la flor; y se escuchan palabras de la bruma.
Y el hombre favorito del numen, en la linfa
o la ráfaga, encuentra mentor: demonio o ninfa.

Rubén en este fragmento del poema ve al poeta como un mediador entre la unidad divina y el mundo visible, capacitado para guiar al universo y al mismo tiempo para señalar un sentido de armonía oculta. Ésta es la razón de que su poesía se aparte de la pintura romántica de la naturaleza como un simple telón de fondo ante el cual se representa un drama humano. Él ve en cambio la naturaleza y el arte como una armonía cósmica que incluye animales, seres humanos y divinidades. El arte idealiza la naturaleza y al propio tiempo revela su mensaje oculto que vincula estas manifestaciones que parecen caóticas a una norma divina. El hombre no está degradado por su naturaleza animal mientras la mantenga en armonía con la espiritual. Y la naturaleza, cuando se la interpreta adecuadamente, nos indica un orden celestial. Así, en «La espiga», escribe:

Con el áureo pincel de la flor de la harina
trazan sobre la tela azul del firmamento
el misterio inmortal de la tierra divina
y el alma de las cosas que da su sacramento
en una interminable frescura matutina.

He ahí algo muy distinto del planteamiento maniqueo que hacía Julián del Casal del amor ideal y del de los sentidos. Aquí lo divino está dentro de la naturaleza y se manifiesta sensualmente. La tierra es «divina», los objetos tienen alma. Cuando Júpiter, bajo la apariencia de un cisne, posee a Leda, este momento en el tiempo significa tanto para el poeta como la encarnación de la divinidad en forma humana como Cristo, y el hecho se proclama a la manera de una anunciación:

Antes de todo, ¡gloria a ti, Leda!
Tu dulce vientre cubrió de seda

el Dios. ¡Miel y oro sobre la brisa!
Sonaban alternativamente
flauta y cristales, Pan y la fuente.
¡Tierra era canto, Cielo sonrisa!

Ante el celeste, supremo acto,
dioses y bestias hicieron pacto.
Se dio a la alondra la luz del día,
se dio a los búhos sabiduría,
y melodías al ruiseñor.
A los leones fue la victoria,
para las águilas toda la gloria,
y a las palomas todo el amor.

Pero vosotros sois los divinos
príncipes. Vagos como las naves,
inmaculados como los linos,
maravillosos como las aves.

En vuestros picos tenéis las prendas,
que manifiestan corales puros.
Con vuestros pechos abrís las sendas
que arriba indican los Dioscuros.

Las dignidades de vuestros actos,
eternizadas en lo infinito,
hacen que sean ritmos exactos
voces de ensueño, luces de mito.

De orgullo olímpico sois el resumen,
¡oh, blancas urnas de la armonía!
Ebúrneas joyas que anima un numen
con su celeste melancolía.

Melancolía de haber amado,
junto a la fuente de la arboleda,
el luminoso cuello estirado
entre los blancos muslos de Leda [14].

El acontecimiento que se anuncia en los versos iniciales es
la encarnación de la divinidad en la forma animal extre-

14. De *Cantos de vida y esperanza.*

madamente sensual. Lo divino llega a formar parte del mundo de la naturaleza. El arte y la naturaleza, «flauta y cristales», se unen para celebrar la unión en la que participan el cielo y la tierra —«¡Tierra era canto, Cielo sonrisa!»— y el mismo equilibrio de los versos refleja la armonía. Y esta armonía está simbolizada por la naturaleza. Porque cada animal y ave son al mismo tiempo el emblema de un atributo ideal y un ser vivo, y el cisne, la más divina de todas las aves, simboliza la misma armonía. Los cisnes son «inmaculados como los linos», puros, pues aunque Júpiter posea carnalmente a Leda, este acto no se ve como una degradación de un ideal puro, sino como un acto arquetípico. Por eso también los cisnes, gracias a las «dignidades» de sus actos, serán aves «eternizadas en lo infinito». La pincelada de melancolía con que termina el poema no desentona de esa jubilosa comunión, pues el poema describe un suave descenso del cielo a la tierra, y la divinidad, encarnada en forma animal, participa de la temporalidad y de ahí que deba impregnarse de «celeste melancolía».

«Leda» es uno de los poemas más logrados de Darío, uno de aquellos en los que lo temporal y lo eterno se equilibran de un modo más feliz, donde los conflictos entre lo animal y lo divino, lo sensual y lo ideal, dejan de ser conflictos. Aunque la cesura parte el verso por la mitad formando dos esferas diferentes, la igualdad de ambos hemistiquios mantiene las dos esferas en armonía.

La idealización de lo sensual es sólo uno de los aspectos de la poesía rubeniana, que es infinitamente variada. A veces le atrae lo puramente pictórico, como en «Sinfonía en gris mayor», intento de crear con palabras un equivalente plástico, un poema de estado de ánimo. Hay también una tentativa de imitar los efectos musicales en «Marcha triunfal», y en *Cantos de vida y esperanza* y *El canto errante* hay incluso una poesía de afirmaciones directas, cuando su angustia era demasiado grande para que cupiera en un símbolo. Así, habla directamente del «horror»

> de ir a tientas, en intermitentes espantos,
> hacia lo inevitable desconocido.

En este tipo de poemas la armonía tiende a romperse. «No obstante», por ejemplo, después de un comienzo magnífico:

> ¡Oh, terremoto mental!
> Yo sentí un día en mi cráneo
> como el caer subitáneo
> de una Babel de cristal

termina flojamente: «Hay, no obstante, que ser fuerte...». Otras veces, incluso en esos últimos y sombríos años, capta el sentido de la alegría en la belleza que había informado la poesía de *Prosas profanas,* pero en «Nocturno», «Thanatos» y otros poemas medita sobre la muerte y el miedo. Hasta la conciencia parece demasiado dolorosa debido al sufrimiento que implica:

> Dichoso el árbol que es apenas sensitivo
> y más la piedra dura, porque ésta ya no siente,
> pues no hay dolor más grande que el dolor de ser vivo,
> ni mayor pesadumbre que la vida consciente.

Sin embargo, Darío tiene asimismo otra faceta completamente distinta a las que se acaban de comentar. Fue también un poeta cívico que compuso poemas sobre temas políticos, ya fuera para exaltar acontecimientos nacionales, ya para censurarlos, a la manera de Victor Hugo: «escribir su protesta», como él decía, «sobre las alas de los cisnes»:

> Mañana podremos ser yanquis (y es lo más probable); de todas maneras, mi protesta queda escrita sobre las alas de los inmaculados cisnes, tan ilustres como Júpiter [15].

15. «Palabras liminares», *Prosas profanas.*

Se ha dicho que Darío se sintió aguijoneado por la observación de Rodó de que no era el poeta de América [16]; tanto si sufrió la influencia de Rodó como si no fue así, su noción del poeta como mediador entre el mundo ideal y el mundo sensible no excluía el escribir poesía sobre temas políticos. Elogió a Theodore Roosevelt por su defensa de la poesía y creía que cultivar la poesía era más necesario que nunca como antídoto contra el mundo moderno. En el prólogo a *El canto errante* escribió:

> Otros poderosos de la tierra, príncipes, políticos, millonarios, manifiestan una plausible preferencia por el dios cuyo arco es de plata, y por sus sacerdotes y representantes en una tierra cada día más vibrante de automóviles... y de bombas.

Según Darío, el ideal es que la poesía fuese profética. Debería desenmascarar el clisé mental y abrir el camino a nuevas ideas. Y opinaba que si el modernismo tenía alguna importancia, era en este aspecto, a la manera de una estela luminosa:

> No es, como lo sospechan algunos profesores o cronistas, la importancia de otra retórica, de otro *poncif,* con nuevos preceptos, con nuevo encasillado, con nuevos códigos. Y, ante todo, ¿se trata de una cuestión de formas? No. Se trata, ante todo, de una cuestión de ideas.

Pese a todo, en los poemas de tema político, aunque usa símbolos, su lenguaje es a menudo más directo. «A Roosevelt», «¿Qué signo haces, oh Cisne?», «A Colón», no son ambiguos. «A Colón», escrito en 1892, pero que no se publicó en volumen hasta *El canto errante,* describe en términos diáfanos el desastre que el descubrimiento significó para América.

16. «Rubén Darío. Su personalidad literaria. Su última obra», prólogo a *Prosas profanas y otros poemas* (París, 1908), y también en E. Rodó, *Obras completas.*

> Duelos, espantos, guerras, fiebre constante
> en nuestra senda ha puesto la suerte triste:
> ¡Cristóforo Colombo, pobre Almirante,
> ruega a Dios por el mundo que descubriste!

«A Roosevelt» y «Salutación del optimista» muestran la influencia de las ideas de Rodó, quien había establecido el contraste entre el materialismo de los anglosajones y la supuesta falta de materialismo de la raza latina. En esta línea, Rubén exalta a «la América ingenua que tiene sangre indígena». Sin embargo, los intentos rubenianos de dignificar el tema político por medio del uso de un lenguaje emblemático o simbólico, no van más allá del arquetipo de las nociones de lo masculino-agresivo frente a lo femenino-artístico, ni superan una retórica emotiva que se apoya en la suposición de que la debilidad es una virtud. No hay en él nada que intrínsecamente le imposibilite para escribir poesía política, pero si Rubén no acierta en este terreno se debe a que no siente el problema de un modo muy inmediato. Lo mismo podría decirse de su poesía cívica, como el *Canto a la Argentina,* que toma por modelo a Whitman, pero que carece del vínculo vital que unía a Whitman con el pueblo al que estaba cantando. Sospechamos que Rubén estaba mucho más preocupado por lo que le gustaría oír a la oligarquía argentina en el año de las celebraciones del centenario:

> ¡Que vuestro himno soberbio vibre,
> hombres libres en tierra libre!

Como profeta político Rubén fue un fracaso. Como barómetro de los gustos de su época y de lo que Juan Ramón Jiménez aludía como la crisis espiritual de su tiempo, es mucho más digno de ser tenido en cuenta. Registró los diversos impulsos vanguardistas de este período, trató de salvar al arte de la comercialización y de las limitaciones de la verosimilitud; refinó y transmutó. En cierto sentido llevó a cabo una labor semejante a la de Garcilaso, domesticando lo exótico con objeto de hacer accesibles nuevas zonas de sentimientos. Y como hombre de su época, acusó profundamente sus crisis religiosas y morales. Ésta es la razón de que sus versos no sean simplemente la imitación servil de una moda, sino auténticos reflejos de duda y angustia. Al ser un hombre que gustaba de representar diversos papeles, tendió a exteriorizar sus actitudes; tan pronto cortesano como bohemio, tan pronto hermano lego como diplomático. Ello hace que a veces sea difícil escribir sobre él, ya que su poesía es tan contradictoria como los papeles que representaba, oscilando entre las afirmaciones directas de «Dichoso el árbol que es apenas sensitivo» y las alusiones y símbolos del «Coloquio de los centauros». Ambas actitudes eran sinceras. Sentía tanta necesidad de expresar su vida interior como de vincularse a una tradición literaria de cisnes, princesas y mitos. El hecho de ser hispanoamericano también contribuyó a hacerle ecléctico. Fue parnasiano, simbolista, decadente, nativista, y no se entregó a ninguna escuela en concreto, sino que se sentía libre para inspirarse en todas ellas.

Aunque gran parte de la poesía rubeniana hoy nos parece anacrónica, aunque hemos perdido el gusto por la mitología clásica que sirve de motivo de muchos de sus poemas, no cabe la menor duda acerca de su importancia histórica. Por su personalidad, por el alcance continental de sus actividades y por su fama internacional, fue como el catalizador de los elementos artísticos de su época. Puede considerársele como el primer escritor verdaderamente profesional de Latinoamérica y gracias a su ejemplo la literatura hispanoamericana desarrolló una preocupación más seria por la forma y el lenguaje.

6.   JULIO HERRERA Y REISSIG (1875-1910)

«Respiraba la poesía, se alimentaba de poesía, paseaba sobre la poesía» [17]; así habla el crítico Enrique Anderson Imbert

---

17. E. Anderson Imbert, *Historia de la literatura hispanoamericana*, I, pág. 384.

del poeta uruguayo Herrera y Reissig. Este miembro de una familia tradicional y oligárquica no carecía de ambiciones políticas, antes de que al arruinarse su familia se quedara sin recursos. Aunque Anderson Imbert sugiere que no tenía el menor interés por «la realidad práctica», esta opinión no parece rigurosamente cierta. Diríase más bien que su aparente falta de interés tiene su origen en la decepción y en la desilusión de las que sólo la poesía le permitió huir. Así, como en el caso de Julián del Casal, la poesía fue para él en gran parte un refugio, un castillo imaginario en el cual podía levantar el puente levadizo separándose de este modo del mundo, mucho mejor de lo que lo hacía subiendo a la «Torre de los Panoramas», la buhardilla en la que habitaba. En los sucesivos libros que publicó, *Las pascuas del tiempo* (1900), *Los maitines de la noche* (1902), *Los éxtasis de la montaña* (1904-1907), *Sonetos vascos* y *La torre de las esfinges* (1908), inventó y pobló un mundo de paisajes idealizados y sin embargo, grotescos. En esta poesía casi todas las tensiones se exteriorizan. Véase, por ejemplo, el siguiente soneto, «La iglesia»:

En un beato silencio el recinto vegeta.
Las vírgenes de cera duermen en su decoro
de terciopelo lindo y de esmalte incoloro
y San Gabriel se hastía de soplar la trompeta.

Sedienta, abre su boca de mármol la pileta.
Una vieja estornuda desde el altar del coro...
Y una legión de átomos sube un camino de oro
aéreo, que una escala de Jacob interpreta.

Inicia sus labores el alma reverente
para saber si anda de buenas San Vicente,
con tímidos arrobos repica la alcancía...

Acá y allá maniobra después con un plumero,
mientras, por una puerta que da a la sacristía,
irrumpe la gloriosa turba del gallinero.

El poeta habla de la muerte de Dios, pero lo hace describiendo el vacío de la iglesia, con sus vírgenes céreas, su atmósfera polvorienta, el aburrido san Gabriel esperando sin convicción el último trompetazo, la pila de agua bendita vacía y la vieja beata. La vida está ausente de la iglesia. La energía está fuera de ella, en la naturaleza y en la «gloriosa turba» del gallinero. Por una parte, el tedio y el estancamiento se expresan con formas verbales como «vegeta» y «se hastía»; por otra, «irrumpe» la vida animal.

Herrera y Reissig expresa a menudo su nostalgia de la inocencia del pasado, sobre todo de la vida rural del pasado; «¡Oh, campo, siempre niño!», escribió, «¡Oh, patria, de alma proba!»; pero está profundamente preocupado por los cambios. A veces trata de abolir el cambio, de concentrarse en el arquetipo, situando sus poemas en un presente eterno. Pero se halla también plenamente consciente de lo que ya es irrevocablemente pasado. El mismo título de *Los parques abandonados* sugiere que algo ha pasado, que el mundo moderno es un mundo de separación, de ausencia y de dolor. En «La sombra dolorosa» habla de la comunicación de dos seres «unidos por un mal hermano», pero incluso este sentimiento de unión se rompe por el ruido de un tren que destruye aquel clima y acentúa la sensación de soledad y de separación:

> manchó la soñadora transparencia
> de la tarde infinita el tren lejano,
> aullando de dolor hacia la ausencia.

El tren no es tan sólo una imagen «futurista» oportuna sino un símbolo exacto del progreso que se hace a costa de sufrimientos y de soledad. La audaz metáfora es característica. Véase, por ejemplo, el soneto «La noche», escrito en alejandrinos en vez de los habituales endecasílabos, y que aún es más original en sus imágenes.

> La noche en la montaña mira con ojos viudos
> de ciervo sin amparo que vela ante su cría;

y como si asumieran un don de profecía
en un sueño inspirado hablan los campos rudos.

Rayan el panorama, como espectros agudos,
tres álamos en éxtasis. Un gallo desvaría
reloj de media noche. La gran luna amplía
las cosas, que se llenan de encantamientos mudos.

El lago azul del sueño, que ni una sombra empaña,
es como la conciencia pura de la montaña...
A ras de agua, tersa, que riza de su aliento,

Albino, el pastor loco, quiere besar la luna.
En la huerta sonámbula vibra un canto de cuna...
Aúllan a los diablos los perros del convento.

El soneto se abre con imágenes de pérdida, de negatividad. Es la
noche que mira con sus ojos de ciervo herido. Pero la noche
significa lo inconsciente, las fuerzas irracionales. El gallo, símbolo del tiempo y del orden natural, canta a medianoche, la
luna amplía las cosas; y el único elemento humano es un pastor
loco cuyo nombre, Albino, sugiere la pureza, y que quiere besar
la luna, símbolo de la castidad. El poeta invierte nuestro sentido del orden, presenta un paisaje nocturno en el que las
leyes de la luz del día son inaplicables. La razón ha sido desterrada. La irracionalidad es lo único que permanece... y eso
unos años antes del dadaísmo, unos años antes que el movimiento surrealista, aunque, desde luego, mucho después del romanticismo alemán, que había creado el tópico del paisaje nocturno.
Pero sin duda alguna Herrera y Reissig fue mucho más lejos
que Rubén en la percepción de las fuerzas inconscientes expresando muy bien en sus poemas un sentido de aislamiento desamparado.

7. RICARDO JAIMES FREYRE (1868-1933)

Jaimes Freyre, poeta boliviano, fue amigo de Rubén Darío, y cofundador con el nicaragüense de la *Revista de América,* publicada en Buenos Aires en el último decenio del siglo XIX. Hizo una notable carrera como diplomático, ejerció funciones docentes en la Universidad de Tucumán y fue canciller de la república boliviana. Fue también un estimable orador político y escribió un tratado de prosodia castellana, *Leyes de la versificación castellana* (1912), siendo además autor de una obra histórica, *La historia del descubrimiento de Tucumán.*

Como poeta Jaimes Freyre debe su fama a *Castalia bárbara,* un volumen que publicó en 1899 y que evocaba una mitología y un paisaje de tipo nórdico, no sin similitudes con los *Poèmes barbares* de Leconte de Lisle, que fue probablemente la fuente de su inspiración. El tema es el conflicto entre el mundo pagano y los valores cristianos. Como Herrera y Reissig, Jaimes Freyre tiende a ver el mundo moderno como un desierto, una estepa cubierta por la nieve —como en «Las voces tristes»— de donde han desaparecido la calidez y el consuelo del contacto humano. El mundo pagano guarda analogías con nuestro mundo, pero era más heroico. La grandiosa emoción de los guerreros del Valhalla se funda en su muerte heroica aunque estéril sin la esperanza de la resurrección. Por ejemplo, «Havamal», de *Castalia bárbara,* es una imagen de un Cristo para el que no hay un Dios salvador:

Yo sé que estuve colgando en el árbol movido por el viento
durante nueve noches,
herido de lanza, sacrificado a Odín.
Yo sacrificado a mí mismo
(en aquel árbol, del cual nadie sabe
de qué raíces nace)...
No me dieron un cuerno para beber, ni me alcanzaron pan.
Miré hacia abajo, grité fuerte,
recogí las runas y después caí hacia atrás.

Esta muerte tiene un paralelismo con la Pasión, excepto en el hecho de que la agonía es sin solución. Como a Cristo, se le hiere con una lanza y se le niega sustento, pero no habrá resurrección. En el poema la tensión surge debido a la inevitable comparación entre un paganismo heroico y el cristianismo, que representan valores en conflicto. En «Eternum Vale» los dioses paganos huyen ante la llegada del «Dios silencioso que tiene los brazos abiertos»:

Un Dios misterioso y extraño visita la selva,
es un Dios silencioso que tiene los brazos abiertos.
Cuando la hija de Thor espoleaba su negro caballo,
le vio erguirse de pronto, a la sombra de un añoso fresno
y sintió que se helaba la sangre
ante el Dios silencioso que tiene sus brazos abiertos.

El mundo pagano era un mundo belicoso y violento, la visión cristiana lleva el sello de la sumisión y del amor, y no obstante es una experiencia que intimida. La hija de Thor siente que se le hiela la sangre, ante la visión de este Dios sumiso; posiblemente haya aquí ecos nietzschianos en la confrontación de una edad heroica con el Dios de la «religión de los esclavos».

Jaimes Freyre también publicó un libro, *Los sueños son vida,* en el que abandonó la ambientación nórdica, pero sin conseguir cuajar del todo una nueva visión poética. Su verso es técnicamente hábil, pero de alcance reducido.

8. MODERNISTAS TARDÍOS

Los aspectos divergentes del modernismo se intensificaron después del año 1900. No sería de gran utilidad analizar con detalle todas las manifestaciones de este fenómeno, ya que algunos de los poetas más prolíficos son también los más decepcionantes. El mexicano Amado Nervo (1870-1919) habla principalmente de sus crisis y experiencias religiosas. Está también la perfección más bien gélida del colombiano Guillermo Valencia (1873-1943) y la vigorosa poesía «masculina» de José Santos Chocano (Perú, 1875-1934). En el Uruguay apareció una notable poetisa, Delmira Agustini (1886-1914).

Caso poco frecuente en las poetisas de este período, Delmira Agustini estaba obsesionada por los temas eróticos, y su nombre tiende a recordarse más que por su poesía por el hecho de haber sido asesinada por su esposo. Hoy en día esta obsesión erótica parece menos audaz que curiosa. En *Los cálices vacíos* los símbolos del sexo son tan evidentes como forzados, y constantemente refleja una aceptación de su papel como objeto sexual, sumisa al todopoderoso varón.

> Y hoy río si tú ríes, y canto si tú cantas;
> y si tú duermes, duermo como un perro a tus plantas.

El lenguaje de su poesía cae a menudo en el efectismo, como en *Cuentas de sombra:*

> Los lechos negros logran la más fuerte
> rosa de amor; arraigan en la muerte.
> Grandes lechos tendidos de tristeza,
> tallados a puñal y doselados .
> de insomnio [...]

Todo eso es un poco recargado y retórico; para encontrar un nuevo lenguaje poético para el tema sexual habrá que esperar a Ramón López Velarde, cuya poesía se analizará posteriormente dentro de este mismo capítulo.

Si hablamos de Delmira Agustini como de un poeta «femenino», el peruano José Santos Chocano era sin duda alguna agresivo y masculino. Fue también uno de los primeros escritores latinoamericanos que ensayaron y emplearon un sistema de referencias americano en su poesía. En sus mejores momentos evocó el Perú del período colonial o, como en *Alma América,* describió la naturaleza americana. En «El sueño del caimán», por ejemplo, podemos ver cómo la princesa modernista se transforma extrañamente en un príncipe encantado al que aprisionan las escamas del caimán:

> Inmóvil como un ídolo sagrado,
> ceñido en mallas de compacto acero,
> está ante el agua extático y sombrío,
>
> a manera de un príncipe encantado
> que vive eternamente prisionero
> en el palacio de cristal de un río...

La inmovilidad y las mallas escamosas se consideran como limitaciones en el animal. El tema de la limitación biológica fue muy frecuente entre los modernistas y los centauros y cisnes de Rubén se toman a menudo como símbolos de ella. Pero aquí hay una tentativa de sacar este elemento de la tradición literaria europea y de situar el tema en un contexto americano. Si pensamos en poetas como Carlos Pezoa Véliz (Chile, 1879-1908) o Leopoldo Lugones (Argentina, 1874-1938) veremos como este arraigamiento de temas habituales en el modernismo en un escenario americano alcanza un nivel mucho mayor de intensidad. Pezoa Véliz medita sobre la muerte en un marco concretamente chileno. Lugones empezó su carrera con *Las montañas de oro* (1897), una epopeya al estilo de Victor Hugo; sufrió la influencia de Samain y de Laforgue en *Los crepúsculos del jardín* (1905) y *Lunario sentimental* (1909); y sólo en *Odas seculares* (1910) se orienta hacia el escenario americano. En *Lunario sentimental* anticipa el humor de la poesía vanguardista con una parodia ágil y a menudo llena de comicidad de las escenas a la luz de la luna tan caras al romanticismo. Así, parodia su tradición literaria en versos como los siguientes:

> Sobre la azul esfera
> un murciélago sencillo
> voltejea cual negro plumerillo
> que limpia una vidriera.

El murciélago pierde sus habituales connotaciones sombrías cuando el poeta hace de él un humilde plumerillo.

En las *Odas seculares,* escritas para el centenario de la independencia de la Argentina en 1910, hubo sin embargo un retorno a la tradición de Andrés Bello y Gregorio Gutiérrez González, la tradición de versos descriptivos y bucólicos que glorifican las virtudes de la vida rústica. En *El libro de paisajes* (1917) el estilo vuelve a cambiar. Aquí encontramos descripciones de diversos climas y estaciones del campo, «Tormenta», «Lluvia», etc., en las que la naturaleza es el único elemento, como por ejemplo en «La granizada»:

> Sobre el repicado cinc del cobertizo,
> y el patio que, densa, la siesta calcina,
> en el turbio vértigo de la ventolina
> ríen los sonoros dientes del granizo.

> Ríen y se comen la viña y la huerta.
> Rechiflan el vidrio que frágil tirita,
> y escupen chisguetes de saltada espita
> por algún medroso resquicio de puerta.

> Junto al marco rústico, donde pía en vano,
> refúgiase un pollo largo y escurrido.
> Volcado en el suelo yace un pobre nido.
> En el agua boya la flor del manzano.

> Con frescor de páramo el chubasco azota.
> Cenizas de estaño la nube condensa.
> Y al lúgubre fondo de la pampa inmensa,
> desgreñados sauces huyen en derrota.

Aquí no hay nada que no hubiera podido figurar en uno de los *Sonetos vascos* de Herrera y Reissig, con la excepción de la «pampa inmensa». Este detalle y tal vez la violencia de la tormenta son las únicas indicaciones de que el poema está situado en la Argentina. Pero las indicaciones están ahí. Y tam-

bién, respecto a los poemas de Herrera y Reissig, ha cambiado
la perspectiva, porque aquí no vemos a una naturaleza que
ofrece una guía al hombre, un código externo de referencias,
sino una naturaleza como una fuerza devoradora y hostil ante
la cual hasta los sauces «huyen en derrota». Los escritores
son cada vez más conscientes de que la naturaleza hispanoamericana no puede describirse en los mismos términos que la
naturaleza europea. Pero Leopoldo Lugones no siempre presenta imágenes tan desoladas. En «Día claro» la naturaleza
americana puede también ofrecer una escena de armonía:

> En la gloria del sol palpita el mundo
> y alzan su arquitectónica armonía
> blancas nubes en que de azul profundo
> sus bellas torres embandera el día.
>
> Celebra el gallo con viril porfía
> aquel oro solar que arde en su gola,
> y en su cántico excelso se gloría
> empenachado por la verde cola.
>
> Ciñe cada guijarro una aureola.
> Oloroso calor exhala el heno.
> Remueve el bosque un grave azul de ola.
> El día es como el pan, sencillo y bueno.

Como en tantos otros poemas de Lugones, el efecto que nos
produce éste es el de la pintura de un paisaje, pero de un
paisaje en el cual cada elemento se ve por separado; cielo,
gallo, guijarro, bosque, aparecen como aspectos desunidos que
se funden tan sólo en el poema o que tal vez simplemente se
consumen en la imagen final del día sencillo y bueno como
el pan. Pero la consumación no es comunión. Y lo cierto es
que estamos tan lejos de la rubeniana encarnación de Dios
en la naturaleza como del patetismo de los románticos. La naturaleza se presenta más bien como un conjunto de elementos

que se ofrecen a los sentidos, que se perciben sucesivamente y que por fin se consumen como el pan para desaparecer.

La mayoría de los poemas posteriores de Lugones o son de tema pastoril o asumen la forma del romance, y refuerzan la impresión de una visión de la vida campesina más bien estudiada e intelectual. Publicó unos *Poemas solariegos* (1927) y un volumen de romances, *Romances del Río Seco* (1938), aparecieron después de su suicidio en 1938.

Lugones, junto con el mexicano Ramón López Velarde y el argentino Baldomero Fernández Moreno, representa la corriente «mundonovista» o localista del modernismo, ya que estos poetas intentan arraigar su lenguaje poético en una provincia o región, más que conectar con las tendencias europeas como había hecho Rubén. Sin embargo, calificar su poesía de regionalista sería emplear una palabra equívoca. Sus temas no difieren de los temas modernistas del tiempo y de la muerte, aunque su paisaje poético no fuese el mismo

Ramón López Velarde (1888-1921) publicó su primer libro de poesía, *La sangre devota,* en 1916, en el momento culminante de la revolución mexicana. *Zozobra* apareció después de que llegaran a su fin las luchas revolucionarias en 1919, y un volumen póstumo, *El son del corazón,* se publicó en 1932. Nacido en provincias, su poesía expresa el conflicto entre los valores metropolitanos y provinciales [18], y su técnica poética se funda en una sinceridad básica que según él el verso debía transmitir:

> Yo anhelo expulsar de mí cualquier palabra, cualquier sílaba que no nazca de la combustión de mis huesos [19].

Para conseguir esta «combustión de huesos», el poeta tiene que haber experimentado y observado sentimientos intensos,

18. O. Paz, «El lenguaje de Ramón López Velarde», *Las peras del olmo,* Barcelona, 1972.
19. A. Phillips, *Ramón López Velarde,* México, 1962, pág. 123; de un ensayo de López Velarde, «La derrota de la palabra», *El don de febrero y otras prosas,* México, 1952.

y ha de prescindir implacablemente de todo lo que no sea esencial. La simple decoración ha de eliminarse.

> La quiebra del Parnaso consistió en pretender suplantar las esencias desiguales de la vida del hombre con una vestidura fementida. Para los actos trascendentales —sueño, baño o amor— nos desnudamos. Conviene que el verso se muestre contingente, en paragón exacto de todas las curvas, de todas las fechas: olímpico y piafante a las diez, desgarbado a las once; siempre humano [20].

Esta fidelidad del lenguaje a lo que se siente a veces provoca bruscos cambios de tono, y pasamos sin transición de lo exaltado a lo familiar o burlesco, como en «Tenías un rebozo de seda»:

> [...] en la seda me anegaba
> con fe, como en un golfo intenso y puro,
> a oler abiertas rosas del presente
> y herméticos botones del futuro.

> (En abono de mi sinceridad
> séame permitido un alegato.
> Entonces era yo seminarista
> sin Baudelaire, sin rima y sin olfato.)

Los súbitos cambios de actitud, la inserción de notas irónicas, convierte la lectura de Ramón López Velarde en una ácida experiencia. No se complace en lo sentimental; aunque sí expresa la nostalgia en los poemas que escribió en la primera parte de su vida para su idealizada «Fuensanta» o en sus recuerdos de las sencillas mujeres provincianas:

> Ingenuas provincianas: cuando mi vida se halle
> desahuciada por todos, iré por los caminos
> por donde vais cantando los más sonoros trinos
> y en fraternal confianza ceñiré vuestro talle.

20. Phillips, *op. cit.*, pág. 123.

En sus poemas primerizos «Fuensanta» es una promesa de pureza y de salvación, aunque los lectores modernos tienen que situar estas palabras en su verdadero contexto, ya que tanto «la pureza» como «la salvación», se encontraban cargados de valores para el poeta y no eran simples palabras vacías. Aun después de haberse agotado la fe, la Iglesia es todavía una presencia importante y significa mucho para él. Por ejemplo, contrástese este poema con «La iglesia» de Herrera y Reissig:

> Mi espíritu es un paño de ánimas, un paño
> de ánimas de iglesia siempre menesterosa;
> es un paño de ánimas goteado de cera,
> hollado y roto por la grey astrosa.
>
> No soy más que una nave de parroquia en penurias,
> nave en que se celebran eternos funerales,
> porque una lluvia terca no permite
> sacar el ataúd a las calles rurales.
>
> Fuera de mí, la lluvia; dentro de mí, el clamor
> cavernoso y creciente de un salmista;
> mi conciencia, mojada por el hisopo, es un
> ciprés que en una huerta conventual se contrista.

La imagen inicial es impresionante. En vez de un «paño de lágrimas», alude a su alma como un «paño de ánimas», como si su alma hubiese quedado estropeada por la compasión y él estuviera muerto dentro. Sin embargo, el edificio de la religión sigue siendo algo muy presente, el símbolo de lo que resta de su vida interior. Lo que subsiste del orden moral está estructurado de acuerdo con un esquema de pureza y caída, de pecado y arrepentimiento. El poema «La bizarra capital de mi estado», una serie de viñetas divertidas o irónicas sobre la capital del estado, culmina en una nota de mayor exaltación al evocar la catedral y su campana:

> y al concurrir, ese clamor concéntrico
> del bronce, en el ánima del ánima,
> se siente que las aguas
> del bautismo nos corren por los huesos
> y otra vez nos penetran y nos lavan.

Las «señoritas», los «católicos» y los «jacobinos» de la ciudad
serían unas entidades aisladas sin la catedral y la campana, que
confieren la comunión de la fe a la sociedad. Incluso sin fe,
las aguas del bautismo unen a la gente de un modo mucho más
íntimo que cualquier otra fuerza. Semejantemente, en «Mi prima
Águeda», en el cual el poeta evoca un primer amor por su
prima (y la mezcla de sensualidad y de miedo que ella despierta
en él), las emociones cobran fuerza porque se refieren a un
sistema de valores según el cual llevar luto (como lleva la
prima) tiene poderosas implicaciones de muerte y de peligro
de pecado. Uno de los poemas más expresivos de López Velarde
sobre el tema de la sensualidad es «Hormigas», en el cual el
lenguaje alcanza una tensión casi intolerable.

> A la cálida vida que transcurre canora
> con garbo de mujer sin letras ni antifaces
> a la invicta belleza que salva y que enamora,
> responde en la embriaguez de la encantada hora
> un encono de hormigas en mis venas voraces.
>
> Fustigan el desmán del perenne hormigueo
> el pozo del silencio y el enjambre del ruido,
> la harina rebanada como doble trofeo
> en los fértiles bustos, el Infierno en que creo,
> el estertor final y el preludio del nido.

El lenguaje es solemne, latinizante, y otorga una impresión de opulencia al verso. La vida es voluptuosa y carnal.
Hay el impulso biológico, el ciclo de la muerte, pero también
algo más, las «hormigas», la fuerza ciega y aguijoneadora de su
sensualidad, que nunca hubiera podido llegar a ser tan fuerte

de no ver la boca de la amada a un tiempo como comunión y como puerta del infierno:

> tu boca, que es mi rúbrica, mi manjar y mi adorno,
> tu boca, en que la lengua vibra asomada al mundo
> como réproba llama saliéndose de un horno

y las sensaciones contradictorias que produce:

> ha de oler a sudario y a hierba machacada,
> a droga y a responso, a pabilo y a cera.

La boca es vida y muerte, hierba machacada y mortaja. El poeta sólo puede tener esta experiencia por medio del goce, que pone en peligro su salvación. Las palabras tienen el intenso vigor retórico de la plegaria en latín, como si se requiera algo tan fuerte como una oración. De ahí los versos finales:

> Antes de que tus labios mueran, para mi luto,
> dámelos en el crítico umbral del cementerio
> como perfume y pan tósigo y cauterio.

En todos los poemas hay una alusión al placer arrebatado en las mismas puertas del infierno. Y el lenguaje sugiere de un modo muy vívido la sensación de la liturgia.

El poema más famoso de López Velarde es «Suave Patria», un poema con «actos» e «intermedios» que canta a México, pero que no tiene nada en común con el ditirámbico *Canto a la Argentina* de Darío. Ya desde sus versos iniciales, con su tono de ironía byroniana, el poema reconoce que es un poco embarazoso escribir poesía cívica:

> Navegaré por las olas civiles
> con remos que no pesan, porque ven
> como los brazos del correo chuán
> que remaba la Mancha con fusiles.

> Diré con una épica sordina:
> la Patria es impecable y diamantina.

El poema representa una especie de patriotismo desmitificado,
como explica el poeta al comienzo del segundo acto:

> Suave Patria: te amo no cual mito
> sino por tu verdad de pan bendito,
> como a niña que asoma por la reja
> y la falda bajada hasta el huesito.

Este aspecto sencillo y cotidiano de su país es el que considera
como su verdad:

> sé siempre igual, fiel a tu espejo diario.
> Patria, te doy de tu dicha la clave:

La «patria» se parece mucho a la «catedral», es como un
edificio sólidamente apoyado en las impresiones y en la fe de
la niñez. Ésta es la causa de que la revolución se vea, en uno
de sus poemas más conocidos, «El retorno maléfico», como
un vendaval destructor. Ello no implica una postura política,
sino una actitud respecto a su propia niñez que ahora pertenece a otra época. El poema evoca una visita que hace el autor
cuando vuelve a su aldea natal:

> Mejor será no regresar al pueblo,
> al edén subvertido que se calla
> en la mutilación de la metralla.

Pero los extraños mapas que la metralla ha dejado en las paredes recuerdan al poeta no grandes acontecimientos, sino su
propia «esperanza deshecha». La violencia que se ha producido
es una violencia que le ha separado del pasado, que ahora evoca
en las cerraduras herrumbrosas, en las viejas puertas y en los
medallones del porche. Lo que se ha perdido es su propia juventud y toda esperanza de hacer realidad sus ilusiones, mientras a su alrededor prosigue una nueva vida,

campanario de timbre novedoso;
remozados altares;
el amor amoroso
de las parejas pares;
noviazgos de muchachas
frescas y humildes como humildes coles.

Toda la naturaleza y la humanidad parecen emparejarse, impresión reforzada por la tautología de «parejas pares» y por la repetición del adjetivo «humilde». La revolución no ha cambiado la vida del pueblo, pero el tiempo sí ha cambiado su propia vida, reduciéndola a la nostalgia cuando oye

alguna señorita
que canta en algún piano
alguna vieja aria;
el gendarme que pita...
... Y una íntima tristeza reaccionaria.

La fuerza vital biológica y la promesa cristiana de un más allá entran en conflicto con una intensidad terrible en la poesía de López Velarde. Y aunque su lenguaje procede de la tradición cristiana y literaria, depende mucho menos que Darío de símbolos y mitos literarios ya existentes. En el fondo se orientó al modernismo en una dirección completamente nueva al arraigar los conflictos en un ambiente provinciano mexicano, y lo hizo sin caer en un regionalismo de tipo costumbrista.

López Velarde tiene un equivalente argentino en Baldomero Fernández Moreno (1886-1950), poeta de origen español que vivió desgarrado entre la imagen de una España idealizada que recordaba de los años de su niñez que vivió en la península, y un Nuevo Mundo pobre y desnudo. Su lenguaje es sobrio y sencillo. Mucho menos intensa que la de López Velarde, su poesía refleja el desarraigo que sentía en el Nuevo Mundo, la necesidad de contar con la seguridad que le proporcionaba un estilo tradicional de vida. En «Tráfago» escribió:

Me he detenido enfrente del Congreso
y en medio del urbano remolino
he soñado en un rústico camino
y me he sentido el corazón opreso.

Una tranquera floja, un monte espeso,
el girar perezoso de un molino,
la charla familiar de algún vecino,
¿no valen algo más que todo eso?

En resumidas cuentas esto es lo que obliga a situar a Fernández Moreno entre los modernistas y no entre los poetas de vanguardia, a pesar del hecho de que su obra desborda ampliamente la cronología de este movimiento.

9. La prosa modernista

No es posible cerrar este capítulo sobre el modernismo sin comentar, aunque sea brevemente, la transformación que Rubén Darío, Gutiérrez Nájera y sus epígonos llevaron a cabo en la prosa. Incluso los escritores románticos como Echeverría habían empleado una estructura lógica que apelaba más a la inteligencia que a los sentidos. Darío y Gutiérrez Nájera figuraron entre los primeros escritores hispanoamericanos que emplearon la prosa simplemente para sugerir estados de ánimo. La mayor parte de los cuentos de Darío son o alegorías que ilustran el conflicto entre el artista y la sociedad o descripciones pictóricas: «Acuarela», «Paisaje», «Un retrato de Watteau», «Naturaleza muerta», «Aguafuerte». Uno de sus paisajes más característicos nos describe el encuentro de dos amantes en un parque y se limita a hacer una descripción del escenario:

Y sobre las dos almas ardientes y sobre los dos cuerpos juntos, cuchicheaban, en lengua rítmica y alada, las aves. Y arriba el cielo, con su inmensidad y con su fiesta de nubes, plumas de oro, alas de fuego, vellones de púrpura, fondos azules flordelisados de ópalo, derramaba la magnificencia de su pompa, la soberanía de su grandeza augusta.

La textura de la prosa produce la impresión de una voluptuosa opulencia: «*fiesta* de nubes», «plumas de *oro*», «*flordelisados* de *ópalo*». Rubén se propone aquí enriquecer hasta el máximo la materia de su prosa. No hay anécdota ni hilo argumental, solamente una atmósfera de sensualidad. De modo semejante, los cuentos de Gutiérrez Nájera, aunque a menudo conservan elementos anecdóticos e incluso un propósito de moraleja, son primordialmente obras concebidas para sugerir un estado de ánimo. Con el modernismo las descripciones de la naturaleza se justifican a sí mismas, están hechas para ser gozadas como un fin, y no porque contengan un mensaje o contribuyan directamente al tema. Por ejemplo, la novela de Leopoldo Lugones *La guerra gaucha* (1905), evoca escenas de la guerra de la independencia, pero sitúa los hechos en un escenario natural cuidadosamente observado. Veamos una descripción de una tormenta en la pampa:

> Llovía y llovía...
> Por el cielo plúmbeo rodaban las tormentas, una tras otra, sus densidades fulginosas. Algún trueno propagaba retumbos. Incesantemente cerníase la garúa convertida vuelta a vuelta en cerrazones y chubascos. Sobre el azul casi lóbrego de la sierra, flotaban nubarrones de cuyo seno descolgábase a veces una centella visible a lo lejos, como una linterna por un cordón [...]

Existe una diferencia entre esta descripción y la rubeniana, aparte de las obvias. Rubén está creando un paisaje imaginario, o al menos embelleciendo uno real. Lugones consigue la verosimilitud valiéndose tan sólo de ocasionales metáforas —«como una linterna por un cordón»— para elevar el tono descriptivo. Ambas descripciones están concebidas para apelar a los sentidos. Pero el ejemplo de Rubén iba a dar origen a nuevos estilos de literatura no realista, incluyendo el cuento y la novela de tipo «fantástico», incluyendo los primeros relatos de Quiroga, en los que todo consiste en crear paisajes imaginarios más que realistas. Dio también origen a la novela y al cuento «artísticos», en los que el lenguaje exacto e incluso rebuscado era tan importante como la trama argumental de novelas como *La gloria de don Ramiro* (1908), de Enrique Larreta (1875-1961), cuya acción se sitúa en la época de Felipe II, y que trata de la persecución de los moriscos y de la coexistencia de moriscos y cristianos en España. La novela no es tan sólo un excelente ejemplo de recreación histórica, sino que permite al novelista perspectivas más amplias al describir los aspectos plásticos y sonoros de una ciudad española del siglo XVI, las vívidas sensaciones de color y el contraste entre la mentalidad represiva de los cristianos y los sensuales moriscos. Compárese, por ejemplo, la siguiente descripción con los adjetivos convencionales que solían darse en la novela romántica del siglo XIX:

> Afuera en la ciudad, torvo sosiego de siesta castellana. La luz del mediodía arde rabiosa en los pétreos paredones, caldea los hierros, requema el musgo de los tejados.

Ni «rabiosa» ni «pétreo» son adjetivos que se hubieran usado en la novela romántica. También modernista es la valoración de los objetos, de la belleza del cristal y de los ropajes. Mientras el novelista romántico reservaba sus arrebatos líricos para los escenarios naturales, Larreta se complace en el lujo de los habitáculos civilizados:

> Había góticos terciopelos que se plegaban angulosamente, terciopelos acartonados y finos del tiempo de Isabel y Fernando, donde una línea segura iba inscribiendo el tenue contorno de una granada sobre el fondo verde o carmesí; donosas telas de plata que parecían aprisionar entre la urdedumbre un viejo rayo de luna; brocados y brocaletes amortecidos por el polvillo del tiempo, a modo de vidriera religiosa.

Larreta nos habla aquí del tiempo pasado y de la tradición, pero para ello describe la apariencia de las telas, los hilos de colores mortecinos, los brocados desgastados, los colores desvaídos. El pasaje también nos remite al tema de la novela, pues el artesano morisco ha dejado su huella en las telas destinadas al uso de los católicos. La descripción más que afirmar evoca. A diferencia de la novela realista, con su mensaje inequívoco, la prosa de Larreta es alusiva. Este tipo de prosa modernista iba a crear una tradición opuesta a la del realismo, tan preocupada por la instrumentalización y el funcionalismo de la prosa. En su aspecto negativo, esta tendencia condujo a un cierto preciosismo. En la novela alegórica *Alsino* (1920), de Pedro Prado, o en los cuentos de Abraham Valdelomar (Perú, 1888-1919) [21], se da un estilo tan conscientemente elaborado que dificulta la lectura. Pero por otra parte el modernismo significó prestar atención al lenguaje y al valor intrínseco de las palabras, y una sensibilidad para los efectos más sutiles que iba a ser muy fructífera. Los grandes escritores realistas de los años veinte —Ricardo Güiraldes y Horacio Quiroga— supieron combinar la verosimilitud y la observación escrupulosa con la atención a la calidad del estilo, gracias a lo cual su obra resulta muy superior a la de un Blest Gana o un Cambaceres, en cuyas novelas la prosa es a menudo demasiado torpe. Y fue el modernismo el que consiguió desviar la prosa desde una orientación funcional hacia la búsqueda de valores formales. Sin ningún género de dudas, la obra de escritores contemporáneos como José Lezama Lima y Alejo Carpentier sería inconcebible sin esta ruptura modernista.

21. Véanse algunos comentarios sobre Valdelomar como cuentista en el libro del Earl A. Aldrich, *The Modern Short Story in Peru*, Madison-Milwaukee-Londres, 1966.

LECTURAS

Existen varias antologías de poesía modernista. Gordon Brotherston (ed.), *Spanish American Modernista Poets,* Oxford, 1968; García Prada, Carlos, *Poetas modernistas hispanoamericanos,* Madrid, 1956; Gimferrer, P., *Antología de la poesía modernista,* Barcelona, 1969; Onís, Federico de, *Antología de la poesía española e hispanoamericana (1882-1932),* Madrid, 1934. Una nueva selección realizada por José Emilio Pacheco ha sido publicada por la UNAM, México, 1970.

Textos

Agustini, Delmira, *Poesías completas,* edición de M. Alvar, Barcelona, 1972.

Casal, Julián del, *Poesías completas,* La Habana, 1945.

——, *Julián del Casal; sus mejores poemas,* Ed. América, Madrid, 1916.

——, *Poesías,* 3 vols., La Habana, 1963.

——, *Prosas,* 3 vols., La Habana, 1963.

Darío, Rubén, *Obras poéticas completas,* 10.ª ed., Madrid, 1967.

——, *Cuentos completos de Rubén Darío,* edición de Ernesto Mejía Sánchez, prólogo de Raimundo Lida, México-Buenos Aires, 1950.

——, *Los raros,* Buenos Aires-México, 1952.

Díaz Mirón, Salvador, *Poesías completas,* 3.ª ed., México, 1952.

——, *Lascas,* Ed. América, Madrid, 1900.

——, *Salvador Díaz-Mirón: sus mejores poemas,* prólogo de R. Blanco-Fombona, Ed. América, Madrid, 1928.

Fernández Moreno, Baldomero, *Antología,* 6.ª ed., Buenos Aires, 1954.

González Martínez, Enrique, *Poemas escogidos,* Ed. Maucci, Barcelona, 1920.

——, *El romero alucinado* (1920-1922), 2.ª ed., Madrid, 1925.

——, *Las señales furtivas* (1923-1924), Madrid, 1925.

——, *Antología poética,* 3.ª ed., Buenos Aires-México, 1944.

Gutiérrez Nájera, Manuel, *Poesías completas,* 2 vols., México, 1953.
——, *Cuentos completos,* México, 1958.
——, *Cuentos color de humo y cuentos frágiles,* Ed. América, Madrid, 1917.
Herrera y Reissig, Julio, *Poesías completas,* Ed. Aguilar, Madrid, 1951.
——, *Páginas escogidas,* Barcelona, 1919.
——, *Poesías completas,* 3.ª ed., Buenos Aires, 1958.
Jaimes Freyre, Ricardo, *Poesías completas,* Buenos Aires, 1944.
——, *Castalia bárbara. Los sueños son vida,* Madrid, 1918.
Larreta, Enrique, *La gloria de don Ramiro,* OC, Madrid, 1958.
López Velarde, Ramón, *Poesías completas y el minutero,* México, 1952.
Lugones, Leopoldo, *Obras poéticas completas,* 3.ª ed., Madrid, 1953.
——, *La guerra gaucha,* Buenos Aires, 1946.
Nervo, Amado, *Obras completas,* 2 vols., Madrid, 1955-1956.
Silva, José Asunción, *Poesías completas,* Madrid, 1952.
Valdelomar, Abraham, *Cuentos y poesía,* edición de Augusto Tamayo Vargas, Lima, 1959.
Valencia, Guillermo, *Obras poéticas completas,* Madrid, 1955.

Estudios históricos y críticos

Alonso, Amado, *Ensayo sobre la novela histórica. El modernismo en La gloria de. don Ramiro,* Buenos Aires, 1942.
González, Manuel Pedro, *Notas en torno al modernismo,* México, 1958.
—— y Schulman, I. A., *José Martí, Rubén Darío y el modernismo,* Madrid, 1969.
Gullón, Ricardo, *Direcciones del modernismo,* Madrid, 1963.
Henríquez Ureña, Max, *Breve historia del modernismo,* 2.ª ed., México, 1962.
Mejía Sánchez, Ernesto, *Estudios sobre Rubén Darío,* México, 1968.
Monner Sans, J. M., *Julián del Casal y el modernismo hispanoamericano,* México, 1952.
Onís, Federico de, *España en América,* Río Piedras, 1955.

Pacheco, José Emilio, *Antología del modernismo (1884-1921)*, Universidad Nacional Autónoma de México, 1970.

Phillips, A. W., *Ramón López Velarde*, México, 1962.

Rodríguez Fernández, Mario, *El modernismo en Chile y en Hispanoamérica*, Santiago, 1967.

Salinas, Pedro, *La poesía de Rubén Darío*, Buenos Aires, 1958 y Ed. Seix Barral, Barcelona, 1975.

Schulman, I. A., *Génesis del modernismo*, México, 1968.

Shaw, D. L., «Modernism. A Contribution to the Debate», *BHS*, XLIV, 1967.

Torres, Edelberto, *La dramática vida de Rubén Darío*, 2.ª ed., México, 1956.

Torres-Rioseco, A., *Rubén Darío. Casticismo y americanismo*, Cambridge, Mass., 1931.

Capítulo 7

REALISMO Y REGIONALISMO

> Lo que sufrí cuando no sabía si una página brillante
> pertenecía a la última novela mala o a la primera buena.
>
> MACEDONIO FERNÁNDEZ

Hasta hace relativamente poco tiempo las novelas realistas
y regionalistas se consideraban como formas características de
la prosa hispanoamericana, y por lo común las historias de la
literatura terminaban con estudios sobre escritores como Ricardo Güiraldes, Rómulo Gallegos y Horacio Quiroga. Desde
1940 la visión ha cambiado. La generación contemporánea se
ha rebelado contra las novelas documentales y contra la literatura de denuncia excesivamente simplificada. Inevitablemente,
adopta una actitud muy crítica respecto a los estilos del pasado.
Como escribe Carlos Fuentes:

> La tendencia documental y realista de la novela hispano-
> americana obedecía a toda esa trama original de nuestra
> vida: haber llegado a la independencia sin verdadera identi-
> dad humana, sometidos a una naturaleza esencialmente ex-
> traña que, sin embargo, era el verdadero *personaje* latino-
> americano [1].

1. Carlos Fuentes, *op. cit.*

Aunque Fuentes opine que ésta era una fase necesaria, también considera la novela documental como un indicio de subdesarrollo y data la madurez de la novela latinoamericana a partir de las primeras obras que manifiestan ambigüedad y complejidad. Sus rigores son característicos de la generación contemporánea [2]. No obstante, ello hace aún más necesario situar a la novela realista en una perspectiva histórica. *Doña Bárbara,* *El mundo es ancho y ajeno, Don Segundo Sombra,* fueron las primeras novelas hispanoamericanas que llamaron la atención en Europa y Norteamérica. Los mismos rasgos que la generación actual rechaza —las descripciones de una naturaleza hostil, de tipos exóticos y de injusticias sociales— fueron precisamente los que más interesaron al lector europeo y norteamericano. Incluso, como veremos, el estatismo era algo tan vinculado a la ideología predominante, como la «simultaneidad» y la «disponibilidad» forman parte de la nuestra. Lo que ocurre es que el mundo ha cambiado. Presentar unos materiales de un modo que no sea ambiguo, aspirar a una objetividad es algo que ya no es posible.

El término «realismo» quizá no sea el más adecuado para describir los fenómenos que se analizan en este capítulo. El novelista antillano Wilson Harris habla de la «novela de persuasión», y la expresión es afortunada [3]. Si he preferido conservar el término «realista» es porque creo que aún tiene validez por el hecho de que presupone un orden objetivo (que puede no ser un orden social, sino natural) con el que se mide el individuo. En Hispanoamérica, la mayor parte de los primeros realistas sufrieron la influencia del positivismo y, más aún, de un tipo de positivismo que era todavía más rígidamente determinista que el positivismo europeo. Cuando recordamos,

---

2. Mario Vargas Llosa, «La novela primitiva y la novela de creación en América Latina», en *Revista de la Universidad de México,* XXIII, núm. 10, junio de 1969. Véase también «Primitives and creators», *TLS,* 14 noviembre 1968.

3. Wilson Harris, *Tradition, the Writer and Society,* Londres-Puerto España, 1964, y citado por Kenneth Ramchand, *The West Indian Novel and its Background,* Londres, 1970.

por ejemplo, el caso de Francisco Bulnes, que estableció una teoría según la cual los pueblos que comían maíz eran inferiores a los que comían trigo [4], podemos tener cierta idea de hasta qué punto se sentían indefensos los intelectuales de hace sesenta o setenta años en relación con las «fuerzas», las «leyes» y los «fenómenos» que según ellos gobernaban su existencia y la de sus sociedades. Los novelistas de esta época no veían sus personajes en términos de libertad y ambigüedad, sino más bien como un desarrollo particularizado de una ley universal. La única función del lector era seguir el desarrollo como un observador pasivo que se veía obligado a aceptar las conclusiones preestablecidas del autor. Este tipo de realismo «cerrado» se ilustra en este capítulo con la obra de dos escritores, Mariano Azuela (México, 1873-1952) y Manuel Gálvez (Argentina, 1882-1962).

1. MARIANO AZUELA

Mariano Azuela era ya un novelista consagrado antes del estallido de la revolución mexicana, en la cual, como la mayoría de sus compatriotas, se vio envuelto. Médico de carrera, estaba imbuido de una concepción positivista, y sus primeras novelas —*María Luisa* (1907), *Los fracasados* (1908) y *Mala yerba* (1909)— fueron novelas de aprendizaje que trataban de los males sociales a la manera naturalista. En 1911, muy poco después del comienzo de la revolución, publicó *Andrés Pérez, maderista,* historia de un periodista que se ve implicado en la revolución y combate en el bando de Madero. Sin ser una novela extraordinaria, *Andrés Pérez* anuncia con oportunidad una de las preocupaciones posteriores de Azuela y el compromiso del ideal.

Las tres obras que ejemplifican mejor el realismo de Azuela

4. Francisco Bulnes, *El porvenir de las naciones latinoamericanas*, México, 1899.

son «novelas de la revolución». Se trata de *Los de abajo* (1916), *Los caciques* (1917) y *Las moscas* (1918). En las tres la revolución da un nuevo sentido a la vida individual. Y ello es especialmente válido para *Los de abajo*. Aunque la novela trata de la ascensión de un solo caudillo, Demetrio Macías, que pasa de ser un campesino rebelde a convertirse en un general revolucionario, es mucho más que un estudio cerrado de un hombre. La partida de Demetrio forma parte de las fuerzas revolucionarias y su complejo destino se sigue hasta su inevitable final. Pese a todo, la novela empieza y termina con Demetrio, ya que es él quien representa la fuerza y la debilidad del movimiento. Con admirable concisión Azuela resume los móviles del protagonista y sus virtudes y defectos, en dos breves pasajes. Macías se describe como un hijo espontáneo de la naturaleza, aunque tal vez su conducta esté más cerca de Hobbes que de Rousseau. Todo en él es actividad irreflexiva, ya que sus orígenes campesinos le han privado de toda oportunidad de tener una educación que hubiera podido darle ideas generales. Nunca ve más allá del presente inmediato. Su rasgo más positivo, aparte de su ciego valor, es su pasión por la tierra, y su superioridad sobre las tropas federales se basa en su profundo conocimiento del terreno. Como todos los jefes guerrilleros puede contar con el apoyo de los aldeanos, y su prestigio se funda en su valentía y en sus grandes aptitudes para el combate. Los demás miembros de la banda se presentan con igual concisión; todos representan diversos tipos de luchadores revolucionarios: el *kulak* que no podía prosperar en la sociedad prerrevolucionaria, el campesino sin tierra, el modesto delincuente como Codorniz que por ser ladrón tiene que convertirse en un fugitivo de la justicia. También se incorpora a la partida Luis Cervantes, un estudiante de medicina que ha desertado del bando federal, en parte por cobardía, en parte porque ha oído decir que los rebeldes se entregaban al pillaje. Personaje más calculadoramente maligno que los campesinos, está condicionado por su ambiente pequeño burgués que le ha dado el instinto de salvar la piel a cualquier precio. El campesino morirá luchando, pero Cervantes es por esencia el superviviente. Incluso en los encuentros victoriosos, siempre se mantiene en retaguardia y sólo se adelanta cuando se necesitan palabras y retórica. Hace de alcahuete para Demetrio, se apodera de un diamante después de la triunfal conquista de una ciudad, y finalmente escapa a Texas, donde continúa sus estudios y está indudablemente destinado a volver como uno de los «hombres nuevos» de la era posrevolucionaria. Pero hay también los que están aún más abajo que Cervantes en la escala de los valores morales, sobre todo la prostituta La Pintada y su amante, el «Güero» Margarito, productos ambos de un ambiente urbano. «Güero» es sin duda el personaje más siniestro de la novela e ilustra la idea de Azuela de que la revolución sirve de tapadera para los criminales y las personas mentalmente desequilibradas. Representa lo peor del *lumpenproletariat,* es un sádico y un vicioso, capaz de asesinar a una anciana que se niega a venderle comida y de violar a vírgenes. Uno de los pocos atisbos esperanzados de la novela es que este perverso personaje se ahorca cuando la revolución se acerca a su fin, ya que evidentemente no se ve con ánimos para afrontar una sociedad en la que sus crímenes puedan ser castigados.

. En *Los de abajo* aparecen personajes arquetípicos con objeto de establecer todo un cuadro de valores. Hay un campesinado sencillo y al que se engaña, con la virtud del valor, pero completamente ignorante de cualquier cosa que no sea la táctica inmediata. Están los miembros corrompidos de las clases bajas, corrompidos en la mayoría de los casos porque han sido maleados por los falsos valores comerciales de la sociedad urbana. Están los intelectuales, que son o «supervivientes», como Cervantes, y por lo tanto carentes de escrúpulos, o idealistas como Alberto Solís, que muere en la batalla de Zacatecas. El idealismo de Solís también se encuentra entre los campesinos, en Camila, la cándida muchacha que se enamora de Cervantes y a la cual éste ofrece a Demetrio, de quien se convierte en una fiel seguidora. Tan ignorante como Macías, tiene sin embargo un ideal que va más allá de la simple ambición de poseer tierra.

El aspecto en el que *Los de abajo* difiere de la mayoría de las novelas actuales es el del destino «cerrado» de la mayoría de sus personajes. Ninguno tiene la menor posibilidad de elección, sino que todos parecen prisioneros de un circuito predeterminado. Incluso Solís, el más inteligente de todos, es incapaz de influir en las fuerzas que le rodean y muere a consecuencia de una bala perdida. La estructura, al igual que la caracterización de los personajes, es determinista. Los hechos siguen un curso análogo al de la revolución: lo que empieza por ser un levantamiento local espontáneo, con la ventaja de la sorpresa sobre el enemigo, va adquiriendo mayores dimensiones hasta que todas las facciones se unen en la fuerza revolucionaria que aplasta al enemigo común en la batalla de Zacatecas. Pero el triunfo conduce a la desintegración de los ejércitos y a las luchas intestinas entre Villa y Carranza, en las que este último se revela como el más fuerte. Los que no se unen a su bando son lentamente aniquilados o dispersados.

El estilo de Azuela se caracteriza por su concisión. No se desperdicia ni una palabra. Hasta las descripciones de la naturaleza tienen su función dentro de la economía del relato. Véase, por ejemplo, este pasaje que describe el campo muy poco antes de la muerte de Demetrio:

> Fue una verdadera mañana de nupcias. Había llovido la víspera toda la noche y el cielo amanecía entoldado de blancas nubes. Por la cima de la sierra trotaban potrillos brutos de crines alzadas y colas tensas, gallardos con la gallardía de los picachos que levantan su cabeza hasta besar las nubes.

La renovación de la vida no se ve afectada por los acontecimientos humanos. En último término la suerte de Demetrio tiene poca importancia.

La manera de hablar es otra indicación de las fuerzas determinantes de la vida humana. Cada manera de hablar es la voz de una clase social y por lo tanto representa un condicionamiento. Éste es el motivo de que a algunos personajes —Camila y Luis Cervantes— les resulte difícil comunicarse. Camila habla con el lenguaje más tosco de los campesinos, pero para ella las palabras representan efectivamente sentimientos:

> Oye, curro... Yo quería icirte una cosa... Oye, curro, yo quiero que me repases *La Adelita*... pa... ¿a que no me adivinas pa qué? Pos pa cantarla muncho, muncho, cuando ustedes se vayan.

Cervantes, por otro lado, emplea una retórica periodística cuyas palabras se proponen inducir a confusión. Como Camila, Demetrio habla con una «auténtica» voz campesina, aunque su lenguaje es funcional más que afectivo.

Resumiendo, *Los de abajo* es un buen ejemplo de novela cerrada en la que cada elemento, cada procedimiento, se usa para reforzar un esquema sencillo y determinista. El placer de la lectura no se debe ni a la ambigüedad ni a la sorpresa, sino a una expectación que acaba por realizarse. *Los caciques* y *Las moscas* siguen pautas similares. La primera de estas novelas se sitúa en el período de la revolución de Madero (1910-1912), durante la cual había más retórica que verdaderos cambios en las estructuras sociales. Como comenta Rodríguez, uno de los personajes:

> La revolución de Madero ha sido un fracaso. Los países gobernados por bandidos necesitan revoluciones realizadas por bandidos.

La pequeña ciudad que es escenario de la novela está dominada por los hermanos Del Llano cuyo poder sobre la comunidad es absoluto. Son propietarios de tiendas, capitalistas locales que prestan dinero con un crecido interés. La historia se centra en su dominación de la ciudad aun después de la revolución de Madero, y la manera como arruinan a su rival, don Juan Viñas, quien llega a tener tratos comerciales con ellos. La novela tiene, pues, un alcance mucho más reducido que *Los de abajo,* ya que se limita casi exclusivamente a la clase media y a la pequeña burguesía. El único personaje inteligente y lúcido, Juan Rodríguez, es asesinado por orden de los Del Llano antes de que la segunda fase de la revolución llegue a la ciudad. La novela expone la debilidad de cualquier movimiento que dependa de una clase cuyos ideales estén oscurecidos por intereses económicos. Los poderosos capitalistas como los Del Llano no tienen ningún interés en cambiar el sistema social, mientras que los capitalistas menores y más conscientes se ven cogidos entre dos fuegos, entre el gran monopolio y las reivindicaciones radicales de las clases bajas. El hijo y la hija de Viñas, después de su ruina, son los que preparan el camino a la revolución, pero solamente les empuja un anárquico sentimiento de venganza contra los hombres que arruinaron a su padre.

Las moscas, la tercera novela escrita por Azuela durante el período revolucionario, es más caricaturesca e irónica que las novelas anteriores. La estructura está cuidadosamente elaborada por el autor, quien construye la novela en torno a un viaje en tren desde Ciudad de México hasta el norte, en un período en el que tanto los seguidores de Villa como los contrarrevolucionarios estaban huyendo de la ciudad ante el avance de las tropas victoriosas de Obregón. Los pasajeros del tren sólo tienen una cosa en común, todos son parásitos de la sociedad. Desde Marta, la viuda de un portero del Palacio Nacional, y sus hijos, hasta el general con sus ayudantes de campo, y Ríos, el ex-burócrata. La única excepción es el médico, observador desengañado de aquella huida vergonzosa. El tren, tan a menudo un símbolo del progreso, es aquí como un animal que lleva sobre el lomo a una serie de insectos parásitos. Pero el ambiente es de comedia más que de tragedia, y el problema moral se refiere a la cobardía, no al heroísmo.

Las novelas de Azuela nos ofrecen un completo cuadro de la revolución, pero un cuadro que sólo permite una perspectiva única. Sus novelas representan la revolución como una fuerza liberada por la opresión. Las clases medias, que hubieran tenido que dominar los hechos, fracasan en su intento de ser guías ilustrados. En vez de eso, sucumben a sus pasiones y así incurren inevitablemente en el castigo. No es posible ninguna otra interpretación. El placer del lector se debe a una sensación de plenitud, al ver cómo se anudan limpiamente una serie de cabos sueltos.

La carrera de Azuela como escritor se prolongó hasta años relativamente recientes. En 1918 publicó una novela, *Las tribulaciones de una familia decente,* cuyo tema era la adaptación de una familia a las nuevas condiciones de la sociedad posrevolucionaria, tema que está evidentemente vinculado con el de *Las moscas.* Novelas posteriores, entre ellas *La malhora* (1923), *La luciérnaga* (1932) y *Nueva burguesía* (1941), muestran la influencia de los experimentos novelísticos contemporáneos, sin llegar no obstante a la apertura que caracteriza a la narrativa más moderna. Si ha pasado, pues, a la historia es como novelista realista que utilizó como materia prima la revolución [5].

2. MANUEL GÁLVEZ (Argentina, 1882-1962)

Manuel Gálvez fue uno de los escritores realistas latinoamericanos más prolíficos, y como en el caso de Azuela, su visión estuvo condicionada por el positivismo. En su época de estudiante escribió una tesis sobre la trata de blancas y sus novelas abordan a menudo problemas sociales muy concretos. *El mal metafísico* (1916), por ejemplo, analizaba la muerte del idealismo romántico en el áspero ambiente de Buenos Aires. El protagonista, Riga, era un producto de la generación arielista, fundador de una revista que llevaba el nombre de *La Idea Moderna,* que él confiaba que contribuiría a formar actitudes más

5. Para otras novelas de la revolución, véase la antología de Aguilar, *La novela de la revolución mexicana,* edición de Antonio Castro Leal, 2 vols., México, 1958-1960. Una de las mejores novelas, aparte de las de Azuela y Guzmán, es *Se llevaron el cañón para Bachimba,* de Rafael F. Muñoz, que Anderson Imbert compara con *Don Segundo Sombra* en su *Historia de la literatura hispanoamericana,* II.

idealistas. Pero está destinado a fracasar y a morir prematura-
mente víctima de «el mal metafísico»:

> la enfermedad de soñar, de crear, de producir belleza, de
> contemplar [...]

Nacha Regules (1918) ofrece otra versión del tema de los
ideales perdidos, con la historia de una mujer que se ve em-
pujada a la prostitución.

Es el medio ambiente el que triunfa sobre los personajes de
Gálvez. En una de sus mejores novelas, *La maestra normal*
(1914), la ciudad provinciana en la remota provincia de La Rioja, conspira para ahogar el amor y las relaciones naturales.
Se rumorea que la Escuela Normal, fundada sobre unos principios anticlericales y positivistas, es un nido de inmoralidad, y
cuando la maestra, Raselda, se enamora de un joven forastero
y es seducida por él, se abaten sobre ella las iras de toda la
población. Pero es la ciudad misma la que alimenta la beatería
y el tedio que a su vez provocan la caída de Raselda:

> La ciudad parecía de una dulce tristeza, a pesar del co-
> lor que ponían los naranjos y las tejas sobre el fondo gris
> de la montaña. Por las calles no andaba sino una que otra
> persona. En algunas puertas, las sirvientas endomingadas,
> miraban como atónitas a los transeúntes. De cuando en
> cuando pasaba algún carruaje, lentamente, como con des-
> gano, saltando sobre el ruin empedrado. Sus ecos se per-
> dían en la soledad de las calles.

Aquí la vida parece apagarse. La existencia es morosa y sin
ningún relieve. La censura social es estricta e implacable. Gálvez
muestra cómo las esperanzas y las ilusiones individuales no
pueden sobrevivir a la indiferencia o a la hostilidad activa de la
sociedad. Sin embargo, al igual que hace Azuela, pone plomo
en sus dados antes de jugar, y el lector no tiene más remedio
que admitir su veredicto.

3. La herencia de la picaresca

Una modalidad de novela social que escapó al esquema estrictamente predeterminado fue la picaresca. Este tipo de narrativa tenía sus raíces en la España del siglo XVI; en la Hispanoamérica del siglo XX el género reapareció con un grupo de escritores que no sólo se interesaban por personajes de baja extracción sino que también preferían una forma que les permitiese enhebrar ligeramente una serie de episodios en una narración hecha en primera persona. El camino intermedio entre la novela cerradamente realista y la picaresca está representado por las novelas de Roberto Payró (1867-1928), escritor argentino que simpatizaba con el anarquismo y que, como Gálvez, consideraba la novela como un instrumento de reforma. Sólo una de sus obras en prosa, *El casamiento de Laucha* (1906), tiene las características de la picaresca, pero *Pago Chico* (1908) es una yuxtaposición de episodios someramente relacionados entre sí, y *Divertidas aventuras del nieto de Juan Moreira* (1910), aunque más convencional en la forma, tiene también una estructura episódica. La primera novela, *El casamiento de Laucha,* tiene evidentes puntos de contacto con el cuento popular. Narra la historia de un pícaro criollo, Laucha, quien, con la ayuda de «Padre Papagna» se las ingenia para fingir su matrimonio con la propietaria de una tienda, doña Carolina, cuyo dinero se dedica luego a derrochar. Finalmente la abandona. En esta obra el desenlace es tan cerrado como en las novelas de Azuela, pero el autor mantiene una relación distinta con el lector, y la verdad es que parece conspirar con él para reírse de los personajes. Aquí, por ejemplo, se nos habla del vestido de novia de Carolina, visto por Laucha:

> Carolina se había encajado un gran traje de seda negra, con pollera de volados y bata de cadera, y se había puesto una manteleta en la cabeza, que le pasaba por detrás de las orejas y se ataba debajo de la barba, unas caravanas larguí-

simas de oro que le zangoloteaban a los lados de la cara
redonda y colorada, y un tremendo medallón con el retrato
del finadito, de medio cuerpo.

Claro está que es Laucha quien está hablando y, en consecuencia,
la descripción que se hace de Carolina, con su cara colorada y el
enorme retrato de su difunto esposo, «el finadito», sobre el
pecho, es deliberadamente grotesca, pero se está llevando al
lector a un terreno confianzudo de un modo que los personajes
de Azuela nunca hubiesen hecho. El lector se divertirá con
Laucha, pero su superioridad moral le asegura que el engaño
de que hace víctima a Carolina será condenado. Payró es un
escritor mucho más moralista que Azuela.

Pago Chico tiene una estructura mucho más suelta y en el
fondo reúne una serie de relatos en torno a un tema común, el
de una ciudad provinciana, Pago Chico (cuyo modelo es Bahía
Blanca), con una corrompida jerarquía política formada por el
gobernador, el jefe de policía, los líderes políticos y los periódicos rivales. Los relatos nos muestran la corrupción de los políticos que amañan las elecciones, contratan matones para proteger
sus intereses y especulan con la tierra. El efecto es más que
picaresco, costumbrista, aunque es un costumbrismo que se centra principalmente en tipos políticos.

El ataque que Payró efectúa contra la corrupción del sistema
político está matizado por el humor, aunque como en su descripción de la boda de Laucha, no deja de intervenir también
una cierta condescendencia.

> En Pago Chico preparábase un miti, un metín, o cosa
> así que debía tener lugar en el antiguo reñidero de gallos,
> único local, fuera de la cancha de pelota, apropiado para la
> solemne circunstancia, puesto que el teatro —un galpón de
> cinc— pertenecía a Don Pedro González, gubernista, que
> no quería ni prestarlo ni alquilarlo a sus enemigos de causa.

Payró se está mofando del provincianismo, lo cual explica
el frecuente uso de la parodia, de discursos políticos o de
artículos de periódicos sensacionalistas como el siguiente:

¡¡¡¡¡Miserables!!!!!

Mañana nos ocuparemos más extensamente de este atentado brutal. Hoy la indignación nos pone mudos y a más la falta absoluta de espacio nos impide tratar el tema con la extensión que merece.

Los episodios están ligados de una manera accidental, pero en conjunto dan una imagen muy contrastada de la ciudad que es el verdadero protagonista.

A pesar de su título, *Divertidas aventuras del nieto de Juan Moreira* es la más seria de las tres obras y una de las que tiene una construcción más rigurosa. Es el relato en primera persona de la ascensión del político Mauricio Gómez Herrera, apodado «el nieto de Juan Moreira» por un periodista que le considera como el equivalente ciudadano del bandido gaucho de otros tiempos. La novela es la menos lograda de las tres obras principales de Payró y se basa en una trama argumental muy romántica, la del hijo ilegítimo que ignora la identidad de su padre.

4. MARTÍN LUIS GUZMÁN (1887-   )

En México la revolución favoreció la modalidad de la novela picaresca. Muchos escritores habían sido testigos presenciales de la lucha y habían conocido las vicisitudes inherentes a la guerra. José Vasconcelos (1882-1959), ministro de Educación durante el gobierno de Obregón, aportó su testimonio personal y el primer volumen llevaba el significativo título de *Ulises criollo* (1936) [6]. Pero el escritor que mejor ejemplifica esta narrativa picaresca revolucionaria es Martín Luis Guzmán en su novela *El águila y la serpiente* (1928). En esta «novela» los hechos están contados por el propio Guzmán. Describe su huida de Ciudad de México después del golpe de estado de Huerta, sus

6. *Ulises criollo* es el título del primer volumen de la autobiografía de Vasconcelos, y figura en la antología de *La novela de la revolución mexicana* y en Vasconcelos, *OC*, 4 vols., México, 1951.

andanzas viajeras en busca de los ejércitos del norte y sus aventuras con varios jefes revolucionarios como Pancho Villa, de quien fue secretario. El realismo de Guzmán consiste en su captación del detalle significativo y en su selección de anécdotas que nos explican lo que representa vivir en medio de una revolución. Al lector raras veces se le permite asomarse a refriegas o batallas de importancia; en cambio se nos habla de los bailes que tenían lugar detrás de las líneas de fuego, de viajes en tren en los que para que funcionara la locomotora había que arrojar a la caldera los asientos de los vagones, de una película proyectada ante las bárbaras tropas revolucionarias que acribillan la pantalla a balazos, de la espectacular huida de Pancho Villa de la cárcel. La desengañada mirada de Guzmán se posa sobre todo en los jefes. Carranza se describe como «un ambicioso vulgar», Villa se ve como un peligroso salvaje. En el siguiente fragmento se nos da un primer plano efectista pero impresionante del narrador y de Villa, enfrentándose y mirándose de hito en hito casi pegados el uno al otro:

> La boca del cañón estaba a medio metro de mi cara. Por sobre la mira veía yo brillar los resplandores felinos de los ojos de Villa. Su iris era como de venturina; con infinitos puntos de fuegos microscópicos. Las estrías doradas partían de la pupila, se transformaban hacia el borde de los blancos en finísimas rayas sanguinolentas e iban desapareciendo bajo los párpados.

Estos terribles ojos se nos describen inyectados en sangre, en todo su detalle animal, pero la escena nos presenta sobre todo el enfrentamiento entre el intelectual y el guerrillero. Y no solamente Villa; se pasa revista a todos los jefes revolucionarios. Rodolfo Fierro, el lugarteniente de Villa, se describe exhausto por el cansancio de haber ejecutado personalmente a centenares de prisioneros. Obregón (condenado como charlatán) y Carranza son esencialmente héroes con pies de barro y ninguno de los dos encarna el ideal de Guzmán. A veces el cuadro se hace patético. Así, los zapatistas en el Palacio Nacional están intimidados ante aquellos esplendores de la civilización:

> A nuestras espaldas, el tla-tla de los huaraches de dos zapatistas que nos seguían de lejos recomenzaba y se extinguía en el silencio de las salas desiertas. Era un rumor dulce y humilde. El tla-tla cesaba a veces largo rato, porque los dos zapatistas se paraban a mirar alguna pintura o algún mueble. Yo entonces volvía el rostro para contemplarlos: a distancia parecían como incrustados en la amplia perspectiva de las salas. Formaban una doble figura extrañamente lejana y quieta. Todo lo veían muy juntos, sin hablar, descubiertas las cabezas, de cabellera gruesa y apelmazada, humildemente cogido con ambas manos el sombrero de palma.

La manera de escribir está muy cerca del buen reportaje, con la única diferencia de que Guzmán permite que el juicio subjetivo coloree la descripción quizá más de lo que hubiera hecho un reportero. Como un buen reportero, su visión de la revolución es microscópica; se preocupa mucho más por el detalle que por el conjunto.

5. José Rubén Romero (1890-1952)

En contraste con Guzmán, Romero, también mexicano, utilizó la picaresca para ilustrar su visión de las experiencias vitales. Sus obras principales fueron fruto de una estancia en el extranjero, cuando era cónsul de México en Barcelona. Estos libros reflejan su nostalgia del México provinciano de su niñez. Los primeros que escribió son de carácter autobiográfico. *Apuntes de un lugareño* (1932), *El pueblo inocente* y *Desbandada* (1934) se sitúan en los años de la revolución y describen la vida de tenderos y de muchachas aldeanas para quienes la triste monotonía se ve bruscamente sacudida por la violencia. En *Apuntes de un lugareño* la insignificante existencia de un adolescente se ensombrece de un modo súbito cuando es arrastrado ante un pelotón de ejecución del que sólo se salva en el último minuto. En *Desbandada,* los escenarios familiares de la existencia de un muchacho —la torre de la iglesia, la tienda, las calles del pueblo— se convierten de pronto en lugares de violencia y de sangre. Estas novelas están contadas en primera persona por un narrador que pertenece a la baja clase media y que oscila entre el descontento ante la vida provinciana y la necesidad de orden. En *Desbandada,* por ejemplo,.el narrador queda abrumado cuando los bandidos revolucionarios destruyen su casa, pero no condena la revolución, que describe como «un noble afán de subir».

> La Revolución, como Dios, destruye y crea, y, como a Él, buscámosla tan sólo cuando el dolor nos hiere.

Sin embargo, cuando escribió su siguiente novela, el elemento autobiográfico quedó absorbido por la forma de la picaresca. *Mi caballo, mi perro y mi rifle* (1936) es la historia del hijo de una viuda que vive oscuramente, detestando a la oligarquía que rige la vida de la pequeña ciudad, pero sin ser capaz ni siquiera de expresar su odio. Al estallar la revolución deja a su mujer y a su hijo para unirse a los revolucionarios y por vez primera posee un caballo (símbolo de movilidad y de huida), un rifle (símbolo de poder) y un perro (símbolo de camaradería). Conoce un breve lapso de gloria y luego es herido cuando huía ante el enemigo. Al terminar la revolución está más desengañado que nunca, ya que cuando vuelve encuentra en el poder a las mismas fuerzas contra las que había estado luchando. Pierde el caballo, el perro y el rifle que la revolución le había prestado. Lleva una vida miserable con todas las características de un protagonista de Romero: amargado, sin un céntimo y odiando a los ricos.

La obra maestra de Romero es *La vida inútil de Pito Pérez,* novela basada en un personaje real. Pito no es el principal narrador, pero entabla un diálogo con el propio novelista. El argumento no está muy bien trabado y viene a ser como una acumu-

lación de anécdotas, de la «filosofía» de Pito, de su última
voluntad y testamento, de sus recuerdos del pasado. El protagonista epónimo es el borracho de la ciudad, el «otro» cuya
misma existencia representa un desafío para la sociedad, un
hippy *avant la lettre* cuya presencia recuerda a todos sus repre-
siones y fracasos. Le tratan como a un bufón, como a un criminal, y le persiguen. Pero no pueden tomárselo en serio pues
de otro modo la existencia de la sociedad misma quedaría en
entredicho. La ciudad provinciana debe salvar las apariencias,
sus habitantes tienen que vivir inhibidos y controlados, y cuando aparece Pito su presencia actúa como un agente explosivo
de emociones que es más tranquilizador que no se expresen.
Irónicamente, otros seres marginales le tratan muy mal, y en
el curso de un drama sobre la Pasión que se representa en la
cárcel, le dejan colgando de la cruz mientras los presos se
mofan de él. Pero si los demás son crueles para con él, sus
travesuras son inofensivas. Lo que quiere es vivir contando
cuentos, poder comer y beber sin tener que trabajar. Para poder
tomar una copa es capaz de hacer lo que le pidan, y su falta de
vergüenza resulta más embarazosa para los demás que cualquier
otra actitud:

> No, yo seré malo hasta el fin, borracho hasta morir con-
> gestionado por el alcohol; envidioso del bien ajeno, porque
> nunca he tenido bien propio; maldiciente, porque en ello
> estriba mi venganza en contra de quienes me desprecian.
> Nada pondré de mi parte para corregirme.

En ningún momento se habla aquí de arrepentirse, porque Pito,
a diferencia del héroe de la picaresca del siglo XVII, es más santo
que la gente que le rodea. Es una imagen de Cristo, apropia-
damente «crucificado», y cuando muere su cadáver es arrojado
a un vertedero, aunque sus ojos aún miran «con altivez desa-
fiadora al firmamento».

Esta visión nihilista de la experiencia que tiene Romero
fue compartida por el novelista chileno Manuel Rojas, quien
también prefiere la forma picaresca.

6. MANUEL ROJAS (1896-

Nacido en Chile, Manuel Rojas es uno de los más destacados escritores realistas de Hispanoamérica. Como Rubén Romero, sus novelas se basan en experiencias autobiográficas y están narradas en primera persona. Excelente autor de cuentos, su originalidad estriba sobre todo en la anécdota y en los materiales que extrae de la vida más que en la técnica de la narración. Sus mejores novelas, *Lanchas en la bahía* (1932), *Hijo de ladrón* (1951) y *Punta de rieles* (1959) están escritas en un estilo que recuerda al del novelista español Pío Baroja. La obra de Baroja trata de dar la impresión de ser la materia en bruto de la vida, y, además, de la vida vivida accidentalmente, sin ningún plan ni propósito. Rompe así con el rígido esquema argumental de parte de la literatura realista del siglo XIX y crea una estructura más libre, que parece tan casual y accidental como encontrarse con alguien por la calle. Como Baroja, Rojas elige esta estructura casual deliberadamente porque rechaza el sistema mecanicista de causa y efecto propio del realismo tradicional:

> Descubrí, con gran sorpresa, que el resultado estaba de acuerdo con mi modo natural de pensar, de divagar, de reflexionar y de recordar, un modo en que entra todo, lo lógico y lo especulativo y también lo inconsciente y lo absurdo, un modo en que a veces los seres, las cosas y los hechos pasan y vuelven a pasar, uniéndose entre sí de una manera imperceptible [7].

Y en efecto, la originalidad de la obra reside en esta estructura libre que corresponde a la estructura de la vida urbana. Careciendo de las normas sociales fijas que la familia contribuye a inculcar, los personajes de Rojas tienen mayor libertad y son más solitarios, y sus relaciones entre sí se deben a una camaradería accidental de trabajo, cárcel o taberna. *Lanchas*

7. Manuel Rojas, *OC*, Santiago de Chile, 1961, pág. 28.

en la bahía es una novela contada por un joven vigilante nocturno de un lanchón de Valparaíso, que es despedido por haberse dormido; se incorpora a un grupo de lanchoneros, riñe por una prostituta y es detenido. Las relaciones que tiene el muchacho son con un amigo al que conoce por casualidad, Rucio, y con una prostituta. En *Hijo de ladrón,* Aniceto Hevía describe aventuras, amigos, recuerdos, todo según acude a su memoria. Es hijo de un ladrón de joyas de Buenos Aires cuyo encarcelamiento pone fin a la vida familiar, y tiene que hacer frente también a la muerte de su madre y a la dispersión total de la familia. A partir de entonces vaga por la Argentina, atraviesa los Andes y va a parar a Valparaíso, trabajando como aprendiz de carpintero, haciendo de labrador y terminando por ser un mero vagabundo. La camaradería del trabajo y de la cárcel reemplaza los lazos familiares. Cada momento de su vida está determinado por la casualidad más que por una elección deliberada. Mientras ve cómo arranca un tren, por ejemplo, le suben a uno de los vagones para que trabaje en la cosecha. En Valparaíso es encarcelado a consecuencia de unas algaradas cuya causa ignora por completo.

Pero la ciudad, que crea dureza, opresión, trabajo, también ofrece libertad y compañerismo. Aniceto no necesita sucumbir a la rutina y aceptar un trabajo regular, sino que puede aceptar la libertad de la vida de los vagabundos y su amistad en lugar de los vínculos familiares. Al fin y al cabo tanto da una cosa como otra:

> Todos viven de lo que el tiempo trae. Día vendrá en que miraremos para atrás y veremos que todo lo vivido es una masa sin orden ni armonía, sin profundidad y sin belleza, apenas si aquí o allá habrá una sonrisa, una luz, algunas palabras, el nombre de alguien, quizás una cancioncilla. ¿Qué podemos hacer?

En resumidas cuentas, la vida es siempre lo mismo. De este modo la novela de Manuel Rojas queda fuera de la jerarquía de valores que es característica de la novela realista cerrada. La vida es sencillamente la vida.. Se puede empezar por enmedio, por el comienzo o por el final, porque nadie va en una dirección concreta.

El realismo picaresco rompe así algunas de las limitaciones del realismo cerrado. Con la excepción de Payró, todos los autores que usaron la forma de la novela picaresca estaban desafiando deliberadamente la imposición de pautas a los hechos. Querían mostrar el carácter casual y desordenado de la experiencia y a menudo se negaban a atribuir a los hechos un orden evolutivo, como se negaban a ver el progreso humano como una meta.

7. El realismo y la lucha contra la naturaleza

Los escritores contemporáneos a veces dan la impresión de que la lucha desigual del hombre contra la naturaleza fue el tema principal de la literatura hispanoamericana anterior a los años cuarenta. En realidad fueron muy pocos los escritores que concedieron a la naturaleza un papel central en su obra, y más a menudo las fuerzas destructivas de la naturaleza se ven dentro del contexto de una preocupación de justicia social. Sin embargo, la conciencia de la hostilidad del medio ambiente y de la fragilidad del barniz de civilización fue un estadio importante para el hombre hispanoamericano. No hay que perder de vista que «la naturaleza» y «el paisaje» crecen en importancia a medida que los escritores se sienten más separados de lo natural. Pero para el hombre hispanoamericano escapar de un mundo urbano no era ir a parar al regazo de una naturaleza sabia y maternal, sino de una naturaleza feroz e implacable. Los dos escritores que mejor manifiestan la inexorable hostilidad del medio ambiente son el colombiano Eustasio Rivera (1889-1928) y el uruguayo Horacio Quiroga (1878-1937).

8. Eustasio Rivera (1889-1928)

Rivera fue un maestro, abogado y poeta, cuya única novela, *La vorágine,* es el prototipo de «la novela de la selva». A pesar de sus defectos estilísticos y de un argumento torpe, el enfrentamiento entre la naturaleza salvaje y las ideas preconcebidas del poeta-héroe europeizado es dramático e impresionante. El autor, parnasiano en su poesía, de la que publicó un volumen, *Tierra de promisión* (1921), romántico en sus actitudes respecto a la vida, adopta las metáforas y las convenciones argumentales de la tradición romántica, pero muestra lo inadecuadas que son éstas si se comparan con la realidad. El protagonista de *La vorágine,* Arturo Cova, ha huido de Bogotá en compañía de su amante, Alicia, y estos Atala y Chactas un poco tardíos se encuentran en situaciones que Chateaubriand nunca hubiera podido ni soñar. Una vez fuera de la ciudad descubren que allí no reina más ley que la de la supervivencia de los más fuertes. En las llanuras mandan los violentos ganaderos que juzgan lastimosas las tentativas de Arturo de rivalizar con su machismo. Alicia, deslumbrada por las fortunas que pueden llegar a reunir los caucheros, sigue al enganchador Barrera a la selva, y es tenazmente perseguida por Arturo, quien, sin embargo, comprueba que este nuevo ambiente no sólo hace trizas las ideas estereotipadas que tenía sobre la naturaleza, sino que incluso destruye su propia personalidad y su sentido de la identidad. Tiene alucinaciones y se ve empujado a la violencia que pronto llega a ser algo natural en él. La naturaleza, antaño un tema poético, es una fuerza despiadada que devora víctimas en interés de la supervivencia de los más fuertes; el hombre y los mundos vegetal y animal están prisioneros en un funesto círculo de muerte y nacimiento. Los indios, aquellos «hombres naturales» del romanticismo, están más cerca de ser esclavos del instinto que hombres libres, incluso en sus fiestas. La fuerza que oprime es la naturaleza misma, con la selva como una prisión, de la que hay pocas esperanzas de escapar, dominada por fuerzas malignas sobre las que el hombre no tiene ningún control. Los peores instintos del hombre se desarrollan hasta alcanzar proporciones horripilantes, ya que no existe ningún código de civilización para mantenerlos a raya. De ahí las sangrientas guerras de las diferentes bandas de caucheros. Y a su alrededor, las terribles manifestaciones del poder creador y destructor de la naturaleza. Rivera echa mano de todos los recursos de su prosa para expresar su horror, como en este pasaje en el que Clemente Silva, un anciano que ha perdido a su hijo en la selva, se encuentra en su camino con las hormigas carnívoras, y se esconde en el barro hasta que la masa de insectos haya pasado:

> Desde allí miraron pasar la primera ronda. A semejanza de las cenizas que a lo lejos lanzan las quemas, caían sobre la charca las fugitivas tribus de cucarachas y de coleópteros, mientras que las márgenes se poblaron de arácnides y reptiles, obligando a los hombres a sacudir las aguas mefíticas para que no avanzaran en ellas. Un temblor continuo agitaba el suelo, cual si las hojarascas hirvieran solas. Por debajo de troncos y de raíces avanzaba el tumulto de la invasión, a tiempo que los árboles se cubrían de una mancha negra, como cáscara movediza que iba ascendiendo.

Si nos fijamos en este pasaje veremos que en él hay dos estilos. Frases como «a semejanza de», «cual si» nos preparan para una descripción literaria, y adjetivos como «mefítica» pertenecen evidentemente a este tipo de literatura esmerada. Hay además la terminología científica de «coleópteros» y «arácnides». En contraste, verbos como «hervir», sustantivos como «cucaracha» y «cáscara» señalan los puntos donde aflora la realidad.

La sociedad humana no se ve como una civilización en la que el hombre queda al margen de la naturaleza, sino como una extensión de los peores instintos naturales. En la selva, antiguos presidiarios de Cayena recurren a la matanza en sus intentos de conseguir el dominio del codiciado imperio del caucho, y una horrorosa matanza es presenciada por un «filósofo», que más tarde quedará aquejado de ceguera psicológica, expresivo símbolo de la impotencia del intelectual para evitar el mal o influir en los verdaderos amos de estas tierras salvajes. El propio Cova se va haciendo cada vez más insensible y finalmente sucumbe a la ley de la selva. Mata a su rival Barrera, ve como su cadáver es devorado por las pirañas, y cuando Alicia pierde a su hijo en un aborto, los dos huyen hacia la selva en vez de quedarse para prestar auxilio a los trabajadores de un barco víctimas de la epidemia. Nunca más se supo de ellos, fueron devorados por la selva.

La vorágine es un intenso testimonio del final del concepto romántico europeo de la naturaleza en Latinoamérica [8], y sin duda tiene sus raíces en la experiencia personal de Rivera de la disparidad entre su educación literaria y sus experiencias como abogado y como miembro de la comisión de límites entre Venezuela y Colombia. Su novela fue un hito en la literatura latinoamericana. En ella, la realidad irrumpe rompiendo convenciones; la barbarie se impone a formas extrañas.

9. HORACIO QUIROGA (1878-1937)

En los cuentos de Horacio Quiroga el estilo todavía pugna por rivalizar con el tema, pero este autor desarrolló con el paso de los años una prosa sobria que expresa exactamente su estoica visión de las relaciones que mantiene el hombre con las fuerzas naturales. Esta evolución es tanto más sorprendente cuanto que Quiroga empezó su obra como modernista e incluso hizo la habitual peregrinación modernista a París. A su regreso a Montevideo se hizo miembro del círculo literario El Consistorio del Gay Saber y escribió poesía modernista hasta que un accidente —mató involuntariamente de un dis-

8. J. Franco, «Image and Experience in *La vorágine*», BHS, 1964.

paro a un amigo suyo— cambió por completo el curso de
su vida. En primer lugar se trasladó a Buenos Aires donde
gozó de la amistad de Leopoldo Lugones, quien por aquel
entonces estaba interesado por las ruinas de las misiones jesuíticas en la zona norte y tropical de la Argentina. Quiroga
se incorporó como fotógrafo a la expedición que Lugones
dirigió para estudiar estas ruinas, y de este modo descubrió
el trópico. A partir de entonces viviría muchos años como colono y granjero primero en la región del Chaco y luego en
Misiones, que iba a ser el escenario de la mayoría de sus
cuentos. Pero su vida llevaba el sello de la tragedia. Su primera
esposa se quitó la vida y también él se suicidó al enterarse
de que tenía cáncer.

Quiroga escribió novelas, pero su género preferido fue el
cuento. Sus primeros intentos fueron imitaciones de Poe, con
quien compartía una preferencia por lo extraño, lo violento
y la locura, y algunos de sus primeros cuentos —«El perseguidor», «La gallina degollada», por ejemplo— pertenecen al
género de relatos sangrientos. Los cuentos aparecieron en
publicaciones periódicas y sólo se reunieron en volúmenes en
Cuentos de amor, de locura y de muerte (1917), *Cuentos de la
selva* (1918), *El salvaje* (1920), *Anaconda* (1921), *El desierto*
(1924) y *Los desterrados* (1925).

Quiroga sitúa muchos de sus cuentos en los territorios
de Misiones y del Chaco, donde el trópico ofrece el telón de
fondo más adecuado para dos de sus temas favoritos: la demostración de lo que realmente vale un hombre cuando se enfrenta con los peligros de la naturaleza y lo imprevisibles que
son siempre las fuerzas naturales, hasta el punto de que es
muy difícil que la razón o la voluntad humana prevalezcan
sobre ellas. Ambos temas se encuentran en el relato titulado
«Los fabricantes de carbón», basado en una experiencia autobiográfica, y teniendo por protagonistas a dos personajes, Drever y Rienzi, estoicos y taciturnos. Ambos se dedican a pro-
bar métodos para fabricar carbón y para ello están constru-
yendo un horno. Por eso los cálculos desempeñan un papel

muy importante en el relato: las medidas del horno, la longitud y anchura de las barras metálicas que emplean, la temperatura de la zona que los dos hombres comprueban cada mañana. Pero todos estos cálculos resultan inútiles en el contexto de Misiones. La hija de Drever cae enferma, y ésta es la causa de que no pueda vigilar debidamente su experimento, la temperatura de la zona fluctúa de una manera extremada, el trabajador indio se equivoca en la madera que hay que meter en el horno y la madera se enciende. El cuento no termina trágicamente y los protagonistas son lo suficientemente estoicos como para aceptar los caprichos de la debilidad humana y de los fenómenos naturales. La tragedia se produce cuando el hombre se empeña en desafiar con su razón y su voluntad a una naturaleza cuya fuerza es inconmensurablemente superior a él. El realismo de Quiroga está muy próximo al de Azuela y al de Gálvez en el hecho de que construye cuidadosamente una cadena de causas y efectos que termina para el protagonista en un desastre. Donde se aparta de ellos es en la importancia que otorga al azar o al accidente en la vida humana. Sin embargo el accidente siempre se produce, por decirlo así, en unas condiciones de laboratorio, como podría introducirse un nuevo elemento en una experiencia cuidadosamente vigilada. Veamos, por ejemplo, «El hombre muerto», que trata de los últimos momentos de la vida de un hombre. Es un cuento en el que Quiroga analiza la naturaleza del «yo», las tentativas del hombre para poseer el mundo objetivo y poder llegar a dominarlo, y la transformación de sujeto a objeto en el momento de la muerte. El relato está constituido por los suspiros, los sonidos y las preocupaciones de un hombre que, de un modo involuntario, acaba de herirse mortalmente con su propio machete al trepar por una cerca de alambre espinoso. Tendido en el suelo, donde se está desangrando, puede ver toda su vida cuya síntesis es un esfuerzo: las rectilíneas hileras de bananos, la cerca que las limita y las separa de la oscura selva. Las aspiraciones del hombre se han objetivizado en estas posesiones que ahora contempla:

> Por entre los bananos, allá arriba, el hombre ve desde
> el duro suelo el techo rojo de su casa. A la izquierda, entreví
> el monte y la capuera de canela. No alcanza a ver más,
> pero sabe muy bien que a sus espaldas está el camino al
> puerto nuevo; y que en la dirección de su cabeza, allá abajo,
> yace en el fondo del valle el Paraná dormido como un lago.
> Todo, todo exactamente como siempre; el sol de fuego, el
> aire vibrante y solitario, los bananos inmóviles, el alambra-
> do de postes muy gruesos y algo que pronto tendrá que
> cambiar.

Quiroga sitúa al lector en la posición del moribundo y
sólo le permite contemplar lo que el moribundo puede ver:
el tejado rojo, los bananos, la cerca y el camino, aunque la
alusión al río «dormido» sugiere las fuerzas desconocidas que
están más allá del alcance de la percepción humana. Pero,
a diferencia del moribundo, el lector puede ser consciente de la
ironía de sus reacciones, cuando comenta que la cerca de alambre espinoso pronto tendrá que cambiarse. A medida que el
hombre se acerca a la muerte, este frágil intento de dominar
lo que le rodea se va desvaneciendo poco a poco. El punto
de vista del cuento deriva del hombre al caballo, ya que, mientras la personalidad humana se disuelve, el caballo, de un
modo instintivo, se siente libre para pasar al otro lado de la
cerca donde hay pastos más frescos. Implícitamente, la in-
trusión sugiere que la naturaleza volverá a imponerse de nuevo.

El realismo de Quiroga, más que en un minucioso análisis psicológico, radica en el estudio de la conducta humana
en unas condiciones extremas. Los cuentos, casi invariablemente, dramatizan la pugna entre la razón y la voluntad por
un lado, y el azar o la naturaleza por otro, aunque las cartas
están marcadas para favorecer siempre a estos últimos con-
tendientes. Así, lo que apreciamos en el escritor es el perfecto
funcionamiento de este mecanismo, más que sus rasgos alusivos
o de ambigüedad.

No obstante, en la última parte de su vida, las características de los cuentos de Quiroga cambian. *Los desterrados*

contienen narraciones mucho menos estructuradas, muchas de ellas más próximas a los estudios de caracteres o a sucedidos extraños. Le interesa más lo extraordinario que lo normativo, con personajes como Van Houten y el belga borracho Rivet, los campesinos brasileños, que seguían muy de cerca modelos reales que Quiroga conoció. Pero el tema predominante es aún el de «muere como un hombre», las grotescas contorsiones finales que preceden a la muerte en una región donde los pioneros habían tenido que desembarazarse de la compasión y de la moralidad, donde la simple supervivencia es una virtud.

10. LA VIRTUD DE LA NATURALEZA

La novela regionalista hispanoamericana se alimentó de una fuente distinta a la del realismo. Los escritores, en su búsqueda de la originalidad, de una identidad nacional distinta, se vieron naturalmente empujados hacia el regionalismo, hacia todos aquellos aspectos que diferenciaban a la vida hispanoamericana de la europea. La definición de los caracteres naturales y continentales fue cada vez más frecuente a partir del año 1900, y sobre todo después de la publicación del influyente ensayo *Ariel* (1900), de José Enrique Rodó (Uruguay, 1871-1917)[9]. La importancia de *Ariel* consistió en comparar la tradición mediterránea con el utilitarismo norteamericano, e inclinarse en favor de la primera, con la cual se identificaba América latina. Casi por vez primera, Latinoamérica salía aventajada de una comparación con otras civilizaciones. Después de la «quiebra» de Europa, que se hizo patente durante la primera guerra mundial, estas comparaciones se hicieron cada vez más frecuentes y fueron alentadas por escritores europeos y norteamericanos como D. H. Lawrence, el conde Hermann Keyserling y Waldo Frank[10], quienes opi-

9. Un análisis de la influencia del arielismo puede verse en Martin S. Stabb, *In quest of Identity*, Chapel Hill, 1967.
10. Keyserling fue autor de *South American Meditations*, Londres, 1932. Wal-

naban que la vida espontánea e intuitiva y las relaciones orgánicas aún florecían en Latinoamérica, mientras que ya habían desaparecido por aniquilamiento en las comunidades industrializadas y urbanizadas. Lo que los latinoamericanos no supieron ver fue que estas comparaciones no eran tan favorables como parecían, ya que a menudo tendían a relegar a Latinoamérica a una vulnerable era preindustrial. Pero la convicción de que los latinoamericanos eran poseedores de misteriosas virtudes que tarde o temprano podían tener su recompensa, tuvo una larga vida. En el decenio de los veinte encontramos a José Vasconcelos, quien en *La raza cósmica* (1925) anuncia unos tiempos futuros en los que la era estética sustituirá a la era tecnológica y entonces se asistirá al triunfo de la «raza cósmica» latinoamericana. Los argumentos de estos ensayos eran a menudo endebles, pero resultaban estimulantes para la literatura. Los escritores propendían a buscar elementos positivos en su entorno rural más que a lamentarse del atraso de la tierra. Sin embargo, esto a veces condujo a la nostalgia del antiguo orden feudal, como en *Las memorias de Mamá Blanca* (1929), de Teresa de la Parra (Venezuela, 1891-1936) o en *Gran señor y rajadiablos* (1948), del chileno Eduardo Barrios (1884-1963). No obstante, incluso en la obra de escritores que adoptaban una actitud más crítica respecto a la vida campesina, como el argentino Benito Lynch (1885-1951) y el uruguayo Enrique Amorim (1900-1960), se apunta la idea de que el auténtico espíritu nacional está más próximo de la vida del campo que de la vida ciudadana [11].

Este regionalismo que contrapesaba los valores rurales con los urbanos, los indígenas con los extranjeros, produjo una obra sobresaliente, *Don Segundo Sombra* (1926), de Ricardo Güiraldes (Argentina, 1886-1927).

---

do Frank escribió una serie de artículos y libros sobre Latinoamérica, especialmente *America Hispana. A Portrait and a Prospect,* Nueva York-Londres, 1931.

11. Para un estudio más completo de estos escritores, véanse los capítulos 3 y 4 de J. Franco, *The Modern Culture of Latin America.*

11. RICARDO GÜIRALDES

Güiraldes, hijo de un terrateniente, conocía de primera mano la vida de los gauchos. Era miembro de una familia acaudalada y conocía perfectamente París, toda Europa e incluso los países orientales. En el curso de su vida viajó muchísimo y fue amigo de muchos escritores europeos, especialmente de Valéry Larbaud [12]. Distaba, pues, mucho de ser un simple primitivista y era por el contrario un escritor enormemente consciente de su arte cuyo *Don Segundo Sombra* fue la culminación de una carrera literaria.

Desde el comienzo se interesó por una forma de escribir que pudiera expresar la esencia de la Argentina y por lo tanto de ciertos valores en trance de desaparición. Su primera obra publicada fue un volumen de relatos, *Cuentos de muerte y de sangre* (1915), que no eran más que breves estampas de tipos y anécdotas históricas basadas en modelos reales que él había conocido en el campo argentino. Aquel mismo año publicó un libro de poemas, *El cencerro de cristal,* y en 1917 su primera novela, *Raucho,* «Momentos de una juventud contemporánea». *Raucho* era la autobiografía espiritual de Güiraldes, la historia de su sentimiento de alienación en un ámbito europeo y su regreso a la tierra natal y al quietismo, lo cual reflejaba experiencias propias. Su tendencia al misticismo dejó huellas tanto en su poesía como en su novela lírica *Xaimaca* (1919).

Don Segundo Sombra representa la conjunción de todas sus influencias primerizas: el quietismo estoico, el rechazo de la modernidad, el amor a la pampa. Fabio Cáceres es un huérfano ilegítimo, un «guacho», que se cría con dos antipáticas tías solteronas en una pequeña ciudad en la que se convierte en algo que está entre el vagabundo y el delincuente. Es un Huck Finn argentino que frecuenta las tabernas y se dedica a pescar en vez de ir a la escuela. En esta existencia inútil irrum-

12. Las cartas a Valéry Larbaud figuran en R. Güiraldes, *OC,* Buenos Aires, 1962.

pe don Segundo Sombra, mayoral por el que el muchacho concibe una admiración inmediata. Se fuga de su casa y es acogido por el gaucho, quien le educa en las habilidades gauchescas y en su estoica aceptación de la vida. Al final de la novela es «más que un hombre»; es un gaucho. Y ha dejado de ser huérfano. El padre que se había negado a reconocerle muere y le deja en herencia su hacienda. El forajido se convierte en miembro de la sociedad.

Pero *Don Segundo Sombra* no es una simple historia de vaqueros. El aprendizaje de Fabio es un ejercicio espiritual y como en todos los ejercicios espirituales la preparación física es el primer paso esencial. En los primeros días que está bajo la tutela de su maestro, Fabio tiene que aprender a dominar sus impulsos, a trabajar como miembro de un grupo y a olvidar su orgullo individual. Se distancia de los placeres del mundo, no evitándolos, sino aprendiendo a sentir indiferencia por ellos.

La educación espiritual de Fabio tiene lugar lejos de las distracciones de las mujeres, de la sociedad y de la civilización. La sociedad es siempre una fuerza negativa: los taberneros de su ciudad natal, los jueces y abogados que complican innecesariamente la vida y que son el blanco de algunas de las narraciones de don Segundo Sombra, las mujeres, que son la más peligrosa de las distracciones. Fabio tiene que aprender no sólo a dominarse como gaucho, sino también a enfrentarse con las dificultades más sutiles que estas fuerzas introducen en la vida de adulto. Sin embargo, en la novela no hay una simple antinomia naturaleza-sociedad. La naturaleza es una fuerza indiferente; una simple lucha por la vida que los humanos deben trascender. En varias ocasiones la novela nos presenta la naturaleza en bruto: rebaños salvajes de ganado en los que la raza ha degenerado, los horribles cangrejos de mar acechando como presa a otros animales. El hombre ha de domar la naturaleza, pero sólo puede hacerlo aprendiendo a dominar sus propios instintos.

Tampoco es *Don Segundo Sombra* una apología del machismo. En el libro varias veces los personajes se encuentran con el reto del macho y hay peleas con navajas. Pero don Segundo Sombra no necesita afirmar su virilidad de este modo. Está demasiado seguro de sí mismo y nunca busca pelea, aunque tampoco trata de evitarla. Pero para él un duelo por una mujer es la forma peor y más fútil de vanidad humana. Al rechazar ese tipo de desafíos y de reacciones convencionales, don Segundo Sombra alcanza un alto grado de espiritualidad, trascendiendo las simples reacciones instintivas:

> Don Segundo me daba la impresión de escapar a esa ley fatal, que nos cacheteaba a antojo, haciéndonos bailar al compás de su voluntad.

Sólo cuando Fabio llega también a esta fase puede decirse de él que es un hombre y un gaucho, y entonces don Segundo Sombra, una vez terminada su obra, desaparece de su vida.

El lenguaje de la novela es elaboradamente literario en los pasajes narrativos y regional en el habla de don Segundo Sombra:

> Aura pa la izquierda... Aura pa la derecha... Aura de firme no más, hasta que recule.

La estructura es la del *Bildungsroman*: la historia se desarrolla siguiendo el curso de la vida del muchacho, con pausas retrospectivas al comienzo de la novela, en medio y al final, cuando Fabio hace un balance de sus progresos. Estas fases representan las tres fases de su evolución, tal como se resumen en el siguiente pasaje:

> Primero el cuerpo sufre, después se azonza y va, como sin tomar parte, adonde uno lo lleva. Después, las ideas se enturbian; no se sabe si se llegará pronto o no se llegará nunca. Más tarde las ideas, tanto como los hechos, se van mezclando en una irrealidad que desfila burdamente por delante de una atención mediocre. A lo último, no queda ca-

pacidad vital sino para atender a lo que uno se propone
sin desmayo; seguir adelante. Y se vive nada más que por
eso y para eso, porque todo ha desaparecido en el hombre
fuera de su propósito inquebrantable. Y al fin se vence
siempre... cuando ya a uno la misma victoria le es indiferente.

No estamos muy lejos de un tratado de misticismo. Güiraldes
se limita simplemente a transponer la mortificación física y la
subordinación de la voluntad al «propósito» en términos gauchos. Por eso su regionalismo es muy distinto, en cuanto a sus
intenciones, del de un Quiroga, por ejemplo. Para Quiroga, el
mundo físico y natural es la fuerza dominante. Para Güiraldes
ha de ser superado. Y si elige un ambiente regional es porque
está convencido de que este objetivo espiritual sólo puede al-
canzarse en sociedades en las que las distracciones de una sociedad urbana e industrializada aún no existan. De este modo
está más cerca de lo que puede parecer a simple vista de los
misioneros jesuitas del siglo XVII, que creían que las remotas
Américas eran una tierra más propicia al cristianismo que la
corrompida Europa.

12.   RÓMULO GALLEGOS (1884-1969)

A simple vista Gallegos parece ser un escritor muy distinto
de Güiraldes, pero el mensaje de sus novelas es notablemente
similar. Gallegos era un venezolano de modestos orígenes provincianos que se había formado en tiempos de dictadura y que,
bajo la influencia de la generación «arielista», se convenció
de que su país debía educarse en la modernidad. En consecuencia se hizo maestro de escuela y sólo al cabo de los años consiguió fama como novelista al aparecer su tercera novela, *Doña
Bárbara,* en 1929. Sus novelas importantes se escribieron durante un período de destierro voluntario durante la dictadura
de Vicente Gómez, a cuya caída fue durante breve tiempo ministro de Educación. En 1946 fue elegido presidente de la

República, pero fue completamente incapaz de equilibrar las fuerzas que se oponían en la vida nacional y no tardó en ser depuesto.

El tema de la regeneración nacional es decisivo en su vida y en su obra, pero se parece a Güiraldes en que él también creía que debía producirse una transformación espiritual antes de que Venezuela pudiera tener un buen gobierno. Pero su aprendizaje fue largo. Su primera novela, *Reinaldo Solar* (1920), enumeraba los desesperados esfuerzos del héroe epónimo para reconciliar la acción privada y la pública. Quería regenerarse a sí mismo y también a Venezuela, pero fracasa en ambos intentos. Pero después de escribir este libro Gallegos llegó a la convicción de que su país necesitaba una guía más positiva y su segunda novela, *La trepadora* (1925), centrada en el tema de la ascensión al poder y del enriquecimiento de un mulato, trató de aislar, mediante el desenlace optimista de la narración, los factores positivos de la vida nacional. Anunciaba una época en la que en la tradicional y civilizada aristocracia blanca se injertaría la energía de los mulatos, dando origen así a una raza más fuerte. En su primera novela de éxito, *Doña Bárbara,* Gallegos se apartó de este planteamiento más bien racial y mecanicista de las fuerzas conflictivas y situó su historia entre los vaqueros y ganaderos de los llanos. Doña Bárbara, símbolo de barbarie, se opone a Santos Luzardo, cuyas tierras ella usurpa. Tanto la «barbarie» como la «civilización» tienen sus defectos. Doña Bárbara recurre a la violencia y a los medios ilícitos para conseguir sus fines. Santos Luzardo carece de un íntimo conocimiento de la tierra que ha heredado y de verdadero amor por ella. Una vez más el conflicto se resuelve con una boda. La hija de doña Bárbara, Marisela, «fruto de la naturaleza», es educada por Santos Luzardo, quien posteriormente se casa con ella, y de este modo ella y sus hijos reunirán la energía del salvaje y las virtudes de la civilización.

Por lo tanto, Gallegos se preocupa sobre todo por la utilización de una energía primitiva que hasta entonces ha ac-

tuado como una fuerza centrífuga y destructora, por lo que
se refiere a la vida nacional. Viviendo, como vivía el escritor,
en un período de dictadura, sólo podía poner sus esperanzas
en un futuro lejano, y a medida que pasaba el tiempo parece
que se reafirmó su idea de que la regeneración sólo podía
producirse por medio de una profunda transformación espiritual. Su novela *Cantaclaro* (1934) presentaba los llanos de
Venezuela devastados por la guerra civil, y a sus moradores
demasiado propensos a poner sus esperanzas en cultos mesiá-
nicos, en caudillos carismáticos o en jefes de bandoleros. *Cantaclaro* es casi la historia ejemplar del rebelde primitivo, pero
la conclusión nos habla de energías lamentablemente desperdiciadas. Hasta *Canaima* (1935) Gallegos no ve el camino de
la regeneración espiritual.

En esta novela Marcos Vargas conoce todas las experiencias humanas que las regiones de la selva del Orinoco pueden ofrecer: se hace mulero, se ve envuelto en una venganza
de «machos» y mata a un hombre, es capataz en una plantación de caucho y busca oro. Es como una especie de don Segundo Sombra trasladado a los trópicos más salvajes y más alejados de toda ley. Y Marcos Vargas no tiene uno, sino varios
gurús. Está, por ejemplo, Juan Solito, cuya magia puede in-
movilizar a los animales y que tiene la facultad de desaparecer
en la naturaleza circundante. Y Gabriel Ureña, que toma el
camino de la civilización cultivando sus tierras en abierto desafío con los caciques locales. Y el conde Giaffero, que sostiene
la teoría de que el hombre debe limpiarse de vez en cuando
de la suciedad de la civilización. Estos tres mentores se ocupan
del hombre «interior», con experiencias íntimas más que públicas. El código del macho implica la exacerbación de las exigencias del ego, y eso para Gallegos es uno de los principales
peligros del país. Cuando Marcos Vargas da muerte a su rival,
el Cholo Parima, obra de acuerdo con los prototipos regionales,
y sólo gradualmente llega a comprender que se ha equivocado
de camino. Es la misma naturaleza la que le señala el camino
de la salvación espiritual. Aprende a dominar su ego, a subli-

mar sus impulsos de destrucción y finalmente, en la última fase de experiencia espiritual, va a vivir con las tribus indias. Pero a diferencia de *Don Segundo Sombra,* la historia de Marcos Vargas es en gran parte una historia de energías desperdiciadas, de grandes posibilidades que están condenadas a disiparse en un país que aún no ha aprendido a servirse de los recursos nacionales porque los individuos no han aprendido a supeditar sus ambiciones y las exigencias de su ego a una meta más impersonal. La novela, desaliñada y llena de divagaciones, refleja su tema de la energía y transmite la sensación de un paisaje que aún está en el alba del tiempo:

> Verdes y al sol de la mañana y flotantes sobre aguas espesas de los limos, cual la primera vegetación de la tierra al surgir del océano de las aguas totales; verdes y nuevos y tiernos, como lo más verde de la porción más tierna del retoño más nuevo, aquellos islotes de manglares y borales componían, sin embargo, un paisaje inquietante, sobre el cual reinara todavía el primaveral espanto de la primera mañana del mundo.

En *Pobre negro* (1937) el autor volvió al tema racial contando la historia del rebelde negro Pedro Miguel Candelas, que llegó a ser jefe de guerrilleros. En ésta y en la mayoría de sus novelas siguientes, el tema predominante es el de la fuerza desperdiciada.

En las novelas de Gallegos y en el *Don Segundo Sombra* de Güiraldes el regionalismo se despliega en una estructura de búsqueda que vincula la realización personal con la regeneración nacional. En ambos autores, la región (la pampa, el llano o la selva) vive según unos módulos anteriores a la sociedad o tiene unas normas sociales que son aún de carácter tribal. Ofrece así un ámbito sin impedimentos para el individuo en contraste con las ciudades y con los representantes del orden nacional —jueces, abogados, dirigentes políticos—. Para ambos escritores la regeneración individual tiene prio-

ridad y los dos encarnan sus valores en personajes simbólicos
(don Segundo Sombra, Juan Solito, etc.). A diferencia de las
novelas de Azuela y de Gálvez, en las que las fuerzas exteriores
no pueden ser dominadas por el individuo y finalmente le
aplastan, Gallegos y Güiraldes nos muestran cómo en algunos
casos el individuo puede trascender su naturaleza animal, y
que la vida salvaje, natural e indómita de Latinoamérica, en
vez de ser perjudicial para la vida del espíritu, en el fondo
puede ser para ella una ayuda mayor que la civilización urbana con sus valores falsos y degradados.

13. El realismo documental y socialista

La mayor parte de la literatura realista y regionalista que
se ha analizado en este capítulo era de carácter didáctico, en
ocasiones de un modo muy manifiesto. Sin embargo, hay una
modalidad de la literatura sudamericana en la que el mensaje
tiene una importancia abrumadora, la literatura de protesta,
ya sea bajo su forma documental, ya bajo la forma del realismo socialista tal como se definió en 1934, en el Congreso de
Escritores de París, bajo la influencia de Zhdánov. Para Zhdánov el objeto de la literatura era promover o apoyar la revolución. Las novelas debían reflejar las fuerzas de clase, y
dado que el comunismo conocía el desenlace final de la lucha
de clases, debía concentrarse en los elementos positivos, no simplemente en la tragedia de los obreros explotados. La fuerza
positiva de Zhdánov era el proletariado, una clase que apenas
existía en Latinoamérica, a menos que se incluyeran en ella
a los trabajadores de las plantaciones. Los comunistas latinoamericanos tendieron a buscar equivalentes en los indios, los
mineros, los estibadores y otros pequeños grupos proletarios.
A pesar de lo difícil que era aplicar en el contexto latinoamericano, el realismo socialista fue activamente fomentado por
los intelectuales de izquierdas, sobre todo por *Amauta,* la re-

vista fundada por José Carlos Mariátegui (1895-1930), fundador del Partido Comunista Peruano [13], por algunos miembros del grupo de escritores argentino Boedo [14] y por la Izquierda Mexicana. Intelectuales como Mariátegui se inspiraban en los ideales más elevados, pero hay que reconocer que el realismo socialista no resultó en la creación de una gran literatura.

No tendría sentido enumerar novelas de protesta y de tipo más o menos afín al realismo socialista, dado que muchas de ellas son demasiado primarias y elementales para merecer que se les preste atención. Lo único que las justifica es que proporcionaban al lector unas informaciones que, al carecerse de unos análisis sociológicos adecuados, de otro modo no hubieran podido estar a su alcance.

La literatura de protesta tiene sus raíces en la novela antiesclavista de la Cuba del siglo XIX y en *Aves sin nido,* obra indianista precursora, de Clorinda Matto de Turner. A partir del año 1900, la literatura de protesta humanitaria se incrementa como consecuencia de las actitudes reformistas cada vez más generalizadas propias de la época, actitudes que influyen en la fundación de la Asociación Pro-Indígena peruana en 1909. Éste fue el período que vio la publicación de *Sub terra* (1904) y *Sub sole* (1907), dos volúmenes de cuentos en los que el chileno Baldomero Lillo (1867-1923) describía los sufrimientos y la alienación de los mineros del carbón. En «El chiflón del diablo» presentaba una sombría e intensa visión de la explotación industrial que debía mucho a la influencia de Zola. Chile iba a producir una abundante cosecha de narrativa de protesta; *El roto* (1920), de Joaquín Edwards Bello (1887-1968), incluso incluye estadísticas acerca de la tuberculosis y el alcoholismo, y las novelas de Juan Marín describían la vida de los trabajadores en territorios lejanos y descono-

13. Eugenio Chang Rodríguez, *La literatura política de González Prada, Mariátegui y Haya de la Torre,* México, 1967.
14. J. Franco, *The Modern Culture of Latin America,* cap. 5.

cidos del país [15]. El grupo peruano *Amauta,* del que formaban parte César Falcón y María Weisse, describía las condiciones laborales y atacaba al imperialismo. Hasta César Vallejo contribuyó al realismo socialista con una novela, *Tungsteno* (1931), protagonizada por los mineros indios. En Bolivia el realismo documental se centró en las minas de estaño y en la guerra del Chaco. Augusto Céspedes (1904-   ), cuya producción figura entre lo mejor de esta modalidad, publicó *Sangre de mestizos* (1936), una serie de intensas estampas de la guerra en la selva, donde la mayoría de los hombres murieron de sed y de enfermedades más que de heridas de bala. En *Metal del diablo* (1946), describió la triunfal ascensión del millonario del estaño Patiño, protagonista cuyo modelo real apenas se disimula.

Los escritores realistas del Ecuador procedían en su mayor parte de Guayaquil y muchos pertenecían al Partido Comunista. Su tema fue con frecuencia las vidas de los montuvios (los habitantes mestizos de las regiones costeras), que proporcionaban la gran masa de trabajadores para las plantaciones de arroz o las tareas de la pesca, cuando no se hacían estibadores. La escuela realista de Guayaquil produjo varios escritores excelentes, sobre todo José de la Cuadra (1904-1941), que escribió un ensayo sobre los montuvios, cierto número de cuentos de gran calidad y una novela, *Los Sangurimas* (1934) [16], que narraba la historia de una venganza que tenía por telón de fondo las llanuras semisalvajes del Ecuador. Los demás escritores de su generación, muchos de los cuales llegaron a ser famosos en el extranjero, fueron Demetrio Aguilera Malta (1909-   ), Enrique Gil Gilbert (1912-   ), Alfredo Pareja Diez-Canseco (1908-   ) y Jorge Icaza, cuya obra se analizará en relación con la literatura indianista.

En Colombia el realismo fue más abiertamente polémico y propagandístico, centrándose en la violencia que estalló en el

15. F. Alegría, *Las fronteras del realismo: literatura chilena del siglo XX,* Santiago de Chile, 1962.
16. *OC,* Quito, 1958.

decenio de los años cuarenta. *Siervo sin tierra* (1954), de Eduardo Caballero Calderón (1910-   ) y *El Cristo de espaldas* (1953), del mismo autor, son dos de las mejores novelas sobre este tema.

En la Argentina, Max Dickman (1902-   ), Leónidas Barletta (1902-   ) y Lorenzo Stanchina (1900-   ) iniciaron la novela proletaria de los veinte, que quedó sin embargo totalmente eclipsada por la literatura de signo más vanguardista de Roberto Arlt, Macedonio Fernández y Jorge Luis Borges.

Aunque este rápido panorama del realismo socialista y de la literatura de protesta puede parecer muy crítico, ello no equivale a negar que significó una fase importante en la narrativa hispanoamericana y que durante algún tiempo funcionó como sustituto de unos estudios sociales inexistentes. Estas novelas, dirigidas a militantes y a personas que ya tenían conciencia política, raras veces fueron leídas por el público que en principio debía ser su destinatario. Con la aparición de obras como *Los hijos de Sánchez,* de Oscar Lewis, que tuvo una vasta influencia, la información sociológica se encauzó por vías documentales y ya extraliterarias. El hecho de confundir el documento con la obra de ficción siempre crea dificultades, y en el fondo los problemas de la explotación social a menudo se plantearon de un modo más elocuente en narraciones verdaderas que en libros basados en una situación imaginaria.

Por otra parte también es evidente que el realismo documental y de protesta social tiene una función distinta en países que han conocido la experiencia revolucionaria. Éste fue el caso de México durante los años veinte y treinta y es el caso de la Cuba actual.

En México la revolución fue seguida de una enérgica campaña educativa y de un intento de hacer disminuir el analfabetismo. Aunque la campaña fue lenta, dio como resultado la aparición de un nuevo público. Sin duda alguna, los novelistas de los años treinta estaban influidos por la idea de que se comunicaban con un público no intelectual cuyo volumen iba en aumento. Mauricio Magdaleno (1906-   ), José Mancisidor y Gregorio López y Fuentes (1897-   ), aunque su obra no era aparentemente distinta de otros escritores del realismo socialista, vivían sin embargo en una situación diferente, en la cual creían que una actitud crítica respecto a los puntos débiles de la revolución podía traducirse en cambios.

La situación de la Cuba posrevolucionaria ha sido mucho más interesante, sobre todo por el éxito inmediato de la campaña contra el analfabetismo y por el carácter más eficaz de la revolución. Además, el gobierno revolucionario cubano se negó rotundamente a adoptar una línea dogmática en cuestiones artísticas, y Che Guevara no ocultaba el desdén que sentía por el realismo socialista, que consideraba como una prolongación de las convenciones del siglo xix [17]. La literatura cubana posrevolucionaria ha explorado los campos de la fantasía, de la ciencia-ficción y del documental inspirado en el modelo de Oscar Lewis. Incluso cuando la ficción está más íntimamente ligada al realismo tradicional, como en *Los años duros* (1966) de Jesús Díaz, el estilo está más cerca del de Hemingway [18] (o hasta del de un Isaak Bábel) que del de la novela proletaria del decenio de los treinta. Pero quizás el factor más interesante de la situación cubana es el hecho de que en el plazo de dos años se formó un nuevo público, un público sin ninguna tradición ni formación literarias, y que naturalmente quería leer algo que tratase de lo que constituía su experiencia cotidiana. Para este público se han publicado obras como *Biografía de un cimarrón* (1967), de Miguel Barnet (1940-   ). Tomando como modelo *Los hijos de Sánchez*, *Biografía de un cimarrón* consiste en las memorias, recogidas en cinta magnetofónica, de un esclavo fugitivo, un anciano centenario que evoca el pasado y describe cómo se vivía en la Cuba del siglo xix. Casi por vez primera, la literatura latinoamericana capta aquí la voz del trabajador negro de las plantaciones.

17. J. Franco, «Before and After: Contexts of Cuban Writing», *Cambridge Review,* 20 febrero 1970.

18. Hemingway influyó en parte de la literatura cubana, sobre todo en los cuentos de Lino Novás Calvo (1905-   ).

Sin embargo, *Biografía de un cimarrón* corrobora el hecho de que la novela como documento social es en último término una intentona superflua. Prácticamente en todos los casos, una simple presentación directa de los hechos, de lo que efectivamente sucedió, o, incluso, como en *Biografía de un cimarrón,* de recuerdos personales, es más emotiva que cualquier elaboración ficticia. Con excesiva frecuencia la novela documental no conseguía ser ni novela ni documento.

14. La novela indianista

La novela indianista resume las dificultades del escritor realista en Hispanoamérica, sobre todo cuando su material le resulta exótico. El indio es tan extraño para los latinoamericanos blancos y mestizos como un armenio. Sus creencias y mitos son ajenos a la tradición europea, y ni el sociólogo más experto puede garantizar que «conoce» realmente a los indios. Pero el indio ha sido un tema constante en las novelas hispanoamericanas desde *Aves sin nido*, en parte porque era el sector más explotado de la comunidad, pero también porque muchos escritores lo consideraban como un símbolo de los valores indígenas frente a la influencia extranjera. Al mismo tiempo, las relaciones con la cultura india han constituido un importante proceso en la historia cultural del continente que corresponde a las principales corrientes ideológicas de los diversos períodos. Así, antes de 1920 se insistía en la educación, en librar a los indios a sus supersticiones; en el decenio de los treinta el indio se veía como una fuerza política y más recientemente ha habido intentos de revalorizar las culturas indígenas y mostrar que había elementos positivos en el rechazo por los indios del sistema de vida europeo.

Raza de bronce (1919), del historiador y escritor boliviano Alcides Arguedas (1879-1946) es un ejemplo de la primera fase de este proceso. Arguedas era un pensador social, autor de un análisis de las características nacionales bolivianas que llevaba el título de *Pueblo enfermo* (1909). Para entonces ya había publicado una primera versión de *Raza de bronce* con el título de *Wata-Wara* (1904); la versión definitiva, publicada en 1919, contiene todos los elementos de la típica novela indianista: latifundista siempre ausente, mayordomo brutal, indios oprimidos. La heroína, Wata-Wara, es violada por el mayordomo, y después de quedar encinta es objeto de un intento de violación colectiva que le ocasiona la muerte. La novela termina con un levantamiento de los indios. Sin embargo, el enfoque delata la actitud paternalista del autor respecto a los indios, ya que les ve desde la perspectiva de la Europa industrializada y positivista. Por eso sus «supersticiones» deben ser criticadas. Para Arguedas, el atraso de Bolivia se debe a unas actitudes equivocadas: demasiada humildad y resignación por parte de los indios, cuyas creencias son obstáculos para el progreso, demasiada indiferencia respecto a los sentimientos humanos por parte de los *ladinos* (los de habla española) y el terrateniente blanco. Pero debido a esta crítica implícita de las supersticiones de los indios, Arguedas nunca llega a mostrar una comprensión intuitiva de las costumbres que describe. Las fiestas, las ceremonias y la bendición de los peces del lago Titicaca son demostraciones de ignorancia.

En cambio, la generación siguiente, aunque sin acercarse mucho más a la mentalidad india, por lo menos los consideraba como una fuerza de vanguardia contra el imperialismo (aunque, naturalmente, esta visión era tan «simplista» como la que Arguedas tenía de la «superstición» de los indios). La novela más intensa de este segundo tipo fue *Huasipungo* (1934), de Jorge Icaza (Ecuador, 1906-   ), autor que pertenecía a la escuela realista. Escritor prolífico, sus mejores novelas, *En las calles* (1935), *Cholos* (1938), *Media vida deslumbrados* (1942), *Huairapamuchcas* (1948), tratan temas raciales y políticos. Pero es *Huasipungo* la que ha quedado como una de las novelas realistas de mayor fuerza escritas en Hispanoamérica. Presenta una dura imagen de la vida en un pueblo de la sierra, cuyo propietario es un terrateniente ladino, Alfonso Pereira. Los únicos ingresos que tiene Pereira proceden de las tierras que ha heredado en este pueblecillo remoto y que trabajan los campesinos. Cuando su hija queda deshonrada y la familia tiene que retirarse a sus propiedades rurales para que la joven dé a luz a un hijo, consigue dinero firmando un contrato con una compañía extranjera que quiere construir una carretera para comunicar los territorios del interior para la explotación de petróleo. Pereira se convierte así en el instrumento de la penetración imperialista en la región y se ve obligado a quitar sus *huasipungos* (o parcelas de tierra) a los indios que viven ya en una atroz miseria. Los aldeanos, carentes de toda organización y entregados en cuerpo y alma al terrateniente y al cura, apenas tienen ánimos para oponerse a esta expropiación que les deja sin comida y sin hogar. Su suerte se simboliza en el personaje de Andrés Chiliquinga, cuya esposa se ve obligada a ser la nodriza del nieto ilegítimo de Pereira. Chiliquinga es explotado por todos los medios posibles. Queda cojo cuando trabaja en el bosque, se le multa por los perjuicios causados a la cosecha, y cuando están a punto de morir de hambre da a su familia una carne podrida cuya ingestión ocasiona la muerte de su mujer. Finalmente, cuando la novela ya concluye, comprende que lo único que puede hacer es rebelarse y ofrecer una encarnizada resistencia a la expropiación de los *huasipungos*, una resistencia que está condenada a ser inútil y a fracasar.

Los indios de Icaza, a pesar de que se individualiza un personaje representativo, sólo se mueven como una masa. Si se exceptúan las acciones masivas, su capacidad es muy limitada y sólo responden a impulsos primitivos, como su ciega huida ante la inundación:

> En el vértigo de aquella marcha hacia una meta en realidad poco segura, entre caídas y tropezones, con la fatiga golpeando en la respiración a través de los maizales, salvando los baches, brincando las zarzas, cruzando los chapa-

rros, las gentes iban como hipnotizadas. Hubieran herido o
se hubieran dejado matar si alguien se atrevía a detenerles.

El vocabulario de este fragmento —«vértigo», «hipnotizadas»— indica la naturaleza irracional del indio, cuyos actos
son instintivos, ciegos, ratoniles. Su grado de conciencia no
se eleva por encima del nivel animal. La novela de Icaza consigue pintar la atroz desesperación de la vida del indio, pero
en último término no se sale de los clisés consabidos. Hay, con
todo, un áspero vigor en la prosa que transmite la sensación
de repugnancia por lo sucio y lo sórdido. En una novela posterior, *En las calles* (1935), la atención de Icaza se dirige hacia
el *cholo* (el que es mitad indio, mitad español). El cholo se
ve como un elemento potencial de progreso, no por ser más
admirable que el indio, sino porque es más individualista, porque se preocupa más por sus intereses personales. La novela se
centra en el cholo protagonista, José Manuel Játiva, quien
primero sirve de mediador entre los indios y los políticos de
Quito, pero que cuando la protesta de los indios es reprimida,
escapa y se une a las fuerzas de la policía que se mandan contra el levantamiento indio. Játiva tiene la suficiente conciencia
política para sentir remordimientos y avergonzarse de su actitud, pero lo que Icaza describe aquí y en novelas posteriores
como *Cholos, Media vida deslumbrados* y *Huairapamuchcas* es
la diferencia entre el cholo más individualista y «progresivo»
y la acción de masas de los indios. En *Huairapamuchcas* [19], por
ejemplo, cuando los gemelos que han nacido de la violación
de una madre india por el patrón, cortan simbólicamente
un árbol ancestral para que sirva de puente en un barranco
y poder llegar así hasta una carretera que les une al mundo exterior. La tala del árbol significa la muerte del tradicionalismo que sólo mira hacia atrás, pero lo que hacen los gemelos es la expresión de una fuerza tan inconsciente como
la que mueve a los indios.

19. El título significa «nacido salvaje».

La novela peruana *El mundo es ancho y ajeno,* de Ciro Alegría (1909-1967), sigue aproximadamente el mismo esquema argumental de *Huasipungo,* pero consigue ofrecernos un cuadro de mayor complejidad. La novela de Alegría trata también de la expropiación de las tierras comunales, pero en este caso la historia se cuenta, al menos parcialmente, a través de la visión de Rosendo Maqui, un comunero indio, y en un lenguaje que contiene algo del sentido que poseen los indios sobre sus relaciones con la naturaleza. Rosendo no es ni la fuerza ciega e inconsciente de Icaza ni el indio supersticioso de Alcides Arguedas:

> Su primer recuerdo —anotemos que Rosendo confunde un tanto las peripecias personales con las colectivas— estaba formado por una mazorca de maíz. Era todavía niño cuando su taita se la alcanzó durante la cosecha y él quedóse largo tiempo contemplando emocionadamente las hileras de granos lustrosos. A su lado dejaron una alforja atestada. La alforja lucía hermosas listas rojas y azules. Quizá por ser éstos los colores que primero le impresionaron, los amaba y se los hacía prodigar en los ponchos y frazadas [...]

Este pasaje indica que Alegría está tratando de describir una conciencia india y de mostrar las relaciones de las actitudes indias y de su cultura con el mundo natural. Al mismo tiempo es también evidente que está explicando todo eso a un lector a quien puede no serle familiar. Por lo tanto se ve obligado a insistir de una manera muy explícita en que Rosendo no distingue con claridad entre lo personal y lo colectivo.

Alegría se enfrentaba con otra dificultad. Como miembro de un partido político peruano nacionalista y socialista, el APRA [20], quería subrayar la idea del cambio. Quería mostrar una sociedad en transición, pero era muy consciente de que la comuna india era, para emplear un término de Lévi-Strauss, una sociedad «fría», en la que el cambio sólo podía producirse

20. Siglas de Alianza Popular Revolucionaria Americana.

por alguna causa exterior. La expropiación de la tierra es un acto que precipita el cambio en la comunidad india. Pero Alegría no cree que el indio pueda llegar a tener una conciencia política mientras viva en la comuna tradicional. Sólo cuando es llevado hasta la lucha de clases y aprende a ver su situación con un criterio histórico, puede proyectarse conscientemente hacia el futuro. Por esta razón Rosendo Maqui sólo sobrevive a la primera etapa de la lucha. Porque, al oponerse a la expropiación, es encarcelado y allí muere. Toma entonces el relevo en la lucha Benito Castro, cuyo padre fue soldado, y que ha vivido en la ciudad, donde se ha politizado. Otros indios acceden a la conciencia política trabajando en las minas o en las plantaciones. La novela arbitra así soluciones para problemas que Icaza y Arguedas habían omitido o evitado. Aunque el defecto de la novela de Alegría es su empeño en explicar y demostrar que los indios pueden regir perfectamente un tipo moderno de comuna.

Arguedas, Icaza y Alegría, ven al indio dentro de un marco político y le juzgan según su capacidad para el cambio y el progreso. Evidentemente ésta era una cuestión vital en los países andinos, pero de ello no se desprende que tuviera que inspirar grandes novelas. Las actitudes indias sólo llegaron a expresar debidamente en literatura cuando la moda del realismo quedó superada. Sin embargo, aun sin realismo, ha habido acercamientos más íntimos a la mentalidad de los indios. En *Balún Canán* (1957), del novelista mexicano Rosario Castellanos (1925-   ), muchas de las dificultades con las que tenía que enfrentarse el novelista indianista se evitan ya que parte de la novela la narra un niño de origen europeo que ha sido criado por una nodriza india. La relación del niño con la nodriza nos hace ver a los indios como seres humanos cuyas creencias están estrechamente relacionadas con el mundo que les rodea. Pero Rosario Castellanos sólo presentaba al indio a través de la mirada de un no indio, aunque su procedimiento quizá fuese más honrado que el del novelista objetivo, que en el fondo no podía adoptar una posición realmente objetiva[21]. La alternativa iba a ser totalmente científica. Ricardo Pozas (1910-   ), también mexicano y especializado en antropología, pasó varios años trabajando en un pueblo de Chamula. Su *Juan Pérez Jolote* (1952) era una reelaboración de los materiales que había recogido como antropólogo. Narrada en primera persona, la novela intenta trasladar las actitudes indias en lenguaje castellano. Aún así, Ricardo Pozas, como otros escritores indianistas, había de tener en cuenta las cuestiones del cambio y del desarrollo. Y hace que su narrador se fugue de su casa para trabajar en las plantaciones y que más tarde se una a las fuerzas revolucionarias. Cuando vuelve al pueblo, es más ladino que indio, y aunque vuelve a adaptarse a la vida de la comunidad, su experiencia le ha dado la visión crítica del extraño.

Aunque la novela de Pozas parece contener una visión mucho más elaborada del indio que la mayoría de las novelas indianistas anteriores, es primordialmente una novela «explicativa», en la cual la estructura y los hechos se ordenan de acuerdo con un plano sociológico: el estudio de cómo en el México posrevolucionario los cambios sociales se integran en la vida de una comunidad.

15. EL REALISMO PSICOLÓGICO

La presentación de problemas psicológicos es una de las venas menos explotadas por la literatura de Hispanoamérica. Ello se debe, al menos parcialmente, a que el «personaje», en el contexto realista hispanoamericano, es menos importante que la situación total, y a que las cuestiones nacionales y sociales han sido a menudo preponderantes. El aislamiento del individuo de las preocupaciones públicas es más difícil en un entorno en el que el desarrollo humano se frustra con de-

21.   Una novela posterior, *Oficio de tinieblas* (1962), tiene un protagonista tzotzil.

masiada frecuencia por culpa de la dictadura o de la anarquía social. La literatura modernista fomentó, sin embargo, la exploración de las psicologías aberrantes. Los primeros cuentos de Horacio Quiroga eran a menudo historias de este tipo. Y en los años veinte surgieron diversas escritoras que se dedicaron a analizar la sensibilidad femenina, como por ejemplo la venezolana Teresa de la Parra en su novela *Ifigenia. Diario de una señorita que escribió porque se fastidiaba* (1924), y las chilenas María Luisa Bombal (1910-   ) y Marta Brunet (1901-1967). Pero quizás el mejor ejemplo de un escritor que consagró sus energías creativas al análisis de tipos psicológicos es el del chileno Eduardo Barrios (1884-1963).

Barrios mostró siempre un gran interés por lo insólito. Su primera novela, que era en realidad una *nouvelle,* analizaba un caso de sexualidad precoz. *El niño que enloqueció de amor* (1915) tenía la forma de un diario escrito por un muchacho que contaba los extraños sentimientos que le inspiraba una mujer amiga de la familia. La narración en primera persona hace que al autor le sea difícil expresar algo más que una impresión superficial de la locura progresiva, sobre todo si el lenguaje nunca deja de ser lógico y analítico. Imaginamos, por ejemplo, el tratamiento que hubiera podido recibir el tema en obras postsurrealistas. Aquí, por ejemplo, el niño ve un tapiz con un jabalí e inmediatamente asocia esto con Jorge, el joven del que está enamorada Angélica, y cuyo beso presenciado por el niño acaba por hundirle en la locura:

me acuerdo... que unos caballeros hablaban mucho y se balanceaban desde los talones hasta la punta de los pies, parados alrededor de un viejo muy feo con lentes donde unos hombres medio desnudos y muy mal hechos querían cazar un jabalí muy bravo. Ese jabalí me parece ahora que es la cosa enorme que sale de los cerros. No, no sé bien. Bueno, en esto pasó un bulto por el pasadizo y... me lo avisó el corazón, porque di un salto en la silla... y lo vi pasar por la otra puerta del comedor, y era él, Jorge.

El lenguaje es demasiado racional, demasiado atado por causas y efectos para darnos de un modo efectivo una impresión de locura. El niño establece una relación entre el jabalí y Jorge como en realidad sólo hubiera podido efectuar un observador externo.

La primera novela importante de Barrios, *Un perdido* (1917), era semiautobiográfica y tenía como protagonista al inadaptado Lucho, el tímido hijo de un oficial del ejército cuya vida queda totalmente deshecha por no poder encajar dentro de las normas sociales. Al no poder adaptarse al modelo de ser «todo un hombre», que es el ideal de su padre, se le acusa de tener un «carácter de marica» porque tiene algo de soñador. No encuentra ninguna solución socialmente aceptable para su sensibilidad y se convierte en un borracho y un fracasado, en un «perdido».

Una de las obras más conocidas de Barrios fue *El hermano asno* (1922), en la que volvió a adoptar la forma del diario. La historia la cuenta el hermano Lázaro, un franciscano que se ha retirado de la borrasca de las pasiones a la paz del convento, pero que sigue manteniendo una lucha cotidiana con su naturaleza. Observa con simpatía y se maravilla de las actividades del «santo», del «hermano asno» hermano Rufino, que es idolatrado por las mujeres de aquellos contornos por sus extremos de mortificación y el amor que demuestra por los animales más humildes. Pero el santo tiene los pies de barro. Trata de violar a una muchacha, y es el pecador, el hermano Lázaro, quien carga con la culpa y salva la reputación del santo después de la muerte de éste. Como en *El niño que enloqueció,* el lenguaje racional está desplazado tratándose de un estudio de impulsos esencialmente irracionales, el análisis es demasiado lúcido para las fuerzas subconscientes que se propone describir. En *Los hombres del hombre* (1950) Barrios trató de resolver los problemas del análisis psicológico dividiendo el personaje central en diferentes hombres; los diversos aspectos de su personalidad hablan con voces distintas. El protagonista ha dejado a su mujer debido a los celos que le inspira el temor de que su hijo pueda no ser de él, y las tensiones de su carácter le dividen en diferentes fragmentos. Sólo en último término triunfa la voz del amor y del perdón. A pesar de la elaborada naturaleza de este tema, no está bien tratado. Barrios, como muchos escritores de la tradición realista, acaba por fracasar debido a su incapacidad de encontrar un lenguaje y una forma adecuados.

Como veremos, muchos de los grandes escritores del siglo XX caen fuera de la tradición realista, y los autores contemporáneos consideran la verosimilitud más como un obstáculo que como una meta deseable. Ello no significa que el realismo deba ser descartado. Los hispanoamericanos tenían que descubrirse a sí mismos y a sus países, y las novelas documentales y realistas sin duda alguna desempeñaron un importante papel en este proceso.

Lecturas

Antología

Castro Leal, Antonio (ed.), *La novela de la revolución mexicana,* 2 vols., México, 1958-1960.

Textos

Alegría, Ciro, *El mundo es ancho y ajeno,* 20.ª ed., Buenos Aires, 1961.

Amorim, Enrique, *El caballo y su sombra,* Buenos Aires, 1945.

——, *El paisano Aguilar,* Buenos Aires, 1946.

Azuela, Mariano, *Obras completas,* 3 vols., México, 1958-1960.

Barnet, Miguel, *Biografía de un cimarrón,* Ed. Ariel, Barcelona, 1968.

Barrios, E., *Obras completas,* 2 vols., Santiago de Chile, 1962.

Castellanos, Rosario, *Balún Canán,* México, 1957.

——, *Ciudad real; cuentos,* Universidad veracruzana, Xalapa, 1960.

——, *Oficio de tinieblas,* Ed. Joaquín Mortiz, México, 1962.

Castellanos, Rosario, *Los convidados de agosto,* Ed. Era, México, 1964.

Cuadra, José de la, *Obras completas,* Quito, 1958.

Gallegos, Rómulo, *Obras completas,* Madrid, 1958.

——, *Doña Bárbara,* 6.ª ed., Ed. Araluce, Barcelona, (c. 1929).

——, *Canaima,* 4.ª ed., Ed. Araluce, Barcelona, 1936.

Gálvez, Manuel, *La maestra normal,* Buenos Aires, 1950.

Güiraldes, Ricardo, *Obras completas,* Buenos Aires, 1962.

Guzmán, Martín Luis, *Obras completas de Martín Luis Guzmán,* 2 vols., México, 1961.

Icaza, Jorge, *Cholos,* 2.ª ed., Quito, 1939.

——, *En las calles,* Buenos Aires, 1944.

——, *Huairapamuchcas,* Quito, 1948.

——, *Media vida deslumbrados,* Buenos Aires, 1950.

——, *Huasipungo,* 2.ª ed., Buenos Aires, 1953.

——, *Obras escogidas,* México, 1961.

Lynch, Benito, *El inglés de los güesos,* Buenos Aires, 1966.

Payró, Roberto, *Pago Chico,* 5.ª ed., Buenos Aires, 1943.

——, *Divertidas aventuras del nieto de Juan Moreira,* Buenos Aires, 1957.

——, *El casamiento de Laucha,* 5.ª ed., Buenos Aires, 1961.

Pozas, Ricardo, *Juan Pérez Jolote,* 5.ª ed., México, 1965.

Quiroga, Horacio, *Cuentos escogidos,* Madrid, 1962.

——, *Anaconda. El salvaje. Pasado amor,* Ed. Sur, Buenos Aires, 1960.

——, *El más allá,* Ed. Losada, Buenos Aires, 1964.

Rivera, Eustasio, *La vorágine,* 6.ª ed., Buenos Aires, 1957.

Rojas, Manuel, *Obras completas,* Santiago de Chile, 1961.

Estudios históricos y críticos

Alegría, Fernando, *Las fronteras del realismo: literatura chilena del siglo XX,* Santiago de Chile, 1962.

Brushwood, J. S., *Mexico in its Novel,* Austin y Londres, 1966.

Cometta Manzoni, Aida, *El indio en las novelas de América,* Buenos Aires, 1960.

Dunham, Lowell, *Rómulo Gallegos, vida y obra,* México, 1967.

Previtali, Giovanni, *Ricardo Güiraldes and Don Segundo Sombra,* Nueva York, 1963.

Rodríguez Monegal, Emir, *Narradores de esta América,* I, Montevideo, 1969.

——, *El desterrado. Vida y obra de Horacio Quiroga,* Buenos Aires, 1968.

Rojas, Ángel F., *La novela ecuatoriana,* México-Buenos Aires, 1948.

Capítulo 8

LA POESÍA POSTERIOR AL MODERNISMO

la soledad, la lluvia, los caminos...
CÉSAR VALLEJO

Por lo que se refiere a la poesía hispanoamericana, el siglo XX empieza en 1922. En este año César Vallejo publicó *Trilce*. Dos años después aparecieron los *Veinte poemas de amor* de Pablo Neruda. La poesía de *Trilce* era irónica, experimental, hermética, y sin embargo durante bastante tiempo apenas tuvo el menor eco en el ambiente literario; la poesía de *Veinte poemas* era romántica, subjetiva, y se hizo inmediatamente popular. Pero, aunque de una manera muy distinta, ambos poetas son «modernos». Son poetas de una civilización urbana, poetas que han visto agriarse el optimismo y la fe en el progreso del siglo XIX, poetas que sólo pueden mantener una relación irónica respecto a las tradiciones del pasado. Están obligados a crear nuevas imágenes y un nuevo lenguaje, a desechar formas y sintaxis convencionales y a acortar la distancia que separa al poeta del lector.

Que este nuevo espíritu debe mucho a los movimientos europeos de vanguardia como el cubismo, el dadaísmo y el ultraísmo hispánico es evidente. No obstante, César Vallejo, Pablo Neruda y muchos poetas menos conocidos de esta época escapan al encasillamiento en escuelas o movimientos. El ejemplo del cubismo y del dadaísmo no fue seguido servilmente, sino utilizado como un instrumento de liberación. Una vez abierto el depósito del subconsciente, se desvelaba toda una nueva zona de imágenes y de energía literaria. La influencia de los movimientos europeos sobre la poesía de los años veinte es una influencia general, una tendencia a favorecer la búsqueda de novedades más que a imitar tal o cual precepto. El cubismo, por ejemplo, alentó el estudio del arte no europeo (sobre todo del de los negros), sin lo cual quizás el interés por el afrocubanismo no se hubiera producido. El futurismo introdujo el lenguaje del mundo moderno tecnológico en la poesía. Tanto el futurismo como el cubismo se apartaron de la naturaleza y del modelo del crecimiento orgánico y situaron el poema en un entorno urbano de sucesos sincrónicos, «simultáneos». Con el dadaísmo, el arte y la literatura dejaron de considerarse como hechos sagrados o parte de una cultura establecida, y se convirtieron en algo revolucionario, subversivo, autodestructor. Con el surrealismo el arte pasó a ser una fuerza capaz de cambiar el hombre y la sociedad liberando las fuerzas ocultas de la creatividad [1].

Los poetas de los años veinte estuvieron tan influidos por las nuevas ciencias como por los movimientos literarios. Descubrieron la psicología y quedaron fascinados por las nuevas técnicas que inauguraba el cine con su libertad de apartarse de los desarrollos lineales, como el empleo del *flashback,* la presentación de hechos simultáneos en lugares completamente distintos, el uso de signos visuales en vez de palabras, etc.

1. G. de Torre, *Literaturas europeas de vanguardia,* Madrid, 1925, *¿Qué es el superrealismo?,* Buenos Aires, 1955; F. Alquié, *Philosophie du Surréalisme,* París, 1955; Juan Larrea, *Del surrealismo a Machupicchu,* Buenos Aires, 1967. Los ensayos de Octavio Paz que se citan en la lista de lecturas son también esenciales para cualquier persona interesada por el surrealismo y la poesía latinoamericana.

1. PRIMEROS EXPERIMENTOS. VICENTE HUIDOBRO

Los primeros atisbos de esta revolución poética se dieron tímidamente en algunos posmodernistas que eran muy sensibles a la revolución estética que se estaba produciendo en Europa y en los Estados Unidos. Leopoldo Lugones, por ejemplo, publicó su *Lunario sentimental* en el que había ecos de la ligereza y de la ironía de Laforgue [2]. El poeta chileno Pedro Prado (1886-1952) en *Flor de cardo* ensayó nuevos tipos de imágenes. Carlos Sabat Ercasty (1887-   ) transformó los ritmos y las estrofas españolas bajo la influencia de Whitman. Los largos períodos rítmicos que hay en la poesía de Neruda los probó primero este poeta uruguayo:

> ¡Corazón mío, danza sobre la nave!
> Yo aguardo el instante de prodigioso escollo
> donde se estrellaran las viejas tablas.

> («Alegría del mar»)

El mexicano José Juan Tablada (1871-1945) visitó el Japón y a su regreso publicó versiones españolas de los *hai-kais* e ideogramas. Sus *hai-kais* tienen imágenes de gran plasticidad, como «Peces voladores»,

> Al golpe del oro solar
> estalla en astillas el vidrio del mar

o «El insomnio»:

> En su pizarra negra
> suma cifras de fósforo.

---

2. Jules Laforgue (1860-1887), nacido en Montevideo, fue una importante figura de la vanguardia parisiense, un avanzado en el uso de la libre asociación de ideas.

El más discutido de estos primeros experimentadores fue Vicente Huidobro (Chile, 1893-1948), quien afirmaba haberse anticipado a muchas ideas vanguardistas europeas incluso antes de haberse instalado en París en 1916 y colaborar con Apollinaire y Paul Reverdy en revistas como *Sic* y *Nord Sud*. Al margen de la calidad de su poesía, Huidobro es una figura clave de este período, típicamente vanguardista por su energía, sobre todo en años posteriores, cuando se trataba de demostrar que había sido el primero en interesarse por la novedad, la primicia, la creatividad [3]. Atacó a muchos poetas modernos latinoamericanos y afirmó que había sido él el inventor del creacionismo. Pero al cabo de los años sus polémicas sólo nos interesan como prueba de que estaba pensando en la misma línea que sus contemporáneos franceses, españoles e ingleses. En general todos los movimientos de vanguardia empiezan con una ruptura con lo establecido y todos proclaman carecer de precedentes, por lo cual Huidobro, sin saberlo, era fiel a este prototipo.

Pero, ¿qué significa el creacionismo? En primer lugar el poeta deja de querer imitar el mundo real o de reflejar el orden divino. La palabra, liberada de su instrumentalidad como medio de comunicación, asume propiedades mágicas. Las palabras sugieren, asombran, se contradicen a sí mismas, se disparan del modo más inesperado. El poeta inventa combinando nuevas palabras y estas combinaciones sugieren nuevos ámbitos de experiencia.

Esta «liberación de la palabra» es la base común de muchos de los movimientos de vanguardia de los años veinte.

«Cada verso de nuestros poemas posee su vida individual y representa una visión inédita», escribieron los ultraístas [4].

Huidobro afirmaba que «el hombre sacude su esclavitud, se rebela contra la Naturaleza como otrora Lucifer contra

---

3. Un útil y breve estudio sobre Huidobro y sus ideas es el escrito por Antonio de Undurraga en *Vicente Huidobro. Poesía y prosa*, Madrid, 1957.
4. Gloria Videla, *El ultraísmo*, Madrid, 1963.

Dios» [5], y en el prólogo a uno de sus primeros poemas experimentales, «Adán», que estaba dedicado a Emerson, escribió:

> Muchas veces he pensado escribir una Estética del Futuro, del tiempo no muy lejano en que el Arte esté hermanado, unificado con la Ciencia [6].

A pesar de las insistentes reclamaciones de Huidobro de ser «el primero», escribió muy pocos versos de verdadera originalidad antes de su llegada a Francia. Significativamente, gran parte de sus experiencias poéticas primerizas, publicadas bajo el título de *Horizon carré*, se escribieron en francés. Significativamente porque el poeta no trabaja aquí de un modo «libre», siguiendo los modelos vanguardistas que ya existían, sobre todo los poemas de Apollinaire. Sus primeros poemas experimentales en español son «Ecuatorial» y *Poemas árticos*. El poema «Gare» es moderno por el uso que hace del tren, del teléfono y por su alusión a la primera guerra mundial, pero las sugerencias de alienación y frustración se afirman más que se expresan poéticamente:

> La tropa desembarca
>   En el fondo de la noche
> Los soldados olvidaron sus nombres
>   Bajo aquel humo cónico
>   El tren se aleja como un mensaje telefónico
> En las espaldas de un mutilado
> Las dos pequeñas alas se han plegado.

Aunque los experimentos más audaces de Huidobro son probablemente los *Poemas giratorios,* que se acercan a la «poesía concreta» [7], su obra más importante es *Altazor,* un poema

---

5. A. de Undurraga, «Teoría del creacionismo», prólogo a *Vicente Huidobro. Poesía y prosa.*

6. «Adán» figura en el libro primero de las *Poesías completas,* Santiago, 1964.

7. Para un breve análisis de la poesía concreta, véase J. Reichardt, «The Whereabouts of Concrete Poetry», *Studio International,* Londres, febrero de 1966.

en siete cantos que describe la caída del hombre moderno del orden al desorden, de la teología providencial al absurdo:

> Vamos cayendo, cayendo de nuestro cenit a nuestro nadir,
> y dejamos el aire manchado de sangre para que se envenenen
> los que vengan mañana a respirarlo.

Altazor necesita lo que posiblemente no podrá tener en el mundo moderno: fe y certidumbre.

> Dadme una certeza de raíces en horizonte quieto,
> un descubrimiento que no huya a cada paso.
> ¡O dadme un bello naufragio verde!

Pero el amor y la poesía, dos formas de liberarse, están condenados a la frustración por las limitaciones humanas y las exigencias del tiempo. El canto cuarto empieza con la urgente constatación de que «No hay tiempo que perder» y el poema termina con una contradicción: el poeta prueba la libertad pero sabe que es limitado:

> El cielo está esperando un aeroplano
> y yo oigo la risa de los muertos debajo de tierra.

El canto final se disuelve en un ensueño en el cual hasta el lenguaje se desmorona, y el poema termina con una nota que es en parte canción y en parte grito, y que implica sin duda alguna una idea de destrucción, con palabras que se descomponen en fonemas:

> Lalalí
> Io ia
> i i i o
> Ai a i ai a iiii o ia

Sin embargo, en último término lo que distingue a Huidobro del modernismo y de su segunda generación no es tanto

el carácter experimental como el tema de la búsqueda fallida
del hombre moderno:

> El corazón sabe que hay un mañana atado
> y que hay que libertar
> y vive en sus silencios y su luz desgraciada
> como el brillo que los faroles han robado a los árboles.

El «mañana atado» y el viaje fallido serán motivos muy
frecuentes en la poesía de esta época. Uno de los primeros
poemas de Vallejo trata de una araña «con innumerables patas», «que ya no anda». En *Residencia en la tierra* (primera
parte, 1933; segunda parte, 1935; tercera parte, 1947) Neruda
habla de «un solo movimiento», «como una polea loca...». La
imagen surge de la idea más o menos común a todos de que
el progreso ininterrumpido ya no es posible. El tiempo se es-
curre entre las manos y todos los hombres, para Huidobro, están «entre su arena lenta y su ataúd».

En la época de las primeras experiencias de Huidobro, hubo
una conciencia general en Hispanoamérica respecto a la necesidad de un nuevo lenguaje y nuevas formas. Para algunos lo
decisivo era la creación de metáforas vívidas; otros querían
despojar al lenguaje del verbalismo literario. Hubo extremos
de ironía y sofisticación por una parte —como la poesía del
argentino Oliverio Girondo (1891-1957)— y por otra la poesía
sobria y engañosamente sencilla de su contemporáneo Jorge
Luis Borges. Borges fue uno de los primeros en comprender la
esencia del escenario ciudadano:

> Y quedé entre las cosas
> miedosas y humilladas,
> encarceladas en manzanas
> diferentes e iguales
> como si fueran todas ellas recuerdos superpuestos, barajados,
> de una sola manzana [8].

8. «Arrabal» de *Fervor de Buenos Aires*, *OC*, I.

Aquí se meten dentro del mismo marco elementos distintos; hay elementos sincrónicos de un conjunto; o como recuerdos que no se ordenan necesariamente de un modo cronológico. La ciudad se hace análoga a lo no lineal, a lo simultáneo. El paisaje urbano se convierte en la entrada a la solución de la contradicción y en último término a la quietud.

2. LA POESÍA DE LA SENCILLEZ: GABRIELA MISTRAL

Orientarse hacia una poesía de la sencillez era la reacción más lógica después del verso tan literario y ornamentado de los modernistas. Ya hemos visto cómo los posmodernistas habían abandonado los temas exóticos en favor de los regionales. Ahora, en muchos poetas, hubo una aproximación aún mayor al lenguaje llano, incluso coloquial, a una especie de «transparencia de lenguaje» a través del cual pudieran expresarse experiencias arquetípicas más amplias. El ejemplo más importante de esta poesía «llana» sobre temas arquetípicos fue el de una ganadora del Premio Nobel, Gabriela Mistral (Chile, 1889-1957), cuya poesía brota de las frustraciones del amor y de la maternidad. Gabriela Mistral utiliza metros y formas tradicionales y su vocabulario es una modalidad ennoblecida del habla corriente, pero ensancha el horizonte de la poesía hispanoamericana e introduce nuevos temas como la sensación de falta de plenitud que tiene la mujer soltera:

> La mujer que no mece un hijo en el regazo,
> cuyo calor y aroma alcance a sus entrañas,
> tiene una laxitud de mundo entre los brazos;
> todo su corazón congoja inmensa baña [9].

Habla también de su vocación de maestra y al mismo tiempo del sacrificio de su vida personal que ello significa:

9. «La mujer estéril», en *Poesías completas*, Madrid, 1958.

La maestra era pobre. Su reino no es humano.
(Así en el doloroso sembrador de Israel)
Vestía sayas pardas, no enjoyaba su mano,
¡y era todo su espíritu un inmenso joyel! [10]

Gabriela Mistral publicó tres · grandes libros de poesía, *Desolación* (1922), al que en ediciones posteriores iba a añadir numerosos poemas, *Tala* (1938) y *Lagar* (1954). En el primer libro la maternidad frustrada era el tema principal. Sus obras incluyen también canciones infantiles, canciones de cuna y poemas para niños, y quizá sus mayores aciertos los consigue cuando se identifica con la mentalidad de los niños; por ejemplo, en «Ésta que era una niña de cera» capta muy bien la sensación infantil de la extrañeza de las palabras:

Ésta era que era una niña de cera;
pero no era una niña de cera,
era una gavilla parada en la era.
Pero no era una gavilla,
sino la flor tiesa de la maravilla.
Tampoco era la flor, sino que era
un rayito de sol pegado a la vidriera.
No era un rayito de sol siquiera;
una pajita dentro de mis ojitos era.
¡Alléguense a mirar cómo he perdido entera,
en este lagrimón, mi fiesta verdadera!

En este poema reconocemos el lenguaje de las canciones infantiles, la fantasía del niño transformando una niña de cera primero en una gavilla, luego en un girasol. Pero los comentarios finales son propios de una persona adulta. Profundamente religiosa, fue también la poetisa de la muerte, del dolor y de la separación. El suicidio del hombre al que amaba, cuando ella era aún muy joven, ensombreció todo lo que llegó a hacer o escribir, exceptuando sus poemas infantiles. Y aunque

10. «La maestra rural», en *Poesías completas*, Madrid, 1958.

su poesía no tiene la complejidad de la de Vallejo, sus mejores poemas llevan el sello de una grave sencillez.

Tanto por su persona como por su poesía, Gabriela Mistral está en medio de dos épocas. Su formación pertenece al siglo xix. Fue la mujer del corazón, de los hijos, de la fe religiosa. Pero se vio obligada a vivir en un mundo moderno; se le negó la plenitud «natural» de su vida como mujer, y por eso su poesía es una consecuencia de la frustración. Pero aunque había nacido con el nuevo siglo aún no pertenecía a él, no era «moderna» en el sentido en que eran modernos un Neruda o un Vallejo, porque sus valores eran los del pasado. Ello no significa menospreciar su poesía, sino simplemente situarla en una tendencia distinta a la que había dado origen a los movimientos contemporáneos.

Los poetas «sencillistas» como Gabriela Mistral por lo común se inspiraban en la naturaleza; ella, en concreto, captó muy bellamente los paisajes americanos, tanto los del Caribe tropical como los de la selva austral de Chile. Su contemporánea Juana de Ibarbourou (Uruguay, 1895-   ) era conocida con el sobrenombre de «Juana de América» y se consideraba a sí misma como una «hija de la naturaleza».

> Me ha quedado clavado en los ojos
> la visión de ese carro de trigo
> que cruzó, rechinante y pesado,
> sembrando de espigas el recto camino.

El «sencillismo» cultivado por Gabriela Mistral se vio también favorecido por parte de los escritores de vanguardia, que a menudo conciliaban la experimentación con su interés por la poesía popular. Éste fue el caso de México y de La Habana, dos ciudades que contaban con movimientos vanguardistas activos durante los años veinte.

3.   LOS POETAS CUBANOS.   NICOLÁS GUILLÉN

En La Habana éste fue un período de luchas políticas
y literarias, con poetas que a menudo alternaban sus actividades
literarias con otras de militante político. Rubén Martínez Villena (1899-1934) [11], una de las figuras literarias más prome-
tedoras de los años veinte, renunció a la poesía para convertirse en uno de los fundadores del Partido Comunista Cubano.
Los que siguieron escribiendo experimentaron a menudo con
el vocabulario futurista o con el primitivismo en su afán de
acercarse al espíritu de la gente corriente. José Z. Tallet (1893-
    ), por ejemplo, en su «Poema de la vida cotidiana», intro-
duce el vocabulario usual de una oficina en la poesía, aunque
el marco del poema deba aún mucho a la retórica literaria.
La *Revista de Avance,* fundada en 1927, promovió activamente
estos movimientos de vanguardia, y sobre todo el afrocubanismo que combinaba el primitivismo —exaltación de la espontaneidad y vitalidad del negro cubano— con el «sencillismo»
del lenguaje. Aunque al principio trató sobre todo los elementos
pintorescos de la vida cubana, el afrocubanismo recibió un
nuevo estímulo con la visita que en 1931 efectuó a La Habana
García Lorca. Lorca volvía a España después de su estancia en
Nueva York, y ya había escrito su *Poeta en Nueva York,*
libro en el que figuraba una elegía a «la sangre prisionera» del
negro de Harlem. Su influencia fue decisiva en un joven poeta
mulato, Nicolás Guillén (1902-   ), en cuya poesía el tema
del negro llega a ser algo más que un desafío pintoresco a
los valores europeos. El afrocubanismo de Guillén era la afirmación de orgullo por su pasado negro y del sufrimiento de sus
antepasados negros. Hasta entonces la cultura del negro había
sido algo soterrado y hasta los años veinte fue desconocida
por la mayor parte de los intelectuales. Los cultos de santería,

11.   R. Martínez Villena, *La pupila insomne,* La Habana, 1960, contiene
una biografía del poeta por Raúl Roa.

por medio de los cuales se habían transmitido de generación en generación el folklore de África e incluso lenguas como el yoruba, quedaban fuera del alcance de los cubanos blancos, hasta que los trabajos del antropólogo Fernando Ortiz y de la folklorista Lydia Cabrera las pusieron en evidencia. Para los cubanos blancos, el afrocubanismo significó hacerse conscientes de la riqueza y de la importancia de lo africano en la vida de Cuba. Para un mulato como Nicolás Guillén, el afrocubanismo proporcionó la voz de la parte eliminada de su conciencia. Ahora podía hablar de música africana en «La canción del bongó», de la alienación de su raza en «Pequeña oda a un negro boxeador cubano», de las canciones yorubas en «Canto negro»:

> Repica el congo solongo,
> repica el negro bien negro;
> congo solongo del Songo,
> baila yambó sobre un pie.
>
> Mama tomba,
> serembe cuserembá.

Y en poemas como «Negro Bembón», «Mulata», «Búcate plata», se hace el portavoz de los sentimientos de la población negra analfabeta, al emplear el dialecto afroespañol.

Guillén empezó a escribir en vísperas de la Gran Depresión, y poco después de 1930 en su poesía se mezclan cada vez más los temas políticos y los raciales. En *West Indies Limited,* se aparta de lo pintoresco y se orienta hacia la cólera comprometida del hombre que ha reconocido la herencia del colonialismo:

> Puños los que me das
> para rajar los cocos tal un pequeño dios colérico.

El poema más famoso de este libro, «Balada de los dos abuelos», señala la madura aceptación de lo africano y de lo español en su sangre; está por una parte el África de su abuelo negro:

> África de selvas húmedas
> y de gordos gongos sordos...
>   Me muero
> (dice mi abuelo negro).
> Aguaprieta de caimanes,
> verdes mañanas de cocos.

Esto le obliga a recordar el cruel «tercer paso» y el tráfico de esclavos. Pero está también el abuelo blanco. Lo blanco y lo negro están ya para siempre mezclados en su sangre, en la que «gritan, sueñan, lloran, cantan». Quizás una de las aportaciones más importantes de Guillén a la literatura cubana fue su aceptación de la importancia del mito y de la cultura africanos. En «Sensemayá» y «La muerte del Ñeque», se inspira en ritos y creencias africanas, como los modernistas habían buscado su inspiración en los clásicos, pero a diferencia de los escritores franceses de la *négritude*, ello no implica un rechazo de la cultura blanca. Así, en «Son número 6» escribe:

> Yoruba soy, soy lucumí
> mandinga, congo, carabalí,
> atiendan, amigos, mi son, que acaba así.

Pero en el poema también reconoce que:

> Estamos juntos desde muy lejos
> jóvenes, viejos,
> negros y blancos, todo mezclado.

Lo «negro» era una moda en la Europa contemporánea, el símbolo de la espontaneidad, de la superioridad de la vitalidad y del instinto sobre la razón. Pero en los poetas antillanos como Guillén el tema del negro indica una aceptación de que las raíces de Cuba están en la esclavitud y en la cultura de los esclavos, que África y España forman parte del pasado. La poesía posterior de Guillén ha sido menos africana y más política. En los años treinta se hizo comunista y publicó un libro de poemas sobre la guerra civil española y romances sobre «temas sencillos». Sin embargo, su verdadera originalidad radica en su poesía afrocubana.

Sólo un poeta negro surgió del afrocubanismo, lo cual no es sorprendente, porque los elementos negros de la población cubana eran también los analfabetos y los que tenían un nivel de vida más bajo. Marcelino Arozareno (1912-   ) sufrió la influencia directa de Guillén, y como él afirmó su universalidad: «Intento cantar desde negro, pero con la porción de voz que nos toca en el canto universal». En su *Canción negra sin color* figuran poemas escritos en los años treinta, muchos de ellos describiendo los ritos de la santería negra, como en «Liturgia etiópica»; otros son satíricos, como la «Canción negra sin color», que se compuso en 1939, pero que anticipa la desafiante poesía de los escritores de la *négritude*:

> Somos lo anecdótico;
> lo eternamente beodo,
> de una embriaguez de látigo, de selva y de canción;
> en los bares del ritmo
> la rumba nos da rones batidos en cinturas   .
> y Trópico,
> el orate de las Islas Sonoras,
> —charcos musicales en las amplias praderas del Atlántico—
> nos envasa en vitrinas de sextetos y sones
> para peinar la desmelenada curiosidad turística.

En la poesía posrevolucionaria ha habido un cierto renacimiento de esta *négritude,* pero sobre todo como una tentativa de encontrar una nueva mitología no europea y en respuesta al «tercermundismo» posrevolucionario [12].

12. Por ejemplo, la poesía de Pedro Pérez Sarduy, una breve selección de la cual figura en el libro de José Agustín Goytisolo *Nueva poesía cubana,* Barcelona, 1970. La selección no es muy representativa de la corriente de la *négritude* y estos poemas no son muy fáciles de desentrañar.

4. LOS POETAS MEXICANOS

Junto con Buenos Aires y La Habana, México era el otro gran centro de actividad de la vanguardia en los años veinte. En los tumultuosos años posteriores a la revolución, los «estridentistas» escribieron poesía futurista, quizá de un modo incongruente e imitando el futurismo ruso, cantaron la máquina, la ciudad y la liberación del hombre, gracias a las máquinas, de los trabajos serviles. El «estridentismo», cuyo representante más destacado fue Manuel Maples Arce (1900-   ), tuvo una vida corta. La gran poesía mexicana de los años veinte iba a ser meditativa y estaría bajo la influencia de los movimientos ingleses y norteamericanos, más que bajo la del futurismo. Su maestro fue Alfonso Reyes (1889-1959), crítico literario, erudito, pensador, con una gran confianza en mantener abiertos los canales de comunicación con otras culturas, sobre todo con España. Escritor positivo y estimulante, estaba muy preocupado por la situación de Latinoamérica en el mundo, y se mostraba tan opuesto al estrecho regionalismo como a la imitación servil. Opinaba que los escritores de Latinoamérica debían abordar los temas arquetípicamente humanos, aunque hubiesen llegado tarde al «banquete de la civilización». Algunos de sus mejores ensayos están dedicados a la visión mítica de América [13].

Tenía una altiva y «arielista» visión de la cultura. «Ábrase paso la Inteligencia; reclame su sitio en la primera trinchera», proclamó en uno de sus discursos [14]. Su poesía, que introdujo los ritmos de la poesía inglesa en castellano, refleja un espíritu culto y erudito. Sin embargo, algunos de sus mejores poemas corresponden a evocaciones de lugares como Cuba, o del puerto de Veracruz, donde el mar siempre queda a nuestra espalda aunque raras veces sea visible:

13. Alfonso Reyes, «Última Tule», OC, XI, México, 1955-1963.
14. Alfonso Reyes, «En el Día Americano», OC, XI, pág. 70.

La vecindad del mar queda abolida,
gañido errante de cobres y cornetas
pasea en un tranvía.
Basta saber que nos guardan las espaldas.

(Atrás, una ventana inmensa y verde...)
El alcohol del sol pinta de azúcar
los terrones fundentes de las casas.
(... por donde echarse a nado).

Los años veinte y treinta fueron períodos extraordinariamente fecundos para la poesía mexicana. La revista *Los Contemporáneos,* fundada en 1928, reunió la obra de una generación
de talento que incluía nombres como los de Jaime Torres
Bodet (1902-   ), Bernardo Ortiz de Montellano (1899-1949),
Gilberto Owen (1905-1952), Xavier Villaurrutia (1903-1950),
Carlos Pellicer (1899-   ), José Gorostiza (1901-   ) y
Salvador Novo (1904-   ). Al igual que Reyes, pero a diferencia de sus contemporáneos del movimiento muralista, estaban
menos interesados por la «originalidad» de México que por
mantener contactos con los movimientos poéticos de Europa
y de los Estados Unidos. *Los Contemporáneos* publicó un impresionante número de traducciones de poetas vivos, entre ellos,
T.S. Eliot, pero, aparte de Salvador Novo, gran parte de cuya
poesía primeriza era irónica, burlona y «contemporánea», los
poetas de este grupo se sentían más inclinados hacia los temas
arquetípicos [15]. Ésta es una poesía intensamente preocupada
por los problemas del subconsciente, con las polarizaciones de
Eros y Tánatos. Y con Xavier Villaurrutia y José Gorostiza,
el movimiento produjo dos poetas de extraordinaria intensidad
y de gran brillantez técnica. Los grandes poemas de Villaurrutia son los *Nocturnos* (1931), que invocan a un mundo de
sueños en el que desaparecen las certidumbres, «el latido de
un mar en el que no sé nada, en el que no se nada». El juego
de palabras con el vocablo «nada», en su doble acepción de

15. Frank Dauster, *Ensayos sobre poesía mexicana,* México, 1963.

sustantivo y de forma de verbo nadar, es característica, pues
sus procedimientos se apoyan en la ambigüedad verbal. Muchos de sus poemas se basan en el principio del error freudiano,
de la asociación de ideas casi inconsciente, ya que los mismos
fonemas aluden a zonas muy distintas de la experiencia. Pero
los viajes nocturnos de Villaurrutia siempre le devuelven a
sí mismo, a la inesquivable imagen del espejo, el viaje sirve
para encontrarse a sí mismo, para desembocar en la ansiedad,
en la falta de plenitud que es la esencia del vivir, de modo
que la ausencia signifique presencia y la muerte vida. En «Nocturno amor», la poesía describe círculos de frustración:

> y una sed que en el agua del espejo
> sacia su sed con una sed idéntica.

No hay escapatoria para esta cruel dialéctica que sólo termina
con la muerte, como «la estatua que despierta, en la alcoba de
un mundo en el que todo ha muerto». Hay algo «fantasmal»
en el lenguaje de Villaurrutia, una constante alusión a la insus-
tancialidad de las palabras, debido a lo fácilmente que se transforman pasando de un sentido a otro, como él mismo indica
en los versos finales de «Nocturno eterno»:

> porque vida silencio piel y boca
> y soledad recuerdo cielo y humo
> nada son sino sombras de palabras
> que nos salen al paso de la noche.

Si Villaurrutia delata una conciencia del carácter fantasma-
górico de las palabras, su amigo y compañero José Gorostiza
se preocupa sobre todo por la «transparencia», por la pureza.
Gorostiza escribió uno de los poemas más bellos de este período,
«Muerte sin fin» [16], sobre la forma y la tendencia de todas las
formas a la desintegración; la imagen del yo es el vaso de

---

16. Octavio Paz tiene una introducción y ensayo crítico en la edición
publicada en México en 1952.

agua en el que ésta, que es informe, adopta la forma del vaso
en que se vierte.

> un vaso
> que nos amolda el alma perdidiza.

El agua es amorfa, fluyente; es como el tiempo que adopta
una forma y por lo tanto una conciencia, se hace Dios, que es
la pura conciencia de sí mismo. La forma y la sustancia sólo
pueden existir cuando hay una conciencia que las refleje. Pero
ésta no es la vida, sino la muerte, una negación de la naturaleza del agua que consiste en fluir y tener su fin en una
región de sustancia indiferenciada. Tener forma es ir contra
la característica esencial del mundo visible, pero lo informe
no puede expresarse. Ésta es la compleja antinomia del poema
de Gorostiza:

> Porque el hombre descubre en sus silencios
> que su hermoso lenguaje se le agosta
> en el minuto mismo del quebranto,
> cuando los peces todos
> que en cautelosas órbitas discurren
> como estrellas de escamas, diminutas,
> por la entumida noche submarina,
> cuando los peces todos
> y el ulises salmón de los regresos
> y el delfín apolíneo, pez de dioses,
> deshacen su camino hacia las algas...

Es interesante comparar este lenguaje, muy sobrio y tradicional,
con la exploración que en este mismo período llevan a cabo
Neruda y Vallejo con nuevas formas y nuevo vocabulario.

Los dos poetas que estaban vinculados al grupo de *Los
Contemporáneos* pero cuya poesía era muy distinta de la de Gorostiza y Villaurrutia, fueron Salvador Novo y Carlos Pellicer
1899-   ). Novo está mucho más cerca de la poesía vanguardista europea de la época, y su primer volumen, *XX poemas*
(1925) era de una modernidad muy consciente:

> ¿Quién quiere jugar tennis con nopales y tunas
> sobre la red de los telégrafos?

Pero su poesía era urbana y moderna de un modo como no podía serlo ni Villaurrutia ni Gorostiza. Como el joven Borges, era un poeta de paisajes ciudadanos:

> Brochas de sol absurdo
> en la pared
> como en estantes hay
> vida en hogares interrumpidas.

En 1933 publicó una autobiografía poética, *Espejo,* una serie de poemas líricos y humorísticos que evocaban sus lecciones de historia, las criadas que hubo en su casa y los libros que había leído:

> ¿Qué se hicieron los gatos, los conejos,
> el Rey de la Selva y la Zorra de las Uvas,
> los Cinco Guisantes, el Patito Feo?
> Hace tiempos que no trato con esos animales
> desde que me enseñaron que el hombre
> es un ser superior, semejante a Dios.

El tono ligero y burlón es característico de su poesía primeriza, que luego se iría haciendo amargo en *Poemas proletarios* (1934), a pesar de que subsiste una buena dosis de humor en sus poemas descriptivos sobre «Gaspar el Cadete», «Roberto el Subteniente» y «Bernardo el Soldado». Al mismo tiempo escribía la grave poesía amorosa de «Nuevo amor», que está mucho más cerca en el tono de la poesía de Gorostiza y Villaurrutia, pero que, característicamente, en su bello poema «La renovada muerte», introduce el tren como una imagen moderna de ausencia y de separación:

> hay trenes por encima de toda la tierra
> que lanzan unos dolorosos suspiros
> y que parten

> y la luna no tiene nada que ver
> con las breves luciérnagas que nos vigilan
> desde un azul cercano y desconocido
> lleno de estrellas políglotas e innumerables.

En estos versos se sitúa fuera de la tradición romántica y de su concepto del destino humano. El mundo moderno es más complejo y más enigmático, y el destino del hombre infinitamente menos importante y trascendental. Por el contrario, en la poesía de Carlos Pellicer la vida prevalece sobre la muerte. Su poesía es una poesía de la naturaleza, pero de una naturaleza que es un reflejo de la divinidad. Oriundo de Tabasco, plasma el color y la vida de los trópicos, que están presentes incluso en la ciudad:

> En la ciudad, entre fuerzas automóviles,
> los hombres sudorosos beben agua en guanábanes.
> Es la bolsa de semen de los trópicos
> que huele a azul en carnes madrugadas
> en el encanto lóbrego del bosque.

La alusión al «semen» no es gratuita. Para Pellicer, los trópicos son el símbolo de la inagotable creatividad de Dios, regiones de la tierra donde esta creatividad se manifiesta aún porque todavía permanece relativamente incontaminada por el hombre:

> La tierra, el agua, el aire, el fuego,
> al Sur, al Norte, al Este y al Oeste
> concentran las semillas esenciales
> el cielo de sorpresas
> la desnudez intacta de las horas
> y el ruido de las vastas soledades.

En estos poemas el poeta es la voz de los elementos, como lo sería Neruda en su *Canto general,* pero si Neruda es el poeta de la caída del hombre, Pellicer parece habitar aún un Paraíso en el que el hombre y la naturaleza aún no se han separado. En «He olvidado mi nombre» se identifica completamente con el paisaje de Tabasco:

> El bien bañado río todo desnudo y fuerte,
> sin nombre de colores ni de cantos.
> Defendido del sol con la hoja de tóh.
> Todo será posible menos llamarse Carlos.

Hay todavía algo más que observar respecto a esta poesía mexicana escrita en los dos primeros decenios que siguieron a la revolución, y es la negativa de los poetas a escribir para quien no perteneciera a un público minoritario. En los años cuarenta Neruda atacaría a los poetas mexicanos precisamente por esta causa [17]. Exceptuando ciertos poemas de Salvador Novo, son poemas que despojan al lenguaje de la historia, que se sitúan al margen del flujo histórico, y esto les diferencia radicalmente de la obra de los dos grandes poetas de Sudamérica, Neruda y Vallejo.

5.   CÉSAR VALLEJO (1892-1938)

A César Vallejo suele considerársele como el mejor poeta hispanoamericano; se forjó un estilo personal, que sin ser en modo alguno regionalista ni local, era claramente americano. Era un poeta que rechazaba la seducción. Las terminaciones llanas de la poesía española, los participios pasados en «ado» o en «ido», desembocan fácilmente en el flujo rítmico que Neruda iba a adoptar en sus *Veinte poemas de amor,* en versos como:

> Mi alma no se contenta de haberla perdido,

17.   E. Rodríguez Monegal, *El viajero inmóvil,* Buenos Aires, 1966, páginas 106-108.

en el que la «a» átona tiene la misma función que las notas rítmicas y graves en una pieza para piano. Si Vallejo llega a darse cuenta del peligro de la seducción, rompe el verso. Así, uno de sus poemas se inicia:

Tahona estuosa de aquellos mis bizcochos.

Las dos primeras palabras parecen introducirnos en un ritmo voluptuoso que se quiebra rápidamente con el duro sonido de «k» de «aquellos mis bizcochos». Algunos de sus poemas derivan en un verdadero desbarajuste de letras y sonidos, a medida que se alcanzan los últimos límites del significado y el poema penetra en una zona de disolución.

Mientras gran parte de la poesía moderna se erige como un orden en medio de un mundo caótico, la obra de Vallejo cava un hoyo bajo sus propios pies. Las certidumbres se desmoronan, los clisés familiares y consoladores se convierten súbitamente en algo siniestro. Por ejemplo, termina un poema con la expresión «Hasta el hueso», que suena de un modo lo bastante parecido a «hasta luego» como para tener una resonancia familiar, hasta que el lector recibe el fuerte impacto de este extraño «hueso», que queda aislado y desnudo como una calavera sobre la mesa de un monje. Por vez primera comprendemos lo que decimos cuando empleamos la fórmula «hasta luego», y al comprenderlo se abre ante nosotros un abismo. Vallejo desarticula la lengua española como nunca se había hecho antes de entonces, en primer lugar porque aspiraba a expresar lo inexpresable, pero también porque, como los escritores de la *négritude,* asume una cultura extraña con el mismo lenguaje que se ve forzado a usar. El enfrentamiento entre la cultura de Latinoamérica y la de Europa se efectúa en las tensiones lingüísticas y en alusiones como la siguiente:

Samain diría el aire es quieto y de una contenida tristeza.
Vallejo dice hoy la Muerte está soldando cada lindero a cada hebra de cabello perdido [...]

El poeta francés Samain tenía dominada su desesperación, mientras que Vallejo, el peruano, sólo puede expresar su desesperación en una frase que apenas tiene sentido. Pero es esta característica de Vallejo, la dislocación del lenguaje y la ruptura de las convenciones, lo que hace de él un poeta verdaderamente extraordinario.

César Vallejo era un «cholo», es decir, llevaba en las venas sangre española e india; de origen provinciano, nació en Santiago de Chuco, a varias horas en mulo de la ciudad de Trujillo. Era fundamentalmente el hombre de una cultura marginal, un provinciano, virtualmente autodidacta por lo que se refiere a la literatura, pues aunque estudió en la Universidad y escribió una tesis sobre el romanticismo, el ambiente cultural de Santiago de Chuco y de Trujillo era relativamente pobre. Vallejo era el benjamín de una familia numerosa y modesta pero unida, que tenía un fuerte sentido de los valores tradicionales. El hogar y la iglesia fueron instituciones importantes en la primera parte de su vida, bases seguras que desaparecieron de un modo radical al producirse la muerte de su madre y de su hermano mayor Miguel. Estos hechos cortaron sus raíces y los lazos que le unían con el hogar, y contribuyeron a crear en él ese sentido de la futilidad del proceso biológico en el cual la vida se desarrolla cuidadosamente desde la semilla hasta la perfección sin que exista ninguna razón perceptible, excepto la de mejorar la especie. Crecer equivalía a encontrarse ante el alba de un mundo adulto y sin sentido:

> Y se acabó el diminutivo, para
> mi mayoría en el dolor sin fin
> y nuestro haber nacido así sin causa.

Llamar a la niñez «el diminutivo» equivale a despojarla de toda calidad humana. «Diminutivo», un término gramatical, y «mayoría», un término legal, quitan al desarrollo humano todo objetivo trascendental, ya que los diversos estadios de la evolución pasan a ser meras categorías empleadas por simple comodidad.

Vallejo publicó cuatro grandes libros de poesía. El primero, Los heraldos negros (1918), incluía sobre todo composiciones de aprendizaje en las que el poeta usaba a menudo las imágenes tradicionales heredadas del modernismo, imágenes que estaban desplazadas respecto al tipo de sentimientos que estaba tratando de expresar. Y hay también poemas sobre temas indios, las Nostalgias imperiales, escritos en un estilo objetivo y parnasiano que es completamente ajeno al tono dramático de la poesía posterior de Vallejo. Sin embargo, incluso en este volumen primerizo, había atisbos de lo que iba a ser el Vallejo maduro.

Un grupo de poemas que figuraban en Los heraldos negros llevaban por título «Canciones de hogar», y en estos versos tenemos un anticipo de lo que serán las imágenes de Trilce. En estos poemas Vallejo es ya el observador o el participante de su propio drama. Mirón indefenso, contempla la vejez de su madre y de su padre, viendo cómo sus vidas van perdiendo sentido:

> Mi padre es una víspera
> lleva, trae, abstraído, reliquias, cosas,
> recuerdos, sugerencias.

Aquí los versos sugieren una manipulación absurda de objetos heterogéneos, una agitación sin sentido, ya que el objetivo es simplemente la procreación, la multiplicación de la especie en un futuro que el padre nunca verá.

> Aún reirás de tus pequeñuelos
> y habrá bulla triunfal en los Vacíos.

El rotundo optimismo de esta frase en la que se supone que el padre aún tendrá algún futuro, termina súbita y desagradablemente con el nombre «Vacíos».

En su libro siguiente, Trilce (1922), Vallejo rompió completamente con la tradición haciendo una poesía tan absolutamente nueva como la más moderna que podía escribirse en

Europa. Los poemas usan una armazón de lenguaje «positivo»
—números, fechas, lugares, términos científicos—, pero sólo
para destruir lo positivo. El sistema lingüístico engendra así
estructuras imposibles:

> 999 calorías
> Rumbbb... Trraprrr rrach... cha
> Serpentínica *u* del bizcochero
> engirafada al tímpano.

En los dos últimos versos citados, la estructura es una posible
estructura española, pero que lo que se dice carece de sentido.
Y sin, embargo, aunque por vías inusitadas, existe un sentido, ya
que los fonemas expresivos (Rumbbb, etc.) prueban los
límites del lenguaje, al igual que la distorsión de los sonidos
producida por el bizcochero, cuya «u» no guarda relación con
el sonido que esperábamos oír en «bizcocho», y que no obstante comunica un sentido.

En *Trilce* los números son importantes, pero sólo porque
indican un sentido de armonía y orden que se ha vaciado de
significación. En términos cabalísticos el uno es el símbolo
de la plenitud, para Vallejo es el símbolo de la soledad individual; el dos es el «acoplamiento» del macho y de la hembra,
para Vallejo es el símbolo de la dialéctica sin objeto; tres es el
símbolo de la trinidad y de la perfección, para Vallejo es un
símbolo de generación sin sentido; el cuatro representaba para
los antiguos los cuatro elementos, pero para Vallejo simboliza las cuatro paredes de la celda y las limitaciones del hombre.
Hay otros números también «absurdos», los nueve meses de
la gestación, los doce meses del año. Pero todos están desa-
cralizados. Los números son simples cifras que, como las paredes de la celda, o se suman estúpidamente al mismo número o
se multiplican hasta alcanzar cifras tan vacías como ellos mismos.

Todos los aspectos matemáticos, biológicos y físicos de la
existencia, para Vallejo cuentan la misma historia; que hay una
disparidad entre el drama mental y espiritual del individuo y
el proceso biológico y físico.

Para Vallejo, más trágica que la muerte de Dios es la muerte de la madre, que fue el origen de su vida. En el siguiente poema, contrasta la idea de la madre, origen del crecimiento orgánico, con la idea abstracta de trascender al tiempo y de la unidad.

> Oh valle sin altura madre, donde todo duerme horrible mediatinta, sin ríos frescos, sin entradas de amor. Oh voces y ciudades que pasan cabalgando en un dedo tendido que señala a calva Unidad. Mientras pasan, de mucho en mucho, gañanes de gran costado sabio, detrás de las tres tardas dimensiones.
>
> Hoy   Mañana   Ayer
> (¡No, hombre!)

Los ríos frescos y las entradas de amor aluden al fluir humano, y todos los intentos para trascender esto conducen a una abstracta grisura, y por lo tanto a la muerte. En este poema Vallejo ve la vida desde una distancia como divina en la cual «las voces» y «las ciudades» quedan reducidas a la nada y la humanidad a una masa de «gañanes de gran costado sabio» (es decir, de Adanes de los que nació Eva). Estos Adanes no son escasos. Pasan «de mucho en mucho», como uncidos a las tres dimensiones del tiempo. El «No, hombre» final rechaza esta visión abstracta (que podría ser la de un Schopenhauer, por ejemplo), pero la negación es una simple respuesta emotiva y en modo alguno destruye la desolada visión.

Para Vallejo, el confinamiento físico de la cárcel de la vida, simplemente acentúa la situación existencial cotidiana del hombre. En *Trilce* XVIII no emplea simplemente su celda como una imagen primaria, sino que nos permite captar la ironía de sus connotaciones religiosas, la celda como lugar de retiro del mundo y umbral de la salvación:

> Oh las cuatro paredes de la celda
> Ah las cuatro paredes albicantes
> que sin remedio dan al mismo número

Criadero de nervios, mala brecha,
por sus cuatro rincones cómo arranca
las diarias aherrojadas extremidades.

Lo «albicante» sugiere las connotaciones religiosas, la celda es
un lugar de purificación y de automortificación, que, sin embargo, no ofrece ninguna escapatoria de las limitaciones de las
cuatro paredes que siempre suman el mismo número. Vallejo
no puede escapar por medio de la fe en Dios. En vez de esto,
llama a la figura femenina, la fuente de la vida:

Amorosa llavera de innumerables llaves,
si estuvieras aquí, si vieras hasta
qué hora son cuatro estas paredes.
Contra ellas seríamos contigo, los dos
más dos que nunca. Y no lloraras,
di, libertadora.

Éste es el retorno a los orígenes, a la fuente de la vida, pero
las limitaciones de la pared de la celda derivan de una afirmación sobre el espacio a una afirmación sobre el tiempo.
La tentativa del poeta de formar otras combinaciones más
humanas para romper con su sentido de separación no puede
tener resultado.

Y sólo yo me voy quedando,
con la diestra, que hace por ambas manos
en alto, en busca de terciario brazo
que ha de pupilar entre mi dónde y mi cuándo
esta mayoría inválida de hombre.

Lo que el poeta busca es algo que está más allá de las limitaciones del espacio (dónde) y del tiempo (cuándo). Transforma los
adverbios interrogativos en nombres, los sustantiva y al propio tiempo hace que sugieran de un modo infinitamente más
intenso la duración humana que si hubiese usado las abstracciones «espacio» o «tiempo». El brazo levantado del poeta

busca sin encontrar el brazo que mediará por él, pero el lenguaje sugiere sutilmente una vez más la celda del monje, con el brazo del santo levantado hacia el cielo. El poema se mueve así entre las dos tensiones de las limitaciones de la tierra y de la imposibilidad del cielo que desembocan en la contradicción final —la «mayoría inválida»—, donde la idea de «mayoría» (la madurez del adulto, y por lo tanto un cierto grado de perfección) se califica con el adjetivo «inválida».

En este poema lo original no es un «tema» susceptible de aislarse, dado que el conflicto entre las aspiraciones eternas y la situación existencial es tan viejo como el mundo. La originalidad estriba en la presentación radicalmente moderna de Vallejo, en la referencia constantemente irónica a los valores del pasado y en la dramatización de la situación en el yo del poeta.

Los poemas de Vallejo que se publicaron póstumamente recibieron un título irónico, *Poemas humanos,* irónico puesto que muchos de ellos nos hablan de una humanidad deshumanizada y alienada. Desde 1923 hasta su muerte vivió en París, con breves estancias en Rusia y España, donde se vio obligado a quedarse en 1931, cuando el gobierno francés no le permitió entrar en Francia debido a sus actividades como militante político. Efectuó también dos cortas visitas a España durante la guerra civil, y escribió una serie de poemas sobre ésta, publicados póstumamente con el título de *España, aparta de mí este cáliz* [18]. Después de ingresar en el Partido Comunista en 1931, la actividad política de Vallejo fue intensa, y sus artículos sobre Rusia escritos para la prensa española en 1931 demuestran que compartía los ideales sociales y políticos de los marxistas [19]. Sin embargo, los *Poemas humanos* ofrecen una visión agónica del individuo. Fueron escritos a impulsos de

---

18. Según Mme. Georgette Vallejo en sus *Apuntes biográficos sobre «Poemas en prosa»* y *«Poemas humanos»,* Lima, 1968.

19. *Rusia en 1931. Reflexiones al pie del Kremlin,* Lima, 1959. Véase también Mme. Vallejo, *op. cit.*

la desesperación, cuando la suma de individuos no le parecía que constituyera una sociedad.

> ¿Quién no se llama Carlos o cualquier otra cosa?
> ¿Quién al gato no dice gato, gato?
> ¡Ay, yo que sólo he nacido solamente!
> ¡Ay, yo que sólo he nacido solamente!

Los individuos indiferenciados forman la masa, pero esta masa no puede borrar la sensación de soledad. El verbo «nacer» está flanqueado por adverbios, pero son el mismo adverbio que juega con las variantes de sólo y solamente, y que destaca así la idea del nacimiento y de la soledad.

Por eso el título de *Poemas humanos* tiene un deje irónico. En *Trilce* la situación suele ser subjetiva, con Vallejo en el centro de un drama, tratando de luchar con abstracciones como el tiempo, la creación, la eternidad, la muerte, en un lenguaje absurdo. Pero en los *Poemas humanos* Vallejo se convierte en la humanidad, condenada a encarnarse en el Hijo; en estos poemas él y otros individuos quedan reducidos, pasan a ser un puñado de costumbres, ropas, enfermedades, cuyo único poder —absurdamente— es el de la reproducción. El título de un poema, «Sombrero, abrigo, guantes», lo resume así:

> Enfrente a la Comedia Francesa, está el Café
> de la Regencia; en él hay una pieza
> recóndita, con una butaca y una mesa.
> Cuando entro, el polvo inmóvil se ha puesto ya de pie.
>
> Entre mis labios hechos de jebe, la pavesa
> de un cigarrillo humea, y en el humo se ve
> dos humos intensivos, el tórax del Café
> y en el tórax, un óxido profundo de tristeza.
>
> Importa que el otoño se injerte en los otoños
> importa que el otoño se integre de retoños,
> la nube, de semestres; de pómulos, la arruga.

> Importa oler a loco postulando
> ¡qué cálida es la nieve, qué fugaz la tortuga,
> el cómo qué sencillo, qué fulminante el cuando!

La sala interior se convierte en el «tórax» del café. La interioridad pasa de ser un estado espiritual a otro físico, de modo que con Vallejo penetramos en un cuerpo con sus asociaciones correlativas de degeneración. Pero luego el poeta pasa a contrastar el café-cuerpo (es decir, el entorno humano) con las estaciones cambiantes. El cambio de las estaciones es «importante», palabra que en el contexto se convierte en un absurdo sobreentendido. Por otra parte es absurdo esforzarse por volver la espalda a las estaciones y afirmar que la nieve es cálida o desafiar metafóricamente las leyes físicas. El soneto concluye con una paradoja que alude a la vida humana reducida a las dos cuestiones principales, el sencillo «cómo» y el fulminante «cuándo». Lo que ha ocurrido en el curso del poema es que el poeta ha demostrado que todos los apoyos de la vida humana —la tradición, la cultura, la naturaleza— son simplemente «sombrero, abrigo, guantes», lo que enumera el título, y que la esencia reside en el desnudo «cuando».

El «tórax» de este poema nos conduce a una de las preocupaciones fundamentales de Vallejo, su obsesión por el cuerpo que parece estar examinando constantemente como si fuese un objeto extraño a él[20]:

> Que es verdad que sufrí en aquel hospital que queda al lado
> y está bien y está mal haber mirado
> de abajo para arriba mi organismo.

Es este frágil cuerpo lo que se interpone entre él y la muerte. Y en algunos estados de ánimo siente que quiere vivir a toda costa.

> Me gustaría vivir siempre, así fuese de barriga,

---

20. Muchos críticos han comentado esta cuestión. Véase, por ejemplo, James Higgins, «The conflict of personality in César Vallejo's *Poemas humanos*», *BHS*, XLIII, enero de 1960.

dice; el verso parece un comentario irónico a la famosa frase de la Pasionaria de que «es mejor morir de pie que vivir de rodillas». En «Dos niños anhelantes» encuentra «nada/en el orgullo grave de la célula, / sólo la vida; así: cosa bravísima»... Y evoca la visión de un hombre antiheroico, empequeñecido y esclavizado, cuya vida no es más que una espera de la muerte:

> luego no tengo nada y hablo solo,
> reviso mis semestres
> y para henchir mi vértebra, me toco.

El hecho de que muchos de estos poemas se escribieran durante los años de la depresión incrementa su tonalidad trágica. Vallejo no sólo ve su propio fin como hombre, sino el fin del progreso, el punto final de un cierto tipo de civilización. En el poema apocalíptico «Los nueve monstruos», el nueve, número mágico, alude al fin del mundo. El poeta tiene una visión de inmensos sufrimientos y males. Lo que crece no es el hombre, sino la desdicha:

> Crece la desdicha, hermanos hombres,
> más pronto que la máquina, a diez máquinas, y crece
> con la res de Rousseau, con nuestras barbas;

La teoría del progreso basada en la supuesta bondad de la naturaleza no es capaz de explicar este enorme recrudecimiento del mal en el cual hasta la naturaleza está crucificada [21].

En los *Poemas humanos* Vallejo alude a la incapacidad de cualquier clase de progreso que no tenga en cuenta que el hombre es limitado en el espacio y en el tiempo y que en realidad es cualquier cosa excepto un superhombre. La dificultad surge cuando el hombre proyecta el progreso hacia una perfección futura, ya que el progreso en sí mismo evidentemente se acer-

---

21. Para un análisis del mal en la poesía de Vallejo, véase X. Abril, *Vallejo. Ensayo de aproximación crítica*, Buenos Aires, 1958.

ca a estos límites. Y es aquí cuando la depresión económica, la generalización del paro, el hambre —es decir, la realidad pública— invade el mundo privado. El parado, el hombre sin trabajo que está sentado en una piedra, es un símbolo viviente de la inmovilización del progreso en su doble sentido social e individual:

> Parado en una piedra,
> desocupado,
> astroso, espeluznante,
> a la orilla del Sena, va y viene.
> Del río brota entonces la conciencia,
> con peciolo y rasguños de árbol ávido:
> del río sube y baja la ciudad, hecha de lobos abrazados.

El contraste entre el hombre «parado» y el río que fluye se acentúa por el hecho de que hombre se ha convertido en una cosa. Es el río el que tiene conciencia, pero es una conciencia de un progreso evolucionista y de la supervivencia de los más fuertes. La ciudad surge directamente de esta ley natural y resume la lucha darwiniana de los «lobos abrazados». El hombre que está sentado allí es un «parado, individual entre treinta millones de parados», una «nada» que está sentado solo con su cuerpo, sus chinches, y

> abajo,
> más abajo,
> un papelito, un clavo, una cerilla.

Lo que produce la «ciudad» es tan sólo este detrito... los desechos humanos y materiales de la civilización.

Poemas humanos ahonda así en el significado de la crisis que hay entre el hombre y la sociedad. Sus versos muestran cómo el hombre no puede encontrar un sentido a proyectarse hacia un futuro cuando él podría ser distinto o la sociedad podría ser distinta. Una sociedad que sufre una crisis industrial sólo ofrece desesperanza al hombre; no obstante, ello no significa que Vallejo careciera por completo de fe. Su comunismo no era ninguna variedad de signo utópico, porque no creía en ningún futuro místico, sino que creía firmemente que hay que luchar contra las injusticias. Por eso es una lástima que los *Poemas humanos* se publicasen separadamente de *España, aparta de mí este cáliz*, que es la otra cara de la moneda [22]. En estos poemas descubre al héroe moderno en hombres como Pedro Rojas:

> Lo han matado, obligándole a morir
> a Pedro, a Rojas, al obrero, al hombre, a aquel
> que nació muy niñín mirando al cielo,
> y que luego creció, se puso rojo
> y luchó con sus células, sus nos, sus todavías, sus hambres,
>   sus pedazos.

El hombre que en «Los nueve monstruos» tiene atisbos apocalípticos, ahora saluda al «sufrimiento armado». La madre que muere y le deja sin eternidad resucita ahora en España. Así, se dirige al mundo con las palabras que una madre usaría al hablar con sus hijos:

> si tardo
> si no veis a nadie, si os asustan
> los lápices sin punta, si la madre
> España cae —digo, es un decir—
> salid, niños del mundo; ¡id a buscarla!

La poesía de Vallejo lleva a cabo como una dramatización de la destrucción. *Trilce* y *Poemas humanos* se sitúan en una región de pesadillas en la que el poeta solda fragmentos con el único fin de romperlos luego. El poema es como el pilar de un malecón batido por las aguas del mar. Pero tal vez la paradoja suprema es que Vallejo era un comunista que vivió la crisis del individualismo en sus límites extremos.

22. James Higgins, «Los nueve monstruos de César Vallejo. Una tentativa de interpretación», *Razón y fábula*, Bogotá, 3.

6. PABLO NERUDA (1904-1973)

Neruda, cuyo verdadero nombre era Neftalí Reyes, nacido en Chile, hijo de un ferroviario, procedía de un ambiente provinciano que a primera vista parece semejante al de Vallejo. Pero mientras Vallejo se educó en una comunidad tradicional, cuyo orden moral se centraba en la familia y en la iglesia, la niñez de Neruda transcurrió en los confines meridionales de Chile, en una comunidad de pioneros. La poesía de Vallejo se revuelve contra la tradición, disloca el lenguaje, destruye los antiguos mitos; la de Neruda arranca de una relación completamente distinta con la cultura moderna. Su poesía es la expresión directa de una fuerza natural:

> La naturaleza allí me daba una especie de embriaguez. Yo tendría unos diez años, pero ya era poeta. No escribía versos, pero me atraían los pájaros, los escarabajos, los huevos de perdiz [23].

Al vivir en una zona carente de tradiciones, en la que el «primer hombre que publicó versos al sur de Bío-Bío» era un amigo de la familia, y crecer entre trabajadores, que, como él luego comentó, eran en su mayor parte irreligiosos, la niñez de Neruda no estuvo enmarcada por normas, mientras que la de Vallejo estuvo fuertemente estructurada por una armazón de costumbres y creencias. Si Vallejo desacraliza las palabras con objeto de que se plieguen a sus nuevas condiciones, Neruda usa un vocabulario extraído directamente de sus experiencias de la naturaleza para insuflar en una sociedad que se desmoronaba la energía y el frescor de los pioneros.

Su viaje a Santiago a los dieciséis años y sus años de soledad en pensiones y cafés fueron las circunstancias traumáticas que probablemente hicieron de él un poeta.

23. Véase el breve ensayo autobiográfico en *OC*, I, 3.ª ed., Buenos Aires, 1967, pág. 26.

Su primer libro, *Crepusculario* (1920-1923), era imitativo. Pero en 1924 publicó *Veinte poemas de amor,* la obra con la que, como explicó más tarde, había aliviado la soledad de su vida ciudadana. Los *Veinte poemas* y la «Canción desesperada» con que terminaba el volumen, constituían un diario de dos relaciones amorosas, su amor por la muchacha morena que había dejado en Temuco, evocador de la tristeza y de la ausencia, del tiempo y de lo perdido, y la muchacha de Santiago con la que intenta ser feliz en el presente [24]. Son verdaderos poemas de adolescente, agresivos y egocéntricos, y se mueven incansablemente entre dos vidas, la que se ha dejado atrás y la que se vive ahora, entre la oscuridad y la luz, la ausencia y la posesión:

En su llama mortal la luz te envuelve.
Absorta, pálida doliente, así situada
contra las viejas hélices del crepúsculo
que en torno a ti da vueltas.

Muda, mi amiga,
sola en lo solitario de esta hora de muertes
y llena de las vidas del fuego,
pura heredera del día destruido.

Del sol cae un racimo en tu vestido oscuro.
De la noche las grandes raíces
crecen de súbito desde tu alma,
y a lo exterior regresan las cosas en ti ocultas,
de modo que un pueblo pálido y azul
de ti recién nacido se alimenta.

Oh grandiosa y fecunda y magnética esclava
del círculo que en negro y dorado sucede:
erguida, trata y logra una creación tan viva
que sucumben sus flores, y llena es de tristeza.

24. El elemento biográfico de los poemas ha sido analizado por M. Aguirre, *Genio y figura de Pablo Neruda,* Buenos Aires, 1964, y en el libro de E. Rodríguez Monegal, *El viajero inmóvil.*

La mujer aquí es una hija del tiempo, es esclava del tiempo reflejando el ciclo noche/muerte y sol/recreación. El futuro del sol *(racimo)*, las raíces de la noche, las flores de la creación, todo tiene su origen en ella. Está completamente identificada con el ciclo natural, con el nacimiento y la muerte, con la creación que, como el ave fénix, resurge de la destrucción. Y sin embargo, al mismo tiempo tenemos también la imagen visual de una mujer sentada sola en el crepúsculo, recibiendo el color del resplandor del sol mientras está en el centro de una masa de tinieblas. El poeta está al margen, es el observador que no puede irrumpir en el silencio y la soledad de la mujer. La nota de tristeza a lo Schopenhauer con que termina este poema, impregna muchas de las composiciones de este libro.

Si la poesía de Vallejo tardó tiempo en encontrar un público, los *Veinte poemas* fueron acogidos inmediatamente con entusiasmo. El libro atraía por su libertad y su naturalidad. El ritmo se basaba en unas hábiles agrupaciones de frases de tres o cuatro sílabas, en el empleo de fáciles rimas internas, «desbocado, violento, estirado», etc., o en la repetición de palabras, «el vaho del mar, la soledad del mar». La mezcla de expresiones coloquiales y de imágenes muy elaboradas inspiradas por los elementos y la naturaleza, daba a esta poesía un gran efecto de espontaneidad. Muchos poetas jóvenes iban a creer que podían escribir como Neruda y muchos lo intentaron, pero ninguno fue capaz de reproducir el inagotable flujo de su poesía, ininterrumpido desde la niñez. En 1925 publicó un volumen poético, *Tentativa del hombre infinito,* y una novela, *El habitante y su esperanza,* que evidenciaba la influencia del surrealismo. *Tentativa* recuerda aún a los *Veinte poemas,* aunque posee un carácter más experimental y no tiene tanta cohesión. A menudo las metáforas parecen destacarse como algo autónomo:

> cuando aproximo el cielo con las manos para despertar completamente sus húmedos terrones su red confusa se suelta

o

> oh cielo tejido con agua y papeles.

Son imágenes sin tema, flotando libremente a impulsos de la imaginación poética. Pocos años después, durante un período de intensa soledad y de aislamiento, cuando vivió, en su calidad de cónsul de Chile, en Rangún, en la India y en Java, Neruda publicó sus dos volúmenes de *Residencia en la tierra,* obra en la que las imágenes de gran vigor y energía se apiñan en torno a un motivo único. Como él mismo explicaría, *Residencia* era un libro que surgió de una única obsesión: «Todo tiene igual movimiento, igual presión, y está desarrollado en la misma región de mi cabeza, como una misma clase de insistentes olas» [25]. En estos versos el poeta expresa su conciencia de la disolución, de la decadencia; la entropía sin crecimiento se ve como una importante ley de la naturaleza. En «Unidad» exclama: «Me rodea una misma cosa, un solo movimiento». En estos poemas, una visión inquisitiva y microscópica guía el paso del tiempo cuyo toque contamina hasta los objetos más sólidos. En «El fantasma del buque de carga» todo el poema es una metáfora de este «solo movimiento». El buque de carga pugna por persistir en su propio ser contra la fuerza de las aguas, pero el enemigo está dentro, y cada objeto recibe el invisible toque corrosivo del «fantasma»:

> Observa con sus ojos sin color, sin mirada,
> lento, y pasa temblando, sin presencia ni sombra:
> los sonidos lo arrugan, las cosas lo traspasan,
> su transparencia hace brillar las sillas sucias.

Pero la identidad humana es igual de frágil. En «Caballo de los sueños», el poeta no acierta a descubrir ningún «yo» esencial en los fragmentos triviales que componen su vida cotidiana:

> Innecesario, viéndome en los espejos
> con un gusto a semanas, a biógrafos, a papeles
> arranco de mi corazón al capitán del infierno
> establezco cláusulas indefinidamente tristes.

25. *Ibid.,* pág. 63.

La vida está dominada por este solemne avance hacia la muerte; la vida cotidiana sólo puede captarse como trivialidad y absurdo. En estos poemas Neruda consigue sus mayores aciertos cuando puede extender y multiplicar una analogía, como en «El fantasma del buque de carga» o «El sur del océano», donde la luna, símbolo del cambio de las estaciones y del paso del tiempo, se convierte en una especie de trapero que recoge los fragmentos dispersos de los ahogados:

> cuando en el saco de la luna caen,
> los trajes sepultados en el mar,
> con sus largos tormentos, sus barbas derribadas,
> sus cabezas que el agua y el orgullo pidieron para siempre
> en la extensión se oyen caer rodillas
> hacia el fondo del mar traídas por la luna
> en su saco de piedra gastado por las lágrimas
> y por las mordeduras de pescados siniestros.

La luna atrae a la muerte, como la fuerza de gravedad. Esta imagen de pesadilla es exacta y une el hecho científico con la tradición literaria. Las imágenes aparentemente caóticas —«trajes», «barbas», «cabezas», «rodillas»— refuerzan la impresión de algo fragmentario. La muerte no es sufrida íntegramente, sino tan sólo como fragmentos sin importancia. La visión de la muerte que tiene Neruda en *Residencia en la tierra* está estrechamente ligada a la visión de la ciudad. Pues es en la ciudad donde el crecimiento orgánico, la vida de la naturaleza que podría contrapesar o aliviar la desesperación, está ausente.

Residencia en la tierra, a pesar de su carácter tan impresionante, fue sólo un aspecto de la evolución poética de Neruda. En el decenio de los treinta vivió en España, donde fue nombrado cónsul de Chile en Barcelona, y allí editó la revista poética de vanguardia *Caballo Verde para la Poesía,* en la cual reclamaba «poesía impura» que oliese a vida y que barriera las áridas abstracciones de la poesía pura. Al producirse el estallido de la guerra civil española, tomó parte activa en las campañas para conseguir ayuda y permitir la evacuación de los niños.

El diario poético de estos años es un tercer tomo de *Residencia en la tierra,* en el que hablaba de su angustia personal, de su sensación de soledad, de estar «vegetalmente solo», del amor sexual en «Furias y penas» y de la guerra civil en *España en mi corazón.* De 1939 es un escrito en el que reniega de «Furias y penas» y declara:

> En 1934 fue escrito este poema. ¡Cuántas cosas han sobrevenido desde entonces! España, donde lo escribí, es una cintura de ruinas. ¡Ay! Si con sólo una gota de poesía o de amor pudiéramos aplacar la ira del mundo, pero eso sólo lo pueden la lucha y el corazón resuelto.

Se iba ya alejando de la soledad y de la desesperación para abrazar la política. En 1937 y 1938 prestó su apoyo activo al movimiento del Frente Popular, de modo que le quedó poco tiempo para dedicarlo a la poesía:

> Pero he avanzado por otro camino, he llegado a tocar el corazón desnudo de mi pueblo y a realizar con orgullo que en él vive un secreto más fuerte que la primavera, más fértil y más sonoro que la avena y el agua, el secreto de la verdad, que mi humilde, solitario y desamparado pueblo saca del fondo de su duro territorio [...] [26]

En este momento el pasado de Neruda se incorpora armoniosamente a su presente. Identifica al pueblo con aquella fuerza subterránea y orgánica que era la única que podía resistir a las fuerzas de la destrucción; su ingreso en el Partido Comunista fue la consecuencia lógica de esta actitud, y su poema épico *Canto general,* empezado en 1938 y terminado en 1950, el supremo monumento de este período de su vida. Fue una época en que vivió tres años en México como diplomático, fue nombrado senador y, debido a la defensa que hizo de los mineros, cayó en desgracia con el presidente González Videla y tuvo que huir de Santiago.

26. M. Aguirre, *op. cit.,* pág. 131.

A pesar del enorme volumen y de la calidad de la poesía que Neruda había escrito hasta entonces, el *Canto general* es su obra maestra. En él, el adolescente que llegó desde los bosques del sur de Chile como la voz de la naturaleza, que conoció y sufrió la alienación de la ciudad, se convierte en la voz de la humanidad misma. La estructura del poema revela su nueva conciencia histórica; consta de quince cantos desde la invocación de América antes del hombre («La lámpara en la tierra» simboliza la conciencia oculta del hombre) hasta la afirmación final de su responsabilidad como militante político y como poeta en la última parte titulada «Yo soy». Entre este génesis y el final, el poeta se convierte en la voz de las víctimas silenciosas, anónimas y oprimidas de las civilizaciones precolombinas en «Alturas de Macchu Picchu»; evoca las figuras de los «conquistadores», los «libertadores» y los «traidores» que forjaron la historia de América. En la sexta parte, «América, no invoco tu nombre en vano», resume esta «noche» de América e invoca el alborear de la fraternidad de los trabajadores. La segunda parte de la epopeya se llama «Canto general de Chile»; es la exaltación de su tierra natal, del obrero anónimo y de los héroes campesinos de «La tierra se llama Juan»; e incluye un apartado, «Que despierte el leñador», en el que pide al espíritu de Lincoln que despierte al continente norteamericano y haga que se levante «contra el mercader de su sangre». Desde la parte undécima hasta la decimoquinta se relata la experiencia personal de Neruda, las huelgas en «Las flores de Punitaqui», la invocación de su patria en tinieblas, «El gran océano» y finalmente su propia vida y su credo en «Yo soy».

La perspectiva histórica del *Canto general* era nueva, pero muchos aspectos del poema pertenecen a la tradición de la epopeya hispanoamericana, desde Bello y Gutiérrez a Lugones. El «nombrar» la naturaleza americana, el elogio de la herramienta honrada y de las vidas modestas de las gentes corrientes, formaban ya parte de una tradición literaria, aunque ningún otro poema épico había llegado a tener la magnificencia y el alcance del *Canto general*. Por encima de todo encontramos una soberbia orquestación: los temas principales se presentan, se desarrollan y luego reaparecen en un tono distinto. Una y otra vez, el mundo, el país, el individuo, la geografía, la tierra, cada planta u organismo vivo, se vinculan con nuevas relaciones. El cosmos y el microcosmos obedecen a las mismas leyes de evolución y desarrollo; y la tiranía y las clases sociales son los males de la civilización que destruyen al hombre y a la tierra e impiden su verdadera plenitud. Una de las mejores partes del poema, «Alturas de Macchu Picchu», es una microepopeya dentro de la epopeya, ya que sigue la evolución de la conciencia política y social de Neruda desde un vacío individualismo hasta que asume su papel de ser la voz de los oprimidos. Dividido en doce partes, el poema describe un descenso a las profundidades del yo, la ascensión a las ruinas incas de Machu Picchu, que es también un viaje hacia el pasado, y la visión que tiene el poeta de los anónimos constructores de la ciudad. El Neruda que se había descrito a sí mismo como «vegetalmente solo» en «Bruselas», ahora se enfrenta con la trivialidad de su vida, que ni siquiera tiene la importancia del ciclo de la naturaleza perpetuamente repetido:

> (Lo que en el cereal como una historia amarilla
> de pequeños pechos preñados va repitiendo un número
> que sin cesar es ternura en las capas germinales
> y que idéntica siempre, se desgrana en marfil ...)

Ni el individualismo ni el sufrimiento humano pueden dar al poeta una base sobre la cual edificar su vida:

> Entonces en la escala de la tierra he subido
> entre la atroz maraña de las selvas perdidas
> hasta ti, Macchu Picchu.

Estamos ante una especie de «andar del peregrino» en el que el paisaje sirve de correlato moral. «Macchu Picchu» representa al hombre que se enfrenta a la naturaleza, que desafía a la naturaleza, «una permanencia de piedra y de palabras», pero construido «de tanta muerte».

Levantar Machu Picchu era desafiar a la fugacidad del hombre y «encerrar» el silencio de muerte, aunque, por paradoja, la fortaleza está construida sobre la muerte y la explotación de «el esclavo que enterraste»; sin embargo, el poeta cree todavía que Machu Picchu representa una «aurora». Con su construcción, la humanidad surgió en la historia y por lo tanto en el tiempo. Ésta es la causa de que el poeta busque, más allá de la perfección y de la belleza de las piedras, y resucite a los seres humanos que las construyeron:

> Déjame olvidar, ancha piedra, la proporción poderosa,
> la trascendente medida, las piedras del panal,
> y de la escuadra déjame hoy resbalar,
> la mano sobre la hipotenusa de áspera sangre y cilicio.

Los fragmentos históricos del poema constituyen una revisión de la historia oficial. Los labradores, los pescadores, los carpinteros, pasan a ser los nuevos héroes. Los héroes de la historia ven discutida su supremacía. Valdivia, el conquistador de Chile, es descrito como «el verdugo»; son los indios víctimas de los conquistadores y Bartolomé de las Casas, su defensor, los que son exaltados por el poeta. Curiosamente, los pasajes más endebles del poema son los que tratan de hechos que están muy cerca de Neruda: la muerte de la esposa del líder brasileño Carlos Prestes en una cámara de gas, y la persecución de que el propio autor es objeto por González Videla, el «Judas enarbolado». Aquí el portentoso vocabulario resulta a menudo farragoso. Hechos que parecían importantes en los años cuarenta han perdido entidad en la escala de la valoración histórica. Pero esto importa poco. Gran parte del poema alcanza una grandiosa visión inigualada en los tiempos modernos. El temor religioso de la naturaleza cuya pureza informa el poema se expresa en las magníficas letanías de las «Alturas de Macchu Picchu» y «Antártica», donde compara los grandes bloques de hielo con catedrales.

nave desbocada
sobre la catedral de la blancura,
inmoladero de quebrados vidrios ...

El vasto poema se apoya en este sentido religioso de la naturaleza que el joven Neruda había adquirido por vez primera en los campos de Temuco, y que, para él, había sustituido a la doctrina cristiana. No es de extrañar que su visión de una sociedad mejor, que aparece al final de «Las flores de Punitaqui» se fundamente en un retorno del hombre a la vida natural:

Sobre esta claridad irá naciendo
la granja, la ciudad, la minería,
y sobre esta unidad como la tierra
firme y germinadora se ha dispuesto
la creadora permanencia, el germen
de la nueva ciudad para las vidas.

En esta parte el trabajo no se ve como una forma de alienación, sino como una prolongación de las relaciones que el hombre mantiene con la naturaleza; como el pan sale del trigo, así la patria será «amasada» por las manos de los trabajadores; su nuevo orden será el de los pescadores «como un ramo del mar». La visión de Neruda es coherente y, en resumidas cuentas, implica un retorno a una sociedad muy parecida a la de Temuco.

Cuando Neruda escribía el *Canto general* pensaba ya en un público de «gente sencilla», tan distinto como fuera posible de la minoría literaria o de los pequeños y divididos grupos vanguardistas de Latinoamérica. Una de las experiencias más emocionantes de su vida fue su primera lectura de poemas en un mitin obrero [27] en 1938, y el sentimiento que le embargó en seguida de que «estaba en deuda con mi país, con mi pueblo». Mientras escribía el *Canto general* leía partes del poema en

27. Rodríguez Monegal, *op. cit.*, págs. 97-98.

mítines políticos. Y en México, polemizando con el poeta mexicano Octavio Paz, declaró que estaba convencido de que
«toda creación que no esté al servicio de la libertad en estos
días de amenaza total, es una traición». En el *Canto general*
la intención política es clara, pero lo político queda asumido
en una categoría humana más amplia. El lenguaje y el estilo
del poema son menos herméticos que los de la poesía de
Residencia en la tierra, aunque fragmentos como las «Alturas
de Macchu Picchu» difícilmente podrían calificarse de «sencillos». Neruda utiliza todos los recursos de la retórica, emplea
la repetición, la reiteración, la enumeración de atributos al
modo de una letanía y un tipo de verso rítmico que sigue las
pautas de la capacidad respiratoria. Después de publicar el
Canto general, Neruda escribió *Las uvas y el viento,* sobre sus
viajes políticos durante el período de la guerra fría. Sin embargo, su creatividad era tal que estas nuevas orientaciones
no le hicieron olvidar sus antiguas inquietudes y publicó anó-
nimamente en Nápoles una serie de poemas de amor, *Los versos
del capitán* (1952), que cantaban su amor por la mujer que
más tarde se convirtió en su tercera esposa. Reconoció la pater-
nidad de esta obra diez años después de su matrimonio. *Los
versos del capitán* son un diario poético de la pasión y de las
riñas de aquel primer encuentro; pero no constituyen una abe-
rración respecto a su poesía política, sino que anuncian una
poesía amorosa de madurez que sería una de sus obsesiones más
persistentes. Sin embargo, no fue en los poemas manifiestamente políticos, ni tampoco en los amorosos, aquéllos en los
que el Neruda de los años cincuenta reconcilió los dos ámbitos
de lo público y de lo privado. Éste fue, por encima de todo, el
período de sus *Odas elementales,* poesía de versos cortos y vi-
vaces que cantaban la madera, el aire, el cobre, la pobreza, la
pereza, pero la mayoría de ellos al «hombre sencillo» que, para
Neruda, estaba representado casi siempre, no por el obrero
especializado de las fábricas, sino por los antiguos oficios:

>los que en la altura
>de la vertical cordillera
>pican piedra,
>clavan tablas,
>cosen ropa,
>cortan leña,
>muelen tierra [...]

Neruda ya había expresado el júbilo de las cosas sencillas en los «Tres cantos materiales», que formaban un contraste tan fuerte con las tonalidades trágicas de *Residencia en la tierra*. En las *Odas elementales* los poemas dedicados a la alcachofa, a la cebolla y al tomate expresan esa alegría sensual en el mundo de los vegetales. Hay ternura en su descripción de la alcachofa, como la había en la del apio:

>La alcachofa
>de tierno corazón
>se vistió de guerrero,
>erecto, construyó
>una pequeña cúpula.

A la intención de estos poemas podría objetarse que las gentes «sencillas» no tienen necesariamente que interesarse por estas cosas básicas, pero la objeción no afecta para nada a la poesía. En un continente en el que los poetas están tentados por abstracciones y generalizaciones, esta atenta observación del mundo material y natural opera como un corrector. Por otra parte, el humor de Neruda en poemas como «A la pereza» era también saludable. A este humor iba a darle plena libertad en el más atractivo de sus libros, *Estravagario,* que, como ya indica su título, está dedicado a la fantasía. En esta obra aplica la imaginación creadora, que ya se había expresado en poemas como «El fantasma del buque de carga», a un tema nuevo. En estos poemas Neruda es el hombre natural, el enemigo de las convenciones, y uno de los mejores poemas del libro, «Fábula de la sirena y los borrachos», podría considerarse como una alegoría de sí mismo:

Todos estos señores estaban dentro
cuando ella entró completamente desnuda
ellos habían bebido y comenzaron a escupirla
ella no entendía nada recién salía del río
era una sirena que se había extraviado.

La sirena es como un albatros, una imagen del poeta; está
fuera de su elemento natural y es objeto del odio y del desprecio de los que no comprenden:

ella no hablaba porque no sabía hablar
sus ojos eran color de amor distante
sus brazos construidos de topacios gemelos
sus labios se cortaron en la luz del coral
y de pronto salió por esa puerta
apenas entró al río quedó limpia
relució como una piedra blanca en la lluvia
y sin mirar atrás nadó de nuevo
nadó hacia nunca más hacia morir.

En esta extraña alegoría la sirena elige la pureza y la muerte
antes de aceptar la sordidez de la taberna y la incomprensión.
La vida natural y elemental entra en conflicto con la «inmun-
dicia» de la taberna. Una vez más, el hijo del pionero de Temuco
se enfrenta con la ciudad. Después de *Estravagario* la poesía
de Neruda tiende a repetir, con un vigor que no decae, los
esquemas de su obra anterior. Hay siempre los tres centros de
interés: las odas sobre cosas sencillas, el amor que vuelve a
cantar en *Cien sonetos de amor,* y la naturaleza en *Arte de
pájaros.* Pero existe un elemento nuevo. Neruda se había construido una casa junto al mar en Isla Negra, que visitó por vez
primera en 1939. Cada vez más Isla Negra y el paisaje marino
va a dominar en su poesía de estos últimos años. En *Las piedras de Chile* evoca el pedregoso paisaje que rodea su casa:

Yo vine a vivir a Isla Negra en el año 1939 y la costa
estaba sembrada de portentosas presencias de piedras y éstas

han conversado conmigo en un lenguaje ronco y mojado,
mezcla de gritos marinos y advertencias primordiales.

Y en *Cantos ceremoniales,* en los que reúne una miscelánea
sobre temas diversos, es constante también la presencia del
océano y de la isla. En 1964 Neruda publicó su *Memorial de
Isla Negra,* una biografía poética en cinco volúmenes que reco-
gía todo el conjunto de su vida y que terminaba con una nueva
nota de tranquilidad en «El futuro es espacio», donde habla
del río que desemboca en el mar:

> Adelante, salgamos
> del río sofocante
> en que con otros peces navegamos
> desde el alba a la noche migratoria
> y ahora en este espacio descubierto
> volvemos a la pura soledad.

Sus libros posteriores, *Una casa en la arena* y *La barcarola,*
alcanzan un sentimiento casi religioso de resignación:

> Es tarde ya. Tal vez
> sólo fue un largo día color de miel y azul,
> tal vez sólo una noche, como el párpado
> de una grave mirada que abarcó
> la medida del mar que nos rodeaba,
> y en este territorio fundamos sólo un beso,
> sólo inasible amor que aquí se quedará
> vagando entre la espuma del mar y las raíces.

Y en uno de sus poemas más recientes, «La barcarola termina»,
introduce el poema con estas palabras:

> (De pronto el día rápido se transformó en tristeza y así la
> barcarola que crecía cantando se calla y permanece la voz
> sin movimiento.)

La poesía de Neruda siempre ha seguido muy de cerca los
ritmos naturales de la vida humana. Agresiva en la adolescencia,

obsesionada por la muerte en la primera juventud, política y
social en la madurez. En la vejez la poesía fluye desenfrenada,
enfrentándose con las tinieblas del tiempo, pero aún viendo
una luz de esperanza en un despertar general o en el sueño
perpetuo. Habiéndose criado en la libertad de una comunidad de
pioneros, impregnado por lo que le rodeaba de un sentimiento
de frescor y de pureza, la vida moderna era para él algo que
siempre se oponía a la fuerza orgánica de la vida vegetal. El
hombre, como los árboles y las plantas, ha de tener raíces y
ramas, y contacto con los cuatro elementos, para poder sobrevivir, y esto es precisamente lo que la sociedad industrial le
arrebata, sofocando esta necesidad humana. Para Neruda el
comunismo era la restauración de este estado natural, el más
humano de los objetivos. Continuó escribiendo hasta el momento de la muerte —en 1973, unos días después de la caída
del gobierno de Allende; uno de los últimos poemas era «In-
vitación al Nixonicidio», poema polémico.

7. OCTAVIO PAZ (1914-   )

Octavio Paz, el otro gran poeta hispanoamericano contemporáneo, es mexicano; aunque es hijo de uno de los representantes de Zapata en Nueva York, se ha apartado mucho del na-
cionalismo revolucionario de la generación de sus padres. Pero
su poesía, al igual que la de Neruda, hunde sus raíces en su
niñez. En «Soliloquio de medianoche», escrito en Berkeley en
1944, dice:

> Mi infancia, mi sepultada infancia,
> inocencia salvaje domesticada con palabras, preceptos
>   con palabras
> agua pura, espejo para el árbol y la nube,
> que tantas virtuosas almas enturbiaron.

El máximo logro de Paz puede resumirse como el de liberar
a las palabras de los «preceptos» y de la «domesticación». Y sin

embargo —y esto puede parecer paradójico, dada su desconfianza de los preceptos—, de los grandes poetas latinoamericanos ha sido el único que ha hecho una contribución importante a la teoría poética. Paz es un gran ensayista, autor de un análisis ya clásico de personajes mexicanos, *El laberinto de la soledad* (1950), de una obra sobre la historia y la naturaleza de la poesía, *El arco y la lira* (1956), y de diversos ensayos sobre poetas y movimientos poéticos como *Los signos en rotación* (1965), *Cuadrivio, Las peras del olmo* (1957) y *Corriente alterna* (1967). Ha escrito además obras sobre el antropólogo Claude Lévi-Strauss, *Claude Lévi-Strauss o el nuevo festín de Esopo* (1967), sobre Marcel Duchamp, en *Marcel Duchamp o el castillo de la pureza* (1968), así como *Conjunciones y disyunciones* (1969), un libro que contrasta las nociones que los orientales y los occidentales tienen del cuerpo.

Las ideas de Paz sobre la poesía están resumidas en *El arco y la lira,* y proceden de una tradición de la poesía moderna que incluye a los románticos alemanes, a Rimbaud, a Apollinaire y a los surrealistas. Para él la poesía es la reina de las artes e incluso de todas las actividades humanas. El fin de la poesía no es dominar las palabras y el tema, sino liberarlas y devolverles su magia primitiva.

> Palabras, sonidos, colores y demás materiales sufren una transmutación apenas ingresan en el círculo de la poesía [28].

La liberación de las palabras consiste en librarlas de la «utilidad», de su función como instrumentos de comunicación.

> Durante un momento la palabra deja de ser un eslabón más en la cadena del lenguaje y brilla sola, a medio camino entre la exclamación y el pensamiento puro. Lo poético la obliga a volver sobre sí misma, a regresar a sus orígenes [29].

28. Octavio Paz, *El arco y la lira*, México, 1956, pág. 22.
29. *Ibid.*, pág. 12.

La experiencia central de la poesía es arrancar al lector de la duración y devolverle al tiempo original. Paz describe así esta experiencia:

> La experiencia poética, como la religiosa, es un salto mortal: un cambiar de naturaleza que es también un regresar a nuestra naturaleza original [30].

La poesía, aun cuando olvidamos sus mismas palabras, sigue con nosotros, es la «alta marea que rompió los diques de la sucesión temporal».

La concepción de la poesía que tiene Paz es, pues, completamente distinta de la de un Neruda, «la voz de la naturaleza», o de la de un Vallejo, que más que liberar palabras, las dislocaba. *El arco y la lira* hace un detallado resumen de la teoría poética de Paz. En esta obra estudia el ritmo relacionando el ritmo poético con los esquemas universales y arquetípicos, con el Yin y el Yang, la unión y la separación. Iguala la poesía con la religión y el amor como procesos de revelación. «El poeta revela al hombre creándolo».

Paz no ignora los aspectos históricos y sociales de la poesía. Pero se interesa sobre todo por las tendencias modernas que van desde Blake, Hölderlin, Nerval y Rimbaud hasta el surrealismo, movimientos que consideran al poeta com un marginado de la sociedad, un hombre que defiende valores que resultan subversivos para ella.

Las opiniones de Paz sobre la poesía no han variado sustancialmente, y muchas de sus afirmaciones de *El arco y la lira* reaparecen, aunque expresadas en una forma más epigramática, en *Corriente alterna:*

El ritmo es la metáfora original y contiene a todas las otras.

Dice: la sucesión es repetición, el tiempo es no-tiempo.
Cada lector es otro poeta; cada poema, otro poema.

30. *Ibid.,* pág. 132.

En perpetuo cambio, la poesía no avanza.
La poesía es nuestro único recurso contra el tiempo rectilíneo—
contra el progreso.
La poesía es lucha perpetua contra la significación. Dos
extremos: el poema abarca todos los significados, es el
significado, de todas las significaciones; el poema niega toda
significación al lenguaje. En la época moderna la primera
tentativa es la de Mallarmé; la segunda, la de Dadá.

Ahora podemos comprender las fuentes de inspiración de la
poesía de Paz, su insistencia en que el «tiempo» poético es
algo distinto del tiempo vivido o duración, que la poesía es
ontológica, que su lenguaje debe asumir variedades inmensas
e incluso las contradicciones de la experiencia. Perfeccionista,
ha desafiado a la habitual visión cronológica de su poesía, orde-
nando y cambiando las diferentes ediciones de su libro *Libertad
bajo palabra,* que incluye poesía escrita entre 1935 y 1957
(sus poemas primerizos figuran en la segunda edición de 1968).
En 1933 publicó *Luna silvestre,* un volumen de aprendizaje en
una época en la que dirigía varias revistas poéticas, como *Baran-
dal* (fundada en 1931) y *Cuadernos del Valle de México* (fundada en 1933). En 1938 fundó la importante revista *Taller,*
cuyo título sugiere el esmerado proceso de elaboración al que
sometía su poesía. *Libertad bajo palabra,* su primer gran libro,
reflejaba sus preocupaciones esenciales por el amor, el tiempo
y la soledad, por la poesía como revelación y por la palabra
como la clave de la libertad humana:

> Contra el silencio y el bullicio inventa la palabra
> libertad que se inventa y me inventa cada día.

Pero en la medida en que existe una evolución en la poesía
de Paz, se advierte que los primeros poemas brotan de una
visión casi solipsista de la experiencia, de un sentimiento de
soledad humana, y que el poeta se ha ido orientando cada vez
más hacia la revelación poética como instrumento de liberación

humana y de cambio. Así, algunos poemas de la primera época, como «Nocturno», «Insomnio», «Espejo», se vinculan manifiestamente con la poesía del grupo de *Los Contemporáneos*. En «La calle», por ejemplo, incluido en el grupo de poemas que se titula «Puerta condenada», el poeta escribe:

> Es una calle larga y silenciosa.
> Ando en tinieblas y tropiezo y caigo
> y me levanto y piso con pies ciegos
> las piedras mudas y las hojas secas
> y alguien detrás de mí también las pisa:
> si me detengo, se detiene;
> si corro, corre. Vuelvo el rostro: nadie.
> Todo está oscuro y sin salida,
> y doy vueltas y vueltas en esquinas
> que dan siempre a la calle
> donde nadie me espera ni me sigue,
> donde yo sigo a un hombre que tropieza
> y se levanta y dice al verme; nadie.

Este poema refleja dos ausencias: ausencia de avance, ausencia de comunicación. «Todo está oscuro y sin salida / y doy vueltas...» Pero el poema nos comunica una sensación de pesadilla de seguir y ser seguido: y en el momento en que el poeta se encuentra cara a cara con el «otro», el yo se ha convertido en «nadie». Sin embargo lo que impresiona al lector es el plano tan abstracto en el que tiene lugar la operación. No obstante, la poesía de Paz se va alejando de la soledad, que procede de su rechazo de la idea de un paraíso en algún hipotético futuro, y tiende hacia la captación del presente. El cambio ya es visible en «Soliloquio de medianoche», poema escrito en Berkeley en 1944:

> Dormía en mi pequeño cuarto de roedor civilizado,
> cuando alguien sopló en mi oído estas palabras:
> «Duermes, vencido por fantasmas que tú mismo engendras,
> y en tanto tú deliras, otros besan o matan,
> conocen otros labios, penetran otros cuerpos

y de sus manos nace cada día un mundo inagotable,
la piedra vive y se incorpora,
y todo, el polvo mismo, encarna en una forma que respira».

Este poema es uno de los pocos poemas de Paz que refleja directamente una experiencia autobiográfica. En él va más allá de la vacía retórica de la vida adulta, «Dios, Cielo, Amistad, Revolución o Patria», y vuelve a la niñez, cuando «una palabra mágica me abría cada noche las puertas de los cielos»; pero el poema termina aún con la convicción de que la vida es un sueño. En «Semillas para un himno», escrito poco tiempo después, se consigue por fin la revelación:

Hay instantes que estallan y son astros
otros son un río detenido y unos árboles fijos
otros son ese mismo río arrasando los mismos árboles.

Esta revelación es un retorno al paraíso perdido de la niñez:

Como en la infancia cuando decíamos «ahí viene un barco
cargado de... »
Y brotaba instantánea imprevista la palabra convocada
Pez
Álamo
Colibrí

En el momento de la revelación, el nombre y la experiencia son idénticos. «Por un instante están los nombres habitados».

La poesía de los años cuarenta y cincuenta culminó en *Piedra de sol,* un largo poema en el que Paz emplea la técnica «simultánea» de «Himno entre ruinas», y también usa el poema como la imagen del «no-tiempo» que es la poesía. El número de versos (584) corresponde al número de años en el calendario azteca, la forma es circular, con el poema contenido dentro de la imagen del «sauce de cristal, un chopo de agua / un río de cristal que el viento arquea», que son los versos que abren el poema e introducen su final. El poema brota a partir de estas imágenes iniciales y vuelve a ellas sin una sola parada que interrumpa su fluir. El «otro» mundo y el exterior captado por los sentidos, se identifican en el poema con la figura de una diosa, Venus Afrodita, diosa de la vida y de la muerte, símbolo de los aspectos duales de la experiencia humana. La identificación que hace el poeta de sí mismo con este «otro», fragmenta el yo y conduce a su búsqueda de totalidad en la memoria y en el pasado:

> busco una fecha viva como un pájaro
> busco el sol de las cinco de la tarde
> templado por los muros de tezontle:
> la hora maduraba sus racimos
> y al abrirse salían las muchachas
> de su entraña rosada y se esparcían
> por los patios de piedra del colegio.

Pero el intento de comprenderse a· sí mismo por medio del otro, de encontrar un sentido a la sucesión de hechos en el pasado, fracasa hasta que finalmente se queda con nada. El mundo es transitorio; de nuevo el poeta evoca el cuarto de hotel de su pasado,

> trampas, celdas, cavernas encantadas,
> pajareras y cuartos numerados,

que sólo pueden transformarse cuando por fin se da totalmente en el amor. Entonces todas las barreras caen:

> se derrumban
> por un instante inmenso y vislumbramos
> nuestra unidad perdida, el desamparo
> que es ser hombres, la gloria que es ser hombres.

El poema culmina con la experiencia que tiene el poeta de la atemporalidad cuando las paredes se derrumban:

todas las puertas se desmoronaban
y el sol entraba a saco por mi frente,
despegaba mis párpados cerrados,
desprendía mi ser de su envoltura,
me arrancaba de mí, me separaba
de mi bruto dormir siglos de piedra.

Piedra de sol conduce a Paz a un mayor contacto con el mundo exterior. Hasta entonces uno de los contactos fundamentales de su vida había sido el de Breton y los surrealistas en París, aunque adaptó el surrealismo de una manera muy personal. Poco después de publicar *Piedra de sol* fue nombrado embajador mexicano en Delhi, y allí vivió hasta su dimisión en 1968. Desde luego, Paz siempre se había mostrado interesado por la filosofía oriental. Menciona el «pedazo de piedra rugosa» de los taoístas en su introducción a la edición mexicana de *Piedra de sol* [31], y su búsqueda de la revelación tiene afinidades evidentes con las prácticas budistas e hindúes. El compendio de su experiencia oriental se encuentra en *Ladera este,* un volumen de poemas escritos entre 1962 y 1968, poemas que exploran nuevas áreas de técnicas, aunque la preocupación fundamental sigue siendo la misma:

Hambre de encarnación padece el tiempo
Más allá de mí mismo
En algún lado aguardo mi llegada.

Los poemas son ahora más que nunca los «surtidores» que había descrito en *Los signos en rotación.* Así, en «Balcón», una serie de colores, adjetivos, se convierten en la analogía objetiva de la refracción:

Blancas luces azules amarillas,

mientras que en «Custodia» hay un intento de aproximación a la poesía concreta. El poema más ambicioso del libro, la

31. Libro publicado en México en 1957.

Piedra de sol de una época posterior, es *Blanco,* que se publicó por separado por vez primera en México en 1967. Es un poema que puede leerse de varias maneras distintas, como un texto único o, dado que está escrito en tres columnas y tiene cuatro partes, el poema tiene otro orden, el de las columnas separadas en cuatro partes. Hay por lo tanto una serie de poemas independientes que establecen diversas relaciones entre los temas que Paz describe como: *a*) la relación entre la palabra y el silencio; *b*) los elementos; y *c*) sensación, percepción, imaginación y comprensión. Después de publicar *Blanco,* Paz ha publicado también poemas rotatorios sobre discos, algo parecido a las «composiciones de imágenes» de donde proceden los *hai-kais,* y también ha colaborado en un poema colectivo junto con otros tres poetas, cada uno de ellos escribiendo en una lengua distinta [32]. De este modo, en este último período, los principales esfuerzos de Paz parecen orientarse hacia la creación de una poesía que se parezca más a la música o a la pintura.

Las ideas de Paz sobre la poesía y su poesía han ejercido una influencia muy honda, sobre todo en los poetas mexicanos más jóvenes. Ha elaborado una especie de metalenguaje poético y tiende más a la abstracción que a la esencia. Aun siendo muy diferente de la modernista, su poesía parece tener su origen en tensiones semejantes y estar construida a partir de una composición de imágenes, elementos, percepciones sensoriales primarias, colores, mitos dualistas que asumen el mundo visible. La nueva poesía que ha surgido en Latinoamérica después del modernismo o sigue muy de cerca las concepciones poéticas de Paz o se dirige, en una dirección completamente opuesta, hacia una poesía irónica o de compromiso. Por una parte está la revelación del mundo de los objetos, la insistencia en la liberación del lenguaje del funcionalismo. Y por otra ello ha desarrollado un tipo de poesía en la que el poeta adopta una actitud irónica respecto al mundo moderno y a su propia sociedad.

32. *Blanco* está incluido en el libro *Ladera este,* México, 1969.

8. OTROS POETAS

Después del modernismo, la muerte de Dios retiró del lenguaje su significación religiosa, y los poetas comenzaron a orientarse hacia el mundo material para captar su identidad. La percepción sensorial pasó a ser la puerta de acceso más importante y más digna de confianza del saber. Característica de esta nueva visión del mundo objetivo fue la poesía del ecuatoriano Jorge Carrera Andrade (1903-   ), quien insistió en el impacto visual de las cosas, y por lo tanto en la maravilla del ojo, esa «ventana» abierta a la realidad. Carrera Andrade fue un diplomático que vivió en Oriente y adaptó el *hai-kai* al castellano, pero la poesía oriental le impresionó sobre todo por su capacidad de apreciar el mundo sensual. También vivió en Europa, experiencia que le hizo evocar nostálgicamente las imágenes y los sonidos de su Quito natal:

> ese mismo sentimiento de aborigen arrancado del suelo natal, es el que me aprieta ahora la garganta, mientras ordeno estas líneas sobre el papel, cerca de esta ventana por donde se ve un cielo gris, horadado de chimeneas, y una muchedumbre de casas agrupadas sin la gracia de esos puñados de casucas sencillas que se encuentran por toda la anchura de nuestra Sierra [33].

En su poesía explora el mundo objetivo, intentando desembarazar a los objetos de la carga de valores que se les ha añadido. En «El objeto y su sombra» escribe:

> Arquitectura fiel del mundo.
> Realidad, más cabal que el sueño.
> La abstracción muere en un segundo:
> sólo basta un fruncir del ceño.

33. J. Carrera Andrade, *Latitudes*, Buenos Aires, 1940.

Las cosas, o sea la vida.
Todo el universo es presencia.
La sombra al objeto prendida
¿modifica acaso su esencia?

Limpiad el mundo —ésta es la clave—
de fantasmas del pensamiento.
Que el ojo apareje su nave
para un nuevo descubrimiento.

El poeta no podía hacer una afirmación más clara de un credo
poético. Sin embargo, es en sus imágenes donde Carrera Andrade
ilustra su convicción de que el mundo debería limpiarse de los
«fantasmas del pensamiento», y sobre todo en los concisos
Microgramas, compuestos al modo de los *hai-kais.* Ésta es, por
ejemplo, su descripción de la nuez:

Nuez: sabiduría comprimida,
diminuta tortuga vegetal,
cerebro de duende
paralizado por la eternidad.

Y es en estas revelaciones del mundo objetivo donde reside
la originalidad de su poesía. Como el Jorge Guillén del *Cán-*
tico, la poesía de Carrera Andrade excluye los aspectos más
oscuros de la existencia, para que la poesía se convierta en una
zona de salvación dentro de un mundo degradado. Esta actitud
es visible en muchos poetas que escriben en el período de la
segunda guerra mundial y de la guerra fría, cuando los acontecimientos públicos eran de un carácter tan horripilante que
muchos no podían adaptarse a ellos y se refugiaban en visiones
personales y en experiencias íntimas. En esta época el surrealismo estaba en el punto culminante de su influencia, ya que
comprometía al poeta a una autenticidad personal sin compro-
meterle a abrazar una ideología o una posición política. Además,
este movimiento estimulaba la invención poética al insistir en
la liberación de la palabra del encadenamiento lógico, y en la

búsqueda de una verdad interior. En México, la inventiva se refleja en la poesía de Marco Antonio Montes de Oca (1932-), quien, como Carrera Andrade, abre sus ojos a lo maravilloso. En su delicioso poema «La despedida del bufón», hace como una especie de manifiesto:

> Damas y caballeros, piedras y pájaros,
> es la hermosura de la vida lo que nos deja tan pobres
> la hermosura de la vida
> lo que lentamente nos vuelve locos.

El período bélico y el de la guerra fría fueron pródigos en movimientos poéticos. En Chile la revista *Mandrágora* publicó poemas de Braulio Arenas (1913-) y Gonzalo Rojas (1917-), cuya obra, en ambos casos, tiene sus orígenes en el surrealismo. El primero posteriormente rompió con *Mandrágora* para fundar *Leitmotiv* (1942 y 1943). Mientras, en Buenos Aires, Raúl Gustavo Aguirre (1927-) proclamaba:

> el surrealismo, el creacionismo y su derivación en el invencionismo, significan la culminación de un proceso histórico por el cual el lenguaje poético alcanza el punto máximo de separación con el lenguaje lógico convencional [34].

Y también aquí el neosurrealismo tuvo una gran importancia. La revista *A Partir de Cero* significó un redescubrimiento del surrealismo que ya había sido dado a conocer en la Argentina por Aldo Pellegrini años atrás [35]. Alberto Girri (1918-) fue uno de los poetas que mejor supo adaptar los procedimientos surrealistas y extenderlos para poder expresar su visión interior.

En La Habana la revista *Orígenes* se fundó en el curso de los años cuarenta y se convirtió en un órgano influyente que

---

34. Citado por F. Urondo, *Veinte años de poesía argentina, 1940-1960*, Buenos Aires, 1967.
35. Graciela de Sola, *Proyecciones del surrealismo en la literatura argentina*, Buenos Aires, 1967.

publicó la obra de tres grandes poetas, José Lezama Lima (1912-
), Eliseo Diego (1920-   ) y Cintio Vitier (1921-   ).

Claro está que el surrealismo no fue la única fuente de inspiración. Lezama Lima procedía de una tradición que se remontaba al neoplatonismo y muchos poetas de este período buscaban una pureza clásica, poetas como Ricardo Molinari (Argentina, 1898-   ) y el mexicano Alí Chumacero (1918-
), que usaba un lenguaje de una solemnidad casi ritual para describir los lugares y las cosas cotidianas; y Rubén Bonifaz Nuño (México, 1923-   ) —excelente traductor de los clásicos— también representa una tendencia «neoclásica» dentro de la poesía moderna.

Durante este período el poeta conquistó la serenidad en la medida en que se retiraba de los problemas colectivos, pero no todos pudieron seguir este camino de evasión. La vida pública interfería en la experiencia privada en demasiados aspectos. Para el poeta que debía vivir en el presente y que no podía aceptar ni la nostalgia del volver la mirada atrás ni el no-tiempo de la poesía de revelación, la ironía parecía ser la única posibilidad a su alcance. El poeta irónico tiende a subrayar, no a trascender, la corrupción del lenguaje y la oquedad de la retórica. El más notable de los poetas que eligieron este camino fue el chileno Nicanor Parra (1914-   ), cuyos ataques a la sociedad son violentísimos. Éste es, por ejemplo, su «Autorretrato», donde un maestro de escuela apostrofa a sus alumnos:

> Considerad, muchachos,
> este gabán de fraile mendicante.
> Soy profesor en un liceo oscuro.
> He perdido la voz haciendo clases.
> (Después de todo o nada
> hago cuarenta horas semanales.)
> ¿Qué les dice mi cara abofeteada?
> ¡Verdad que inspira lástima mirarme!
> ¿Y qué les sugieren estos zapatos de cura
> que envejecieron sin arte ni parte?

Como muchos satíricos, Parra considera que el período en que vive es el peor. En «Los vicios del mundo moderno», establece el catálogo de la «gran cloaca» que es la civilización moderna, y en «Las tablas» cuenta un sueño contemporáneo que está demasiado cerca de la realidad:

> Soñé que me encontraba en un desierto y que hastiado
> de mí mismo
> Comenzaba a golpear a una mujer.

La violenta frustración de la vida moderna está magníficamente expresada en este poema y en el autobiográfico titulado «El túnel», en el que describe una niñez bajo la tiranía de sus tías, hasta que un día mira por el ojo de una cerradura:

> Mi tía paralítica
> Caminaba perfectamente sobre la punta de sus pies
> Y volví a la realidad con un sentimiento de los demonios.

Esta desilusión es un proceso continuo. Parra denuncia el chantaje moral impuesto por la tradición, la edad, las costumbres y el orden establecido, y el peso de su sátira se dirige contra este tipo de explotación. A veces su visión es apocalíptica, cuando no ve ninguna necesidad de que la sociedad siga existiendo:

> Señoras y señores:
> Yo voy a hacer una sola pregunta:
> ¿Somos hijos del sol o de la tierra?
> Porque si somos tierra solamente
> no veo para qué
> continuamos filmando la película.
> Pido que se levante la sesión.

O en «Socorro», cuando de pronto se encuentra a sí mismo tendido en tierra y desangrándose:

> Realmente no sé lo que pasó
> Sálvenme de una vez
> O dispárenme un tiro en la nuca.

Otro chileno, Enrique Lihn (1929-   ), también adopta esta actitud irónica respecto al mundo, y este rasgo se da también en gran parte de la poesía contemporánea argentina, sobre todo en la obra de César Fernández Moreno (1919-   ).

En el Perú el tema de la angustia personal se expresa con gran originalidad en la producción de Carlos Germán Belli (1927-   ), cuyo primer libro se titulaba muy adecuadamente *El pie sobre el cuello*. Belli es deliberadamente arcaico. Su poesía recuerda las formas y el lenguaje de la poesía del Siglo de Oro, pero si los conflictos de Quevedo y de Góngora se desarrollaban dentro de un marco religioso, los sufrimientos de Belli carecen de sentido, son ejercicios absurdos para los cuales no hay recompensa. Sus poemas llegan a abismos de terror y de desesperación, como en «Plexiglás», donde el sufrimiento es como el de la carne cortada y metida dentro de una bolsa de plástico en la carnicería:

> Este cuero, estos huesos, esta carne,
> días hay que no sufren por milagro
> el tenedor, las hachas, el cuchillo
> que el gerifalte tal un matarife
> limpia, agita y afila con primor,
> para hincar luego y dividir en trozos
> el más avasallado de la tierra;
> pues veces hay que por ensalmo mil
> el cuerpo que hipa pasto no es del filo,
> sino de plexiglás cual res el alma
> de la que cortan y pesan y ponen
> en el seno de un turbio celofán
> el alón de la mente y el filete
> no de carne, no, pero sí de aire.

Lo que Belli describe es la angustia mental en términos del acto físico del carnicero que corta la carne. La palabra abstracta «fragmentación» adquiere realidad física porque el poeta visualiza los pedazos de su propio ser envueltos en celofán, pero estos pedazos son aire, no carne. El lenguaje de Belli es de una extraordinaria violencia. Infunde vigor incluso a una experiencia tan trivial como la de encontrarse agotado por un exceso de trabajo:

> Ya descuajaringándome, ya hipando
> hasta las cachas de cansado ya,
> inmensos montes todo el día alzando
> de acá para acullá de bofes voy,
> fuera cien mil palmos con mi lengua,
> cayéndome a pedazos tal mis padres,
> aunque en verdad ya por mi seso raso,
> y aun por lonjas y levas y mandones,
> que a la zaga me van dejando estable,
> ya a más hasta el gollete no poder,
> al pie de mis hijuelas avergonzado,
> cual un pobre amanuense del Perú.

Comprendemos por qué Belli considera tan apropiado el español arcaico. Su lenguaje es de esfuerzo, de tortura, de Inquisición, pero todo ello aplicado a experiencias mentales, de modo que el mismo estilo se convierte en una metáfora de la supervivencia de la culpa y del sufrimiento antiguos en un contexto contemporáneo. *Oh hada cibernética* es un volumen de poemas en el que la antigua idea de la inspiración, simbolizada por el «hada», se relaciona con la tecnología y así se desacraliza. Belli es una de las voces más originales de la América española actual por su extremada sensibilidad respecto a la manera cómo el mundo moderno irrumpe en la esfera de lo privado. A pesar de grandes diferencias, podríamos considerar esta originalidad como comparable a la «poesía confesional» de Robert Lowell. Dentro de esta misma categoría puede incluirse al mexicano Jaime Sabines (1925-   ), quien sin embargo es mucho menos sombrío que Belli, a pesar del título de «Autonecrología» que dio a una selección de sus obras poéticas.

La revolución cubana de 1959 ejerció una gran influencia sobre la poesía. Algunos poetas se incorporaron a los movimientos guerrilleros, y uno de los más prometedores, el peruano

Javier Heraud (1942-1963), murió en las guerrillas. La revista que mejor recoge el fervor literario y revolucionario de la época es *El Corno Emplumado,* fundada por un mexicano, Sergio Mondragón (1935-   ), y una poetisa norteamericana de la generación *beat,* Margaret Randall. En la revista convivieron la poesía europea y la norteamericana de la generación *beat* con la nueva poesía social de Latinoamérica.

El Corno Emplumado contribuyó en gran modo a dar a conocer al nicaragüense Ernesto Cardenal (1925-   ), poeta revolucionario y católico cuyo compromiso político armonizaba plenamente con el «tercermundismo» de los primeros años sesenta. Su poesía tiene ecos de Ginsberg, y como Ginsberg gusta de la simultaneidad, del *collage* y de la poesía que brota de una impresión inmediata. En *Hora 0* escribió un poema de denuncia, un *Canto general* más radicalizado que describía los sufrimientos y la explotación de una de las llamadas repúblicas bananeras. El poema termina con una nota profética que iba a caracterizar a gran parte de esta poesía posterior a la revolución cubana.

> Todas las noches en Managua la Casa Presidencial
> se llena de sombras.

> Pero el héroe nace cuando muere
> y la hierba verde renace de los carbones.

Cardenal vivió durante un tiempo en un monasterio de los Estados Unidos y este refugio simbolizó para él una isla de realidad en medio de la irreal ciudad moderna iluminada por el neón.

> En la noche iluminada de palabras:
> PALMOLIVE CHRYSLER COLGATE CHESTERFIELD
> que se apagan y se encienden y se apagan y se encienden
> las luces rojas verdes azules de los hoteles y de los bares
> y de los cines, los trapenses se levantan al coro
> **y encienden sus lámparas fluorescentes**

y abren sus grandes Salterios y sus Antifonarios
entre millones de radios y de televisiones.
Son las lámparas de las vírgenes prudentes esperando
al esposo en la noche de los Estados Unidos.

Pocos escritores han conseguido captar tan bien esta mezcla
de elementos antiguos y modernos que constituye la religión en
el mundo contemporáneo. Hay como un ligero aire de absurdo
en el poema que hace que la vigilia ardiente de los monjes sea
aún más patética.

En la Cuba posrevolucionaria hubo un brote inmediato de
poesía que fue como un relevo del obligado hermetismo de la
era de Batista. Entre los nuevos poetas se produjo un intento de
emplear la mitología africana y de aplicarla a la nueva situación
revolucionaria, sobre todo en *El libro de los héroes* (1963),
de Pablo Armando Fernández (1930-   ). Pero tal vez ésta
fue una actitud más bien forzada. En general la revolución
favoreció, sin ningún género de dudas en los primeros años, un
lenguaje más directo, que a veces podía derivar hacia una crítica
directa, como en la poesía de Heberto Padilla (1932-   ), para
quien el poeta es el eterno aguafiestas [36]. Fuera de Cuba, la
poesía revolucionaria de los años sesenta se convirtió con excesiva frecuencia en una cuestión de batallas verbales.

La muerte de Che Guevara en 1967 tuvo como consecuencia
hacer que se esfumaran las esperanzas que se habían puesto en
unas soluciones rápidas por medio de las guerrillas. La retórica
poética militante y social ha ido cediendo su lugar a un tono más
sereno y en ocasiones con una fuerte dosis de autocrítica. Ello
puede aplicarse de un modo especial a los peruanos, y Antonio
Cisneros (1942-   ) ha descrito este cambio en su excelente
poema «In Memoriam» dedicado a su generación. Para Cisneros
el enemigo no es la bota fascista sino las comodidades del
mundo burgués que lo impregnan todo y que pueden llegar a
matar por los medios más amables, ahogando la acción en un

36. J. Franco, «Before and After: Contexts of Cuban Writing».

cálido abrazo. El símbolo de todo esto es la ciudad de Lima,
envuelta en su perpetua niebla:

Y lo demás es niebla.
Una corona blanca y peluda te protege del espacio exterior [37].

En México, donde la poesía *engagée* ha sido poco frecuente,
incluso cuando estaba en boga en otros países, ha habido una
evolución distinta, desde la pureza hasta unas posiciones más
críticas. José Emilio Pacheco, por ejemplo, ha evolucionado
desde la poesía intelectual de *Los elementos de la noche* (1963)
hasta un tipo de poesía más manifiesta y crítica como la de *No
me preguntes cómo pasa el tiempo* (1969). En el primer libro
su poesía era casi clásica en su evocación del tema del «ubi
sunt»:

Nada se restituye, nada otorga
el verdor a los valles calcinados.
Ni el agua en su destierro sucederá a la frente
ni los huesos del águila volverán por sus alas.

Sólo las palabras podían tener una función reparadora, sólo la
poesía podía devolver al poeta al paraíso:

Vuelve a tocar, palabra, ese linaje
que con su propio fuego se destruye.
Regresa así, canción, a ese paraje
en donde el tiempo se demora y fluye.

Pero en su poesía posterior el poeta ya no cree que sus versos
ofrezcan un camino de huida. Sabe que el lenguaje está limitado
históricamente:

La realidad destruye la ficción nuevamente. No me ven-
gan con cuentos, porque los hechos nos exceden, nos siguen
excediendo, mientras versificamos nuestras dudas.

37.   Para el tema de la poesía social de protesta, véase R. Pring Mill, «Both
in Sorrow and in Anger: Spanish American Protest Poetry», *Cambridge Review*,
20 de febrero de 1970.

Así, el poeta debe ahora rechazar la retórica del pasado:

> y pensemos en serio en todas las cosas que ya se avecinan.

Éste es uno de los poetas de la generación más joven más consciente del hecho de que el sufrimiento y la política ya no son nacionales, que el enfoque ha de ser total. Pocos escritores dan como él la impresión de haber nacido en tiempos desfavorables.

> Quizá no es tiempo ahora:
> nuestra época
> nos dejó hablando solos.

Su poesía nos muestra la conciencia de una catástrofe inminente, y sin embargo nos recuerda que no somos la primera generación que lo sufre [38].

Este breve panorama apenas ha tenido en cuenta las diferencias nacionales que existen en la poesía hispanoamericana. Hay un gran contraste entre la ironía y el humor de los poetas de Buenos Aires —un César Fernández Moreno, un Francisco Urondo—, por ejemplo, y la poesía confesional del venezolano Rafael Cadenas (1930-   ). Los peruanos influidos por la generación *beat* son completamente diferentes de los nadaístas colombianos. Pero las diferencias nacionales no deben exagerarse. La poesía es la más internacional de las artes literarias, sus manifestaciones son infinitamente diversas. El objeto de este capítulo ha sido indicar algunos de su rasgos principales. Pero en él no ha sido posible hablar con detalle de todos los excelentes poetas jóvenes que ahora están empezando a darse a conocer.

---

38. La presente obra no es un panorama de la poesía contemporánea. Los que deseen leer la producción actual deben manejar las antologías que se recomiendan en la lista de lecturas.

LECTURAS

Los mejores textos de la poesía de Neruda y Vallejo figuran en ediciones caras. Pero existen también ediciones en rústica de volúmenes independientes publicados por Losada, Buenos Aires.

Antologías

Caillet-Bois, Julio, *Antología de la poesía hispanoamericana,* Madrid, 1965.

Escobar, A., *Antología de la poesía peruana,* Lima, 1965.

Goytisolo, J. A. (ed.), *Nueva poesía cubana,* Barcelona, 1969.

Paz, O., y otros (eds.), *Poesía en movimiento,* México, 1966.

Pellegrini, Aldo, *Antología de la poesía viva latinoamericana,* Barcelona, 1966.

Tamayo Vargas, A. (ed.), *Nueva poesía peruana,* Barcelona, 1970.

Tarn, N. (ed.), *Con Cuba,* Londres, 1969.

Triquarterly (invierno-otoño 1968-1969). Número especial dedicado a Latinoamérica.

Textos

Belli, Carlos Germán, *El pie sobre el cuello,* Montevideo, 1967.

——, *Sextinas y otros poemas,* Santiago de Chile, 1970.

Borges, J. L., *Poemas (1923-1958),* Buenos Aires, 1958.

——, *Antología personal, Ed. Sur,* Buenos Aires, 1961.

——, *Obra poética,* Alianza Editorial, Madrid, 1972.

Cardenal, Ernesto, *Epigramas,* México, 1961.

——, *El estrecho dudoso,* Madrid, 1966.

——, *Poemas de Ernesto Cardenal,* La Habana, 1967.

——, *Homenaje a los indios americanos,* Nicaragua, 1970.

Carrera Andrade, Jorge, *Registro del mundo: antología poética* 1922-1939, Quito, 1940.

——, *Latitudes,* Buenos Aires, 1940.

——, *Edades poéticas,* Quito, 1958.

Cisneros, Antonio, *The Spider Hangs too Far from the Ground* (selección de poemas con el texto original español, Londres, 1970).

Cisneros, Antonio, *David*, Ed. El Timonel, Lima, 1962.

——, *Canto ceremonial contra un oso hormiguero*, Buenos Aires - La Habana, 1968.

Gorostiza, José, *Poesía*, México, 1964.

Huidobro, Vicente, *Poesía y prosa*, Madrid, 1957.

——, *Obras completas de Vicente Huidobro*, 2 vols., Santiago de Chile, 1964.

Ibarbourou, Juana de, *Obras completas*, Madrid, 1960.

Lihn, Enrique, *La pieza oscura (1955-1962)*, Santiago de Chile, 1963.

Mistral, Gabriela, *Poesías completas*, Madrid, 1958.

Neruda, Pablo, *Obras completas*, 2 vols., 3.ª ed., Buenos Aires, 1967.

——, *Fin del mundo*, Ed. Losada, Buenos Aires, 1969.

——, *La copa de sangre*, Alpignano, 1969.

——, *Las piedras del cielo*, Buenos Aires, 1970.

——, *La espada encendida*, Buenos Aires, 1971.

——, *Libro de las odas*, Ed. Losada, Buenos Aires, 1972.

——, *Geografía infructuosa*, Buenos Aires, 1972.

Pacheco, José Emilio, *Los elementos de la noche*, México, 1964.

——, *El reposo del fuego*, México, 1966.

——, *No me preguntes cómo pasa el tiempo*, México, 1969.

——, *El principio del placer*, México, 1972.

Parra, Nicanor, *Obra gruesa*, Santiago de Chile, 1969.

Paz, Octavio, *El arco y la lira*, México, 1956.

——, *Las peras del olmo*, UNAM, México, 1957 y Ed. Seix Barral, Barcelona, 1971.

——, *Libertad bajo palabra*, México, 1960.

——, *Salamandra*, México, 1962.

——, *El laberinto de la soledad*, 3.ª ed., México, 1963.

——, *Cuadrivio*, México, 1965.

——, *Puertas al campo*, UNAM, México, 1966 y Ed. Seix Barral, Barcelona, 1972.

——, *Los signos en rotación*, México, 1966.

——, *Corriente alterna*, México, 1967.

——, *Discos visuales*, México, 1968.

——, *La Centena* (Poemas 1935-1968), Barcelona, 1969.

——, *Ladera este* (que incluye *Blanco*), México, 1969.

Vallejo, César, *Obras completas*, Lima, 1973. Constan en este mo-

336 LITERATURA HISPANOAMERICANA

mento de dos volúmenes: 1. Contra el secreto profesional; 2. El arte y la revolución.

——, *Poesías completas*, Lima, 1968.

——, *Los heraldos negros*, Buenos Aires, 1961.

——, *Poemas humanos. España, aparta de mí este cáliz*, Ed. Losada, Buenos Aires, 1961.

——, *Trilce*, Ed. Losada, Buenos Aires, 1961.

(Volúmenes sueltos publicados por Losada, Buenos Aires.)

Villaurrutia, Xavier, *Poesía y teatro completo*, México, 1953.

Estudios históricos y críticos

Abril, Xavier, *Vallejo. Ensayo de aproximación crítica*, Buenos Aires, 1958.

Aguirre, Margarita, *Genio y figura de Pablo Neruda*, Buenos Aires, 1964.

Alonso, Amado, *Poesía y estilo de Pablo Neruda*, Buenos Aires, 1940.

Escobar, A., *Cómo leer a Vallejo*, Lima, 1973.

Fernández Moreno, César, *La realidad y los papeles*, Madrid, 1967.

Flores, Ángel (ed.), *Aproximaciones a César Vallejo*, 2 vols., Nueva York, 1971.

Higgins, James, *Visión del hombre y de la vida en las últimas obras poéticas de César Vallejo*, México, 1970.

Monguió, Luis, *La poesía posmodernista peruana*, FCE, México, 1954.

Ortega, Julio, *Figuración de la persona*, EDHASA, Barcelona, 1970 y 1971.

Rodríguez Monegal, Emir, *El viajero inmóvil*, Buenos Aires, 1966.

Torre, Guillermo de, *Literaturas europeas de vanguardia*, Madrid, 1925.

Urondo, Francisco, *Veinte años de poesía argentina 1940-1960*, Buenos Aires, 1967.

Xirau, Ramón, *Octavio Paz: el sentido de la palabra*, México, 1970.

Yurkievich, S., *Fundadores de la nueva poesía latinoamericana*, Barcelona, 1971.

Zilio, Giovanni Meo, *Stile e poesia in César Vallejo*, Padua, 1960.

Capítulo 9

LA PROSA CONTEMPORÁNEA

> La novela deja de ser «latinoamericana», se libera de
> esa servidumbre. Ya no sirve a la realidad; ahora se
> sirve de la realidad.
>
> MARIO VARGAS LLOSA

Actualmente la prosa hispanoamericana representa una rebelión y una liberación. La rebelión, iniciada por los vanguardistas de los años veinte, reaccionaba contra un concepto de «realismo» y de «realidad» que era demasiado estrecho y que demasiado a menudo daba origen a obras esquemáticas en las que los escritores se mostraban más preocupados por la receta que por la sustancia. En conjunto, el realismo hispanoamericano careció de esa densidad de especificación que Henry James consideraba como el distintivo de la gran novela. Pero una vez los escritores se desembarazaron de la idea de que «la novela» significaba «la novela realista», una vez se sintieron libres para usar el flujo de la conciencia joyceano, el tratamiento de la memoria y del tiempo a lo Proust, la parodia dadaísta, la fantasía surrealista, etc., se produjo un gran brote de energía creadora y se desarrollaron estilos y técnicas completamente nuevos.

Buenos Aires desempeñó un papel especial en esta evolución, sobre todo en el curso de los años veinte. A pesar de la aridez cultural de la que Borges se lamentaba a su regreso de

Europa en 1921, era una ciudad que estaba menos ligada a la
tradición que cualquier otra ciudad del hemisferio latinoamericano, y por consiguiente estaba más abierta a las novedades.
La jactancia de los intelectuales de los años veinte, afirmando
que harían que el eje cultural del mundo pasara por Buenos
Aires, tal vez careciese de fundamentos sólidos, pero también
indica lo sensibilizadas que estaban sus antenas respecto a lo
moderno. A diferencia de los escritores mexicanos o peruanos,
no podían elaborar una tradición cultural a partir de un pasado
indígena, y por eso tenían que fijar sus ojos en el futuro, crear
sus propios estilos. Además, la ciudad estaba pletórica de tensiones. Estaba llena de rusos, polacos e italianos que habían
acudido en busca de la Utopía y que no había manera de
relacionar de algún modo significativo con los gauchos y con
los ganaderos. Había una oligarquía adinerada, famosa incluso
en Europa por sus despilfarros y su sofisticación; y de otro lado,
los desarraigados, la población inmigrante, que hizo una especie
de poesía del lunfardo (el dialecto bonaerense), el tango y la
vida nocturna ciudadana [1]. Buenos Aires era un caso único entre
las ciudades latinoamericanas, con una cierta vida intelectual
a base de tertulias, polémicas literarias, pequeñas revistas como
Claridad, Proa, Prisma y *Martín Fierro*, la primera de carácter
didáctico y serio, dirigida a un público de menor nivel cultural,
mientras que las otras tres eran vanguardistas, llenas de comentarios sobre la nueva literatura europea, irónicas y satíricas en
el tono y muy orientadas hacia la política de los pequeños grupos. Su forma favorita de actividad era el banquete literario y
artístico. Pedro Figari, el pintor, Jules Supervielle, Oliverio
Girondo, eran algunas de las personalidades a las que se aga-
sajaba «a base de ravioles y buen humor». Las discusiones
solían ser más sobre arte que sobre política, aunque también
los temas políticos aparecían de vez en cuando dividiendo a los
grupos y enconando las polémicas [2].

1. David Viñas, *Literatura argentina y realidad política*, Buenos Aires,
1964.
2. *El periódico Martín Fierro 1924-1949*, Buenos Aires, 1949.

Éste es el trasfondo que hay que tener en cuenta al analizar la obra de Oliverio Girondo (1891-1965), Macedonio Fernández, Roberto Arlt y la primera parte de la producción de Jorge Luis Borges.

1. MACEDONIO FERNÁNDEZ Y ROBERTO ARLT

Macedonio Fernández (1874-1952) fue el prototipo de una personalidad frecuente en los países latinos, un hombre que derrochaba la mayor parte de su energía en discusiones y proyectos y que publicaba muy poco. Por esta causa se ha necesitado bastante tiempo para que se reconociese su originalidad, a pesar de que sus obras iban a ser fuente de inspiración para Borges, Cortázar y muchos otros. Para Macedonio Fernández la novela era un campo experimental. En sus obras de extraños títulos, *No toda es vigilia la de los ojos abiertos* (1928), *Papeles de recienvenido* (1929), *Una novela que comienza* (1941) y *Museo de la novela eterna* (1967), presenta personajes sin novelas, parodias de artículos de periódicos, conferencias, brindis, fragmentos de autobiografía. Muchas de sus ideas todavía hoy se utilizan. Piénsese, por ejemplo, en su prólogo «Lo que nace y lo que muere» en *Museo de la novela eterna,* en el que plantea unos problemas de valoración con los que en realidad nunca llega a enfrentarse. Lamentándose de que mientras escribía la «última novela mala» y la «primera novela buena», las páginas se han mezclado, exclama:

> Tengo la suerte de ser el primer escritor que puede dirigirse al doble lector, y ya abusando de ese declive me deslizo a rogar a cada uno de los que me lean, quiera comunicarme cuál de las dos novelas le resultó la obligatoria. Si usted forma juicio de la obra, yo deseo formar juicio de mi lector.

Este «doble» lector es sin duda alguna el antecedente de los «dos» lectores de la *Rayuela* de Cortázar. Y, efectivamente, el conjunto de la obra de Macedonio Fernández rebosa de anticipaciones de esta clase. Todo lo que escribió en prosa va más allá de lo convencional y a menudo lo destruye, porque necesitaba rebasar el clisé con objeto de encontrar la esencia[3].

Los experimentos que se encuentran en la obra de Roberto Arlt (1900-1942) son de otro tipo. Arlt pertenecía al grupo formal y didáctico de Boedo y sus novelas muestran la influencia de Dostoievski, Gorki y Nietzsche. Pero también él hace un uso muy poco tradicional de sus influencias y de la forma novelesca. Hijo de inmigrantes, se había criado en el crepúsculo moral de una ciudad en la que los seres humanos se veían desembarazados de las presiones y de la censura social, abandonándoseles a luchar en un cenegal de incertidumbres. Su primera novela, *El juguete rabioso* (1926), contiene muchos elementos autobiográficos, pero su protagonista, Silvio Astier, se enfrenta también con dilemas morales de una especie peculiarmente compleja y que tiene pocos precedentes. No se trata ya del planteamiento más bien simplista de que la pérdida de la fe católica permite como única alternativa la lucha por la vida darwiniana (el tema de *Sin rumbo,* por ejemplo). El problema de Astier es mucho más complejo. En primer lugar nunca ha tenido la menor fe. Lo que le rodea no le ofrece nada, excepto la posibilidad de representar las fantasías que le proporcionan sus lecturas. Los bandidos y criminales de las revistas sensacionalistas baratas son la única materia heroica accesible para él; y los encuentros casuales y la vida de la banda le permiten poner en práctica sus imaginaciones con plena libertad, sin ninguna restricción, excepto las de la ley. Al mismo tiempo, los efectos frustradores del mundo circundante canalizan sus posibilidades en una dirección única. Sólo puede ser un delincuente. No hay nada más. Pero ni siquiera esta relativa libertad está a su alcance durante mucho tiempo una vez tiene edad suficiente para poder trabajar. Entonces se ve obligado a aceptar una vida de

3. César Fernández Moreno, *Introducción a Macedonio Fernández,* Buenos Aires, 1960, págs. 16-20.

grandes estrecheces y tareas agotadoras en la trastienda de una librería en la que trabaja durante todo el día. El futuro es visible en los que le rodean:

En el futuro, ¿no sería yo uno de esos hombres que llevan cuellos sucios, camisas zurcidas, traje color vinoso y botines enormes, porque en los pies han salido callos y juanetes de tanto caminar, de tanto caminar solicitando de puerta en puerta trabajo en que ganarse la vida?

La sociedad sólo le ofrece frustración. Intenta pegar fuego a la librería de Don Gaetano y no lo consigue, hace una tentativa de enrolarse en el ejército, pero es demasiado inteligente para aceptar las normas de la disciplina y la instrucción, y finalmente le cogen en un atraco fallido que él denuncia. La confusa explicación nietzschiana que da de la delación sólo acentúa la imagen del caos moral. Astier escapa al destino que parecía inevitable con un acto de deslealtad que tiene para él buenas consecuencias, ya que se le da la ocasión de salir de Buenos Aires y dirigirse hacia el sur, pero todo ello simplemente refuerza la idea de que la moralidad cristiana o incluso una especie de moral socialista se derrumba en la ciudad. La sociedad urbana obedece *de facto* a condiciones completamente distintas de las que operan en las sociedades naturales.

Todo ello reaparece en mayor escala en la novela en dos partes *Los siete locos* (1929) y *Los lanzallamas* (1931). *El juguete rabioso* aún conservaba algo parecido a una estructura. Pero ahora estas novelas carecen por completo de evolución orgánica y siguen un esquema puramente accidental, de encuentros casuales y violencias súbitas, todo lo cual responde a las normas de la vida urbana. El argumento, o lo que puede considerarse como tal, se centra en Erdosaín, lo contrario del superhombre, el que busca la humillación, y cuyo oponente dialéctico es el Astrólogo. Erdosaín es acusado de un desfalco y su esposa le abandona. Ya fuera de la ley y sin familia, él y el Astrólogo inventan sueños y fantasías, planean terminar con la sociedad capitalista por medio de gases, microbios y organizaciones secretas, planean salvar a la humanidad. Como parte de sus proyectos, raptan al rico Barsut, Erdosaín inventa una rosa de oro, salvan a una prostituta. Todos los personajes de la novela están locos, si se parte del supuesto de aceptar todas las normas sociales. La sociedad impone sus reglas, legisla pensando en el hurto en pequeña escala, mientras practica el robo en gran escala; legisla contra el crimen mientras comete asesinatos masivos en las guerras. Éste es el motivo de que cuando Erdosaín sea acusado de desfalco, no crea que la palabra «ladrón» se aplique realmente a él, porque ésta es sólo la visión que tiene de su delito una sociedad injusta. «Quizá la palabra ladrón no estuviera en consonancia con su estado interior», comenta el autor.

La novela explora la región que existe entre la vida pública y los intereses privados, y muestra cómo la primera condiciona la esfera de la intimidad. Al comienzo de la novela Erdosaín vive en una «zona de angustia» porque trata de adaptarse a las instituciones de la sociedad y en consecuencia no es más que «una cáscara de hombre». Cuando se le acusa de robo y su mujer le abandona es doblemente desgraciado a los ojos de la sociedad y entonces se convierte en un rebelde capaz de cualquier acción desaforada que revele lo absurdas que son las instituciones sociales. Por ejemplo, se promete con la hija de su patrona, que tiene doce años, para demostrar que el matrimonio es una cuestión venal.

Pero el limbo moral en el que viven los personajes de las novelas de Arlt es, de un modo más concreto, el producto de un entorno urbano que destruye las relaciones naturales y actúa como una fuerza centrífuga. Los seres quedan terriblemente mutilados por la vida moderna, mutilación que se refleja en los apodos de los personajes —«La Bizca», «La Coja» (identificada por su amante con la Gran Ramera del Apocalipsis) y «El Castrado» (el otro apodo del amigo de Erdosaín, el Astrólogo). Una vez Erdosaín ha decidido retar a la sociedad en vez de adaptarse a ella, se encuentra en compañía de otros «locos», rufianes, asesinos, falsificadores. El Astrólogo, que controla este extraño inframundo, simboliza la naturaleza fortuita de la vida urbana en la que la responsabilidad moral impuesta por la continuidad en la vida familiar, el trabajo y la comunidad ha sido reemplazada por la relación casual que favorece la traición y la violencia.

El mundo de Arlt es apocalíptico; la ciudad refleja la selva en una escala mayor y más inhumana. Y esta ciudad es sobre todo Buenos Aires, un Buenos Aires que había frustrado los sueños del El Dorado que traían los inmigrantes y que les había reducido a autómatas indefensos. La mutilación de un hombre por la vida urbana debe tener como consecuencia la rebelión ciega y violenta de este despojo de humanidad. La extravagante imaginación de Arlt distancia así espectacularmente su obra del realismo pedestre de otros miembros del grupo Boedo. Aunque con una base de menor interés, las situaciones fantásticas que aparecen en sus libros de cuentos, *El criador de gorilas* y *El jorobadito* (1933), y en una novela posterior, *El amor brujo* (1932), apenas admiten paralelos antes de las novelas de Günter Grass.

2. JORGE LUIS BORGES (1899-   )

La carrera de escritor de Jorge Luis Borges fue extraña y tal vez característicamente tortuosa. Fue uno de los guías y de los miembros más activos de la vanguardia de los años veinte, poeta, autor de los libros de versos *Fervor de Buenos Aires* (1923), *Cuaderno San Martín* (1924) y *Luna de enfrente* (1925), contribuyó también a fundar *Prisma, Proa* y *Martín Fierro,* las tres revistas de vanguardia de esta época, y el representante más famoso del ultraísmo de Buenos Aires, movimiento poético que no era una simple derivación del ultraísmo español. Mientras este último dependía fundamentalmente de una moda literaria, el ultraísmo de Buenos Aires, según Borges, era el desarrollo natural de la tradición literaria hispánica:

Nosotros, mientras tanto, sopesábamos líneas de Garcilaso, andariegos y graves a lo largo de las estrellas del suburbio, solicitando un límpido arte que fuese tan intemporal como las estrellas de siempre. Abominábamos de los matices borrosos del rubenismo y nos enardeció la metáfora por la precisión que hay en ella, por su algébrica forma de correlacionar lejanías.

En este capítulo no vamos a tratar de la poesía de Borges, pero la cita es válida por lo que respecta al conjunto de su obra. Precisión, limpidez e intemporalidad son las cualidades estilísticas a las que aspiraba y que iba a perfeccionar. Pero transcurrió cierto tiempo antes de que aplicara estos criterios a la prosa narrativa. En vez de cultivarla directamente, se acercó al cuento por medio de los ensayos que reunió bajo el título de *Inquisiciones* (1925), donde ponía de manifiesto los temas que más le preocupaban: la naturaleza del yo y del tiempo, la atracción del solipsismo para un hombre que tenía muy poca paciencia con las leyes objetivas que rigen el mundo físico y que evita la analogía orgánica. El ensayo es un género significativo a este respecto. Abstrae y generaliza, mientras que la novela particulariza y es concreta. El ensayo contiene una argumentación. Los cuentos de Borges a menudo asumen la forma de una argumentación o tesis. Guardan analogías con la lógica, pero con frecuencia se trata de una falsa lógica que es deliberadamente falsa. Y curiosamente a menudo ocurre lo mismo con sus ensayos, que simulan la exposición de una teoría cuando en realidad están apuntando a un cierto absurdo.

Borges se siente más atraído por el idealismo que por el realismo porque el primero tiene mayores posibilidades imaginativas. Cree que el universo es ininteligible para la mente humana en muchos aspectos importantes y por ello el idealismo le parece más fecundo en especulaciones creadoras. Así, en el relato «Tlön, Uqbar, Orbis Tertius» afirma que es inútil argüir que la realidad está ordenada: «Quizá lo está, pero de acuerdo a leyes divinas, a leyes inhumanas... que no acabamos nunca de percibir». La obra de arte da al hombre la posibilidad de crear «un mundo más humano». Pero pasó cierto tiempo antes de que Borges se decidiera a elegir abiertamente el camino del arte. Después de *Inquisiciones,* publicó *Discusión* (1932) e *Historia de la eternidad* (1936), además de otros ensayos, antes de orientarse definitivamente hacia el cuento. Cuando se publicaron su primeros relatos en el volumen *Historia universal de la infamia* (1935), los cuentos estaban basados en personajes históricos, en verdaderos criminales, aunque legendarios, como Billy el Niño.

Borges llega, pues, al cuento por el camino del ensayo, de su interés por el idealismo y los problemas metafísicos, de una idea del arte como intuición, de un interés por el cine y del cultivo de la poesía. En 1935 y 1936 escribió sus primeros cuentos, aunque hasta 1941 no publicó *El jardín de los senderos que se bifurcan,* volumen que más tarde incluiría en una edición aumentada de *Ficciones* (1944). Posteriormente publicó *El Aleph* (1949) y *El hacedor* (1960).

Cada uno de los cuentos a los que tituló «Ficciones» es una pequeña obra maestra, cuya superficie engañosamente límpida enreda constantemente al lector en problemas. Saturadas de referencias literarias, a menudo tan cerca del ensayo como de la idea convencional que se tiene del cuento, las «ficciones» retan sin embargo a la cultura impresa a un nivel muy profundo, y tal vez sugieren su imposibilidad. Las palabras dirigidas a Leopoldo Lugones al comienzo de *El hacedor* son significativas:

> Los rumores de la plaza quedan atrás y entro en la Biblioteca. De una manera casi física siento la gravitación de los libros, el ámbito sereno de un orden, el tiempo disecado y conservado mágicamente. A izquierda y a derecha, absortos en su lúcido sueño, a la luz de las lámparas estudiosas, como en la hipálage de Milton.

La Biblioteca se abstrae del flujo y nos ofrece un orden, un orden humano e incomprensible, como se nos dice en el cuento «Tlön, Uqbar, Orbis Tertius» que describe un planeta imaginario cuyo lenguaje y hábitos mentales son idealistas, y que invierte los postulados de nuestro planeta en el que el lenguaje y la cultura se combinan para hacer increíble el idealismo. Borges construye un planeta en el que el idealismo es factible, luego nos muestra que es un producto humano, la broma de un grupo de filósofos que sin embargo operan sobre la realidad y la transforman. A diferencia de un marxista, para quien la vida intelectual y la cultura sufren siempre la influencia del oleaje de la historia y de sus leyes, Jorge Luis Borges se ocupa a menudo de la falsificación de la historia y de los hechos. Y en este aspecto la letra impresa y la palabra son enormemente importantes. La letra impresa sugiere un significado. Tiene una disposición lineal. La «Biblioteca de Babel» consta de galerías simétricas con anaqueles en los que hay exactamente el mismo número de libros con líneas de igual longitud e idéntico número de páginas. Aunque las letras de cada página sólo accidentalmente forman sentido, la simple existencia de los libros sugiere un sentido:

> Como todos los hombres de la Biblioteca, he viajado en mi juventud; he peregrinado en busca de un libro, acaso del catálogo de catálogos.

La estructura lineal de un libro sugiere que nos conduce a alguna parte —a un sentido último—, pero en realidad sólo nos está llevando a su propio fin, al silencio. Una y otra vez, el señuelo que arrastra a un hombre a alguna desatinada búsqueda del absoluto es un libro —el *Quijote* que Pierre Menard reproduce palabra por palabra en su intento de conseguir la interpretación perfecta (y por lo tanto la reiteración perfecta); la novela simétrica que Herbert Quain trata de escribir[4]. ¿Constituye esta clase de búsqueda la consecuencia de la veneración humana por la letra impresa? Así lo parece. En «La muerte y la brújula» un detective que sigue la pista de un asesino encuen-

---

4. Los cuentos aludidos son «Pierre Menard, autor del Quijote» y «Examen de la obra de Herbert Quain», ambos de *Ficciones*.

tra el siguiente mensaje: «La primera letra del Nombre ha sido articulada»; lo cual le hace suponer (dado que es un experto en la Cábala) que deben articularse cuatro letras más para formar el pentagrama místico, es decir cometerse cuatro asesinatos. Pero su candidez le conduce a caer en una trampa, ya que la cuarta víctima es él mismo. La historia es análoga a la lectura de un libro. Empezamos nuestra búsqueda con la primera línea y aspiramos a que se complete, a que se termine nuestra lectura, pero terminar el libro es terminar nuestro sueño voluntario. La consumación o terminación es una especie de muerte.

En la imaginación de Borges el libro es muy semejante al laberinto, aunque este último es una obra aún más premeditada y arbitraria. El único objeto de un laberinto es llegar al centro, y el centro no significa nada, excepto la terminación del recorrido y la comprensión de un orden o esquema. Hay una analogía obvia con la existencia humana en la que la «meta» es la muerte. Llegar a la meta y entender el camino recorrido es morir. La mayor parte de los cuentos de Borges culminan en este punto, cuando el protagonista «comprende» el conjunto, y por medio de este acto de comprensión conoce también que está condenado. El detective Lönnrot en «La muerte y la brújula» comprende que la serie de crímenes es una complicada trampa en el momento justo en que van a matarle. En «El jardín de los senderos que se bifurcan» el protagonista chino comprende la intención de la gran obra de su antepasado en el momento en que debe matar a Albert, el hombre que le ha revelado la clave. La comprensión y la muerte son a menudo simultáneas. Así, en «El muerto»:

> Otalora comprende, antes de morir, que desde el principio lo han traicionado, que ha sido condenado a muerte, que le han permitido el amor, el mando y el triunfo, porque ya lo daban por muerto, porque para Bandeira ya estaba muerto.
> Suárez, casi con desdén, hace fuego.

Y también en el desenlace de la «Biografía de Tadeo Isidoro Cruz»:

> Comprendió su íntimo destino de lobo, no de perro gregario; comprendió que el otro era él.

Las palabras «comprender» o «sentir» aparecen a menudo en estos párrafos finales en los que la lucidez total significa o bien el fin o bien la repetición sin fin (que es como la muerte).

La «ficción» se convierte en el «consuelo secreto», que, sin embargo, no puede interrumpir el fluir del tiempo, como dice el autor en un ensayo que tituló «Nueva refutación del tiempo» (1947):

> Negar la sucesión temporal, negar el yo, negar el universo astronómico, son desesperaciones aparentes y consuelos secretos. Nuestro destino... no es espantoso por irreal; es espantoso porque es irreversible y de hierro. El tiempo es un río que me arrebata, pero yo soy el río; es un tigre que me destroza, pero yo soy el tigre; es un fuego que me consume, pero yo soy el fuego. El mundo, desgraciadamente, es real; yo, desgraciadamente, soy Borges.

La novela y el cuento realista acompañan este fluir, mientras que la ficción de Borges nos abstrae de él. Por eso, ya en la primera parte de su carrera, declaró que una novela debería ser «un juego preciso de vigilancias, ecos y afinidades. Todo episodio, en un cuidadoso relato, es de proyección ulterior»[5]. En este texto la palabra clave es «juego», que no debe entenderse tan sólo como un ejercicio recreativo, sino también como un conjunto de objetos, cuyos elementos pueden romperse, recomponerse y ofrecer así nuevas visiones.

Si la existencia en el tiempo no es ilusoria, lo mismo puede decirse del principio de individuación, que es la fuente de las ilusiones y de los errores humanos. Como Schopenhauer, Bor-

---

5. «El arte narrativo y la magia», *Discusión*, Buenos Aires, 1932, páginas 119-120.

ges cree que las diferencias individuales pertenecen al mundo de la voluntad.

> Lo que hace un hombre es como si lo hicieran todos los hombres. Por eso no es injusto que una desobediencia en un jardín contamine al género humano; por eso no es injusto que la crucifixión de un solo judío baste para salvarlo. Acaso Schopenhauer tiene razón; yo soy los otros, cualquier hombre es todos los hombres.

El cuento del que procede esta cita, «La forma de la espada», trata de un hombre que cuenta una historia como si fuese la víctima, cuando en realidad fue el traidor. En «Los teólogos», los dos teólogos rivales que han consagrado sus vidas a refutarse sus teorías el uno al otro, cuando llegan al cielo descubren que son el mismo hombre a los ojos de Dios: «el ortodoxo y el hereje, el aborrecedor y el aborrecido, el acusador y la víctima» eran la misma persona.

Las tinieblas, la ignorancia, los productos desesperados que construyen los individuos producen la ilusión de complejidad y variedad. «El tiempo en la oscuridad parecía más largo», escribe Borges en «Abenjacán el Bojarí, muerto en su laberinto», y en «La muerte y la brújula», la casa que registra Lönnrot parece mayor de lo que es debido a su simetría, a los espejos, a su propio cansancio. El laberinto —la imagen central de tantos relatos de Borges— en «Abenjacán», «El jardín de los senderos que se bifurcan», «La casa de Asterión», es como una tela de araña, pero una tela de araña que han construido los mismos hombres para que fuera la causa de su propia muerte. Son programas de existencia en el tiempo, pero terminan con la muerte de los constructores, y sólo el lector, o el escritor, conoce todo su plan.

Las «ficciones» son el mayor logro de Borges. *El hacedor* lleva el mismo sello, pero las narraciones en prosa están casi intolerablemente condensadas, hasta el punto en que llegan a convertirse en poemas en prosa. En ellas, la idea de la fatalidad, de la repetición inútil, es aún más intensa. El espejo es el

símbolo clave de *El hacedor,* como el laberinto lo era de las
«ficciones». En «La trama», un gaucho repite sin saberlo las
palabras de César cuando cae asesinado: «Pero, che». «Lo matan
y no sabe que muere para que se repita una escena».

En «Los espejos velados» escribe:

> Yo conocí de chico ese horror de una duplicación o mul-
> tiplicación espectral de la realidad, pero ante los grandes
> espejos. Su infalible y continuo funcionamiento, su perse-
> cución de mis actos, su pantomima cósmica, eran sobrena-
> turales entonces, desde que anochecía.

Lo que recoge el espejo es lo efímero, la imagen de un ahora
que se borra fácilmente. Fuera de la masa de las imágenes efí-
meras, unas pocas sobreviven, se transforman en mitos, se
convierten en Don Quijote o en el Infierno. «Así mi vida es
una fuga y todo lo pierdo y todo es del olvido, o del otro»,
escribe en «Borges y Yo». Y en las páginas de *El hacedor* hay
una cierta nostalgia de lo que se pierde.

> ¿Qué morirá conmigo cuando yo muera, qué forma pa-
> tética o deleznable perderá el mundo? ¿La voz de Macedonio
> Fernández, la imagen de un caballo colorado en el baldío de
> Serrano y de Charcas, una barra de azufre en el cajón de un
> escritorio de caoba?

Y ésta es en fin de cuentas la importancia de la ficción, porque salva algo que de otro modo se perdería, al menos durante
el tiempo que dura su lectura.

3. EN BUSCA DE UN ALMA

El decenio de los treinta en la Argentina fue un período
difícil. En el poder se encontraba una oligarquía derechista
que sólo desapareció en los años cuarenta para ceder su lugar
al movimiento populista de Perón. Muchos intelectuales se

sentían en una posición insostenible, entre un orden que no les gustaba y la amenaza de unos movimientos populares que eran totalmente anti-intelectuales. Fue un tiempo de soluciones desesperadas. Ernesto Sábato se convirtió en un anarquista. Leopoldo Marechal (1900-1970) y Eduardo Mallea se lanzaron a viajes interiores, «espirituales», el primero dedicando más de diez años a trabajar en una gran novela épica de búsqueda, *Adán Buenosayres,* que no se publicaría hasta 1948. Los problemas sociales, políticos y culturales de la Argentina se interiorizaban aquí en un personaje microscópico, Adán, quien entre su despertar y su separación de la unidad original y su sueño, al final de la novela, se lanza a la búsqueda de una perfección platónica. La novela se divide en tres partes: primero, la salida del héroe a las calles de Buenos Aires, donde conoce una gran multiplicidad de experiencias. En esta parte los diálogos «platónicos» se suceden a medida que el héroe discute sobre la vida, la literatura y la filosofía con un «astrólogo», Samuel Hessler, y con un grupo de «Martínfierristas», a quienes acompaña a las afueras de Buenos Aires. El autor ha indicado que esta expedición representa toda la historia de la Argentina, a partir de su formación geológica (e incluye el descubrimiento de un caballo muerto). La segunda parte de la novela es una biografía espiritual que Adán llama su «Cuaderno de Tapas Azules», en el que se revela que la perfección está, como la virtud suprema de Dante, encarnada en la figura de una mujer, la «celeste» Solveig. En la última parte de la novela el autor desciende al infierno de Cacodelphia, en cuyos círculos están todos los habitantes de Buenos Aires [6].

La visión de Marechal es cristiana y platónica, y la estructura de la novela imita deliberadamente la de la *Divina Comedia* y la de la epopeya griega. Abundan las alusiones clásicas. Adán, en su «descenso» a la ciudad, se encuentra con

6. «Descenso y ascenso del alma por la belleza», *Revista de la Universidad de Buenos Aires,* abril-junio de 1950, págs. 521-546.

Polifemo, Circe y las sirenas, convertidos en habitantes de Buenos Aires. Tiene a su Beatriz —Solveig— que existe al mismo tiempo como un ser terreno y como un ideal. La desilusión que le produce la Solveig terrena es lo que le hace renunciar a su búsqueda del ideal y emprender la «ascensión». Ello implica un «juicio final» sobre toda su existencia y la «muerte» de sus yos anteriores.

Antes de que termine la novela, Adán es guiado por el demiurgo Schulze por el infierno de Buenos Aires, donde algunos de sus personajes más típicos —las personalidades políticas de la oligarquía, «El Gran Oracionista», «Potenciales», etcétera— están condenados. Estos últimos son los que pudieran haber sido, hombres como Don Brandán, que viven en un ilusorio pasado gaucho.

> ¿Dónde están los establecimientos ideales, las estancias maravillosas que yo fundé o habría fundado en el sur, distribuyendo mis tierras entre los colonos que trabajaban como ángeles y proliferaban como bestias, no sin que una y otra función les dejara el tiempo necesario para leer a Virgilio y meditar la Política de Aristóteles?

La sátira tal vez sea un poco gruesa, pero la inmensidad del proyecto, el vasto despliegue de personajes y el conjunto de la visión hacen que *Adán Buenosayres* sea un impresionante experimento.

La armazón platónica es esencial en la obra de Marechal, porque considera las cuestiones metafísicas más importantes que las estéticas o sociales. En 1966 publicó una novela que es en realidad una continuación de los diálogos socráticos que tanto relieve alcanzan en *Adán Buenosayres* y que siempre le han interesado. Su título era *El banquete de Severo Arcángel* (1966). La lección de la estructura socrática significa que hay una dialéctica más que una trama argumental, y la novela nunca desciende del remoto mundo de los conflictos y resoluciones intelectuales. Quizá las novelas de Marechal representan ese raro fenómeno que es la novela religiosa o metafísica.

4. EDUARDO MALLEA (1903-   )

Nacido en Bahía Blanca, «una ciudad relativamente grande, de mucho movimiento comercial: tres puertos ofrece al mar, posee una base marina, silos, elevadores de granos y un tenue labio gris donde faenan los pescadores» [7], Mallea se formó en un período de gobierno radical que terminó en 1930 con la restauración de una oligarquía conservadora que iba a durar hasta la era de Perón. Como era de esperar en un miembro de una familia liberal y provinciana, adoptó una actitud crítica ante la especiosa y hueca sociedad en que vivía. Publicó su primer libro de relatos, *Cuentos para una inglesa desesperada*, en 1926, pero sus obras más importantes se publicaron mucho más tarde y surgieron como consecuencia de unas fuertes tensiones:

> Un libro sólo existe en la medida de la resistencia que inicialmente provoca. En la pugna entre la obra y el desconcierto triunfa el más fuerte: un libro que resiste a esa prueba ordena poco a poco el desconcierto y acaba sometiéndolo a su ley [8].

Intensamente preocupado por la naturaleza de la Argentina y por las relaciones de los individuos con las fuerzas sociales, Mallea escribió muchos ensayos y novelas de tipo ensayístico sobre estos temas, como *Historia de una pasión argentina* (1935), *La vida blanca y Conocimiento y expresión de la Argentina*. Entre sus novelas de búsqueda figuran *La bahía del silencio* (1940), *Las Águilas* (1943) y *La torre* (1951). Sitúa la división crucial de categorías que separa a los individuos entre «lo visible» y «lo invisible», entre lo superficial y lo profundo; lo «visible» incluye los falsos valores sociales y la

7. «De la soledad», en *Odas para el hombre y la mujer*, Buenos Aires, 1929.
8. John H. R. Polt, «The writings of Eduardo Mallea», *University of California Publications in Modern Philology*, Berkeley y Los Ángeles, 1959.

vida de sociedad que impiden el conocimiento de uno mismo [9]: «la vida blanca», como lo llama en un ensayo [10]:

> Nuestra caridad es una caridad blanca, y nuestra educación una educación blanca, y nuestra arquitectura una arquitectura blanca y nuestra devoción una devoción blanca, y nuestra literatura una literatura blanca, y nuestro pensamiento general de las cosas un pensamiento blanco también.

Debido a esta superficialidad de la vida nacional, la búsqueda de la autenticidad —llevada a cabo por medio de la literatura— es una cuestión necesaria y urgente y pasa a ser el tema de muchas de sus novelas. Personajes como Tregua en *La bahía del silencio*, como Roberto Ricarte en *La torre*, son proyecciones del yo y deben pasar por un proceso de rechazo de un «cosmopolitismo progresista y visible» porque la autenticidad no va a encontrarse en

> esa fácil prosperidad, en ese progreso amonedado que constituye la naturaleza de las napas turbulentas de la metrópoli, que constituye la voz adjetiva de hombres absolutamente desprovistos de gravitación sustancial [11].

Contra esto preconiza la idea de una aristocracia natural de hombres que no estén sujetos a motivaciones bajamente materiales:

> Sólo una elegancia me importaba, sobre cualquier otra, y era la elegancia del alma, esa forma de dignidad, esa forma de desprecio por la parte vil y predatoria de la vida, ese señorial desinterés en la lucha por la vida [12].

No cae en la cuenta de que ese aristocrático despego a menudo presupone una base económica sustancial. Sin embargo,

9. E. Mallea, *Notas de un novelista*, Buenos Aires, 1954, pág. 103.
10. *La vida blanca*, 2.ª ed., Buenos Aires, 1960.
11. *Meditación en la costa*, Buenos Aires, 1939.
12. De *La bahía del silencio*, citado por Polt, *op. cit.*

a pesar de esta posible reserva, *La bahía del silencio* es explicable si pensamos en la historia de un país como la Argentina, con inmigrantes que se enriquecen rápidamente y que sólo se consideran como las víctimas más propicias a la expoliación. En este ambiente, ser «desinteresado» era evidentemente un gesto diferencial significativo. Mallea, como su padre, se sentía a sí mismo como una influencia civilizadora en un mundo por desbastar.

En *Las Águilas* y en *La torre,* dos novelas en las que aparece la familia de terratenientes de los Ricarte, se contrasta el edificio material «externo» de la hacienda, «Las Águilas», y la «torre» espiritual que construye Roberto Ricarte [13].

No obstante, las novelas más interesantes de Mallea no son aquellas en las que objetiva su propia búsqueda de la autenticidad, sino las que pintan personajes más variados. En *Fiesta de noviembre* (1938), *Todo verdor perecerá* (1941), *Los enemigos del alma* (1950) y *Chaves* (1953), hay una ruptura con esta situación de la búsqueda directa. *Fiesta de noviembre,* a pesar de ser una de sus obras primerizas, es la que tiene una estructura más elaborada (Mallea siente poco interés por los experimentos formales), ya que el novelista mezcla tres historias: en la primera, la señora Rague (la Argentina visible) celebra una fiesta social; en la segunda, su hija Marta y el pintor Lintas se encuentran y conversan (ambos representan a «la Argentina invisible»). La tercera historia trata del asesinato de un escritor (Lorca) en un país extranjero no identificado, y nos recuerda que la novela se escribió cuando el fascismo triunfaba en buena parte de Europa. La novela es un buen ejemplo del estilo narrativo de Mallea en el cual predominan los tiempos pasados. No hay el menor intento de buscar una mayor inmediatez. En vez de ello, los hechos se relatan como una historia, como un pasado. Éste es, por ejemplo, el comienzo de la novela:

13. Algunos jóvenes argentinos han atacado a Mallea acusándole de «mixtificación». Puede verse un comentario sobre estas críticas en E. Rodríguez Monegal, *Narradores de esta América,* I, Montevideo, 1969, págs. 258-269.

El treinta de noviembre, justamente a las ocho de la noche, las celosías que daban a los dos flancos, sobre las dos calles, fueron cerradas. La residencia quedó así como un continente de temperatura mucho menos elevada que el creciente sofoco de la ciudad, y el asedio exterior de esta ola calurosa pareció apretar, concentrar en el comedor, los salones, las habitaciones altas, el fresco olor costoso y señorial de las magnolias, los geranios, las fresias, los claveles,] «rosa mundi» y los primeros jazmines de la temporada. Todavía sonaban las ocho en el ronco reloj Tchang del primer piso.

La prosa traza efectivamente toda una geografía de esta «Argentina visible» separada del resto del mundo, artificial, antinatural y rica. Marta y Lintas van a separarse físicamente de ella abandonando la fiesta y exponiéndose así al mundo exterior y a su violencia potencial. Al obrar de este modo se encontrarán a sí mismos.

En *Todo verdor perecerá* y *Chaves,* Mallea introduce otro tema que es fundamental en su obra y que ya había tratado en los cuentos que publicó con el título de *La ciudad junto al río inmóvil* (1936). Se trata del tema del aislamiento y de la falta de comunicación. Chaves, hombre silencioso de por sí, durante la crisis de su vida trata de romper la barrera que le separa de los otros hablando, pero hablando no consigue devolver la vida a su esposa moribunda, y vuelve a hundirse en silencio y en el aislamiento: «bajó de las palabras a la llanura de su soledad».

En *Todo verdor perecerá* el tema del aislamiento asume proporciones hiperbólicas en la historia de Ágata Cruz, una mujer que había sido incapaz de comunicarse con su padre viudo, cuyo desgraciado matrimonio sólo contribuye a aumentar su sensación de soledad y que después de la muerte de su marido tiene una aventura con el desvergonzado Sotero, quien la abandona. Sumida en la desesperación, se enfrenta con su soledad esencial. «Dios, ¿cuándo encontraré quien hable mi lenguaje?». Su vida termina en una locura solitaria, perseguida por los niños de la ciudad en que vive.

Mallea se diferencia de la mayoría de los novelistas contemporáneos en que sus novelas son novelas de tesis y en algunos casos bordean el ensayo.

Mallea y Marechal, aun siendo escritores muy distintos —como también Borges— se caracterizan por su erudición ecléctica de una tradición literaria hispanoamericana, que empezó con Bello, que pasa por el modernismo y que culmina en su obra y en la del cubano Lezama Lima. Son hombres que, como dice Borges, pertenecen a la cultura occidental, y que, sin embargo, como los judíos, están fuera de ella [14]. Su erudición a veces sorprende y extraña al europeo. Borges, por ejemplo, proclama la deuda que tiene con un grupo de escritores ingleses que son muy poco conocidos por los ingleses contemporáneos; cita a Stevenson, a sir Thomas Browne, a Chesterton. El mundo literario de Marechal pertenece a los períodos clásico y medieval, de Homero a Dante, pero con una mixtura de James Joyce y de los vanguardistas europeos de los años veinte. Mallea tiene una especie de buen gusto europeo que no estaría desplazado en Proust o en Oscar Wilde. Dejando completamente aparte los valores positivos de su obra, hay toda una faceta en ellos de guardianes de una cultura que les ha llegado por medio de libros y que queda desvinculada de sus orígenes. En la desarraigada Argentina este eclecticismo es casi una manera de vivir. En Cuba, el contraste entre la erudición de un Lezama Lima y los cubanos anteriores a la revolución, semianalfabetos o plenamente analfabetos, para quienes la letra impresa no existía, era aún más intenso.

5. JOSÉ LEZAMA LIMA

José Lezama Lima (1912-   ) pertenece propiamente al período prerrevolucionario, aunque su novela principal, *Paradiso* (1966), apareció después de la revolución. Era un poeta

14. J. L. Borges, *The Spanish Language in South America: A Literary Problem*, Londres, 1964.

formado en el curso de los años cuarenta, período durante
el cual dirigió la revista *Orígenes* y escribió poesía hermética
impregnada de misticismo católico. El suyo era el «hortus
conclusus», la «pradera oscura». En esta época Cuba vivía bajo
la violencia y la dictadura. Muchos escritores se encontraban
en el exilio. Los que se habían quedado, como Lezama Lima,
se sentían asediados. Él se encerró en un mundo de mitos y
tradiciones literarias hecho de lecturas fortuitas, especialmente
en el campo de la literatura neoplatónica. Frente a las limitaciones de una sociedad injusta, veía el arte como una esfera
de libertad y al poeta como el «engendrador de imágenes». «El
sujeto metafórico actúa para producir la metamorfosis hacia la
nueva visión», escribió [15].

Como Marechal, Lezama Lima utiliza los mitos, y el título
Paradiso que dio a su novela es una doble alusión a la inocencia bíblica y al objetivo de Dante. La novela trata de una
niñez y una adolescencia, pero el escritor se niega a establecer
una estructura biográfica, evolutiva. Lo que sí hay en cambio
es un texto denso, poético, sin más continuidad que la relación que guarda con el escritor-protagonista, José Cemí. El
autor nos lo presenta sudando y febril durante una enfermedad de su niñez; luego nos trasladamos a Jacksonville, en los
Estados Unidos, donde su madre había vivido cuando era niña;
ahora estamos en La Habana durante el noviazgo de sus padres. Hay también largos diálogos entre los amigos estudiantes
de Cemí, Foción y Fronesis. Pero estos incidentes son simplemente puntos de partida para lo más sustancial, que es en
parte una descripción y una evocación poéticas, y en parte un
debate sobre el proceso creador.

La novela escapa constantemente al reino de lo maravilloso. En una escena, por ejemplo, un guitarrista toca en la parte
trasera de un coche y como Orfeo transforma todo el mundo
natural:

15. «Mitos y cansancio clásico», en *La expresión americana*, Madrid, 1969,
pág. 15.

La palabra eternidad aparejó un sopor, dando comienzo a un inmenso ejército de tortugas verdes en parada descanso. Tortugas con el espaldar abombado, durmiendo con algas y líquenes sobre el escudo. Dentro de una niebla de amanecer, los chinos aguadores comenzaban a regar las lechugas. El desprendimiento de los vapores hipnóticos de la lechuga, hacía que los chinos manoteasen la niebla, se recostasen en ella con una elasticidad de sala de baile o lanzasen sus palabras pintadas de azul. La inmensa legión de lechugas, montadas en tortugas inmóviles; era el primer sembradío de la eternidad.

Una simple canción popular nos lleva al mundo fantástico de la creación de mitos. Tortugas, lechuga, chino, son palabras completamente liberadas de las asociaciones cotidianas y ahora son libres para dar forma a una fantasía inspirada por la música. Este mundo de lo fantástico está siempre muy cerca de la superficie de la novela. Puede descubrirse en cualquier momento gracias a un encuentro casual, una súbita yuxtaposición de palabras o de hechos. La realidad, por otra parte, es muy violenta. Mientras el guitarrista canta y evoca la fantasía antes citada, el conductor del coche en el que van él y Alberto Olaya se estrella contra un dique y Alberto muere. La novela se inicia con la enfermedad de José Cemí; el coronel, su padre, muere inesperadamente a causa de la gripe; su madre sufre una operación para extirparle un fibroma (que es minuciosamente descrita); el hermano de Alberto, Andrés, muere en un ascensor después de dar un concierto de violín; el diálogo de Fronesis y Foción se desarrolla con un trasfondo de violencia, con las tropas atacando a los estudiantes de la universidad. La violencia de la realidad se hace mítica y como ensoñada. El sueño informa toda la realidad y la novela recuerda constantemente una unidad primitiva anterior a la división del mundo en categorías y a la separación de la imaginación de la acción, del individuo del universo. Como Cortázar fue el primero en observar:

A Lezama no le importan los caracteres, le importa el misterio total del ser humano, «la existencia de una médula universal que rige las series y las excepciones». De ahí que los personajes en los que el autor está más comprometido vivan, actúen, piensen y hablen de conformidad con una poética total [16].

Cortázar admira a Lezama Lima por la «inocencia» y la «libertad» de su obra y declara: «A Lezama hay que leerlo con una entrega previa al fatum, así como subimos al avión sin preguntar por el color de los ojos o el estado del hígado del piloto». De ahí que se requiera una nueva actitud crítica para estar a la altura de una obra que como, *Tristram Shandy* o *The Anatomy of Melancholy,* ocupa una zona misteriosa que está más allá de las categorías normativas de la literatura.   ·

6. LO REAL MARAVILLOSO

Escribiendo sobre un viaje a Haití efectuado en 1943, Carpentier decía:

A cada paso hallaba *lo real maravilloso.* Pero pensaba, además, que esa presencia y vigencia de lo real maravilloso no era privilegio único de Haití, sino patrimonio de la América entera donde todavía no se ha terminado de establecer, por ejemplo, un recuento de cosmogonías. Lo real maravilloso se encuentra a cada paso en la historia del Continente [17].

«Lo real maravilloso» no es tanto una «escuela» literaria como una convicción sostenida por cierto número de autores de que la «realidad» americana tiene un carácter distinto de

16. Julio Cortázar, «Para llegar a Lezama Lima», en *La vuelta al día en ochenta mundos,* México, 1967.
17. En un ensayo publicado como introducción a *El reino de este mundo,* México, 1967 y que figura en un volumen de ensayos, *Tientos y diferencias.* México, 1964.

la de Europa. Los principales representantes de esta corriente —el cubano Alejo Carpentier, el guatemalteco Miguel Ángel Asturias y el paraguayo Augusto Roa Bastos— proceden todos de países latinoamericanos pequeños que nunca han conocido la organización masiva de la gente en fábricas, la clasificación de los seres humanos para conseguir una eficiente potencia laboral. Proceden de zonas preindustriales, y este factor hace que sea importante distinguirles de los surrealistas que también exaltaban «lo maravilloso», pero que lo hacían como reacción ante una sociedad industrializada que había impuesto sus normas grises y mecanizadas. Tanto Asturias como Carpentier estuvieron en París durante los años del movimiento surrealista, pero ambos interpretaron lo «maravilloso» de una manera que es sustancialmente distinta de la de los surrealistas o de la de «lo real maravilloso» del futurista Massimo Bontempelli [18].

7. ALEJO CARPENTIER (1904-   )

Alejo Carpentier es un cubano de segunda generación, con orígenes franceses y rusos, musicólogo profesional que escribió una historia de la música cubana y que siempre se ha interesado por la composición musical, interés que se refleja en los *leitmotiv* musicales de varias de sus novelas y cuentos. Formó parte de un grupo de intelectuales cubanos que participó activamente en política en los años veinte, por lo cual sufrió un breve período de encarcelamiento en 1928. Durante esta época mantuvo relaciones con el movimiento afrocubano, escribió varios poemas afrocubanos, una «pasión» negra que se representó en París y una novela documental sobre el afro-

18. Massimo Bontempelli, *L'avventura novecentista. Selva polemica 1926-1938*, Florencia, 1938, usó el término «realismo mágico». Para una interpretación más completa de *El reino de este mundo*, véase el artículo de Emil Volek, «Análisis e interpretación de *El reino de este mundo* de Alejo Carpentier», en *Ibero-Americana Pragensis*, 1967.

cubanismo [19] que se publicó con fotografías en 1933. Se trata de *Ecué-Yamba-O,* obra que todavía conserva interés documental aunque sea muy poco característica de su estilo posterior. Después de publicar *Ecué-Yamba-O,* durante una serie de años al parecer escribió poco. Cuando de nuevo volvió a empezar a escribir sus novelas y cuentos se basaron en viajes y tenían la estructura de la búsqueda. La primera de estas obras que apareció fue la *nouvelle Viaje a la semilla,* que invierte el orden cronológico y biográfico habitual y relata la vida de un latifundista cubano desde su lecho de muerte hasta su nacimiento, y luego incluso retrocediendo aún más hasta los orígenes anteriores a la existencia humana. Es un cuento divertido, como un chiste largo, aunque muestra ya su afición a las enumeraciones y al detalle, rasgo que iba a ser característico de él. En 1943 Carpentier visitó Haití, se interesó por la historia de las revueltas de los esclavos a fines del siglo XVIII y por Henri Christophe, el rey negro. En 1949 publicó *El reino de este mundo,* que, aunque se ambienta en el período inmediatamente anterior y posterior a la revolución francesa, no era una novela histórica en la acepción usual del término. Para empezar, se tomaba grandes libertades con la historia. La novela saltaba radicalmente desde la rebelión de Mackandal a la historia de Henri Christophe, sin mencionar la subida al poder y la caída de Toussaint Louverture. La novela se divide en cuatro períodos que están elegidos para subrayar la crítica que hace Carpentier de los «órdenes» extraños: el decenio que empieza en 1760, cuando Mackandal se rebeló contra los franceses; el comienzo de la revolución francesa hasta 1802; la caída de Henri Christophe en 1820 y el período inmediatamente posterior a la muerte de Christophe. La unidad entre estos períodos es temática, pero también están enlazados por el hecho de que el negro Ti Noël, esclavo doméstico, aparece en cada uno de ellos. De este modo los hechos se subordi-

19. La «santería» es una forma cubana de transculturación de la religión africana.

nan al esquema del autor y la novela oscila entre lo «europeo» y lo «africano»; los hechos se filtran a través de la conciencia de Ti Noël, que está en el margen de ambos mundos, el de la familia Lenormand Mézy, en cuya casa es esclavo doméstico, y el mundo «africano» de Mackandal, el rebelde fugitivo. Pero, desde las primeras páginas, es el mundo racional y cerebral de la cultura francesa el que se presenta bajo un enfoque más crítico. Así, Ti Noël contempla cuatro cabezas europeas de cera en el escaparate de la barbería:

> Aquellas cabezas parecían tan reales —aunque tan muertas, por la fijeza de los ojos— como la cabeza parlante que un charlatán de paso había traído al Cabo, años atrás, para ayudarlo a vender un elixir contra el dolor de muelas y el reumatismo. Por una graciosa casualidad, la tripería contigua exhibía cabezas de terneros, desolladas, con un tallito de perejil sobre la lengua, que tenían la misma calidad cerosa, como adormecidas entre rabos escarlatas, patas en gelatina y ollas que contenían tripas guisadas a la moda de Caen.

Por su misma proximidad, las cabezas de las pelucas de última moda y las cabezas de los terneros se identifican. Pocos años después, los revolucionarios europeos cortarían las cabezas de sus enemigos, como para cercenar la sede de la razón.

La revolución triunfa, y con ella los sueños de espontaneidad, de imitar al buen salvaje, pero también este sueño se ve como grotesco. Paulina Bonaparte, casada con el general Leclerc, llega a la isla, con la cabeza llena de novelas románticas:

> Y así iba pasando el tiempo, entre siestas y desperezos, creyéndose un poco Virginia, un poco Atalá, a pesar de que a veces, cuando Leclerc andaba por el sur, se solazara con el ardor juvenil de algún guapo oficial.

La violencia y la muerte destrozan este sueño y obligan a Paulina a volver apresuradamente a Francia. Finalmente está el sueño de Henri Christophe, su imperio y el castillo de Sans Souci, que son simples reflejos de Luis XIV y de Versalles, imitaciones mecánicas, construidos gracias a los trabajos forzados de sus súbditos negros y tan alejados de sus creencias como el antiguo régimen. Todo lo que queda del imperio de Henri Christophe después de su muerte y del pillaje subsiguiente es la casaca verde del rey, que se lleva Ti Noël, quien da órdenes al viento. La novela termina con el regreso de Ti Noël a la hacienda ahora vacía de Lenormand y con la llegada de la nueva clase de los mulatos, que se apoderarán de ella.

El acoso (1958) es la novela que refleja con mayor fidelidad la atmósfera de la Cuba de los años cincuenta, el inflexible círculo de represión y violencia. Sin embargo, está tan lejos como las demás novelas de Carpentier de ser una novela documental. La partitura sinfónica impone un esquema que es análogo al de la tela de araña, en la cual, el protagonista, el «acosado», cae prisionero. La sinfonía termina, el «acosado» muere a manos de los estudiantes a los que ha traicionado, completamente incapaz de evitar su destino.

Los pasos perdidos, de 1953, volvía al tema de la búsqueda, aunque no se trataba de una novela histórica. Basada en un viaje que Alejo Carpentier efectuó durante su estancia en Venezuela, es, como *El acoso,* una obra que refleja la claustrofobia y las frustraciones del régimen de Batista. Y, como todas las novelas de Carpentier, está muy cerca de la alegoría. La historia trata de un sofisticado músico que trabaja en partituras para películas en un gran país industrial; de su esposa, actriz de éxito, que interpreta una obra interminable; y de su amante, Mouche, que vive de la astrología. Este trío representa la corrupción del arte en el mundo occidental. El músico emprende un viaje a un país latinoamericano que no tiene. nombre en busca de primitivos instrumentos musicales. Este viaje será como un buscar sus pasos perdidos y le va a llevar primero a una capital latinoamericana en la que se produce un levantamiento revolucionario y en la que, durante la huelga y la lucha, la selva vuelve a invadir la ciudad; luego, al refugio de un artista, lejos de la revolución, en las montañas, donde los alienados pintores indígenas hablan nostálgicamente de París; y por fin a la misma selva, acompañado por una expedición que busca un lugar tan apartado de la civilización que allí sea posible construir la Utopía. Los tres puntos no nombrados que señalan el ámbito del músico son Europa y la cultura europea a la que el músico pertenece (está escribiendo una partitura para el *Prometheus Unbound* y mientras está obsesionado por recuerdos de la novena sinfonía de Beethoven); Norteamérica, cuyos ritmos urbanos son tan distintos del ritmo natural, y cuya cultura se ha convertido en un mero mosaico de fragmentos.

En tercer lugar está el mundo de la selva, no un mundo primitivo, ya que incluso la vida llamada «salvaje» es sumamente compleja, pero sí un mundo que todavía conserva vigor creativo y variedad. Pero a diferencia de los otros miembros de la expedición de la selva —la mujer, Rosario, de la que se enamora, el Adelantado, el misionero— el músico no puede vivir lejos de la «civilización». Un helicóptero le saca de la selva, y cuando, unos meses después, trata de volver a encontrar a Rosario, no consigue encontrar de nuevo la brecha en el muro del bosque que le conducirá a donde está ella. Reconoce que está separado de ella por la historia. Ella no sabe nada de la historia; el Adelantado quiere volver a empezar en el mismo comienzo; pero el músico debe situarse a sí mismo no en el pasado, sino en su propio tiempo e incluso un poco más allá. En resumen, debe estar en «vanguardia». Pero el conflicto se produce cuando la vanguardia ha perdido contacto con lo orgánico y lo arquetípico. En este aspecto, Europa y Norteamérica representan peligros. La Europa que recuerda el músico no es simplemente la de Beethoven, sino la de la segunda guerra mundial. El sentimiento y el arte han quedado separados de la acción y de la razón. Norteamérica es una cultura estéril, urbana y comercializada, completamente desvinculada de la creatividad. Pero volver a los pasos perdidos tampoco puede ser la solución, ya que el artista es incapaz de vivir en el pasado. El problema no se resuelve al final de la novela. Y quizá no se resuelve porque era el propio dilema de Carpentier, y sobre todo el dilema de los cubanos. En este período La Habana era una imitación de una ciudad de los Estados Unidos, con fuertes vínculos que le unían a Europa y con la cultura subterránea del esclavo negro que se iba infiltrando. Esta última tenía aún vigor creativo, y tal vez *Los pasos perdidos* era en este sentido una advertencia que Carpentier se hacía a sí mismo: la fuerza creadora ha de preservarse sin volver a la prehistoria. Pocos años después de la publicación de esta obra Cuba estaba al borde de un cambio tan radical que las estructuras del pasado serían barridas, la influencia norteamericana y europea virtualmente eliminada por el bloqueo, y el artista cubano quedaría así reducido a sus propios recursos.

En este período posrevolucionario, Carpentier publicó la mejor de sus novelas, *El siglo de las luces* (1962), ambientada en el período revolucionario francés. Al igual que muchas otras de sus novelas, tiene una estructura de búsqueda, y como en *El reino de este mundo* el tema es el hundimiento del «siglo de las luces», con la revolución francesa. Pero los sucesos históricos también están relacionados con las vicisitudes de una familia: el hijo, la hija y el sobrino de un comerciante cubano, que quedan huérfanos al morir éste cuando los franceses pierden su autoridad al producirse el colapso de la monarquía. Los jóvenes —Carlos, Sofía y el primo de ambos, Esteban— pasan a ser los únicos dueños de las mercancías de su padre y entusiasmados por esta libertad de que gozan, saquean Europa para divertirse, comprando todo lo que se les antoja y almacenándolo en su enorme casa. En el momento en que la libertad se está convirtiendo en desenfreno, aparece un salvador, el masón haitiano Victor Hugues, que les toma bajo su tutela. Al estallar la revolución francesa, sale de Haití con Sofía y Esteban, pero Sofía se ve obligada a regresar debido a la violencia de los acontecimientos y los dos hombres van a Europa sin ella. Esteban busca un sentido a la revolución francesa, pero no tarda en ver cómo el movimiento revolucionario degenera en una burocracia inane. Y Victor Hugues degenera al compás de la revolución. Cuando embarca de nuevo rumbo a las Antillas junto con Esteban para ser el nuevo gobernador de Guadalupe, se lleva consigo la guillotina, justificándolo con el argumento de que también lleva un decreto que emancipa a los esclavos. Aun con la caída de Robespierre, la situación no cambia. Victor Hugues se convierte en el rey sin corona de la isla, dedicándose a la piratería y manteniendo muy sujeto al cada vez más desilusionado Esteban, hasta que éste recobra la libertad al ser enviado con una misión a Cayena.

Esteban no encuentra una utopía social en la revolución francesa. Al caos sigue el autoritarismo, las instituciones resurgen de las cenizas de las antiguas. Sólo cuando recorre las islas con los bucaneros y ve la prodigiosa y enigmática creatividad de la naturaleza, los hechos humanos, vistos a la escala temporal de la creación, adquieren su verdadero significado. Hacia el final de sus andanzas con Victor Hugues, Esteban se sitúa a sí mismo en el lapso de tiempo de la historia natural, elevándose de las cerradas espirales que circunscriben una única vida, para observar con la visión de un Dios la vida oceánica, la lenta transformación de las nubes o las conchas. En la segunda parte de la novela Sofía pasa por una experiencia similar de esperanza y desilusión.

En las novelas de Carpentier no hay análisis psicológico porque su visión es demasiado amplia para abarcar el detalle de la vida humana. Nos habla, más que de los individuos, de los arquetipos —el Libertador, el Opresor, la Víctima—, más que de una vida, de todo un período histórico. El mismo estilo en que está descrita la novela representa la alusión de lo concreto al concepto universal. Así, por ejemplo, la bola con que juegan Esteban y Sofía pasa a ser «el símbolo del Comercio y la Navegación». Carpentier está reordenando constantemente el mundo en categorías bajo las cuales subsume los múltiples nombres de las cosas. De ahí las listas de obje-

tos que llenan la novela, como este panorama de La Habana
al comienzo de la obra:

> extrañamente parecida, a esta hora de reverberaciones y som-
> bras largas, a un gigantesco lampadario barroco, cuyas cris-
> talerías verdes, rojas, anaranjadas, colorearan una confusa
> rocalla de balcones, arcadas, cimborrios, belvederes y galerías
> de persianas.

Y del mismo modo que una gran diversidad de impresiones pueden embutirse en una sola frase, otro tanto ocurre
con las grandes experiencias históricas. El Dos de Mayo se
cuenta en cuatro líneas:

> Reinaba, en todo Madrid, la atmósfera de los grandes ca-
> taclismos, de las revulsiones telúricas —cuando el fuego, el
> hierro, el acero, lo que corta y lo que estalla, se rebelan
> contra sus dueños— en un inmenso clamor de Dies Irae.

En una reciente *nouvelle*, *El camino de Santiago* (1967), el
período de la Contrarreforma y de las guerras de religión se
condensa semejantemente, con indecibles sufrimientos humanos que se expresan con una rara concisión:

> De Holanda, de Francia, bajan los gritos de los empare-
> dados, el llanto de las enterradas vivas, el tumulto de las
> degollinas, la acusación, en horribles vagidos, de los neonatos
> atravesados por el hierro en la matriz de sus madres.

El propósito es cambiar la perspectiva del lector, arrancar-
le de la del hombre solo con su sola vida, para sumergirle
en una visión y en lapso de tiempo mucho más grandes. Con
Carpentier habitamos un tiempo cósmico, y ello tiene por consecuencia que la tragedia individual parezca un simple detalle
dentro de un conjunto muy vasto y más bien sencillo.

8. MIGUEL ÁNGEL ASTURIAS (1899-1974)

Como Carpentier, el novelista guatemalteco y ganador del Premio Nobel Miguel Ángel Asturias, también organiza sus novelas en torno al mito, aunque por lo común parte de los mitos indios precolombinos más que de los mitos occidentales. Siendo estudiante escribió sobre los indios guatemaltecos y estudió antropología en el Musée de l'Homme de París. Su primera obra de imaginación fue *Leyendas de Guatemala* (1930), recreación poética de los relatos populares mayas y del período colonial. Durante la dictadura de Jorge Ubico empezó a trabajar en la novela que la mayoría considera como su obra maestra, *El Señor Presidente*. La novela se publicó en 1946, después de la caída de la dictadura, pero el estilo y el tratamiento del tema la distancian del género documental. En realidad, aunque esté basada en la dictadura de Ubico y en la de su predecesor, Estrada Cabrera, es la novela de la Dictadura más que la de un personaje histórico concreto.

El Señor Presidente nos introduce en un mundo caricaturesco de una ciudad oprimida. Todas las relaciones naturales están distorsionadas, las familias divididas, las asociaciones, excepto las que unen a los ciudadanos con el dictador, destruidas. El antiguo mundo natural en el que la vida humana se desarrollaba y crecía complacidamente ha desaparecido para ceder su lugar a la ciudad que, debido a su misma estructura, es particularmente susceptible de ser totalmente dominada por el demiurgo-dictador. La novela refleja así el cambio, que Asturias considera sin duda alguna como desastroso, que ha convertido una comunidad orgánica en una comunidad moderna urbanizada, lo cual, dadas las condiciones de Latinoamérica, hace que sea inmediatamente la presa de un loco peligroso. Estamos ante una especie de doctor Strangelove en el microcosmos de una república latinoamericana.

Como Carpentier, Asturias estructura su novela siguiendo un esquema mítico, basándose en las antiquísimas y legendarias luchas entre las fuerzas de la luz y las fuerzas de las tinieblas, que tienen ecos en mitos universales, pero también en mitos latinoamericanos y, de un modo más concreto, mayas. La novela se inicia con el tañer de las campanas de la iglesia que resuena por la ciudad, agitando «lumbre de alumbre» y «Luzbel de piedralumbre». Luzbel —en la novela el favorito del dictador, Cara de Ángel— se levantará contra el demiurgo para afirmar su individualidad y será vencido. La novela nos muestra un mundo de tinieblas y efectivamente empieza de noche, con los mendigos de la ciudad durmiendo al amparo de los soportales; entre ellos hay un idiota, obsesionado por los recuerdos de una madre, respecto a la cual siente una eterna sensación de separación. Así, contra las fuerzas masculinas de la opresión y de la oscuridad, contra el demiurgo que ha creado el mundo malo en el que vive la sociedad, se levanta el ideal de una madre, de una tierra y de lo orgánico. El idiota, privado de las luces de la razón, capta sin embargo esta verdad subconsciente, y en su nombre mata al coronel José Parrales, poniendo así en movimiento la tortuosa red de crímenes que es la conjura. Porque el dictador decide aprovechar esta muerte, no para castigar al verdadero responsable de ella, al que por otra parte matará un policía en un exceso de celo, sino para terminar con Eusebio Canales, de quien sospecha que le traiciona. Y el instrumento de la perdición de Canales será Cara de Ángel.

La cadena de causas y efectos racionales que forma la estructura de la novela realista se rompe aquí deliberadamente. Los mendigos son torturados, no para que confiesen la verdad de que el idiota mató a Parrales, sino para que sus palabras confirmen la paranoia del presidente. Los que no quieran compartir su paranoia, como «el Mosco», serán torturados hasta morir. Una vez eliminado el puntal de lo racional, los habitantes de la novela son víctimas de las tinieblas y de la sinrazón.

El estilo de la novela consigue sus máximos efectos de esta sombría visión. Los breves capítulos saltan de incidente en incidente, de persona a persona, sin más unidad que el miedo de todos al «Señor Presidente». Ni siquiera los fieles se libran del castigo, ya que el irracionalismo se lleva hasta el mismo absurdo. Uno de los escribanos del propio presidente, dócil hasta la estupidez, es apaleado hasta morir por un pequeño desliz. Sólo dentro de este contexto debemos examinar la rebelión de Cara de Ángel. Al enamorarse de Camila, la hija del general Canales, a quien permite huir, comete el más grave de los pecados. No sólo ha desobedecido al «Señor Presidente», sino que se atreve a casarse con Camila, y por lo tanto a tratar de sustituir por una relación natural la que le une al presidente. La segunda parte de la novela trata de la red en que cae Cara de Ángel, de la cruel ilusión que se le hace concebir cuando se le ofrece una posibilidad de escapar y de su lenta pérdida de la personalidad en un campo de concentración en el que se convierte en un simple número. Por fin muere cuando se le informa engañosamente de que Camila le es infiel. Y el hombre responsable de su detención y de sus torturas es el comandante Farfán, a quien él tiempo atrás había ayudado a sobrevivir.

Asturias utiliza un procedimiento de caricatura, de exageración, de reducción de seres humanos al nivel de animales o de títeres para conseguir el efecto de una grotesca pesadilla. Pero lo que vemos en la novela no es simplemente la historia de una dictadura. Es una demostración de lo que le ocurre al hombre cuando sus relaciones no pueden desarrollarse naturalmente; cuando, para sustituir a la unidad familiar o a la fe religiosa, sólo es posible la adhesión al estado, que se encarna en la persona de un loco. Pero es el contexto de una ciudad moderna lo que hace que esto sea posible. Al igual que el idiota, los seres humanos y las cosas han sido separados de la matriz, y por eso se convierten en puros objetos que se usan y luego se tiran. La fotografía y el cine sustituyen los contactos humanos; el teléfono —que se controla con tanta facilidad— sustituye a la comunicación; el burdel sustituye al amor; y la cárcel se convierte en el único lugar en que los hombres, aun viviendo en las tinieblas, pueden comunicarse, como el sueño es la única zona de libertad en la que conocen la verdad sobre sí mismos. Pero fuera de la ciudad está «el campo», un lugar de esperanza, el valle idílico en el que Camila y Cara de Ángel pasan su luna de miel, donde el padre de la joven se refugia y empieza una revolución, donde ella finalmente se oculta para criar allí a su hijo. *El Señor Presidente* oscila así entre la ciudad y el campo, entre las tinieblas y la luz, entre la pesadilla y el sueño, con una unidad que debe tanto a las imágenes temáticas como al argumento.

La otra gran novela de Asturias es *Hombres de maíz* (1949), que, aun siendo totalmente distinta por su tema, tiene muchas cosas en común con *El Señor Presidente*. Como la novela anterior, *Hombres de maíz* se estructura en torno a las antinomias de la luz y de las tinieblas, de los ojos cerrados y abiertos, del dormir y del despertar, del ensueño y del insomnio. El tema de la novela es también semejante: la destrucción de un sistema orgánico de vida —esta vez el de los indios— por los *ladinos,* quienes invaden las tierras comunales de los indios para cultivar maíz en beneficio suyo. Los indios no pueden defenderse ante las fuerzas abrumadoramente superiores del ejército y ante la traición de la familia Machojón; pero disponen de armas que el hombre blanco y el mestizo no llegan ni a imaginarse. Son las armas de la magia y del mito. El jefe indio que resiste se convierte en un héroe mítico, y una maldición cae sobre la familia Machojón que les ha traicionado.

Pero la destrucción que inician los «maiceros» no puede detenerse. Han cometido una especie de pecado original al introducir un elemento de desequilibrio en la naturaleza. El mundo indio es orgánico, integrado:

> Al sol le salió el pelo. El verano fue recibido en los dominios del Cacique de Ilom con miel de panal untada en las ramas de los árboles frutales, para que las frutas fueran dulces; tocoyales de siemprevivas en las cabezas de las mujeres para que las mujeres fueran fecundas; y mapaches muer-

tos colgados en las puertas de los ranchos, para que los hombres fueran viriles.

Los «maiceros» sueltan al demonio cuando rompen este equilibrio. Con la aparición de este pecado original la edad de oro termina. Las comunidades declinan, aunque el mito y la magia aún les permiten transformar la realidad. El ciego Goyo Yic pierde a su esposa, María Tecún, y recupera la vista para que pueda encontrarla, aunque entonces comprende que poder ver no le va a ayudar en nada para encontrar a una mujer a la que nunca ha visto. El mito de la perdida María Tecún es el mito de la pérdida y de la separación del indio. El viaje de Goyo Yic para vender aguardiente clandestino, y el hecho de que él y su amigo se emborrachen y terminen en la cárcel, simboliza la incapacidad del indio para comprender el mundo del comercio. Y la historia del cartero, Nicho, que se convierte en coyote y así recupera la sabiduría ancestral, ilustra la incapacidad del indio para adaptarse a una organización social moderna, ya que Nicho quema las cartas que le han sido confiadas.

Pero a los ojos del estado estos indios no son figuras míticas sino simples criminales, que terminan sus vidas lejos de sus montañas natales, cumpliendo sentencias en las penitenciarías de la costa. Y por fin es el estado el que vence. La vida pierde su significado orgánico.

Asturias ha escrito una serie de novelas después de *Hombres de maíz,* aunque le ha resultado difícil encajar bien el tema de la protesta social con una presentación lírica y mítica. Su obra incluye una trilogía sobre las plantaciones de bananas, cuya idea se le ocurrió probablemente durante el breve interregno democrático de los gobiernos de Arévalo y Arbenz. La trilogía está formada por *Viento fuerte* (1950), *El Papa verde* (1954) y *Los ojos de los enterrados* (1960). También publicó una narración novelada de la invasión de Guatemala y de la caída del gobierno de Arbenz, *Weekend en Guatemala* (1956). Una de sus obras más recientes, *Mulata de tal*

(1963), es una nueva tentativa de crear un mito moderno. Los capítulos llevan títulos como de cuentos de hadas: «Gran Brujo Bragueta convertido en enano por venganza de su mujer», «La danza de los gigantes y la guerra de los esposos», etc. Pero mientras en *El Señor Presidente* y *Hombres de maíz*, el estilo y el tema están bien acoplados, *Mulata de tal* es una simple muestra de virtuosismo. Asturias puede crear nuevas figuras míticas, porque conoce bien la textura del mito, pero de este modo separa lo «maravilloso» de lo «real».

9. El realismo no es prosaico: Augusto Roa Bastos y José María Arguedas

Augusto Roa Bastos (1917-   ) es paraguayo, José María Arguedas (1911-1969) era peruano. Ambos han escrito novelas que están muy pegadas a la «realidad», que son minuciosas observaciones de la sociedad en la que viven; pero la crudeza de los hechos que describen está mitigada por el lirismo del estilo. Y en ambos este estilo lírico deriva en cierta medida del uso que hacen de palabras indias y del ritmo de las lenguas indias.

Roa Bastos utiliza libremente expresiones guaraníes en su extraordinaria novela *Hijo de hombre* [20]. Se trata de una novela que abarca cien años de la resistencia paraguaya a la dictadura, desde mediados del siglo xix hasta la guerra del Chaco en el decenio de los treinta. Los hechos no se cuentan siguiendo un estricto orden cronológico, sino que se agrupan en torno a figuras o acontecimientos. La unidad de la novela se centra en dos símbolos: un Cristo tallado por un leproso que se convierte en el símbolo de la rebelión entre los habitantes de Itape, y la línea del ferrocarril, el símbolo moderno de la rebelión, ya que fue aquí, en la estación de Sapukai, donde dos

20. El guaraní se conservó como lengua de uso corriente en la época de las misiones jesuíticas y sobrevive como lengua principal en las zonas rurales.

mil paraguayos murieron a causa de una bomba gubernamental durante una rebelión armada. Cada generación es diezmada, pero la lucha nunca termina del todo. La figura central de esta resistencia es el casi mítico Crisanto Jara, que sobrevive a la explosión del tren y sobrevive a las penalidades de las plantaciones de mate, y cuyo hijo prosigue la dura lucha.

A simple vista, estos materiales pueden hacer creer que *Hijo de hombre* es una novela de protesta del tipo de *Huasipungo*. Pero el estilo en que está escrita la obra impide que esta comparación tenga la menor base. Los hechos, incluso los más crueles y brutales, se cuentan con ternura, y la dimensión humana jamás se sacrifica a la teología. Está, por ejemplo, la historia del disparatado viaje de Jara en un vagón de tren, poniendo él mismo las traviesas, sin que nadie denuncie el viaje:

> en el caso del vagón todos se callaron. El jefe de estación, los inspectores del ferrocarril, los capataces de cuadrillas. Cualquiera, el menos indicado habría podido alzar tímidamente la voz de alerta. Pero eso no sucedió. Una omisión que a lo largo de los años borronea la sospecha de una complicidad o al menos un fenómeno de sugestión colectiva, si no un tácito consentimiento tan disparatado como el viaje. Es cierto que el vagón ya no servía para nada; no era más que un montón de hierro viejo y madera podrida. Pero el hecho absurdo estribaba en que todavía podía andar, alejarse, desaparecer, violando todas las leyes de propiedad, de gravedad, de sentido común.

Este pasaje nos muestra cómo Roa Bastos adopta un símbolo convencional del progreso —el tren— y lo convierte en algo totalmente distinto. El tren ha sido el vehículo de la muerte durante la rebelión, pero Crisanto Jara lo convierte en el vehículo de un viaje prodigioso en el que la totalidad del pueblo paraguayo interviene como cómplice. Y su milagrosa supervivencia, a pesar de su decrépito estado, simboliza la perseverancia del pueblo, más allá incluso de la esperanza.

José María Arguedas, como Roa Bastos, se apoya en mitos populares y usa expresiones quechuas. En su obra primeriza, los cuentos de *Agua* (1935), trata de inventar un español sobre la base de los modismos y de las construcciones del quechua. Su primera novela, *Yawar fiesta* (1941), aunque mucho más lírica, estaba relacionada con las novelas indianistas y de protesta social, y hasta sus dos novelas principales, *Los ríos profundos* (1958) y *Todas las sangres* (1964), no consiguió acoplar el lirismo de las fuentes populares con temas de gran hondura [21].

Los ríos profundos se basaba en elementos autobiográficos y es un relato en primera persona de la adolescencia de Ernesto, gran parte de la cual transcurre en un pensionado católico de Abancay. Ernesto está dividido entre las culturas india y española y siente que pertenece a ambas. Desde el principio el lector advierte la existencia de dos sistemas diferentes de valores que se dan bajo la superficie de la vida. Al comienzo de la novela Ernesto y su padre visitan la casa de un anciano avaro pero piadoso, «El Viejo», que vive en Cuzco. El Viejo les hace dormir en un catre de tijera habitualmente reservado a los indios, y de este modo les clasifica socialmente aun antes de haber cambiado unas palabras con ellos. Esta 'discriminación es solamente la manifestación superficial de profundos esquemas de sensibilidad racial, que son visibles en las mismas piedras y edificios de la ciudad:

> Era estético el muro, pero hervía por todas sus líneas y la superficie era cambiante, como la de los ríos en el verano, que tienen una cima así, hacia el centro del caudal, que es la zona temible, la más poderosa.

Los residuos incas están más cerca de la vitalidad de la naturaleza; la cultura hispánica, en cambio, intenta frenar los impulsos, contener el cambio. Hay una clase de espiritualidad

---

21. Mario Vargas Llosa, «Ensoñación y magia en José María Arguedas». Prólogo a *Los ríos profundos*, Santiago de Chile, 1967.

que se asocia con las creencias incas, como está vinculada también al catolicismo español, pero por un motivo u otro ambos son incompatibles. Es evidente que Arguedas está buscando diferencias a niveles mucho más profundos que los de la novela indianista. Ernesto está en contacto con un mundo espiritual «cargado de monstruos de fuego, y de grandes ríos que cantan con la música más hermosa al chocar contra las piedras y las islas». Esta vida espiritual puede comprenderse en amplias nociones de movimiento y descanso, de río y de piedra, y a un nivel cultural en las canciones y la música, e incluso en los juguetes de los niños indios. El mundo de Ernesto está lleno de correspondencias invisibles y semicaptadas entre un mundo de la naturaleza y el de las instituciones y la cultura indias. Los «cholos» (que llevan en sus venas sangre india e hispánica), que conservan la música de arpa y que tienen sentimientos comunales instintivos, forman parte de este mundo de relaciones ocultas pero hondas. El mundo blanco, católico, hispánico, tiene una cultura y una espiritualidad más ambiguas. Arguedas no traza una división entre los indios y los crueles españoles, porque hay momentos en que lo católico también tiene profundidad y comprensión; pero la misma estructura del pensionado es como un símbolo de su manera de ver el mundo. Es un lugar completamente separado de la vida de la ciudad, oscuro, cerrado y más bien siniestro. La sexualidad degenera en perversión y los muchachos desahogan su sexualidad reprimida en la persona de una criada idiota que trabaja en la cocina. Mientras, al otro lado de sus paredes, la vida sigue; hay un levantamiento de mujeres cholas, el ejército llega a la ciudad, se declara una epidemia, y la escuela no puede quedar completamente al margen de todo esto, aunque sus relaciones con la ciudad sean de signo paternalista. Por eso Ernesto siempre evoca los ríos como un sortilegio ante la atmósfera estancada y putrefacta de dentro.

Los ríos profundos tiene muchas cosas en común con las novelas de Asturias en su evocación de un mundo mítico, pero se diferencia de ellas en un aspecto. Arguedas no resuelve las contradicciones. En el curso de la novela, la actitud de Ernesto para con la escuela y el director es ambigua. El director forma parte de todo un orden establecido por los terratenientes, pero la misericordia cristiana también opera en su interior, y a veces le convierte en el sustituto del padre que Ernesto necesita. La Iglesia, la escuela y su disciplina ofrecen la faceta masculina de la existencia, pero privan a los muchachos del mundo femenino del instinto y de los sentimientos. Ernesto trata de equilibrar estos dos mundos, como trata de equilibrar las dos culturas que hay dentro de él. De ahí que, aunque la novela tenga una estructura más o menos biográfica, la atención que presta a las verdades profundas la levanta por encima de la esfera psicológica o social. Las respuestas de Ernesto son estéticas, el color, la música, la canción, el lenguaje y la vida natural, y cuando responde es indiferente a las clases sociales y a las razas. Como en Wordsworth, la respuesta estética es también moral y natural. Así, al oír el canto de las alondras, Ernesto dice:

> Los hombres del Perú, desde su origen, han compuesto música, oyéndola, viéndola cruzar el espacio, bajo las montañas y las nubes, que en ninguna otra región del mundo son tan extremadas.

Y añade que también él está hecho de «la materia» del canto de la alondra ya que pertenece a «la difusa región de donde me arrancaron para lanzarme entre los hombres».

En este sentido profundo, el aspecto maternal indio de Ernesto debe triunfar. La separación, la orfandad, encuentra cierta satisfacción en el catolicismo, pero la totalidad y la integridad pertenecen al reino de lo maternal.

10. Una nueva estancia en el infierno:
Comala, Macondo y Santa María

Comala, Macondo y Santa María son lugares de ficción inventados por Juan Rulfo (México, 1918-   ), Gabriel García Márquez (Colombia, 1928-   ) y Juan Carlos Onetti (Uruguay, 1909-   ). Perdidos en un desierto anónimo, los tres lugares se localizan en algún punto existente en la frontera que separa a la realidad de la fantasía, en el mapa que Dante fue el primero en dibujar. La Comala de Juan Rulfo recuerda a la entrada del infierno:

> Aquello está sobre las brasas de la tierra, en la mera boca del infierno. Con decirle que muchos de los que allí se mueren regresan por su cobija.

Macondo, que al principio es un jardín del Edén, se convierte en un árido infierno. Santa María ocupa una gris zona intermedia entre el infierno y el purgatorio. La gente va allí

> para usar el tiempo restante en el ejercicio de venganza sin trascendencia, de sensualidad sin vigor, de un dominio narcisista y desatento.

En otros aspectos los habitantes de Comala, de Macondo y de Santa María son tan diferentes entre sí como puedan serlo los moradores de distintos continentes. Cada autor ha creado un mundo imaginativo que es enteramente distinto, coherente y reconocible por sus rasgos peculiares.

11. Juan Rulfo

Rulfo nació en la provincia mexicana de Jalisco, un lugar de tierras áridas y de pueblos tristes y abandonados. Ha publicado un libro de cuentos, *El llano en llamas* (1953) y una novela, *Pedro Páramo* (1955), y la mítica ciudad de Comala es el escenario de la novela y de varios de los cuentos. El paisaje es siempre el mismo, una gran llanura en la que nunca llueve, ardientes valles, montañas distantes, remotos pueblos habitados por gentes solitarias que alimentan culpas y venganzas, viviendo en un purgatorio de tensas esperas. Para estas gentes la vida nunca se sitúa aquí y ahora, sino en alguna parte del futuro o del pasado, o en algún lugar más allá del llano o de las montañas. Los suyos son unos personajes perpetuamente perseguidos o perseguidores. En estos pueblos el tiempo adquiere distintas dimensiones, como puede ocurrirle a un hombre que se encuentra en una celda o que está enfermo. En el cuento titulado «El hombre», se combinan diferentes líneas temporales, de modo que un hombre que ha perseguido a un enemigo hasta darle muerte a él y a su familia, convirtiéndose entonces a su vez en alguien a quien se persigue, se ve simultáneamente como perseguidor y perseguido mientras dialoga con un vengador invisible. La historia es como una breve pesadilla, porque el hombre huye pero nunca escapa. El horizonte nunca está más cerca. La barranca en la que se mete confiando huir por el río le obliga a volver atrás. Y también el tiempo le obliga a volver atrás del mismo modo, porque no hay futuro para él, no hay horizonte. El destino de los personajes de Rulfo es quedar aprisionados de esta manera, más que por la sociedad, por la red de su propia culpa. En «Talpa», una pareja adúltera que deja morir al marido de la mujer mientras ellos duermen juntos, nunca se verá libre de su culpa. El muerto siempre se interpondrá entre ellos. En «Diles que no me maten» un hombre expía un crimen cometido treinta y cinco años atrás. Su vengador está tan prisionero de los hechos como él mismo, y tiene que hacer fusilar a su víctima aunque ya no siente ningún odio por él.

La soledad del hombre que es acosado y del que acosa tiene una válvula de escape en los monólogos y en las confesiones que a menudo constituyen el marco de los cuentos. El

lector es como el oído del confesor, inclinándose a recoger las
últimas palabras de los condenados, apenas capaz de desentrañar el sentido de hechos cuyos móviles originarios se han perdido en el tiempo o en la oscuridad. Esta oscuridad es con
frecuencia física. En «En la madrugada», por ejemplo, la niebla envuelve el pueblo mientras Esteban empieza su confesión.
Cuenta lo que recuerda; su patrón, don Justo, que le pegaba,
una ternera que no quería que le separaran de la vaca... Pero
aquello por lo cual está encarcelado, la muerte de don Justo,
no puede recordarlo, aunque esté convencido de que es verdad: «¿Con qué dicen que lo maté? ¿Que dizque con una piedra, verdad?» La verdad es que la violencia brota de una
zona inconsciente y es inútil buscar móviles o explicaciones.
Los hombres violentos son campesinos, poco acostumbrados a
expresarse. Es el mundo exterior el que juzga sus acciones
como crímenes o los cataloga como violentos. En «La cuesta
de las comadres», el narrador es el único hombre del pueblo
que vive en buenas relaciones con los bandidos, los hermanos
Torricos, pero también él acaba revolviéndose contra ellos cierto día y cuando menos lo espera. Uno de los hermanos Torricos le acusa falsamente de haber cometido un crimen:

> Por eso, al pasar Remigio Torrico por mi lado, desensarté
> la aguja y sin esperar otra cosa se la hundí a él cerquita del
> ombligo. Se la hundí hasta donde le cupo. Y allí la dejé.

Este abismo que hay entre lo que se dice y lo que se hace
siempre existe en los cuentos de Rulfo como una grieta que
no se puede cruzar. De ahí la necesidad de la confesión, aunque las confesiones nunca pueden aclarar nada. Hasta un ton-
to, Macario, siente la necesidad de confesarse, de hablar de
la consoladora sensación que le produce la oscuridad, de los
pechos de Felipa, de su miedo a la luz del día, del mundo
exterior en el que le apedrean y le insultan. Dentro hay una
cierta seguridad y bienestar; fuera hay un mundo que juzga
y clasifica. «Fuera» significa también la sociedad, aunque una

sociedad que raras veces llega a ser justa. En «Nos han dado la tierra», incluso el gobierno posrevolucionario es ajeno a los profundos sentimientos del campesinado. Los campesinos saben, sin tener que pronunciar las palabras, que la tierra que quieren está en el valle, pero lo que les dan es el llano sin agua.

Para los hombres y mujeres de los cuentos de Rulfo el orden social es una abstracción. Para ellos la vida está organizada no según clases sociales, sino según relaciones —relaciones familiares en las que la intimidad origina frecuentemente el odio o la culpa, o la relación feudal del «compadrazgo», la protección del fuerte al que se teme, y al que sin embargo se considera como «bueno» en la medida en que sea eficaz como protector. En «El llano en llamas» Pedro Zamora es más un bandido que un caudillo revolucionario, pero se le considera como bueno precisamente porque dispensa protección:

> Sí, él nos cuidaba. Íbamos caminando mero en medio de la noche con los ojos aturdidos de sueño y con la idea ida; pero él, que nos conocía a todos, nos hablaba para que levantáramos la cabeza. Sentíamos aquellos ojos bien abiertos de él, que no dormían y que estaban acostumbrados a ver de noche y a conocernos en lo oscuro. Nos contaba a todos, de uno en uno, como quien está contando dinero.

Ésta es la relación primitiva entre unos hombres y el caudillo carismático o protector. Rulfo es un caso insólito en admitir esta atracción, porque por lo común la novela realista ha pintado un cuadro en blanco y negro de opresores y oprimidos. Pero la intuición de Rulfo le permite comprender la profunda necesidad que tienen los pobres de la figura de un padre poderoso, mucho más real que el vago «cielo» u «horizonte» en el que también ponen sus esperanzas, pero que nunca llegan a alcanzar. En «Es que somos muy pobres» este horizonte es muy limitado. Tacha sólo quiere llevar una vida decente y no convertirse en una prostituta como sus hermanas. Pero la vaca que es su dote es arrastrada en una inundación y la inexorable crecida de las aguas es como las fuerzas inexorables que barrerán su propia vida:

> y los dos pechitos de ella se mueven de arriba abajo, sin parar, como si de repente comenzaran a hincharse para empezar a trabajar por su perdición.

«¡Perdición!» La influencia del infierno es mucho más fuerte que la del cielo porque la naturaleza se pone del lado de 'a «perdición». Pueblos y paisajes enteros están condenados en el universo de Rulfo. Luvina, por ejemplo, es un pueblo fantasmal, en el que las flores se agostan, un pueblo en el que el aire está siempre ennegrecido, de modo que la gente pierde la cuenta del tiempo y vive en un purgatorio de espera.

> Nunca verá usted un cielo azul en Luvina. Allí todo el horizonte está desteñido; nublado siempre por una mancha caliginosa que no se borra nunca.

Es un lugar en el cual «anida la tristeza», las calles están desiertas, las horas son infinitamente largas. Los jóvenes se van y por las calles sólo se ven mujeres y viejos.

> Me sonaba a nombre de cielo aquel nombre. Pero aquello es el purgatorio. Un lugar moribundo donde se han muerto hasta los perros y ya no hay ni quien le ladre al silencio.

En el mapa de Rulfo, Luvina es un purgatorio. El cielo está lejos y es invisible; por eso la espera sólo puede ser interminable o conducir a la perdición. Pero el mundo de Rulfo tiene muchos lugares de esta clase, lugares que permanecen desiertos hasta que sufren la súbita sacudida de la tragedia o la violencia.

El lenguaje de Rulfo es un habla regional estilizada, pero no estamos ante un escritor regional, o al menos no más regional de lo que pudiese serlo un Tolstoi. Sus paisajes son paisajes reales, pero son también analogías morales. Sus personajes son campesinos de Jalisco, pero su incapacidad para comunicar sus verdaderas necesidades y sus verdaderos sentimientos es universal. Quizás el aspecto más regional de sus cuentos es un característico humor negro que ilumina incluso las escenas más horripilantes. El bandido revolucionario Pedro Zamora «torea» a los prisioneros como una grotesca variante de la ejecución. Y el más risueño de los relatos, «Anacleto Morones», tiene un trasfondo que no puede ser más macabro, ya que el narrador, el asesino de Anacleto Morones, tiene enterrado el cadáver en su propio corral, donde recibe a un grupo de mujeres que van a pedirle su ayuda para conseguir la canonización de Anacleto, el hombre de las milagrerías del pueblo, cuyo asesinato ignoran. A pesar de este sombrío telón de fondo, la historia es divertida, dentro del tono de las bromas macabras mexicanas. Las mujeres vestidas de negro, la mayoría de ellas feas y ya entradas en años, habían adorado al «santo» por haberles servido de alcahuete en sus necesidades sexuales con la excusa de su oficio de curandero. El humor surge ante el contraste de la veneración que las mujeres sienten por el muerto y el implacable recuerdo que guarda el narrador de un embustero y un hipócrita. En el siguiente diálogo que mantienen una de las beatas y el narrador, el desengañado comentario de este último se intercala entre los fervorosos elogios de la mujer:

> — Está en el cielo. Entre los ángeles. Allí es donde está, más que le pese.
> — Yo sabía que estaba en la cárcel.
> — Eso fue hace mucho. De allí se fugó. Desaparecido sin dejar rastro. Ahora está en el cielo en cuerpo y alma presente. Y desde allá nos bendice. Muchachas, arrodíllense. Recemos el «Penitentes, somos, Señor», para que el Santo Niño interceda por nosotras.

Sin embargo este humor sirve para acentuar la tristeza de la escena, no para mitigarla.

Los cuentos de Rulfo son completamente originales. Son una visión no de una región de México, sino de un universo moral tan reconocible como los hoyos, los valles y la Feria de las Vanidades de *The pilgrim's Progress*.

La obra más importante de Juan Rulfo es su novela *Pedro Páramo*, la historia de una búsqueda del Paraíso que termina en el infierno de Comala. El narrador, Juan Preciado, vuelve al pueblo natal de su madre cumpliendo las instrucciones de ésta, quien, en la agonía, lo recordaba como un lugar de verdes praderas y de abundancia. Al igual que Dante, Preciado es guiado hasta el pueblo por un mulero, Abundio, quien le conduce hasta el ardiente valle de Comala, «la boca del infierno», donde todos los hombres son hijos de Páramo, donde todos los habitantes, incluyendo a Páramo, están muertos y donde la vida es sólo un recuerdo. Pero transcurre cierto tiempo antes de que Preciado reconozca la muerte del pueblo. Sólo gradualmente comprende que Abundio, el mulero, ha muerto, y que Eduviges, en cuya casa se aloja, se ha suicidado. Ahogado por el ruido del pasado, Juan Preciado muere también y comparte su tumba con Dorotea, una mujer que se había pasado la vida entera suspirando por tener un hijo y que sólo pierde las esperanzas cuando visita el cielo en una visión y ve entonces que sus deseos nunca van a cumplirse. La vida insatisfecha y la inútil esperanza de Dorotea es la norma común en Comala, donde todos se ven a sí mismos no como son, sino tal como quisieran ser. Dorotea se ve a sí misma como madre. Pedro Páramo, que extorsiona, mata, roba y, de este modo, de ser un muchacho pobre pasa a ser un rico hacendado, nunca reconoce que es un injusto opresor, sino que siempre se ve a sí mismo como un joven romántico, que sueña con Susana San Juan, la mujer con la que termina por casarse, aunque nunca llegue a poseerla. Los sueños separan a los hombres y a las mujeres, hacen imposible la comunicación entre ellos, hacen imposible que presten atención a los sufrimientos e injusticias de esta tierra. El padre Rentería, el cura, que niega la absolución a los que no tienen dinero y absuelve a Miguel Páramo, a pesar de que se sospecha de él que ha seducido a su sobrina, resume su confianza en el cielo que hace que su grey se descarríe.

En esta novela, Rulfo abandona las convenciones de la disposición en capítulos y hace algo parecido a una orquestación. En el texto se intercalan fragmentos breves y a veces sin relación con lo que los rodea; trozos de diálogo o de monólogo, las voces del pueblo cuya identidad el lector sólo puede adivinar, forman lo sustancial del libro. La estructura es más poética que lógica, ya que los vínculos entre los diferentes pasajes son a menudo un tono, una palabra repetida o una asociación de recuerdos. Capas de tiempo, de estados de ánimo, de sucesos, se han depositado sobre el pueblo, como polvo. En el capítulo inicial, por ejemplo, Juan Preciado imagina Comala como el paraíso que su madre recordaba, «una llanura verde, algo amarilla por el maíz maduro. Desde ese lugar se ve Comala, blanqueando la tierra, iluminándola durante la noche». Pero a los ojos de Abundio, es «la mera boca del infierno». La novela oscila sin cesar entre las esperanzas de la gente y lo que ocurre en realidad. Así, la animada vida del sueño de Preciado se contrasta con el pueblo desierto que ve en realidad a su llegada:

> Fui andando por la calle real en esa hora. Miré las casas vacías; las puertas desportilladas, invadidas de yerba...

> Al cruzar una bocacalle vi una señora envuelta en un rebozo que desapareció como si no existiera. Después volvieron a moverse mis pasos y mis ojos siguieron asomándose al agujero de las puertas.

El mundo físico parece existir de un modo completamente independiente de este mundo de ensueño y de imaginación. Así, en el pasaje citado más arriba, sus pies siguen moviéndose, sus ojos miran, aunque su imaginación se niega a aceptar esta realidad. Pero el mundo de la ilusión mata al mundo real. Preciado siente que se ahoga.

No había aire. Tuve que sorber el mismo aire que salía
de mi boca, deteniéndolo con las manos antes de que se
fuera. Lo sentía ir y venir, cada vez menos; hasta que se
hizo tan delgado que se filtró entre mis dedos para siempre.

Una vez Juan Preciado ha muerto, es Dorotea la que se convierte en su guía e identifica las voces para él. Ella es el personaje del libro que ha estado en el cielo durante un sueño
y que por lo tanto sabe que la creencia y la esperanza en este
otro mundo carece de sentido. Desde el refugio de su tumba,
ella y Preciado reviven los años finales de la vida de Páramo.
Ven cómo sus sueños de casarse con Susana San Juan finalmente
se realizan y asisten a la negativa de Susana a entregarse a
él, porque en sueños todavía está atada a su primer marido
muerto. Cuando ella muere, desaparece la única razón que
mantenía a Páramo con vida. Es el rey moribundo que deja
que la tierra se vuelva yerma y que, hasta el final, se niega
a dar. Le mata su propio hijo, Abundio, a quien le ha negado dinero para enterrar a su mujer, pero también el crimen es como un sueño. Ni Pedro ni Abundio parecen realmente estar «allí» durante el asesinato y el lector sólo barrunta
lo que ha sucedido por las reacciones de la criada Damiana.
Este fragmento es un buen ejemplo de la técnica de Rulfo, con
sus imbricaciones de planos de recuerdo, imaginación, realidad
y los cambios de enfoque, mientras la atención va pasando
de un personaje a otro.

[Abundio] trató de ir derecho a su casa donde echó
a andar calle arriba, saliéndose del pueblo por donde lo
lleva la vereda.
Damiana —llamó Pedro Páramo—. Ven a ver qué quiere
ese hombre que viene por el camino.
Abundio siguió avanzando, dando traspiés, agachando la
cabeza y a veces caminando en cuatro patas. Sentía que la
tierra se retorcía, le daba vueltas y luego se le soltaba; él
corría para agarrarla, y cuando ya le tenía en sus manos se
le volvía a ir, hasta que llegó frente a la figura de un señor
junto a una puerta.

Aquí tenemos el intento de Abundio, que está borracho, por ir hacia la casa, el súbito corte de Pedro Páramo, y luego los esfuerzos de Abundio por controlar sus movimientos, lo cual guarda una exacta analogía con los esfuerzos de los personajes a lo largo de toda la novela por realizar sus esperanzas, hacer realidad sus ilusiones. El camino lleva fatalmente a Abundio hasta Páramo, a quien mata sin darse cuenta. Las fuerzas oscuras de la pasión, de la codicia, de la envidia y del rencor son las que rigen las vidas, mientras que las fuerzas de la luz sólo existen en un mundo de ilusiones.

Las regiones de la ambigüedad, de planos de percepción irónicamente yuxtapuestos, son imposibles en la narrativa lineal, pero esto es lo que da su verdadero significado a la obra de Rulfo.

12. Juan Carlos Onetti (1909-

Las novelas de Onetti, como las obras de Rulfo, constituyen una geografía moral. Algunas, aunque no todas, se sitúan en Santa María, un lejano puerto fluvial, decaído por autosuficiente, un lugar en el que la esperanza se ha esfumado, donde las gentes se dedican a la mediocridad.

> Lo importante a decir de esta gente es que está desprovista de espontaneidad y de alegría; que sólo puede producir amigos tibios, borrachos inamistosos, mujeres que persiguen la seguridad y son idénticas e intercambiables como mellizas, hombres estafados y solitarios. Hablo de los sanmarianos; tal vez los viajeros hayan comprobado que la fraternidad humana es, en las coincidencias miserables, una verdad asombrosa y excepcionante.

Este pasaje nos indica ya una importante diferencia que existe entre el mundo de Onetti y el de Rulfo. Los personajes de Rulfo están condenados porque se niegan a vivir aquí y ahora, los de Onetti están condenados en la medida en que se someten sólo a un materialismo vulgar. Soñar es en cierto sentido (tal vez sólo temporalmente) salvarse.

Los cuentos y novelas de Onetti tienen una notable consistencia porque manejan personajes que están al borde de la desesperación. Libran una lucha perdida junto a la tumba, hacen un último ademán de humanidad en el desierto gris de la perdición.

La primera novela de Onetti, *El pozo*, se publicó en 1939 y trata de un hombre solitario que trata de escribir, de comunicar sus visiones a la mujer a la que amaba, a una prostituta o a un amigo. «Solo y entre la mugre», «encerrado en la pieza», es ya el héroe arquetípico de Onetti que ha alcanzado la fase en la que el autoengaño y la esperanza están llegando a su fin. Todo lo que puede narrar son los sucesivos fracasos por comunicarse. No hay nadie que comparta sus sueños, no tiene ningún ideal que hacer realidad, a diferencia de su amigo, el militante político Lázaro, o del poeta, Cordes. Al final del relato sólo puede admitir su soledad total.

Los enemigos del hombre son la suciedad, la edad, la prostitución, la rutina, el dinero. Pero el peor de todos es la desesperanza. Cuando los hombres y las mujeres pierden la esperanza se revuelven desesperadamente unos contra otros para destruirse. En la *nouvelle Tan triste como ella,* un marido destruye deliberadamente el jardín, símbolo de amor y comunión, y cubre la tierra con cemento para que su esposa, desesperada, se suicide. En el cuento «El infierno tan temido», una esposa infiel acorrala a su marido haciendo que vea fotografías suyas en posturas pornográficas, y cuando finalmente manda una a la hija de ambos, también él se suicida.

¿Cómo caen estos seres en este pozo de odio y de desesperación? Onetti no nos lo explica, sólo retrata la degradación. La prosa es como un espejo que agranda las imágenes y que se sitúa ante la trama misma de la podredumbre.

Los cuentos y novelas de Onetti pueden dividirse *grosso modo* en dos ciclos. *El pozo, Para esta noche* (1943), *Tierra de nadie* (1941), *La vida breve* (1950), pertenecen a un primer ciclo en el que los personajes tratan, aunque sin conseguirlo, de afirmarse en la sociedad. *Para esta noche* (1943) nos presenta una dictadura y la tentativa de fuga de Osorio, que es en realidad una fuga realizada en el sueño. Pero también es una ilusión falaz manejar personas de carne y hueso, problemas de un mundo real. *Tierra de nadie* se sitúa asimismo en un desierto moral «real», el de Buenos Aires, con sus habitantes desarraigados y amorales. *La vida breve,* como han observado muchos críticos [22], señala una transición, pues en esta novela el personaje central, Brausen, se afirma a sí mismo en el sueño y no en el mundo real. Onetti ya había esbozado una situación similar en un cuento, «Un sueño realizado», en el que una mujer loca paga a dos actores para que representen un sueño para ella. En *La vida breve* (1950) este embrión se desarrolla hasta dar origen a una compleja estructura en la que el personaje principal, Brausen, es un *voyeur* para quien la vida no es la monótona existencia que lleva con Gertrudis, la fiel esposa que acaba de ser operada de un cáncer de pecho; su verdadera vida está en la puerta de al lado, en el ruidoso piso de «La Queca». Brausen es la encarnación de la rutina:

> Juan María Brausen y mi vida, no eran otra cosa que moldes vacíos, meras representaciones de un viejo significado mantenido con indolencia, de un ser arrastrado sin fe entre personas, calles y horas de la ciudad, actos de rutina.

Pero al adoptar el nombre de Juan María Arce y penetrar en el piso de al lado, se convierte en su «otro yo», un personaje violento y más masculino que planea un crimen. Sin embargo hay un tercer plano de fantasía bajo la forma del doctor Díaz Grey (una persona «real» en algunas de las novelas posteriores de Onetti), que se convierte en otra de las *personae* de Brausen y que finalmente sueña a su creador. La búsqueda de una *persona* diferente constituye una búsqueda de la libe-

---

22. Mario Benedetti, «José Carlos Onetti y la aventura del hombre», en *Literatura uruguaya del siglo XX,* Montevideo, 1963.

ración de los horrores de la existencia física, que el pecho cortado de Gertrudis recuerda horriblemente a Brausen.

Las novelas posteriores de Onetti se sitúan en la ciudad ficticia de Santa María. *Una tumba sin nombre* (1959), *El astillero* (1961) y *Juntacadáveres* (1964), al igual que algunos cuentos, se ambientan en esta comunidad cuya invención liberaba al autor de cualquier posible interpretación documental[23]. Santa María es una trampa de desesperación, una geografía de obstáculos para la verdadera comunicación y la existencia. Larsen, la creación más impresionante de Onetti, es la entidad humana, el «individuo», como Santa María es lo «social». En cierto sentido, en ambos casos estamos ante abstracciones.

Larsen es el protagonista de *Juntacadáveres* y de *El astillero*. La primera de estas dos novelas fue escrita posteriormente a la otra, pero se refiere a hechos anteriores en el tiempo, cuando Larsen, aunque ya de edad madura, aún confiaba en realizar su sueño de organizar un burdel en Santa María. La población de Santa María está dividida entre los que quieren el burdel (el boticario, Barthé) y los que no lo quieren (el cura, Bergner); entre las «buenas» (las hijas de María) y las «malas» (las prostitutas que Larsen importa). La ciudad es un campo de batalla moral en el que las antiguas causas (el positivismo contra la religión, la pureza contra la lujuria) luchan aparentemente, pero en realidad, pese a lo que todos quieren, no puede trazarse una línea divisoria entre unos y otros. Lo puro es impuro, lo impuro es inocente. No obstante la ciudad consigue mantener esta distinción. Las prostitutas tienen que permanecer recluidas en su burdel y son maltratadas cuando intentan visitar la ciudad en su tarde libre. En esta sociedad, en la que todos tratan de alinearse según creencias e ideologías en las que ya no tienen fe, la verdadera polarización se da entre la absoluta desilusión de Lar-

---

23. *Juan Carlos Onetti*, La Habana, 1970, forma parte de una serie de «valoraciones múltiples» que reúne ensayos críticos sobre este autor.

sen y la inexperiencia (no la pureza) del adolescente Jorge, que se siente irresistiblemente atraído por la degradación y la corrupción y se somete a los horrores de la edad adulta cuando finalmente penetra en la región prohibida. Así, al final de la novela se describe a sí mismo como yéndose:

> me alejaba para bajar, sin remedio, hacia un mundo normal y astuto, cuya baba nunca se acercó a nosotros.

En esta novela, Santa María es una ciénaga moral en la que nadie corresponde nunca a las categorías en las que se sitúan y en la que la legislación (el consejo municipal vota en favor del burdel) o la institucionalización de la moral por parte de la Iglesia están fuera de lugar. Por eso la geografía de la taberna, del burdel, de las casas y de las calles objetiviza la falsedad de todo lo que tiene forma, dado que estas formas se convierten entonces en símbolos inmutables de nuestra existencia: el burdel de la corrupción, la Iglesia de la pureza. Éste es el «mundo normal», el mundo de las normas, en el que penetra resignadamente Jorge Malabia.

La mejor novela de Onetti es *El astillero,* la historia del regreso de Larsen después de una larga ausencia de Santa María. Es su «fin como hombre», pero lucha hasta el último suspiro creando una última ilusión. El «astillero» que perteneció a Petrus, un hombre acusado de estafa, está vacío e inactivo, y Larsen se empeña en volver a levantar el negocio. También se dedica a cortejar a la hija loca de Petrus. Los proyectos son los de un héroe oportunista balzaquiano, pero el escenario es el de una ciudad espectral:

> Larsen quedó solo. Con las manos a la espalda, pisando cuidadosos planos y documentos, zonas de polvo, tablas gemidoras, comenzó a pasearse por la enorme oficina vacía. Las ventanas habían tenido vidrios, cada pareja de cables rotos enchufaba con un teléfono, veinte o treinta hombres se inclinaban sobre los escritorios [...]

Aquí vemos una actividad desatinada llevada hasta el mismo absurdo, ya que Larsen, en una oficina que está vacía, si se exceptúa a los dos últimos empleados, Kunz y Gálvez, que leen viejas carpetas, lee el itinerario de los barcos que pasaron por allí hace ya mucho tiempo. Está en el centro de una gran empresa moderna que existe solamente en un sueño que se desvanece en el momento en que comprende que Petrus está encarcelado por estafador. Claro está que Larsen no es inocente. Ha sido un rufián y es un criminal. Pero, a partir del «astillero», crea el esquema de toda su vida: un proyecto (el astillero), un amor puro (la hija loca de Petrus), la comunión con otro ser (la esposa de Gálvez), el amor satisfecho (con una criada), aunque cada uno de estos elementos sea una caricatura grotesca, como el mismo astillero es una mofa de una empresa de verdad. Pese a todo, la historia de Larsen es una verdadera tragedia. Porque es finalmente la grotesca repetición de sus fracasos lo que mata. Cuando Larsen sale de Santa María poco antes de su muerte,

> pudo imaginar en detalle la destrucción del edificio del astillero, escuchar el siseo de la ruina y del abatimiento. Pero lo más difícil de sufrir haber sido el inconfundible aire caprichoso de setiembre, el primer adelgazado olor de la primavera que se deslizaba incontenible por las fisuras del invierno decrépito.

Nada más distinto que el despertar de la primavera en la naturaleza. En la vida humana, y sobre todo en las vidas de los personajes de Onetti, el desarrollo es irrevocable, los puros mueren jóvenes. No existe un ciclo que permita al hombre volver a empezar su vida de nuevo.

Uno de los aspectos más difíciles de la obra de Onetti es el estilo de su prosa, que es denso, opaco, indirecto. Siente una gran predilección por las fórmulas indirectas. «Pensé entonces, no que estaba loco, sino que su voluntad era suicidarse»; es la postura del *voyeur* que mira por la ventana de una choza y ve a la mujer de Gálvez dando a luz, pero sin acudir en su ayuda. Es un estilo que se está siempre aproximando al descubrimiento y a la comprensión, y tan personal y tan adecuado a su visión como su creación de Santa María.

13. GABRIEL GARCÍA MÁRQUEZ (1928-   )

No es exagerado decir que *Cien años de soledad* de García Márquez ha llegado a ser tan popular en el mundo de habla española como el *Quijote*. Fue la culminación de un largo aprendizaje en el que la creación de la ciudad imaginaria de Macondo fue elaborándose lentamente. En *La hojarasca* (1955), *El coronel no tiene quien le escriba* (1962), *La mala hora* (1963), en los cuentos de *Los funerales de la Mamá Grande,* el protagonista es una ciudad lejana y solitaria, dividida por disensiones internas y por odios, terreno abonado para todas las rarezas. Y desde la primera novela, *La hojarasca,* Gabriel García Márquez se complacía en imaginar a un personaje solitario y orgulloso viviendo siempre recelosamente frente a la sociedad que le rodeaba. En esta primera novela, el médico cuyo entierro proporciona el marco del relato, es todavía una figura ambigua. Es un forastero que llega a la pequeña ciudad para ejercer la medicina y comprueba que su clientela se esfuma, que llega la compañía platanera con médicos que están más al día. El médico se encierra en un aislamiento voluntario, y cuando la compañía platanera abandona la ciudad y estalla la guerra civil, se niega a atender a los heridos, y por esta causa se le manda a Coventry. Este rencor perdura hasta mucho después de que se hayan olvidado las causas originarias, y llega incluso hasta más allá de la muerte. Como en el caso de Onetti, la principal preocupación de García Márquez es el problema de la autenticidad individual dentro de una sociedad injusta. Es el tema que reaparece en cuentos como «La siesta del martes», que se escribió hacia 1948 y que se basa en un suceso que el autor recordaba de su niñez[24]. Una mujer cuyo hijo ha sido fusilado por ladrón llega a una ciudad durante la hora de la siesta y va a depositar flores sobre la tumba de su·hijo, mientras los habitantes se agrupan hostilmente en las puertas y en las ventanas de las casas. La dignidad y la entereza de la mujer son inconmovibles. Estamos ante uno de los prototipos del coronel de *El coronel no tiene quien le escriba,* narración que es una pequeña obra maestra. En *El coronel* desaparece toda retórica, estamos ante el desnudo aislamiento del protagonista. Éste, veterano de una guerra civil, ha estado quince años esperando una pensión. Cada semana, cuando llega el correo, sus esperanzas no se ven cumplidas. Su único hijo, Agustín, ha sido fusilado por repartir propaganda ilegal, y el coronel se ha quedado sin más fuentes de ingresos que un gallo de pelea que no puede alimentar por falta de dinero. Además, la ciudad está dominada por sus enemigos políticos, lo cual no le permite ninguna otra opción, ninguna escapatoria, excepto encerrarse en su dignidad, en su entereza y en su orgullo, a lo que se aferra con una impresionante tenacidad. El orgullo acaba encarnándose en el gallo de pelea, que él ve como un símbolo de las fuerzas vencidas de la ciudad y que finalmente se niega a vender. Al final de la novela ya ha perdido todas las esperanzas, se muere de hambre pero con su dignidad intacta. «Se sintió puro, explícito, invencible.»

Cien años de soledad ha sido llamada por Mario Vargas Llosa el *Amadís* de América[25]. Todos los temas primerizos de García Márquez culminan en esta novela. Es una obra mítica, que trata, como siempre que intervienen los mitos, de una emigración y de la fundación de una ciudad. Isabel y José Arcadio Buendía son primos hermanos y temen que el fruto

24. Luis Harss, «Gabriel García Márquez o la cuerda floja», *Los nuestros,* Buenos Aires, 1968.

25. Título de un artículo publicado por vez primera en *Amaru,* núm. 3, 1967, y reimpreso en *García Márquez,* La Habana, 1970, en las series de «valoraciones múltiples». Véase también del mismo autor, *García Márquez. Historia de un deicidio,* Barcelona, 1971.

de su matrimonio sean monstruos. Abandonan la ciudad en la que habían nacido para fundar Macondo en una región inaccesible, y aunque en los primeros años de su existencia Macondo vive en su prístina inocencia e ignorante de la historia, su inocencia y su ignorancia se basan no en la bondad natural, sino en el pecado original:

> Macondo era entonces una aldea de veinte casas de barro y cañabrava construidas a la orilla de un río de aguas diáfanas que se precipitaban por un lecho de piedras pulidas, blancas y enormes como huevos prehistóricos.

Durante un tiempo el único contacto de Macondo con el mundo exterior se produce con las visitas de los gitanos con su jefe de la tribu, Melquíades, que inicia a los habitantes en las maravillas de los dientes postizos, del hielo y del imán, y despierta en José Arcadio una ambición de poseer el conocimiento científico del mundo exterior. Todos los Buendía nacerán con un afán autodestructor de hacer cosas, de romper sus límites, mientras que las mujeres están absorbidas por el nacimiento y la muerte, por las casas y las mortajas.

El aislamiento de Macondo no dura mucho. Sus relaciones con el mundo exterior siempre serán anacrónicas, pero el progreso llega: aparece un «corregidor», la ciudad tiene que tomar parte en una guerra civil, se construye un ferrocarril, se instala allí una compañía platanera con directores extranjeros; millares de huelguistas mueren en una matanza, una tormenta destruye las plantaciones, la compañía platanera se retira y vuelve a dejar a Macondo en su aislamiento. En miniatura, éste es un reflejo del aislamiento de Hispanoamérica y del ciclo del progreso y del neocolonialismo.

Pero Macondo también representa la tragedia en un nivel más profundo que el social. Al final de su historia, el último de los miembros de la familia Buendía empieza a descifrar el manuscrito que Melquíades ha dejado y descubre que está leyendo la historia de la familia y que esta historia sólo durará lo que dure la lectura:

todo lo escrito en ellos era irrepetible desde siempre y para siempre, porque las estirpes condenadas a cien años de soledad no tenían una segunda oportunidad sobre la tierra.

El acto de leer es en sí mismo un acto de soledad y de muerte que nunca puede repetirse. El desenlace enfrenta bruscamente al lector no con la comedia (porque superficialmente la novela parece cómica) sino con la tragedia. La vida es irrepetible, las vidas son irreversibles. Los muertos están muertos. Y la comprensión de esto obligará al lector a retroceder y a repensarlo todo. Porque a despecho del prodigioso humor de estos personajes grotescos, súbitamente nos muestran que tienen dimensiones trágicas. Están «solos en sus sueños» y estos sueños son grandes cortinas de humo entre ellos y el olvido, como el pez de oro que los Buendía fabrican en su taller. El verdadero terror de la vida es que no puede repetirse y la única manera de soportar este terror es recurrir al humor. Por eso la muerte se presenta constantemente de un modo mágico; la lluvia de flores que cae sobre José Arcadio cuando muere, Remedios la Bella asciende al cielo colgando de una sábana, una matanza durante un carnaval despierta a los muertos Pierrots, Colombinas y emperatrices chinas. La novela se convierte así en una tentativa mágica de enfrentarse con la muerte. Por paradoja, los personajes están monstruosamente vivos, precisamente debido al individualismo hiperbólico que les aísla, como acciones de santos que les distingue del común de los mortales. Remedios la Bella carece de todo sentido de culpabilidad y se pasea desnuda sin el menor miedo a sufrir una agresión sexual. Fernanda es la síntesis de la pureza católica:

llevaba un precioso calendario con llavecitas doradas en el que su director espiritual había marcado con tinta morada las fechas de abstinencia venérea. Descontando la Semana Santa, los domingos, las fiestas de guardar, los primeros viernes, los retiros, los sacrificios y los impedimentos cíclicos, su anuario útil quedaba reducido a cuarenta y dos días desperdigados en una maraña de cruces moradas.

La amante de su marido es también otra mujer notable, Petra Cotes, cuyo amor «tenía la virtud de exasperar a la naturaleza», y que hace que las vacas se reproduzcan tan rápidamente como los conejos. Los hombres también son exageradamente excéntricos, los José Arcadios soñadores, los Aurelianos, hombres de acción. Pero esta abundancia de vida tiene tonalidades trágicas, ya que hasta los grandes excéntricos están condenados al olvido.

Uno de los aspectos más importantes de *Cien años de soledad* es que la novela rompe con el realismo volviendo a las fuentes de la ficción en el mito y el relato fantástico. La misma prosa en que está escrita la novela tiene un dejo tradicional, anunciando sus intenciones con las fórmulas del que narra un cuento popular:

> Muchos años después, frente al pelotón de fusilamiento, el coronel Aureliano Buendía había de recordar aquella tarde remota en que su padre lo llevó a conocer el hielo.

Es el tiempo del «pasado mítico», ya que el demostrativo «aquella» se refiere a algo que sólo el que cuenta la historia puede revelar por medio de su magia.

14. El análisis del pasado:
Agustín Yáñez y Carlos Fuentes

Si García Márquez recrea mágicamente el pasado, Agustín Yáñez (1904-   ) y Carlos Fuentes (1928-   ), ambos escritores mexicanos, lo analizan y lo confrontan con el presente. Agustín Yáñez, prolífico novelista cuya primera obra fue *Flor de juegos antiguos* (1942), ha publicado una serie de novelas que abarcan toda la vida del México provinciano y de la capital antes, durante y después de la revolución. La más conocida de sus obras es *Al filo del agua* (1947), en la que, empleando la técnica del flujo de la conciencia, retrata la vida de una pequeña ciudad de Jalisco, un lugar tan apartado como Macondo, y que vive en un período de prehistoria muy poco antes de la revolución. Su vida es «prehistórica» porque las fuerzas de la ciudad se oponen a todo cambio. La Iglesia, bajo un cura puritano, el padre Dionisio María Martínez, es la principal fuerza del orden y por medio de las Hijas de María imponía «rígida disciplina, muy rígida disciplina en el vestir, en el andar, en el hablar, en el pensar y en el sentir de las doncellas, traídas a una especie de vida conventual, que hace del pueblo un monasterio». El ritmo de la ciudad es el del año litúrgico que dota al lugar de una estabilidad intemporal. O así lo parece hasta que Micaela, una muchacha de la ciudad, llega a perturbar sus rígidas actitudes. Ella y otro forastero, Damián, oriundo de la ciudad pero que ha vivido en los Estados Unidos, representan las fuerzas exteriores que van a destruir la ciudad. La aparición del cometa Haley se considera como un anuncio de desastre, y la novela termina cuando se acerca el ejército revolucionario que liberará a la ciudad no sólo de la tiranía, sino también de la «inocencia» artificial que había impuesto la Iglesia.

Las novelas de Agustín Yáñez, junto con las de José Revueltas (1914-   ) y Juan Rulfo, señalan una transición en la novela mexicana, alejándola de la protesta social y del realismo y orientándola hacia la experimentación. No ha habido creador más fecundo que Carlos Fuentes (1928-   ), novelista y autor de cuentos, que también ha trabajado para el cine y el teatro, cuya obra muestra un perpetuo sentimiento de irritación contra su país natal. De niño viajó mucho por el extranjero, ya que su padre era diplomático, y se convirtió así en un hombre exigente, políglota y, por el hecho de vivir fuera de su patria, con un gran sentido crítico respecto a su entorno[26].

Fuentes es un magnífico autor de cuentos que ha publicado *Los días enmascarados* (1954), *Cantar de ciegos* (1964) y una

26. Véase la entrevista con Fuentes en *Confrontaciones: los narradores ante el público*, México, 1966, págs. 137-155.

novela corta, *Aura* (1962), pero su principal contribución a la literatura la ha hecho en el campo de la novela. En este terreno todos sus esfuerzos se dirigen a romper con la narración lineal. Sólo una de sus obras, *Las buenas conciencias* (1959) —la historia de la rebelión de un joven provinciano contra los falsos valores sociales y su sumisión final— tiene una estructura narrativa convencional. Su primera novela, *La región más transparente* (1959), en la que el protagonista era la ciudad de México y que describía como «una síntesis del presente mexicano», trata de unir lo diacrónico y lo sincrónico mezclando las vidas más diversas de Ciudad de México en un único y breve período de tiempo. Un personaje mítico, Ixca Cienfuegos, es la fuerza que sintetiza los distintos elementos, un grupo de personajes típicos mexicanos: oportunistas como Roberto Régules y Librado Ibarra; un banquero nuevo rico, Federico Robles; su esposa, dada al esnobismo, Norma Larragoiti. La dificultad de Fuentes en esta novela se debe a su actitud crítica. Pregunta: «¿Quién mató la revolución mexicana?», y para responder a esta pregunta tiene que sumergirse en el pasado, mostrarnos cómo sus personajes llegaron a ser lo que son, cómo México llegó a perder la verdad y la autenticidad imitando servilmente al mundo exterior:

> México se ha convertido en una especie de basural para todo lo que trae la marea de otras partes del mundo.

Quien habla de uno de sus personajes intelectuales, ineficaz como muchos de los personajes de Fuentes, pero dotado de una gran clarividencia respecto a cómo deberían ser las cosas: «Hay que crearnos un origen y una originalidad». Lo característico de las mejores obras de Fuentes es esta mirada crítica que ve implacablemente los defectos, pero sin encontrarles soluciones fáciles, con personajes que están presos en una red de mentiras y de tedio de la que ya es demasiado tarde para escapar.

La muerte de Artemio Cruz nos muestra cómo el autoanálisis no tiene por qué conducir necesariamente a la acción. El protagonista, un millonario que es uno de los «hombres nuevos» más poderosos del México posrevolucionario, permanece inmovilizado en su cama desde el comienzo hasta el final de la novela, con capacidad de ver, revivir y corregir su visión del pasado, pero completamente impotente para cambiarlo. En el inicio de la novela, viejo y enfermo, ni siquiera acierta a reconocer la imagen que se refleja en el bolso de su esposa. El ojo inyectado en sangre que ve por un momento es un objeto extraño, como lo es su propia voz en el magnetófono, y la extraña y nueva personalidad del enfermo, que ni siquiera tiene autoridad suficiente para conseguir que su mujer abra la ventana. También ha perdido el control de sus funciones corporales. Sólo le queda la lucidez. Mientras espera la operación, recibe con contrariedad a un cura y las visitas de su familia, la percepción, la memoria y la comprensión se separan. El «yo» que es Artemio Cruz le devuelve a sus horas de éxito y de triunfo: la época en la que escapó a la ejecución durante la revolución; su boda, después de la revolución, con Catalina, la hija de un rico terrateniente; su afortunado intento de conservar el favor del presidente durante el período de Calles; el rápido aumento de su fortuna en la que injertó capital norteamericano. Sin embargo, cada uno de estos triunfos y supervivencias se consiguió a costa de amor, de amistad, de las relaciones con su hijo, de su felicidad personal. Estas pérdidas las registra un *alter ego* que se dirige a Artemio llamándole «tú», y una narración paralela en tercera persona recoge otro aspecto, no el «yo» subjetivo, ni la conciencia acusadora, sino el declive objetivo de Artemio Cruz como hombre.

Esta visión múltiple y cinemática nos proporciona una visión interior de las diferentes fuerzas que combaten en el alma de Artemio y nos muestra por qué su «supervivencia» ética triunfa sobre sus sentimientos menos egoístas. Su necesidad de sobrevivir es más fuerte y le impregna más que el amor o la compasión. La supervivencia implica la violación del otro, el tratar al «otro» como un objeto. Y a medida que la virilidad sexual decrece, se sublima en otras formas de poder. Significativamente, la mujer que se convierte en su amante y que permanece a su lado hasta el fin de su vida es Lilia, una muchacha a la que compra y a la que descubre coqueteando y finalmente haciendo el amor con un chico de su edad, mientras él está tendido en la playa. Esta conversión del «macho» en *voyeur,* es significativa, porque el *voyeur* depende de la vida de los demás. Esto hace de Cruz (y su nombre es un símbolo deliberado) una encarnación del México posrevolucionario, en el cual el joven y espontáneo revolucionario se convierte en un anciano rico e inválido, cuya riqueza procede en último término del extranjero. Fuentes hace que nos preguntemos dónde convergen la responsabilidad personal y la social, y sugiere que la sociedad no puede estar madura si el mismo hombre aún se aferra a la «bravura» del «macho» propia del adolescente, en vez de evolucionar y acabar aceptando las cualidades más femeninas de la sinceridad y el autosacrificio. Pero es un escritor demasiado inteligente para sugerir que puede haber una solución fácil para esto. Artemio muere al final de la novela. El «tú», el «yo» y el «él» se unifican en la muerte.

Posteriormente Fuentes ha publicado dos novelas cortas, *Zona sagrada* y *Cumpleaños* (1970), y una novela larga, *Cambio de piel* (1967), que también tiene una «estructura de impotencia». Cuatro personajes, un profesor mexicano, su amante y discípula, su esposa, Elizabeth, y un amigo alemán, Javier, hacen juntos un viaje en coche desde Ciudad de México hasta Cholula, y los encontramos también reunidos en una habitación de hotel en Cholula y en una pirámide que se derrumba sobre ellos. La intención de Fuentes era evidentemente escribir una novela abstracta, con personajes intercambiables, pero no puede liberarse de su preocupación esencial que es, como en *Artemio Cruz,* la decadencia. Sus mejores fragmentos son los que describen malestares físicos, ciudades que se desmoronan, cuerpos que envejecen. *Cambio de piel* se propone ser un «happening», pero se transforma en un examen microscópico de una relación de declive.

15. MARIO VARGAS LLOSA

El novelista peruano Mario Vargas Llosa (1936-   ) es uno de los mejores ejemplos del novelista para quien la experimentación es vital [27]. Sus novelas tratan de uno de los conflictos más graves de nuestro tiempo, la antinomia entre lo histórico y lo estructural. Más aún, la importancia concedida por este autor al arte de escribir es ejemplar en un continente en el que la rapidez y la improvisación se han valorado a menudo como superiores al oficio.

Los títulos de las novelas de Mario Vargas Llosa —*La ciudad y los perros* (1962), *La Casa Verde* (1966), *Conversación en La Catedral* (1969)— aluden todos a estructuras, y hay algo en la naturaleza de la estructura que obsesiona profundamente al autor. En cada una de estas novelas los edificios representan sistemas y orden de ideas de un modo tan complejo que el término tan empleado de «símbolo» resulta completamente fuera de lugar. La ciudad y la escuela de *La ciudad y los perros,* el burdel, la isla y el convento de *La Casa Verde,* la taberna llamada «La Catedral» de *Conversación en La Catedral,* son elementos todos ellos análogos a ciertas maneras de estructurar la experiencia. Son sistemas muy disciplinados en los que elementos variantes se ven obligados a actuar de un modo uniforme. Arrebatan a las personas sus historias personales para convertirlas en piezas que deben funcionar dentro del conjunto. Por lo tanto, el determinismo al que aluden muchos críticos al hablar de estas novelas es algo mucho más complejo que lo que el siglo XIX entendía por este término. En las instituciones de Mario Vargas Llosa, lo orgánico y lo estructural, los procesos evolutivos y las relaciones sincrónicas, son

27. Sus artículos críticos no han sido publicados en forma de libro, pero han aparecido en una gran diversidad de revistas. Aparte de los que figuran en la lista de lecturas, véase por ejemplo «Realismo sin límites», *Índice,* Madrid, 1967.

antitéticos. Tomemos por ejemplo *La ciudad y los perros,* una novela situada en la academia militar Leoncio Prado.

La anécdota se cuenta en seguida. Un grupo de cadetes, «los perros», se identifican por un único hecho, el de que todos están en el mismo año. Bajo la dirección del Jaguar, roban las preguntas de un examen de química. El Esclavo, que permanece al margen del grupo, denuncia al ladrón para poder tener permiso de salida el sábado y es asesinado misteriosamente en unas maniobras. El misterio no se resuelve, pero lleva a un enfrentamiento entre el Jaguar y el Poeta, Alberto, quien a su vez ha denunciado al Jaguar como asesino del Esclavo. Esta anécdota es la armazón; el robo, el crimen, la delación constituyen una secuencia lineal y cronológica, pero esto es como una serie de maderos y riostras. La sustancia de la novela es mucho más densa, es algo formado por la convergencia de las historias individuales de los cadetes y de sus maestros con la disciplina y la rutina de la escuela, la convergencia de un desarrollo orgánico con relaciones familiares y la academia militar con sus horarios, sus reglas, su plaza de armas que determinan los moldes en los que los estudiantes individuales, con sus historias individuales, han de encajarse. La estructura sincrónica impersonal de la academia tiene un efecto deformador sobre los instintos y un efecto que limita las opciones de los estudiantes. Tienen que convertirse en verdugos (como el Jaguar), en víctimas (como el Esclavo) o en payasos (como el Poeta), pero en cualquier caso su desarrollo natural será violentado. Sobrevivir a la academia y seguir existiendo como persona significa infringir unas reglas, pero infringir unas reglas significa reconocer su existencia. La «historia interior» de la novela es el moldeado de un grupo a las exigencias de la academia y la disgregación del grupo. Un orden arbitrario (la novela se inicia cuando el Jaguar anuncia que ha salido el número cuatro, después de echar los dados que han de decidir quién robará las preguntas del examen) sustituye al orden natural. Y este orden artificial, obra del hombre, está cuidadosamente dispuesto, delimitado:

hacia la izquierda, se yerguen tres bloques de cemento: quinto año, luego cuarto; al final, tercero, las cuadras de los perros. Más allá languidece el estadio, la cancha de fútbol sumergida bajo la hierba brava, la pista de atletismo cubierta de baches y huecos, las tribunas de madera averiadas por la humedad. Al otro lado del estadio, después de una construcción ruinosa —el galpón de los soldados— hay un muro grisáceo donde acaba el mundo del Colegio Militar Leoncio Prado y comienzan los grandes descampados de La Perla.

La escuela se ve como una estructura que está totalmente hecha por el hombre, un producto de una ideología que, para ser aceptada, necesita primero hacer un lavado de cerebro a los alumnos, hacerles romper con sus antiguas fidelidades e inculcarles el nuevo código que Alberto, el Poeta, resume así:

aquí eres militar aunque no quieras. Y lo que importa en el Ejército es ser buen macho, tener unos huevos de acero.

El «bautismo» de los novatos es un rito de iniciación a la tribu: «Aquí uno se hace más hombre, aprende ... a conocer la vida»; pero esto implica perder la libertad individual y adoptar la identidad de un grupo. Todo ello constituye una violación del individuo y de la vida «natural». Los oficiales violentan a los reclutas, les hacen encerrar, les golpean como si esto formara parte de la disciplina; los alumnos veteranos violentan a los más jóvenes, haciéndoles sufrir un humillante bautismo; y los estudiantes se violentan unos a otros, se pelean, se masturban, violan a otros muchachos e incluso a animales. La materia prima de *La ciudad y los perros* hubiera podido constituir fácilmente la base de una novela de protesta social, pero la técnica del autor transforma este material básico en una visión muchísimo más densa de las motivaciones humanas. Usa no sólo un punto de vista múltiple y diversos planos temporales, sino que además intercala diferentes grados de conciencia y lucidez. El Boa representa una especie de subconsciente colectivo, la violencia en su nivel más primario e instintivo, y por eso se expresa en un flujo de conciencia indiferenciado. El Poeta es el más coherente y articulado de los miembros de la comunidad, y también uno de los más corrompidos, y le empuja el miedo, la necesidad de defenderse, es un hombre venal que se adapta a las normas del colegio como se adaptará más tarde a las de la sociedad exterior. El Jaguar, que es uno de los miembros con mayor individualidad y más auténticos del Círculo, es un individualista frustrado. La diversidad de enfoques sugiere la complejidad de las posturas morales, las relaciones que cambian constantemente de un cadete a otro y los puntos en los que el sistema prevalece sobre los individuos.

En la segunda novela larga de Mario Vargas Llosa, *La casa verde,* la destrucción de secuencias cronológicas es aún más drástica. En efecto, aquí encontramos varias historias vitales paralelas: la de Bonifacia, que es una «selvática», una muchacha de la selva educada en un convento, expulsada de él, casada luego con un sargento del ejército y que acaba por fin como pupila de un burdel; la del Sargento, un muchacho de los barrios bajos disciplinado por el ejército, que vuelve a la vida civil cuando su código de «machismo» le crea un problema, que va a parar a la cárcel y que cuando recupera la libertad encuentra a su esposa en un burdel; la de Fushía, presidiario fugitivo que capitaneaba un grupo de bandidos que robaban caucho desde su cuartel general en una isla, que cae enfermo y a quien encontramos en una leprosería; la de su mujer, Lalita, que se casa con un cabo, Nieves, y que más tarde vuelve a casarse por tercera vez. Pero la originalidad de la novela no estriba en estas existencias que se entrelazan, sino más bien en el modo cómo se relacionan. Cada capítulo de la novela se divide en cierto número de apartados sobre diferentes niveles de tiempo. Al romper con el orden cronológico, Mario Vargas Llosa consigue una nueva perspectiva de las vidas, porque vemos constantemente a unos personajes tal como ellos se ven y tal como les ven los demás, desde el presente y desde el futuro y desde el pasado. El efecto es el de un mapa en relieve en el que vemos, como desde la altura, la convergencia de las vidas-ríos en torno a islas, casas, ciudades, y desde nuestra altura podemos apreciar lo que no pueden ver los participantes: el modo cómo el presente encajará en algún molde futuro y cómo su significado cambiará con el paso del tiempo. Y ello se consigue no sólo yuxtaponiendo diferentes planos temporales, sino también cambiando los puntos de vista y los tiempos verbales dentro de la prosa. Aquí, por ejemplo, una monja, la Madre Angélica, da órdenes al Sargento.

La Madre Angélica alza la cabeza: que hagan las carpas, Sargento, un rostro ajado, que pongan los mosquiteros, una mirada líquida, esperarían a que regresaran, una voz cascada, y que no le pusiera esa cara, ella tenía experiencia. El Sargento arroja el cigarrillo, lo entierra a pisotones, qué más le daba, muchachos, que se sacudieran.

El lector parece estar situado entre ambos, guiando cada reacción: las palabras de la Madre Superiora, puntuadas por las reacciones poco amables del Sargento, cómo la Madre Superiora intuye lo que piensa el Sargento, la reprimida violencia de éste al aplastar el cigarrillo en la tierra.

Esta captación detallada de los pensamientos y reacciones de los personajes va acompañada de una amplísima visión general en la que el río, el convento, la ciudad, no son tan sólo lugares históricos concretos, sino que tienen un sentido mítico. El Marañón es El Río, Piura La Ciudad, la «casa verde» no es sólo un burdel que lleva este nombre, sino también un símbolo de la selva. Y estos lugares simbólicos corresponden en la novela a la división entre las estructuras (el ejército, el convento, el burdel, la ciudad) y «la vida»: el río. El autor traza por lo tanto como una especie de mapa existencial.

El mundo exterior no estructural es objeto de la violación del hombre, de su apropiación. Al elegir el escenario de la selva, Vargas Llosa sitúa su novela en una zona donde hay muy poco orden social. Sin embargo, el hombre sigue obrando de acuerdo con el código del sistema en el que vive. El comienzo de la novela presenta el choque de tres sistemas, la Iglesia, el ejército y los indios, ninguno de cuyos miembros puede en realidad comunicarse con los demás. La Madre Angélica habla la lengua de los *aguarunas,* pero las respuestas de ellos están más allá de los límites de su comprensión. Los que se liberan de un sistema no tardan en encontrarse en otro. Fushía escapa de la cárcel, se refugia en una isla, pero termina en una leprosería. Bonifacia sale del convento, se casa y termina en un burdel. *La Casa Verde* es, pues, un completo análisis de lo que las instituciones hacen de los seres humanos y de cómo estructuran sus vidas.

En *Conversación en La Catedral* Mario Vargas Llosa ha aplicado la visión panorámica a un tema más fácil, el del pasado histórico y político del país. La «conversación» tiene lugar entre un periodista (excomunista e hijo rebelde de un hombre de negocios) y el guardaespaldas negro de un dictador. La novela nos presenta «el mundo que hay detrás de las noticias», las corrupciones y traiciones de los ministros, de los hombres de negocios y de los hombres públicos; pero no es en modo alguno una novela de tesis. Es una exposición minuciosa y detallada de un proceso de corrupción.

Mario Vargas Llosa ha dicho que se considera como realista, «pero tengo un concepto ancho, no mezquino, del realismo»:

> En el mundo de la ficción, la verdad se llama autenticidad y es subjetiva. El escritor debe ser, ante todo, auténtico, es decir, fiel a sí mismo, fiel a sus propias obsesiones, a sus fantasmas, a sus demonios, a su locura, aun a su mugre [28].

Lo que le sitúa por encima del nivel de muchos escritores realistas es la densidad con la que presenta esta «autenticidad».

28. *Ibid.*

16. LA NOVELA EN TELA DE JUICIO. JULIO CORTÁZAR

En uno de sus cuentos más conocidos, «Las babas del diablo», que se publicó por vez primera en *Las armas secretas* (1959), el relato asume la forma de una «agonía», el escritor-fotógrafo, Cortázar-Michel, escribe-registra lo que parece ser «la realidad», aunque lo que se nos cuenta está flanqueado por preguntas: «me pregunto por qué tengo que contar esto»; «nadie sabe bien quién es el que verdaderamente está contando»; el escritor y el fotógrafo se enfrentan con la naturaleza «mentirosa» de su oficio. El escritor y el fotógrafo modifican la realidad al registrarla. La fiel reproducción sólo puede representar a la naturaleza sin el hombre, como la fotografía ampliada queda finalmente con él, mientras se suceden sobre su superficie la lluvia y el sol:

> quizá sale el sol, y otra vez entran las nubes, de a dos, de a tres. Y las palomas, a veces, y uno que otro gorrión.

Sin embargo, no sería justo dar la impresión de que los cuentos y novelas de Cortázar tratan exclusivamente del problema de la percepción y de la estética. Como a Mario Vargas Llosa, lo que más le preocupa es la autenticidad, y precisamente debido a su naturaleza el arte está en una región fronteriza en la que la autenticidad puede llegar a degenerar rápidamente en corrupción. Así ocurre evidentemente en «El perseguidor», cuento en el que Johnny, el músico de jazz, es observado por Bruno, que ha escrito una biografía de él convertida en best-seller. La experiencia vital de Johnny, su retraimiento del éxito comercial, su espontaneidad, están constantemente amenazados por la necesidad que tiene Bruno de interpretar, de explicar, de «salvar» (y finalmente de destruir). La percepción estética es frágil, está siempre expuesta a la destrucción, y debe ser purificada, liberada de los acrecentamientos. Por eso la obra de Cortázar es a menudo una especie de quema preliminar que purificará la confusión del clisé. Como escribe en «Las babas del diablo»: «Ahora mismo (qué palabra, *ahora*, qué estúpida mentira)».

El arte de Cortázar se desarrolló con lentitud. Hasta los treinta y siete años vivió casi siempre en la Argentina (aunque había nacido en Bruselas), y allí escribió poesía, ensayo y otras obras, a menudo utilizando el seudónimo de Julio Denis. Su primera obra importante fue el libro de cuentos *Bestiario* (1951), y posteriormente publicó otros tres volúmenes de narraciones, *Final del juego* (1956), *Las armas secretas* (1956) y *Todos los fuegos el fuego* (1966), además de una especie de manual burlesco, *Historias de cronopios y de famas* (1962), una guía de la «inautenticidad» que quiere destruir.

Sería absurdo mostrar y presentar el complejo y sutil mundo de los cuentos de Cortázar en unas pocas líneas. Pero tratan de «este lado» y «el otro lado», de lo que ha sido estructurado y clasificado y de lo que podría llamarse poco más o menos «imaginación» o «libertad». El «otro lado» es un mundo de creatividad no estructurada, como la música de Johnny en «El perseguidor», «una construcción infinita cuyo placer no está en el remate sino en la reiteración exploradora, en el empleo de facultades que dejan atrás lo prontamente humano sin perder humanidad». El problema consiste en crear sin destruir, en construir sin estructurar de una manera excesiva. El problema se complica debido a la existencia del lector u observador, y éste es tal vez uno de los elementos más variables. En el cuento «Axolotl» el narrador contempla a un pez tropical a través del cristal de un acuario, y a fuerza de percepción se convierte en un *axolotl*, viéndose a sí mismo desde el otro lado del cristal. Pero esto es como la obra de creación terminada, que vuelve la vista hacia el creador mirándole como un ser extraño y ajeno. Una vez creado,

los puentes están cortados entre él y yo, porque lo que era su obsesión es ahora un axolotl, ajeno a su vida de hombre.

La relación entre el creador, la creación y el público es también el tema de «Final del juego», un cuento en el que tres niñas juegan a «estatuas» cerca de la vía del tren. Han establecido sus reglas, pero el juego se hace más complicado cuando saben que son observadas por un niño, «Ariel», desde el tren. La existencia de «observadores» cambia el juego, hace que una de las niñas use joyas verdaderas en vez de artificiales para la estatua, pero también acaba por terminar para siempre con el juego. Hay sin duda alguna una búsqueda de la pureza que impregna profundamente la obra de Cortázar, una pureza que fácilmente se transtorna y se embrutece.

Los cuentos de Cortázar se orientan en la dirección de conseguir una conciencia de sí mismo mucho mayor en relación con el papel del escritor. En *Bestiario,* los cuentos contienen, todavía, abundante material anecdótico. La «autoconciencia» respecto al lenguaje en «Las babas del diablo» se convierte en la preocupación predominante en muchos relatos posteriores, una preocupación que apunta contra todos los clisés, contra todas las rutinas. Al lector se le priva de toda oportunidad de identificarse con los personajes, de confundir el arte y la realidad, de «usar» la literatura. Hay como una limpieza de elementos derivados, una tendencia hacia la purificación y la abstracción. El mismo proceso es visible en las novelas. En el epílogo a la primera de éstas, el autor rechaza ya la interpretación, pero este rechazo es un apéndice, no forma parte integral del libro. No obstante, una lectura cuidadosa delata ya una actitud muy consciente respecto a las fórmulas, y la novela empieza con una alusión a la frase «La marquesa salió a las cinco», referencia a aquello de lo que *no* trata una novela. El lenguaje y la estructura de *Los premios* tiene mucho que ver con los clisés. Se nos cuenta las andanzas de un grupo de pasajeros que en una lotería gana como premio un viaje por mar, embarcan en Buenos Aires y tropiezan con inesperadas dificultades: la misteriosa enfermedad del capitán, una puerta en la parte de popa que no se les permite abrir, una división del barco entre «este lado» y «el otro lado», y de los pasajeros entre los que aceptan el destino del barco y los que preguntan y exploran. Un grupo de pasajeros intenta llegar al «otro lado» y uno de ellos, el dentista Medrano, muere asesinado, ante lo cual el viaje termina bruscamente y los pasajeros regresan a Buenos Aires. La estructura del viaje con retorno y la muestra representativa de los argentinos parece encajar la novela dentro de una categoría conocida. El viaje es como un cebo para el lector, que quiere seguir a los pasajeros hasta que lleguen a su destino. Pero de hecho no hay ningún avance. El viaje es lo desacostumbrado, la posibilidad de lo casual; los pasajeros obran y reaccionan según fórmulas y actitudes anticuadas que manifiesta el lenguaje. El factor significativo no es que la gente cambie, sino que permanecen casi enteramente dentro de las limitaciones de su personalidad. La excepción es Medrano, que penetra en «el otro lado», tanto literal como psicológicamente, aunque ello representa la muerte. Pero antes de morir Medrano tiene una revelación de sí mismo que le muestra cómo puede vérsele desde «el otro lado»:

> le dejaba solamente una sensación de que cada elemento de su vida, de su cuerpo, de su pasado y su presente eran falsos, y que la falsedad estaba ahí al alcance de la mano, esperando para tomarlo de la mano y llevárselo otra vez al bar, al día siguiente, al amor de Claudia, a la cara sonriente y caprichosa de Bettina siempre allá en el siempre Buenos Aires.

Hay otro personaje que se queda fuera del juego. Se trata del «astrólogo», Persio, la única persona que no tiene una estructura preestablecida a la que escapar, la única que permite que la realidad forme sus propios esquemas y que se complace en «la perfecta disponibilidad de las piezas de un puzzle fluvial». Este observador es el prototipo de muchos, un hombre que ve la complejidad de las cosas:

> una infinidad tan pavorosa de simultaneidades y coincidencias y entrecruzamientos y rupturas que todo, a menos de someterlo a la inteligencia, se desploma en una muerte cósmica y

todo, a menos de someterlo a la inteligencia, se llama absurdo, se llama concepto, se llama ilusión, se llama ver el árbol al precio del bosque, la gota de espaldas al mar, la mujer a cambio de la fuga al absoluto.

En *Rayuela* (1963) toda la forma del libro es una impugnación de la literatura y del arte en general en sus relaciones con la realidad. La estructura ya no se adapta a ninguna forma novelística tradicional. En cambio la novela se divide en tres partes: «Del lado de allá», «Del lado de acá» y «De otros lados» («capítulos prescindibles»), que consisten en trozos de citas, las meditaciones de un escritor apócrifo, Morelli, y otras materias. Después de *Rayuela* Cortázar separaría este aspecto de «álbum de recortes» de la prosa de su invención. En *62 modelo para armar* tenemos ya la invención pura, en *La vuelta al día en ochenta mundos* y *Último round* (1969) nos da los álbumes de recortes.

Rayuela alcanzó cierta fama cuando se publicó porque el autor indicaba que había dos maneras de leer la novela, según el orden en que estaba impresa o según el orden señalado por. él mismo. Pero una vez disipada esta novedad inicial de que se ofrecieran dos (o más) lecturas, resulta evidente que la estructuración de la novela en partes movibles es sólo uno de los aspectos de las intenciones del autor al poner en tela de juicio la literatura y su relación con la realidad. Desde sus comienzos la vanguardia artística se ha ocupado de dos problemas paradójicos: las estructuras y los esquemas subyacentes de la experiencia que el arte abstracto trata de aislar; y sumergirse hasta el mismo corazón del cambio. En *Rayuela* encontramos una tercera fase, una demostración repetida e impugnadora de estos dos caminos. En cierto sentido *Rayuela* es la *Enciclopedia* al revés. Es decir, que si la *Enciclopedia* fue el medio de que se valió el siglo XVIII para ordenar la realidad e incluir todos los fenómenos dentro del círculo luminoso de la razón humana, *Rayuela* representa la desintegración de todo lo que constituye cultura y moralidad, y la demostración del carácter convencional del pensamiento, de la acción y de la actividad literaria. La paradoja básica es la de que esto tiene que hacerse con el lenguaje, y el lenguaje es sospechoso ya que, por su misma naturaleza, engendra las convenciones. El personaje central de la novela, Oliveira, ha llegado a una fase en la que se pone en tela de juicio toda verbalización:

> Toda tentativa de explicarlo fracasa por una razón que cualquiera comprende, y es que para definir y entender habría que estar fuera de lo definido y lo entendible.

Por lo tanto, como tantos otros personajes de Cortázar, Oliveira está poniendo constantemente en tela de juicio las palabras que tiene que emplear, consciente de que le conducen en direcciones que él no quiere seguir:

> Poner el día, vaya expresión. Hacer. Hacer algo, hacer el bien, hacer pis, hacer tiempo, acción en todas sus barajas. Pero detrás de toda acción había una protesta, porque todo hacer significaba salir de para llegar a, o mover algo para que estuviera aquí y no allí o entrar en esa casa en vez de no entrar.

La literatura es sencillamente una manera más engañosa de ordenar el desorden. De ahí la fascinación que la Maga ejerce sobre Oliveira, porque ella capta intuitivamente, mientras que él sólo puede mostrarse irónico acerca de sus intuiciones:

> Ah sí, el tacto que reemplaza las definiciones, el instinto que va más allá de la inteligencia. La vía mágica, la noche oscura del alma.

En cierto sentido, pues, *Rayuela* es la respuesta a la orden de Oliveira: «No hagamos la literatura».

Las jerarquías de valores que han impuesto la literatura, el lenguaje y la filosofía, son continua y directamente atacadas, por medio de la parodia, por medio de la invención de un nuevo lenguaje, el *gliglich,* por medio de «incidentes» en la novela.

Aunque no existe trama argumental en el sentido habitual de la expresión, ni tampoco una serie de hechos que impliquen un avance, la novela se agrupa en torno a dos puntos geográficos. París (las relaciones amorosas de Oliveira con la Maga y Pola, el encuentro de los amigos de Oliveira en el Club de Serpientes, la muerte del hijo de la Maga, Rocamadour) y Buenos Aires (la amistad de Oliveira con Traveler y Talita, sus relaciones amorosas con Grekeptken, y el circo y el asilo mental en que trabajan). En los incidentes y conversaciones que constituyen estos grupos, la parodia, la ironía y la constante impugnación del lenguaje no sólo funcionan como una destrucción de convenciones, sino que al mismo tiempo forman un dique contra los atroces fragmentos de realidad que se atisban. París se describe como una metáfora. Oliveira piensa que todos los rincones de la ciudad ofrecen una analogía con la vida y sus absurdos, pero el humor y la parodia parecen un arma casi necesaria para diferir una comprensión trágica que sólo puede terminar en el suicidio. En la parte parisiense del libro, por ejemplo, el concierto de Berthe Trépat, la muerte de Rocamadour, están rodeados de estratos de parodia. Berthe Trépat es una compositora y pianista de vanguardia a la que Oliveira va a escuchar porque llueve y cuyo concierto se da ante un público escasísimo. Sus «composiciones» son equivalentes musicales de lo que es *Rayuela*: la ruptura con las estructuras tradicionales, la introducción del silencio en la obra, etc. Y toda la «invención» flota gratuitamente libre de cualquier posible «interpretación». El concierto de Berthe Trépat y las respuestas de Oliveira son clisés, mutuos equívocos. Oliveira le dice que le ha gustado el concierto, la acompaña a su casa, se encuentra implicado en su sórdida y patética vida. El terror procede del vacío que se encuentra detrás de las estructuras absurdas y carentes de significado. Cuando muere Rocamadour, el hecho ocurre durante una conversación entre Oliveira y Ossip; no sintiéndose capaces de dar la noticia a la Maga, siguen hablando sobre la muerte y la realidad, mientras llegan amigos, se van poniendo discos en el gramófono y el viejo del piso de arriba golpea el techo. El cadáver en descomposición del niño impregna toda la escena, y las bromas son más desesperadas que nunca; no es de extrañar que Oliveira compare las actividades del grupo a las de las moscas:

> todo eso va tejiendo un dibujo, una figura, algo inexistente como vos y como yo, como dos puntos perdidos en París que van de aquí para allá de allá para aquí, haciendo su dibujo, danzando para nadie, ni siquiera para ellos mismos, una interminable figura sin sentido.

No obstante Oliveira cree que existe un objetivo, aunque no esté «arriba», no es geográfico. A orillas del Sena se acuesta con la vagabunda Emmanuèle, es detenido y llevado a la comisaría de policía junto con ella y dos homosexuales. En el coche de la policía contempla los colores del calidoscopio que lleva uno de los homosexuales. Para Oliveira ésta es la imagen de nuestro conocimiento de la realidad, como el juego de rayuela con su «cielo» o meta, es la imagen del esfuerzo. Pero sólo se alcanzará la meta, el calidoscopio sólo conseguirá sus combinaciones más brillantes cuando nuestro modo de estructurar la realidad se transforme totalmente.

En uno de los «capítulos prescindibles», Morelli imagina una última frase de una novela que fuese como un muro. «En el fondo sabía que no se puede ir más allá porque no lo hay». *Rayuela* es una de las grandes novelas trágicas de nuestro tiempo porque se levanta como una barrera frente a una situación demasiado desesperada para que pueda contemplarse.

Si *La vuelta al día en ochenta mundos* y *Último round*, dos libros de ensayos y de crítica, constituyen —para usar la expresión de Ginsberg— *Reality, Sandwiches,* la tercera novela de Cortázar, *62 modelo para armar*, trata exclusivamente del punto en el cual la vida se convierte en literatura y de las casualidades y posibilidades que implica el acto de la creación. Pero el libro también nace de la convicción de que el escritor dispone de más cosas de las que conoce conscientemente. Cortázar confiesa que no sabía cómo iba a desarrollarse la novela. En todo caso, al escribirla pensaba también en cambiar las relaciones del autor con el lector. Es un «modelo para armar» en el que hay elementos humanos: Marrast, Polanco, Calac, Hélène, Nicole; ciudades: Londres, París, Viena; medios de comunicación: carreteras, trenes, metros. Todos estos elementos se presentan como esquemas, y se espera que sea el propio lector quien esté en los intersticios, creando, sugiriendo, explorando. Cortázar no sólo piensa, pues, en la red que ha hecho, sino también en los agujeros que hay en ella.

Sin embargo, el lector puede preguntarse el porqué de esta preocupación. La abdicación de la forma, el proporcionar una serie de piezas con las cuales el lector pueda construirse su propia novela, parecen reflejar la idea de que no hay visión superior, de que cada hombre está solo con su experiencia individual. Pero en último término ésta debe ser una solución más trágica que *Rayuela*. En *Rayuela* el autor nos ofrecía su escudo contra el horror de vivir, pero también permitía que entreviéramos el horror. En *62* parece ofrecer solamente pedazos y fragmentos de su cuaderno de notas, que se supone que nosotros tenemos que juntar. Sin duda alguna la novela puede considerarse como la consecuencia lógica del hecho de desplazar el interés de la novela desde el creador y el objeto creado al lector.

17. GUILLERMO CABRERA INFANTE (1929-   )

La novela de Cabrera Infante *Tres tristes tigres* (1967) representa, sin embargo, otra fase evolutiva de la novela contemporánea: las invenciones de sistemas de lenguaje como parodia de la sociedad. El autor es un cubano que había publicado *Así en la paz como en la guerra* (1966), un libro de cuentos ambientados en el período de Batista. En 1964 ganó el Premio Biblioteca Breve con la novela *Tres tristes tigres*. Director del suplemento literario *Lunes de la Revolución* durante los primeros años del régimen castrista, no consiguió adaptarse a las austeridades del período posrevolucionario y actualmente vive en el extranjero. La novela *es* la lengua de Cuba hablada en 1959, inmediatamente antes de que Castro subiera al poder, su sustancia es una serie de conversaciones entre gentes de La Habana, la mayoría de las cuales pertenecen al mundo marginal de la vida nocturna: personalidades de la televisión, cantantes, músicos de jazz, hijos e hijas de los ricos, fotógrafos, personajes todos de la vida nocturna. Hablan la jerga del jazz, el afrocubano, el *petit bourgeois* y una miríada de otras hablas. En su centro hay un grupo de intelectuales. Todo ello no pasaría de ser un juego si no nos diera una imagen de lo que efectivamente era la cultura cubana en 1959, la cultura bastarda de una isla dependiente de los norteamericanos, donde el «Spanglish» era uno de sus idiomas, con una comercialización factual y una cultura de consumidor que se sobreponía a todas las demás aspiraciones. Hay parodias de los «literatos» —de Carpentier, Lezama Lima y Guillén— cuyo estilo culturalizado parece absurdamente fuera de lugar si se lo compara con la degradada realidad. Uno de los personajes principales, Arsenio Cué, es muy aficionado a hacer retruécanos y a jugar con las palabras; por mediación suya, la cultura europea toma la máscara de un cubano degradado. Así, en un fragmento, enumera «grandes hombres»:

> Américo Prepucio y Harun al'Haschisch y Nefritis y Antigripina la madre de Negrón y Duns Escroto y el Conde Orgazmo y William Shakeprick o Shapescare o Chasepear y Fuckner y Scotch Fizzgerald y Somersault Mom [...]

Estamos ante algo más que un simple chiste, Cabrera Infante ilustra el subdesarrollo literario, el encenagamiento de la isla en una cultura de consumidores, que honra de boquilla a los grandes nombres de la historia y de la cultura universal, que *son* sin embargo, simples nombres, y no partes sustanciales de las vidas de las gentes, aun cuando se trate de intelectuales.

Una cultura está impuesta por la hegemonía económica de los Estados Unidos, la otra es un débil intento de resistir a esta hegemonía. La lengua cubana no existe, y por lo tanto no existe tampoco una cultura cubana. Sólo hay influencias extranjeras y jerga.

La brillante novela de Cabrera Infante ilustra una actitud que los novelistas contemporáneos han heredado de los modernistas, la sensación de que existe un abismo cultural entre ellos y su público. La novela de Cabrera Infante sugiere que no hay cultura cubana si se exceptúa un reflejo grotesco de la civilización europea y norteamericana, una actitud que en último término sólo puede conducir a la desesperación.

18. LA REALIDAD Y LA FANTASÍA

En la enorme variedad de la novela contemporánea hispanoamericana sobresalen dos aspectos: en primer lugar, la necesidad casi universal que han sentido los escritores de romper con el molde de la narrativa lineal; y en segundo lugar el uso del mito, la fantasía, el humor y la parodia. Como ya hemos visto, esta fantasía y este humor pueden funcionar como un escudo interpuesto entre el escritor y la realidad, demasiado terrible y desesperanzada para que se la contemple cara a cara. El humor de García Márquez, la manipulación del tiempo de Vargas Llosa y la ironía de Cortázar son como guiños que se le hacen al lector, previniéndole de lo que podría suceder sin el espejo de Perseo. La novelística del argentino Manuel Puig demuestra todo el alcance de la parodia.

Sin embargo, sería inducir a error dar la impresión de que todos los escritores modernos han abandonado la verosimilitud. Si pensamos en Chile, Uruguay y algunos otros países, encontramos preocupaciones semejantes entre los escritores, pero también una manera de presentar estas inquietudes que está más cerca del realismo, con la notable excepción de Fernando Alegría, que hace uso de los procedimientos de la ciencia-ficción en *Amerika Amerikka Amerikkka* (1970). En Chile, Jorge Edwards (1931-   ) y José Donoso (1925-   ) han adoptado la situación habitual de la novela tradicional burguesa para exponer la debilidad y la inautenticidad de la sociedad burguesa. Donoso emplea estructuras convencionales con gran eficacia en *Coronación* (1959), obra en la que los criados se adueñan de una moribunda familia de clase media [29]. También en el Uruguay la familia de clase media tiende a usarse como un símbolo de las instituciones nacionales en la obra de Carlos Martínez Moreno (1917-   ) y Mario Benedetti (1920-   ). Benedetti es autor de diversos libros de cuentos y de varias novelas, dos de las cuales, *La tregua* (1960) y *Gracias por el fuego* (1964) describen relaciones humanas en conflicto con estructuras sociales. Su obra más destacada es el volumen de cuentos *Montevideanos* (1959), donde describe las vidas de funcionarios públicos, de empleados mal pagados y de secretarios de una ciudad latinoamericana. Tiene mucho oído para la lengua y capta los matices superficiales del habla de la gente corriente, como en este monólogo de un futbolista en «Puntero izquierdo»:

> le quise demostrar al coso ese que cuando quiero sé mover la guinda y me saqué de encima a cuatro o cinco y cuando estuve solo frente al golero le mandé un zapatillazo que te le bogliodire y el tipo quedó haciendo sapitos pero exclusivamente a cuatro patas.

Las novelas de Martínez Moreno tratan con frecuencia de temas políticos, aunque el tema político se expresa por medio de relaciones personales y familiares, sobre todo en *El paredón* (1962). Una de las novelas políticas más logradas es la del escritor argentino David Viñas, autor de *Cayó sobre su rostro* (1955), *Dar la cara* (1963), *Los dueños de la tierra* (1959), *Un dios cotidiano* (1954) y *Los hombres de a caballo* (1968).

---

29. Posteriormente ha publicado *El obsceno pájaro de la noche* (1971), obra en la que presenta toda una galería de personajes grotescos y que es completamente distinta de su novela anterior.

Muchas de estas novelas se organizan en torno a hechos que han sido significativos en la historia de la Argentina, sobre todo *Los dueños de la tierra,* que se sitúa en el período de Yrigoyen. Y en *Sobre héroes y tumbas,* de Ernesto Sábato, el declive de la minoría argentina y el anarquismo y la oligarquía de los años treinta se evoca por medio de la historia de una familia cuyas virtudes heroicas han degenerado en la Argentina moderna.

En Venezuela la novela contemporánea también se ha centrado en temas políticos. Miguel Otero Silva en *Casas muertas* (1955) y *Oficina n.º 1* (1961), describió el cambio de una sociedad provinciana y rural en la Venezuela de la industria y de los campos petrolíferos. En *La muerte de Honorio* (1968) escribió la novela de la opresión política, tema que también aparece en los cuentos de Guillermo Meneses y en el *País portátil* (1969) de Adriano González de León, quien introduce en la novela el tema de la guerrilla urbana. Otro escritor venezolano, Salvador Garmendia (1924-   ) refleja la nueva Venezuela urbana en novelas cuyo tema es a menudo las vidas frustradas y sórdidas de la pequeña burguesía. Sus obras principales son *Los pequeños seres* (1959), *Día de cenizas* (1964), *Los habitantes* (1968) y *La mala vida.*

El escritor hispanoamericano de cuarenta años para abajo cuenta ahora con una tradición novelística extraordinariamente rica en la que inspirarse, una tradición que incluye obras como *Rayuela, La Casa Verde* y *Cien años de soledad.* Aunque es demasiado pronto para hablar de corrientes generales, ya se ha desarrollado una novela urbana de notable elaboración en México y Buenos Aires, y han aparecido escritores como Manuel Puig (Argentina), Néstor Sánchez (Argentina, 1935-   ), Gustavo Sáenz (México, 1940-   ), Salvador Elizondo (México, 1932-   ) y José Agustín (México, 1944-   ), cuya habilidad técnica es muy considerable. En el momento en que muchos países europeos atraviesan un período estéril por lo que se refiere a la novela, el género ha alcanzado dimensiones totalmente nuevas en Hispanoamérica.

Lecturas

Antología

Alegría, Fernando, *Novelistas contemporáneos hispanoamericanos,*
Boston, 1964.

Textos

Alegría, Fernando, *Amerika Amerikka Amerikkka,* Santiago, 1970.
Arguedas, José María, *Yawar fiesta,* Lima, 1941.
——, *Los ríos profundos,* Buenos Aires, 1958.
——, *Todas las sangres,* Buenos Aires, 1964.
——, *Amor mundo y todos los cuentos,* Lima, 1967.
Arlt, Roberto, *Novelas completas y cuentos,* 3 vols., Buenos Aires,
1963.
Asturias, Miguel Ángel, *Obras escogidas,* 3 vols., Madrid, 1955.
Borges, Jorge Luis, *Obras completas,* 2 vols., Buenos Aires, 1966.
——, *El hacedor,* Buenos Aires, 1960.
——, *Ficciones,* Buenos Aires, 1961.
——, *El Aleph,* 3.ª ed., Buenos Aires, 1961.
Carpentier, Alejo, *El acoso,* Buenos Aires, 1956.
——, *El siglo de las luces,* México, 1952 y Ed. Seix Barral, Bar-
celona, 1964.
——, *Guerra del tiempo,* México, 1958.
——, *Los pasos perdidos,* México, 1959.
——, *El reino de este mundo,* México, 1967 y Ed. Seix Barral,
Barcelona, 1969.
——, *El camino de Santiago,* Buenos Aires, 1967.
Cortázar, Julio, *Ceremonias,* Ed. Seix Barral, Barcelona, 1970.
——, *Las armas secretas,* Buenos Aires, 1959
——, *Rayuela,* Buenos Aires, 1963.
——, *Final del juego,* Buenos Aires, 1964.
——, *Los premios,* Buenos Aires, 1965.
——, *La vuelta al día en ochenta mundos,* México, 1967.
——, *62 modelo para armar,* Buenos Aires, 1968.
——, *Último round,* México, 1969.

Cortázar, Julio, *Libro de Manuel,* Buenos Aires, 1973.

Donoso, José, *Coronación,* Santiago de Chile, 1957 y Ed. Seix Barral, Barcelona, 1968.

——, *El obsceno pájaro de la noche,* Ed. Seix Barral, Barcelona, 1971.

Edwards, Jorge, *El peso de al noche,* Ed. Seix Barral, Barcelona, 1964.

Fernández, Macedonio, *Papeles de recienvenido,* Buenos Aires, 1966.

——, *No toda es vigilia la de los ojos abiertos,* Buenos Aires, 1967.

——, *Museo de la novela eterna,* Buenos Aires, 1967.

Fuentes, Carlos, *Las buenas conciencias,* México, 1961.

——, *La muerte de Artemio Cruz,* México, 1962.

——, *La región más transparente,* México, 1965.

——, *Cantar de ciegos,* México, 1967.

——, *Cambio de piel,* México, 1967 y Ed. Seix Barral, Barcelona, 1974.

——, *Aura,* La Habana, 1968.

García Márquez, Gabriel, *La mala hora,* Esso Colombiana, 1962.

——, *Los funerales de la Mamá Grande,* Xalapa, 1962.

——, *El coronel no tiene quien le escriba,* 2.ª ed., México, 1963.

——, *La hojarasca,* Montevideo, 1965.

——, *Cien años de soledad,* Buenos Aires, 1967.

Lezama Lima, José, *Paradiso,* La Habana, 1966.

Mallea, Eduardo, *Obras completas,* 2 vols., Buenos Aires, 1961.

Marechal, Leopoldo, *Adán Buenosayres,* 3.ª ed., Buenos Aires, 1966.

Onetti, Juan Carlos, *La vida breve,* Buenos Aires, 1950.

——, *El astillero,* Buenos Aires, 1961.

——, *Juntacadáveres,* Montevideo, 1965.

——, *Tierra de nadie,* Montevideo, 1965.

——, *Novelas cortas,* Caracas, 1968.

Puig, Manuel, *La traición de Rita Hayworth,* Buenos Aires, 1971 y Ed. Seix Barral, Barcelona, 1971.

——, *Boquitas pintadas,* Buenos Aires, 1970 y Ed. Seix Barral, Barcelona, 1972.

——, *The Buenos Aires Affair,* México, 1973.

Revueltas, José, *Obra literaria,* 2 vols., México, 1967.

Roa Bastos, Augusto, *Hijo de hombre,* Buenos Aires, 1965.

Rulfo, Juan, *El llano en llamas,* México, 1953.

——, *Pedro Páramo,* 4.ª ed., México, 1963.

Sábato, Ernesto, *El túnel*, Buenos Aires, 1967.
——, *Sobre héroes y tumbas*, Buenos Aires, 1961.
Vargas Llosa, Mario, *La ciudad y los perros*, Ed. Seix Barral, Barcelona, 1963.
——, *La Casa Verde*, Ed. Seix Barral, Barcelona, 1966.
——, *Los cachorros*, Barcelona, 1967.
——, *Conversación en La Catedral*, Ed. Seix Barral, Barcelona, 1969.

Estudios históricos y críticos

Ainsa, Fernando, *Las trampas de Onetti*, Montevideo, 1970.
Amícola, José, *Sobre Cortázar*, Buenos Aires, 1969.
Alazraki, Jaime, *La prosa narrativa de Jorge Luis Borges*, Madrid, 1968.
Alegría, Fernando, *Historia de la novela hispanoamericana*, México, 1965.
Arnau, Carmen, *El mundo mítico de Gabriel García Márquez*, Barcelona, 1971.
Barrenechea, Ana María, *Borges, the Labyrinth Maker*, Nueva York, 1965.
Benedetti, Mario, *Letras del continente mestizo*, Montevideo, 1968.
——, *et al., Nueve asedios a García Márquez*, Santiago de Chile, 1971.
Books Abroad, *The Latin American Novel Today*, vol. 44.
Dorfman, Ariel, *Imaginación y violencia en América*, Santiago, 1970.
Flores, Ángel (ed.), *La nueva novela hispanoamericana actual*, Nueva York, 1971.
Flores, A. y Silva Cáceres, R., *La novela hispanoamericana actual*, Nueva York, 1971.
Fuentes, Carlos, *La nueva novela hispanoamericana*, México, 1969.
García Márquez, *Asedio a García Márquez* (recopilación de ensayos sobre su obra), Santiago de Chile, 1969.
Goil, Cedemil, *La novela chilena. Los mitos degradados*, Santiago, 1968.
Gullón, Ricardo, *García Márquez*, Madrid, 1970.
Harss, L., *Los nuestros*, Buenos Aires, 1966.
Jitrik, Noé (ed.), *La vuelta a Cortázar en nueve ensayos*, Ed. C. Pérez, Buenos Aires, 1968.

Lafforgue, Jorge (ed.), *Nueva novela latinoamericana*, 2 vols., Buenos Aires, 1969.

La novela en América latina: diálogo entre Gabriel García Márquez y Mario Vargas Llosa, Lima, 1968.

Loveluck, J., *La novela hispanoamericana*, Santiago de Chile, 1966.

Ortega, Julio, *La contemplación y la fiesta. Ensayos sobre la nueva novela hispanoamericana*, Lima, 1968.

——, (ed), *Textos en el aire*, Barcelona, 1973.

Oviedo, José Miguel, *Mario Vargas Llosa. La invención de una realidad*, Barcelona, 1970.

Rodríguez Monegal, Emir, *Narradores de esta América*, I, Montevideo, 1969.

——, *El boom de la novela latinoamericana*, Caracas, 1972.

Simó, Ana María, *Cinco miradas sobre Cortázar*, Buenos Aires, 1968.

Sommers, Joseph, *After the storm* (sobre la novela mexicana), Albuquerque, 1968.

Valoración múltiple. Volúmenes publicados por el Instituto de Investigaciones Literarias de La Habana. Se trata de recopilaciones de ensayos críticos. Hasta ahora han aparecido volúmenes sobre Juan Rulfo, García Márquez y Juan Carlos Onetti.

Vargas Llosa, Mario, *García Márquez. Historia de un deicidio*, Barcelona, 1971.

Vidal, Hernán, *José Donoso. Surrealismo y rebelión de los instintos*, Barcelona, 1972.

Capítulo 10

EL TEATRO

Hay que vivir peligrosamente.

RODOLFO USIGLI

Si se exceptúa el cine, en Latinoamérica las artes dramáticas nunca han estado a la altura de la poesía y de la novela. No es fácil explicarse este fenómeno si no se tiene en cuenta la sociología del teatro y las relaciones del escritor y de los actores con el público. En la mayor parte de los países hispanoamericanos el teatro se mantiene en un estadio amateur o, en el mejor de los casos, semiprofesional, y el teatro comercial sólo existe en las grandes ciudades (sobre todo en México y en Buenos Aires), e incluso allí en una escala mucho más modesta que en Europa. La duración en cartel de las obras suele ser muy breve y muchas de ellas son traducciones.

La existencia de un teatro comercial en Europa y en Norteamérica, con un público adicto y predominantemente de clase media, ha sido como un estímulo indirecto par la vanguardia, y de este modo existía una masa inerte contra la cual el «nuevo teatro», al menos desde la época de Jarry, ha reaccionado siempre. Y en el curso de los últimos cincuenta años la mayoría de los experimentos teatrales han tenido en cuenta, de un modo directo o indirecto, la captación del público. Sin embargo en Hispanoamérica las condiciones son muy distintas, dado que el teatro comercial (exceptuando posiblemente los teatros que representan sainetes en Buenos Aires) casi nunca ha conseguido tener el volumen suficiente para ser atacado o para provocar una reacción contraria. El naciente teatro nacional de los años veinte y treinta quedó eclipsado en popularidad por el cine antes de que pudiera formarse una masa de público, con el resultado de que los escritores crearon a menudo obras en el vacío. El mexicano Rodolfo Usigli, por ejemplo, fue autor de dramas que, debido a su contenido político, no pudieron representarse en la época en que se escribieron. A causa de la popularidad del cine, que llegó incluso a sustituir al teatro como acontecimiento social de la clase media, el teatro quedó en una posición difícil, buscando una masa de público que no existía o atacando a un público burgués también inexistente. Este vacío social explica en buena parte la relativa pobreza del género. A pesar de todo, en el curso de los últimos veinte años ha habido figuras de innegable valor que se han dedicado a la experimentación teatral, y en muchos países hispanoamericanos el teatro tiene un público reducido pero fiel. Por desgracia este desarrollo se está produciendo en una época en la que en todo el mundo el teatro se está alejando de sus tradicionales aspectos literarios y se orienta hacia el espectáculo, va dejando de ser una «obra de arte» para acercarse al *happening,* de modo que en estos momentos la aparición de buenos dramaturgos sólo parece remotamente probable.

Lo curioso es que en contraste con la esterilidad del teatro moderno, el género tiene una larga historia en Latinoamérica, pues ya había dramas bailables en el período precolonial[1]. En el siglo que siguió a la conquista, el teatro español alcanzó su máximo esplendor, y este hecho se reflejó en todos los dominios del Imperio. A diferencia de lo que ocurrió con la novela, los gobiernos coloniales no hicieron nada por impedir la exportación de obras dramáticas a las colonias, e incluso, bajo la

1. Un ejemplo es el *Rabinal Achí* (adaptación de José Antonio Villacorta), Buenos Aires, 1944.

forma de «autos» y «loas», el teatro se convirtió en un auxiliar de la religión. Las obras dramáticas se utilizaban con objeto de adoctrinar a los conversos. El teatro profano conoció también un florecimiento similar. Thomas Gage, el jesuita inglés que visitó Centroamérica como misionero en el siglo XVII, cuenta que en el barco se representaban obras dramáticas durante la travesía, para mitigar el tedio de tan largo viaje [2]. Y algunas de las grandes figuras de la América colonial —sor Juana Inés de la Cruz y Pedro de Peralta Barnuevo— escribieron obras dramáticas religiosas y profanas. Y en Lima, en el siglo XVIII, el teatro fue un importante centro social de la corte del virrey, lugar de reunión de la aristocracia hispánica con las órdenes inferiores, sobre todo a fines del siglo XVIII, en los años de la legendaria Perricholi —protagonista de varias de las tradiciones de Palma—, una famosa actriz que fue la amante del virrey.

Fue en Lima también donde se escribió una de las obras dramáticas más interesantes del período colonial. Se trata de *Ollantay,* un drama quechua que fundía tradiciones precolombinas y convenciones hispánicas, y que es una obra característicamente mestiza. La obra dramatiza las relaciones amorosas existentes entre el guerrero Ollantay y la hija del Inca, Qoyllur, amores contrariados debido a la oposición del Inca. Cuando Ollantay huye para unirse a un grupo de rebeldes, Qoyllur es encarcelada y sólo recupera la libertad diez años después al morir su padre, y entonces ella y Ollantay pueden por fin reunirse. La obra incorpora muchas canciones tradicionales y formas de versificación quechuas, como el siguiente coro:

> No devores, avecilla,
>   Tuya mía
> El plantío de mi princesa,
>   Tuya mía

---

2. Thomas Gage, *The English American: His Travels by Land and Sea,* Londres, 1648.

No lo consumas,
    Tuya mía
Su maíz golosina
    Tuya mía
Su fruto es blanco
    Tuya mía
Y es tanta su dulzura
    Tuya mía
Su corazón aún es tierno
    Tuya mía
Sus hojas aún son débiles
    Tuya mía.

Aquí el poeta se inspira en metáforas tradicionales y juega con la palabra *tuya* (espiga de trigo), y esta fuente de tradición oral se extiende también a los diálogos dramáticos. Así Ollantay declara la firmeza de su amor con estas palabras que equilibra el lirismo quechua y la pasión del galán hispánico:

Aún de la dura roca,
Libremente el agua manara;
Lágrimas el fuego llorara
Y yo, no por eso
Dejaré de ver a mi Qoyllur [3].

En el lenguaje y en el tema hay un asombroso equilibrio entre dos tradiciones, armonizándose el lirismo quechua y la estructura del drama español. El autor es desconocido, pero se cree que debió de ser el sacerdote mestizo Antonio Valdés, que escribió a fines del siglo XVIII. Por desgracia una obra de arte tan sobresaliente como *Ollantay* ha quedado en la historia como un caso aislado y único.

Después de la independencia el teatro siguió siendo un importante lugar de reunión de la aristocracia y de la clase media, y edificios prestigiosos del siglo XIX muy a menudo son teatros,

3. *El drama quechua. Apu Ollantay* (versión de J. M. B. Farfán), Lima, 1952.

a veces para representaciones operísticas, como el Colón de
Buenos Aires y el Bellas Artes de México. Sin embargo, la
existencia de estos teatros, en vez de favorecer al teatro autóc-
tono, más bien pareció perjudicarlo, ya que el público casi
siempre prefería ver actores extranjeros y obras extranjeras.
No obstante en México y en Lima el drama nacional no desapareció del todo. En México hubo el teatro romántico e histórico de Fernando Calderón, y en Lima el teatro didáctico y
satírico de Felipe Pardo y Aliaga (1806-1868) y de Manuel
Ascensio Segura (1805-1871). En la producción de Pardo y
Aliaga figuran títulos como *Frutos de la educación* (1829)
y *Una huérfana en Chorrillos* (1833), pero como autor cómico
fue superado por su rival, Segura, autor de catorce obras, y
que fue el mejor dramaturgo latinoamericano del siglo XIX. Sus
tres obras mejores son *El sargento Canuto* (1839), *La saya y
manto* (1842) y *Ña Catita* (1845; corregida en 1856). Sus blancos son los blancos tradicionales de la comedia —la hipocresía y
la vanidad— y elige personajes que son arquetípicos, como el
aficionado a los toros de *El sargento Canuto* o la alcahueta,
Ña Catita, que desciende de una larga estirpe de celestinas pia-
dosas. Hipócrita consumada, afirma siempre que su vida es
irreprochable:

> No conozco en Lima más
> que a fray Juan Salmaqueja
> y fray Rufo, a una monjita
> de allá de las Nazarenas.

Como Palma, Segura se complace en usar expresiones coloquiales, y como Palma también, aunque los personajes tienen
tipismo, sus defectos son universales. Pero si Palma estaba
inventando algo nuevo con sus tradiciones, Segura se conten-
taba con trabajar un género ya desarrollado en España en la
escuela de Moratín, y no aportó nada nuevo a este género, si se
exceptúa el color local limeño.

Buenos Aires, con su espectacular expansión a partir aproximadamente de 1870, fue una de las primeras ciudades de La-

tinoamérica que desarrollaron un teatro genuinamente popular. Mientras las obras de importación y las óperas dominaban en la temporada del Colón, hubo también un teatro popular que presentaba melodramas basados en tipos gauchos. El más famoso fue *Juan Moreira,* originariamente una novela de Eduardo Gutiérrez (1853-1890), pero adaptada en 1884 al teatro de pantomima y posteriormente convertida en melodrama gracias a la iniciativa de Podestá, el actor que más trabajó para promover un teatro nacional argentino. Después de 1900 también floreció un teatro de efímeros sainetes, intermedios cortos a modo de farsas, a menudo escritos en lunfardo, el dialecto de Buenos Aires, y dirigidos a un público de clase baja. En el año 1924, cuando el sainete estaba en la cúspide de su popularidad, llegaron a estrenarse unos trescientos setenta. Los sainetes dieron pie e inspiraron los dramas más duraderos sobre la vida de las clases trabajadoras escritos por Armando Discépolo (1887-). Estos teatros populares de barrio bonaerense no tenían equivalentes en otros países, exceptuando quizá las funciones callejeras y las modestas variedades de México, en las que el cómico Cantinflas hizo su aprendizaje, o los teatros de la rumba en Cuba.

El intento consciente de crear teatros nacionales y de fomentar una literatura dramática nacional parte del período criollista, hacia el año 1900. Éste es también el período en el que el teatro naturalista de Ibsen ejercía mayor influencia y muchos novelistas del naturalismo latinoamericano y de las escuelas realistas hicieron también su contribución al teatro. Roberto Payró en la Argentina y Federico Gamboa en México son dos ejemplos de estos novelistas-dramaturgos. Pero el mejor dramaturgo de este período, el uruguayo Florencio Sánchez (1875-1910), se consagró exclusivamente al teatro en Buenos Aires. En su juventud tomó parte activa en la política uruguaya, y fue uno de los primeros miembros del movimiento anarquista, pero poco después de instalarse en la Argentina se orientó hacia el teatro y escribió obras de gran éxito que describían el conflicto entre el progreso y las nuevas ideas por un

lado y las actitudes tradicionales por otro. Su primer éxito data
de 1903, cuando *M'hijo el dotor* se representó en el teatro de la
Comedia. La obra, de estructura determinista, presenta una serie de conflictos insolubles entre los jóvenes y los viejos, entre
los que han recibido una educación (el «dotor» formado en la
universidad, de la generación más joven) y los criollos sin instrucción, entre la sofisticación ciudadana y la sencillez rural,
entre la moral moderna y la tradicional. El «dotor» es el hijo
de un granjero criollo que quiere romper con la tradición. Se
niega a aceptar el viejo código del honor al negarse a casarse
con la mujer a la que ha seducido, y sólo se inclina ante la tradición cuando su padre está en su lecho de muerte. Aunque
más racional, la nueva moral es más inhumana que la antigua
mentalidad, y el «dotor» es un personaje frío, sin sentimientos
y repugnante. En *La gringa* (1904) lo «nuevo» está representado por una familia de inmigrantes italianos que se esclaviza
para acumular dinero, en contraste con la cómoda vida que lleva
el viejo criollo Don Cantalicio, de cuyas tierras acaban apode-
rándose. La solución pacífica es posible porque Próspero, el
hijo de Cantalicio, se enamora de la hija de los inmigrantes,
Victoria, pero queda claro que Florencio Sánchez opina que el
antiguo sistema de vida está condenado a desaparecer. El hecho
de cortar el árbol *ombú,* símbolo de la vieja Argentina del gaucho, marca el comienzo de una nueva era, una era que estará
dominada por el trabajo y el progreso. En *Barranca abajo* (1905)
Sánchez escribió una tragedia a lo rey Lear. El viejo granjero
criollo Zoilo se queda sin nada e incluso su familia se revuelve
contra él, dejándole como única salida el suicidio. Es una víctima
inocente de unas fuerzas que no puede dominar, condenado a
retirarse ante la nueva Argentina. No acierta a comprender por
qué una vida «moral» en el antiguo sentido de la palabra, tiene
que conducirle a semejante desamparo:

> Si hubiera derrochao: si hubiera jugao: si hubiera hecho
> daño a algún cristiano, pase; lo tendría merecido. Pero fui
> bueno y servicial; nunca cometí una mala acción, nunca [...]

Pero esta «bondad» carece de sentido en una sociedad que juzga a los hombres según su éxito material, no según sus virtudes morales. Zoilo carece de futuro y se ahorca.

Estas tres obras de Florencio Sánchez, aunque anticuadas para el gusto moderno, reflejan el conflicto entre la Argentina de los inmigrantes y la Argentina criolla, que se agudiza en el momento del cambio de siglo. Toda la personalidad del país sufre una transformación que se refleja en estas obras, aunque el planteamiento de los problemas sea excesivamente simplista.

Sánchez también escribió algunos dramas sobre la vida familiar y los descarríos morales. Entre éstos figuran *Los muertos* (1905), *En familia* (1905), *El pasado* (1906), *Nuestros hijos* (1907) y una obra en lunfardo que trata sobre los bajos fondos, *Moneda falsa* (1907).

Florencio Sánchez representa un período en el que el teatro parecía estar a punto de iniciar su desarrollo, cuando el drama nacional reflejaba problemas y situaciones locales e incluso el lenguaje estaba en sus primeras fases de evolución. Pero cuando este teatro apenas había empezado a florecer, fue desplazado por un poderoso rival, el cine, que penetró fácilmente hasta las más apartadas ciudades de provincias y transformó las costumbres sociales de millones de latinoamericanos. El cine era la gran atracción popular. Arrastró a la clase media, que iba al cine los domingos por la tarde, y arrastró a los campesinos y a las clases trabajadoras. Grandes industrias cinematográficas se desarrollaron en México, en la Argentina y en Cuba, aunque la mayoría de las películas eran de muy escasa calidad. Sin embargo, con la aparición del «Indio Fernández» en México y la presencia del director español Luis Buñuel y de Leopoldo Torre Nilson en la Argentina, empezó a existir un cine de calidad. Y el teatro nunca ha sido capaz de competir con él. En Londres y en París existía un teatro muy sólidamente establecido que no se hundió al producirse el advenimiento del cine, aunque incluso en estas ciudades la mayoría de los music-halls y teatros populares se vieron obligados a cerrar tarde o temprano. En Latinoamérica, sin un teatro bien arraigado, no hubo ningún obstáculo que se opusiera al triunfo del nuevo arte.

En realidad el teatro sobrevivió en buena parte convirtiéndose en un proyecto vanguardista, en el dominio de hombres que se dedicaban a la experimentación y que en muchos casos eran ya conocidos por otras actitudes. Fuera de los grandes centros teatrales, como Ciudad de México y Buenos Aires, el teatro tuvo a menudo un carácter semiamateur, cuando no plenamente amateur, y con frecuencia se dio en el marco de las universidades. En algunos países, sobre todo en el Uruguay, México y la Argentina, hubo teatros oficiales financiados por el gobierno, pero con las limitaciones inherentes a una empresa controlada por el estado. El teatro comercial, donde existía, siguió bajo la dominación de las obras extranjeras importadas.

La Argentina, como ya hemos visto, era el único país que tenía un género popular floreciente gracias al sainete, género que escritores más ambiciosos como Discépolo utilizaban como fuente de inspiración. En los años treinta hubo un intento de crear un teatro de mayor originalidad y de nivel artístico más elevado, y su promotor fue el novelista Roberto Arlt (1900-1942). Miembro del progresista y didáctico grupo Boedo, la primera obra teatral de Arlt, *Trescientos millones,* data de 1932 y se escribió para un grupo organizado por Leónidas Barletta. En esta primera obra y en muchas otras, Arlt llena el escenario con ficciones imaginativas. En *Trescientos millones* las realidades brutales de la vida de una criada, el hijo de la casa que la seduce, su triste existencia, sólo pueden hacerse soportables gracias al mundo de la fantasía. La imaginación de la muchacha se llena con los personajes de las novelas baratas y de los cuentos de hadas: Cenicienta, Rocambole, la Reina de Bizancio. Arlt desarrolla esta mezcla de imaginación y realidad en muchos dramas, pero especialmente en *El fabricante de fantasmas* (1936), la historia de un dramaturgo que asesina a su esposa, reproduce el crimen en sus obras y luego ejecuta la sentencia en sí mismo. La obra de arte se concibe así como una forma de autoconocimiento. En *Saverio el Cruel,* que no se representó hasta 1956, la fantasía degenera en locura. Susana quiere gastar una broma al ingenuo Saverio y finge que está loca, pidiéndole que participe de su fantasía. Ella será la reina y él ha de ser su coronel. Una vez liberada su imaginación, Saverio se entrega plenamente a sus ensoñaciones, hasta que la fantasía de Susana se convierte en realidad y se enamora de Saverio. Saverio ahora cree que Susana está loca de veras y se niega a tomar parte en el «juego», ante lo cual ella le da muerte. Saverio y Susana nunca consiguen compartir la misma zona, ya sea de realidad, ya de fantasía. Nunca coinciden respecto al otro, y éste es uno de los temas favoritos de Arlt, desarrollado sobre todo en *Prueba de fuego,* que, aunque se publicó en 1932, no se puso en escena hasta 1947. También escribió una fantasía oriental del tipo de *Las mil y una noches, África* (1938), y una intensa alegoría política, *La fiesta del hierro* (1946), en la cual el hijo de un fabricante de armas es inmolado en el mismo día en que se declara la guerra y queda así asegurada la prosperidad de la fábrica del padre [4].

Las obras de Arlt demuestran un gran vigor y talento, pero sufren la grave limitación de la sociedad en la que se escribían.

Samuel Eichelbaum (1894-   ) fue un dramaturgo argentino que se inscribe más dentro del círculo de las convenciones naturalistas y realistas, que en la línea de ruptura con ellas que había iniciado Arlt. *Tejido de madre* (1936) y *El gato y su selva* (1936) figuran entre sus primeras obras, pero sólo en 1940, con *Pájaro de barro* y *Un guapo de 900,* empezó a explorar situaciones más extremadas. En el último de estos dramas analizaba el personaje de un asesino profesional y de su fidelidad al «cacique», hasta el punto de matar por él al amante de la esposa. Y en *Un tal Servando Gómez* (1942) el autor atacaba las reacciones convencionales respecto al problema del eterno triángulo. La obra nos presenta a una mujer que va a vivir con su amante, aunque está encinta de su esposo. Este marido la persigue celosamente durante años, hasta que el hijo, ya mayor,

4. R. H. Castagnino, *El teatro de Roberto Arlt,* La Plata, 1964.

consigue que hagan las paces y les demuestra lo absurdos que han sido estos celos de «macho». Un teatro más poético e imaginativo lo inició en esta época Conrado Nalé Roxló (1898-), autor de *La cola de la sirena* (1941), donde un hombre se casa con una sirena, le corta la cola y queda muy decepcionado cuando ella se convierte en una mujer como las demás. Los hombres ansían lo maravilloso, pero luego comprueban que no pueden convivir con él. Los temas de Roxló son más universales que los de Eichelbaum y por esta razón evitan el ambiente regional o local. El teatro histórico le permite trascender a las asociaciones regionales. En *El pacto de Cristina* (1945) da a su obra una ambientación medieval. Cristina se vende al diablo por el amor de Gerardo, que es un caballero cruzado. Cuando ella descubre que el diablo lo que quiere en realidad es el hijo de su matrimonio, se suicida antes de que el matrimonio pueda consumarse. Como en *La cola de la sirena*, la realización del sueño lo mancha e inutiliza.

Dos de los dramaturgos jóvenes de mayor éxito en la Argentina son Agustín Cuzzani (1924-), autor de *El centro forward murió al amanecer* (1955), y Osvaldo Dragún (1929-), cuya *Heroica de Buenos Aires* (1966) ganó un premio otorgado por la cubana Casa de las Américas. Sin embargo, la vanguardia más avanzada de Buenos Aires se ha ido apartando del teatro «literario» y se ha ido orientando hacia el teatro de ballet y el *happening*. Sobre ellos ejercen una gran influencia los movimientos vanguardistas teatrales de los Estados Unidos, sobre todo la obra de Merce Cunningham y John Cage.

En México, que, después de Buenos Aires, ha conocido el desarrollo más activo del teatro moderno, la aparición de una dramaturgia contemporánea debe datarse a partir del grupo de *Los Contemporáneos*. Uno de ellos, Celestino Gorostiza, se consagró casi exclusivamente al teatro, y los poetas Salvador Novo y Xavier Villaurrutia en su madurez se ocuparon cada vez más del teatro. No obstante, las obras de Novo y de Villaurrutia son menos experimentales de lo que hubiera podido suponerse, teniendo en cuenta lo interesados que estaban los miembros de este grupo por la literatura europea contemporánea. Las obras de Villaurrutia tienen cierto parecido con las de Eugene O'Neill y a menudo presentan situaciones arquetípicas de los mitos griegos en un ambiente contemporáneo. Su campo es el drama psicológico, centrándose en temas que derivan de relaciones familiares. En *El yerro candente* (1944), por ejemplo, Antonia siente un gran amor por su padre, y le apoya incondicionalmente. Pero, sin que ella lo sepa, en realidad es hija del primer amante de su madre, Román, a quien la joven detesta. Cuando descubre la verdad no puede cambiar sus sentimientos, y sigue siendo fiel al hombre al que siempre había creído su padre.

Villaurrutia se complace en mostrar que las verdaderas relaciones tienen poco que ver con la estructura de la familia. En *La hiedra* (variante del tema de Fedra), Hipólito odia a su madrastra Teresa hasta el punto de que tienen que alejarse de la familia. Cuando vuelve hecho ya un hombre, no la ve como madrastra, sino como a una mujer a la que puede amar.

Las obras de Villaurrutia son más literarias que dramáticas. Hay muy pocos elementos coloquiales en el diálogo. Las alusiones clásicas abundan e incluso las acotaciones escénicas están más cerca de la descripción novelística que de las instrucciones prácticas pensadas para la puesta en escena. Por ejemplo, así describe a Teresa en *La hiedra,* exactamente como hubiese podido hacerlo un novelista:

> Teresa tiene unos treinta y cinco años. Es alta y fuerte. Se diría que bajo su piel de un color vegetal circula savia en vez de sangre. El aire y la luz la turban y la hacen sentir más profundamente. Se diría también que de todos los objetos que toca, que de todos los seres que abraza, extrae, insensiblemente, algo que la enriquece. Y se adivina que la oscuridad y la soledad completas la empobrecerían definitivamente.

Uno de los primeros latinoamericanos que reclamó para el teatro una función especialmente crítica entre los géneros literarios fue Rodolfo Usigli (1905-   ), quien empezó a escribir para la escena en los años treinta en México, durante el período en el que el país estaba dominado por el ex-presidente Calles. Influido por George Bernard Shaw, escribió obras con epílogos y ensayos [5], obras que a menudo no podían representarse porque eran demasiado críticas respecto a la vida política contemporánea. Las *Tres comedias impolíticas* publicadas en esta época manejan una gran variedad de técnicas con objeto de satirizar el absurdo de la vida política mexicana, pero no pudieron representarse. En 1938 Usigli fue nombrado director de la sección teatral del departamento gubernamental de Bellas Artes, y en 1940 pudo fundar su propio teatro semiprofesional, Teatro de Media Noche. También tradujo obras dramáticas extranjeras. A su intensa labor se debió en buena parte el resurgir del teatro mexicano después de la década de los cuarenta. Su producción puede dividirse en dos grupos: dramas que tratan problemas de la vida de las clases medias y que llevan los conflictos de tipo familiar hasta límites mucho más audaces que las obras de Villaurrutia, y dramas que analizan los problemas de la «mexicanidad». Un buen ejemplo de los primeros es *Jano es una muchacha* (1952), donde una irreprochable colegiala lleva una doble vida como prostituta. Y en *El niño y la niebla* plantea los problemas del instinto y del poder de sugestión. Marta odia tanto a su marido que trata de inducir a su hijo, que anda por la casa en estado de sonambulismo, a que mate a su padre, pero sus intentos de sugestionarle provocan un conflicto tal que el hijo acaba dándose muerte a sí mismo.

Las dos obras más famosas de Usigli sobre temas mexicanos son *El gesticulador* (1937) y *Corona de sombra*. La primera sufrió la misma suerte que las *Tres comedias impolíticas* y no pudo representarse durante cierto tiempo porque implicaba una

---

5. Por ejemplo, el ensayo «Epílogo sobre la hipocresía del mexicano», que figura en la segunda edición de *El gesticulador*, México, 1944.

crítica demasiado dura de la política mexicana. La obra nos presenta el personaje de un profesor universitario fracasado, César Rubio, que lleva el mismo nombre de un general al que se ha dado por desaparecido desde la época de la guerra revolucionaria. Rubio sabe que su homónimo ha muerto, y cuando un historiador norteamericano que está haciendo investigaciones acerca de la desaparición del general le identifica con él, César decide no deshacer el equívoco. Pasa a ser el general e inmediatamente es candidato para el gobierno, asumiendo una personalidad nueva y más vigorosa. «Estoy viviendo como había soñado siempre», dice. Pero el general tenía demasiados enemigos políticos. César es asesinado y entonces el mito ya nunca podrá separarse del hombre. Su hijo trata de ser honrado y de demostrar que Rubio no era el general, pero nadie le cree, porque el mito es más fuerte que la realidad, sobre todo en México donde la vida política se nutre de mitos.

Corona de sombra (1943) no es el único drama histórico de Usigli, pero es el más destacado. En esta obra imagina lo que hubiera podido ocurrir si la emperatriz Carlota, cuando enloqueció, hubiese recobrado el juicio el tiempo suficiente para contar la historia del emperador Maximiliano, de sí misma y su aventura mexicana. El drama es muy ambicioso. Maximiliano representa un talante nuevo y mejor del que existe entre los monarcas europeos y su estancia en México le transforma, pero, trágicamente, es ejecutado antes de que pueda utilizar su nuevo saber y su lucidez. Para el autor representaba la muerte de «la codicia europea» y el nacimiento de «el primer concepto cerrado y claro de la nacionalidad mexicana».

El drama histórico sobre temas mexicanos es un género popular entre los escritores de este país que se preocupan por el problema de la «mexicanidad», problema que es el tema central de sus ensayos y de muchas novelas. Celestino Gorostiza eligió el tema de doña Marina, la amante de Cortés y una de las grandes figuras míticas mexicanas, haciéndola protagonista de su drama *La malinche* (1958), y doña Marina es también la figura central de *Todos los gatos son pardos* (1970), drama del novelista mexicano Carlos Fuentes. Tampoco los temas pre-colombinos han sido olvidados. La excelente autora dramá-tica Luisa Josefina Hernández (1928-   ) ha basado una de sus obras más logradas en la biblia maya en su *Popol Vuh* (1966).

Al igual que en la Argentina, en México el teatro ha ido alejándose cada vez más de la verosimilitud y acercándose a la fantasía. Juan José Arreola (1918-   ) y Elena Garro (1917-   ) han vuelto a insuflar poesía en el teatro, y la última es autora de una deliciosa comedia negra, *Un hogar sólido* (1958). Y dos de los mejores dramaturgos contemporáneos, Emilio Carballido (1925-   ) y Jorge Ibargüengoitia (1928-   ) son primordialmente escritores satíricos. Carballido es autor de una sátira de la prensa, *Las noticias del día* (1968), y de una obra que trata satíricamente de la vida y el amor en el México provinciano de 1919, *Te juro, Juana, que tengo ganas* (1966). Dos de sus obras más afortunadas, *Rosalba y los Llaveros* y *La danza que sueña la tortuga,* se sitúan en ambien-tes provincianos.

En México se han representado también las obras de un dramaturgo guatemalteco, Carlos Solórzano, que es asimismo autor de importantes libros sobre el teatro hispanoamericano y que ha conseguido publicar muchas obras dramáticas.

Aparte de estos centros más importantes, es en Chile donde en las últimas décadas se ha desarrollado con mayor vitalidad una vida teatral, a pesar de que su primer dramaturgo de éxito, el popular Armando Moock (1894-1943) trabajó sobre todo en Buenos Aires. Más recientemente los teatros universitarios han desempeñado un papel decisivo en fomentar la experimen-tación y ha habido dos dramaturgos destacados, Egon Woolf (1926-   ) y Luis Heiremans (1928-   ). Las obras de Woolf reflejan preocupaciones similares a las de los novelistas chilenos contemporáneos como José Donoso. En *Los invasores* el tema es muy parecido al de la novela de Donoso *Coronación,* ya que ambas obras tratan del miedo y de la culpa de la clase media. En *Los invasores* Lucas Mayer ve como su casa va siendo progresivamente invadida por unos mendigos que le hacen confesar que su riqueza ha sido adquirida por medios poco honrados, y que humillan a su altiva hija, Marcela, y a su hijo Bobby, estudiante de ideas izquierdistas. El punto débil de la obra es que todo resulta ser un sueño, lo cual le resta eficacia, pero como pintura de la crisis de culpabilidad de la clase media no deja de estar muy lograda. Luis Heiremans, autor de *Cuentos para teatro, La jaula en el árbol* (1957) y *Moscas sobre el mármol,* murió en el momento en que su obra estaba llegando a la madurez. Había dado ya muestras de gran imaginación y sensibilidad en sus obras, en las que a menudo utilizaba la fantasía y la ilusión.

El teatro uruguayo está subvencionado por el gobierno, gracias a lo cual hay temporadas regulares de teatro clásico español, de teatro extranjero y de obras nuevas, aunque los autores de más valía tienden a trasladarse a Buenos Aires. En el Perú, donde por desgracia el teatro fue eclipsado por el cine, el dramaturgo más importante de este siglo es Sebastián Salazar Bondy (1924-   ). En Venezuela, gracias a los festivales dramáticos, ha nacido un nuevo teatro.

En los países latinoamericanos más pequeños la producción teatral suele ser muy modesta, y en su mayor parte está representada por grupos de aficionados o de semiprofesionales. Las excepciones son Puerto Rico, que tiene un gran dramaturgo en René Marqués, y Cuba.

René Marqués se muestra muy preocupado por el problema de la identidad portorriqueña, especialmente en relación con los Estados Unidos. Una de sus primeras obras, *La carreta* (1952), trataba de un modo realista el problema del emigrante portorriqueño que va a los Estados Unidos y luego, cuando regresa a su tierra natal, le resulta difícil la readaptación. En obras posteriores Marqués ha utilizado procedimientos simbólicos. En *Los soles truncos,* por ejemplo, una decrépita casa simbolizaba la decadencia de una clase y de todo el antiguo orden social. Con *La muerte no entrará en palacio* (1957) escribió una obra que es también una alegoría política. Un político sube al poder con programa reformista, pero inmediatamente abandona toda idea de hacer la reforma agraria y en vez de liberar al país de las influencias extranjeras, se dispone a firmar un tratado con «el Norte». El país que gobierna nunca recibe un nombre concreto, ni tampoco se menciona a los Estados Unidos, pero las alusiones a Puerto Rico y a los Estados Unidos no pueden ser más claras. Al final de la obra es su propia hija la que asesina a su padre para salvar al país de la traición, y de este modo las mujeres son en la obra los símbolos de la conciencia nacional.

En Cuba, la revolución trajo consigo una reorganización completa del teatro y, lo que es más importante, un desplazamiento de gran parte de la actividad teatral desde el antiguo centro de La Habana a las zonas rurales. Uno de los desarrollos más originales de la dramaturgia posrevolucionaria ha sido el del teatro de marionetas, para el cual han escrito guiones autores importantes como Antonio Arrufat y Virgilio Pineyra.

Los productos más originales del teatro cubano se han dado en un terreno que podríamos llamar aliterario, en el cual la música, la mímica y el baile se incorporan al espectáculo. También se han hecho experiencias con un teatro de marionetas que utiliza al mismo tiempo títeres y actores de carne y hueso y que han escenificado diversos mitos afrocubanos. Entre los dramaturgos más jóvenes, el de mayor éxito ha sido José Triana (1933-   ). Su *Noche de los asesinos* (1965) era un drama simbólico familiar centrado en tres personajes —Lalo, Cuca y Beba— que «matan» a su madre y a su padre en el primer acto, representan luego el juicio como acusadores y acusados y finalmente vuelven a representar el crimen de sus padres. La obra nos describe a los seres humanos prisioneros de las limitaciones de su propia naturaleza, e incapaces de aceptar la libertad sin la culpa.

Es dudoso que llegue a surgir un gran teatro latinoamericano. En Europa y en Norteamérica, tanto el teatro comercial como el llamado *underground* conocen un gran florecimiento, pero se trata de un teatro en el que la palabra hablada cada vez es menos importante. Es posible que el teatro deje de ser un arte literario y se oriente en la dirección del ballet y del espectáculo, en cuyo caso su lugar no estará en una historia de la literatura. La cultura latinoamericana llegó a su madurez en un momento en el que la novela estaba declinando en otras partes del mundo y ya ha hecho una importantísima contribución a este género. La importancia de su poesía es innegable. Pero por lo que se refiere al teatro, sería necesario que apareciesen elementos radicalmente nuevos para que alcanzase un relieve especial como género. Por ahora lo único que puede decirse es que Latinoamérica no tiene en este campo una voz propia y peculiar.

LECTURAS

Antologías

Leal, René (ed.), *Teatro cubano en un acto,* 2 vols., La Habana, 1963.

Saz Sánchez, Agustín del, *Teatro hispanoamericano,* Barcelona, 1963.

Solórzano, Carlos, *El teatro hispanoamericano contemporáneo,* México, 1964.

——, *Teatro breve hispanoamericano contemporáneo,* Madrid, 1969.

Latin American Theatre Review, publicada por la Universidad de Kansas desde 1967, publica regularmente obras completas.

Textos

Arlt, Roberto, *Teatro completo,* edición de Mirta Arlt, 2 vols., Buenos Aires, 1968.

Brene, José R., *El gallo de San Isidro,* La Habana, 1964.

——, *Teatro,* La Habana, 1965.

Cuzzani, Agustín, *Para que se cumplan las Escrituras,* Buenos Aires, 1965.

——, *El centro forward murió al amanecer,* 2.ª ed., Buenos Aires, 1956.

Cuzzani, Agustín, *Teatro,* Buenos Aires, 1960.

Díaz Díaz, Oswaldo, *Teatro,* 2 vols., Bogotá, 1965.

Dragún, Oswaldo, *Heroica de Buenos Aires,* La Habana, 1966.

Eichelbaum, Samuel, *Un guapo de 900,* Buenos Aires, 1940.

——, *Un tal Servando Gómez,* Buenos Aires, 1942.

——, *Pájaro de barro,* Buenos Aires, 1965.

Heiremans, Luis A., *La jaula en el árbol y dos cuentos para teatro,* Santiago de Chile, 1959.

Tres obras en un acto se publicaron en *Mapocho,* III, 1965.

Ibargüengoitia, Jorge, *La conspiración vendida,* en *Cuadernos de Bellas Artes,* México, 1965.

Magaña, Sergio, *Moctezuma II,* en *Cuadernos de Bellas Artes,* México, 1963.

Maggi, Carlos, *Teatro,* Montevideo, 1960.

Marqués, René, *Teatro,* México, 1959.

Novo, Salvador, *La culta dama,* México, 1951.

Ollantay: El drama quechua. Apu Ollantay (versión de J. M. B. Farfán), Lima, 1952.

Piñera, Virgilio, *Dos viejos pánicos,* La Habana, 1968.

Rabinal Achí, nueva traducción en *Latin American Theatre Review,* primavera de 1968.

Sánchez, Florencio, *Teatro,* La Habana, 1963 (edición de Walter Rela), Montevideo, 1967.

Triana, José, *La noche de los asesinos,* La Habana, 1965.

Usigli, Rodolfo, *Teatro completo,* México, 1966.

Villaurrutia, *Obras,* 2.ª ed. aumentada, México, 1966.

Estudios históricos y críticos

Castagnino, Raúl, *Esquema de la literatura dramática argentina,* Buenos Aires, 1950.

——, *El teatro de Roberto Arlt,* La Plata, 1964.

Ordaz, Luis (ed.), *Breve historia del teatro argentino,* 2 vols., Buenos Aires, 1962-1964.

Reyes de la Maza, Luis, *El teatro en México durante el Porfirismo,* 3 vols., México, 1968.

Richardson, Ruth, *Florencio Sánchez and the Argentine Theatre,* Nueva York, 1933.

Solórzano, Carlos, *Teatro latinoamericano del siglo XX*, Buenos Aires, 1961.

——, *Teatro guatemalteco*, Madrid, 1967.

Suárez Radillo, Carlos Miguel (ed.), *Autores del nuevo teatro venezolano*, Caracas, 1971.

Usigli, Rodolfo, *Anatomía del teatro*, México-Ecuador, 1966.

ÍNDICE ALFABÉTICO

Impreso en el mes de noviembre de 1983
Talleres Gráficos DUPLEX, S. A.
Ciudad de la Asunción, 26
Barcelona-30